FORAGERS,
FARMERS, AND
FOSSIL FUELS:
How Human Values Evolve

人類憑什麼

覓食者、農民、與化石燃料
——人類價值觀演進史

IAN MORRIS
伊安‧摩里士————著　李函————譯

獻給凱倫與動物們

【目錄】

其他論點

回應

【圖表與表格】

致謝

　　沒有作家能獨立作業，少了諸多人士的幫忙，這本書也不可能成真。首先是普林斯頓大學人類價值觀中心（Princeton's University Center for Human Values），該中心人員好心地邀請我在二〇一二年十一月進行坦納講座（Tanner Lectures）。在我撰寫演說稿前，我在史丹佛大學（Stanford）的同事（與普林斯頓中心的前成員）喬許・歐伯（Josh Ober）在洛斯卡波斯（Los Cabos）和我在好幾個喝著瑪格麗特調酒的夜晚談論這些議題。一等我抵達普林斯頓，艾琳・葛拉漢（Erin Graham）就對我大為照顧，來參加演說的觀眾們、人類價值觀中心的成員們、和受訪者們（瑪格麗特・愛特伍、克里斯汀・M・柯思嘉德、理查・西福德、與史景遷）都給了我各種有趣的問題。在二〇一三年至二〇一四年的學年中，我將那兩場演說內容拓展為本書的前五個章節，並得到胡佛研究所（Hoover Institution）（我在該處有坎貝爾國立學會〔Campbell National Fellowship〕會員身分）與史丹佛大學的人文學科與科學學院（School of Humanities and Sciences）的大力協助。當我撰寫本書時，山姆・鮑爾斯（Sam Bowles）、吉奧瓦娜・賽瑟拉尼（Giovanna Ceserani）、謝美裕（Meiyu Hsieh）、史蒂夫・雷布蘭克（Steve LeBlanc）、保羅・馬

拉尼瑪（Paola Malanima）、與羅伯・坦皮歐（Rob Tempio）引導我見到自己不可能找到文獻，而透過與史蒂夫・哈柏（Steve Haber）和理查・瓦倫漢（Richard Wrangham）討論，和將修訂版論點交給聖城大學（al Quds University）和耶路撒冷的聖經學院（Ecole Biblique）中歐布萊特學會（Albright Institute）的成員審閱過後，使我的論點得到莫大改善。一等章節草稿完成，菲爾・克萊漢茲（Phil Kleinheinz）、喬許・歐伯、凱西・聖約翰（Kathy St. John）、華特・謝德爾（Walter Scheidel）、保羅・西布萊特（Paul Seabright）、肯・瓦鐸（Ken Wardle）、普林斯頓大學出版社（Princeton University Press）的兩位匿名讀者、以及我的編輯羅伯・坦皮歐和史蒂夫・麥奇多（Steve Macedo）便閱讀了草稿，並給我相當寶貴的建議。米契利・安吉爾（Michele Angel）繪製了華美的地圖，而珊蒂・吉斯楚文學經紀公司（Sandy Dijkstra Literary Agency）的珊蒂・吉斯楚、伊莉絲・卡普隆（Elise Capron）、安德烈亞・卡瓦拉洛（Andrea Cavallaro）、和曹・勒（Thao Le），與普林斯頓大學出版社的羅伯・坦皮歐、泰瑞・歐普雷（Terri O'Prey）、與珍妮佛・哈里斯（Jennifer Harris）溫和又有耐心地讓一切事務在我分心時依然順利進行。我對他們抱持無上的敬意，但我得特別對凱西，聖約翰與動物們致謝，他們教會了我關於人類價值觀的一切。

伊安・摩里士

加州漂礫溪

二〇一四年十月

前言

普林斯頓大學政治系教授

史蒂芬・麥奇多

　　伊安・摩里士的第十一本書《西方憑什麼：五萬年人類大歷史，破解中國落後之謎》（*Why the West Rules—For Now: The Patterns of History and What They Reveal about the Future*）出版於二〇一〇年，並得到「傑出」、「巧妙」、和「令人大開眼界」的評價。書中的內容與學識讓人感到佩服。文筆也相當優美。它回首觀望了過去一萬五千年的歲月，檢視為何東西方社會的發展方向不同，彼此卻又息息相關。最後，它問道：由於世上還有威脅人類存亡的不同危險（氣候變遷、飢荒、國家失敗、遷徙、和疾病），因此未來究竟會如何演變？這些威脅是讓許多人受益的龐大經濟，與社會發展下預料之外的產物。

　　這本書是《西方憑什麼》的續作，摩里士在本書中再度充滿野心地講述某些「野蠻的物質勢力」如何侷限並決定人類兩萬年來的「文化、價值觀、與信仰」，其中也包括道德標準。本書源自伊安・摩里士於二〇一二年在普林斯頓大學主講的坦納人文講座＊內容。有鑑於摩里士的論點，我們將這些演說重新命名為

＊　譯注：Tanner Lectures on Human Values，一九七八年起始於劍橋大學的人文講座。

「關於野蠻物質勢力的坦納講座」。

　　摩里士的論點概要如下。特定的基本人類價值觀起初在約十萬年前出現:「善待人們、公平處事、愛與恨、避免傷害、認同某些事物神聖不可侵犯」。這些以某種形式出現在各類文化中的「核心議題」(第二章),受到「我們運作迅速的龐大大腦的生物性演化」所催生(第五章)。摩里士也提到,我們在「大型人猿之中的近親」某方面而言也擁有部分這類價值觀;知名靈長類動物學家弗蘭斯‧德瓦爾(Frans de Waal),曾在本系列著作的前一本書中提出這個觀點。[1]

　　不過,和那類智慧第二高的動物相比,人類擁有決定性的優勢,我們高度發展的智慧,也催生了文化發明與重塑。我們發展出各種複雜系統,包括價值觀、習慣、期望、和文化類型,這些系統維繫了合作模式,並在我們的居住環境改變時,提高了我們的存活機會。正如同生物性演化,文化創新可以被解讀為「競爭過程中的一部分,也得歷經上百萬次微小實驗」;在文化層面,這就等同於生物學中的隨機突變。而當這些實驗成功或失敗時,「在特定環境中生效的特徵,便會取代無效的特徵。」(第二章)

　　摩里士描繪出了人類價值觀的宏觀歷史,並區分了三個接續出現的人類發展階段中的廣大相似性。在這三個連續階段中的人類文化,則由逐漸變強的能量捕獲生產模式所判定:覓食、農耕、與化石燃料生產。摩里士的論點認為,這些連續出現的能量捕獲(energy capture)模式,「決定」(或至少「限制」)了社會組織的型態,因此也控制了可能成為主流的社會價值觀。每個階段最後都會選擇自己需要的價值觀,原因除了人類的創造力,也

由於相對成功的社會模式經常向外擴散，並征服其他競爭者。這種「功能主義式」的觀點，認為人類價值觀是「充滿適應性的特徵；當周遭廣大的社會系統改變時，人們會透過適應來充分提高自己的效率」（第二章）。

　　從覓食、農耕、到消耗化石燃料這些接續而生的階段中，「能量捕獲方式決定人口大小與密度，這兩點也會大致決定哪種社會組織最有效率，進而使特定價值觀比其他價值觀更成功、也更有吸引力」（第五章）。因此，以覓食或狩獵維生的早期社會，經常採用含有平等主義性質的社會結構與價值觀（強烈重視分享和低限度的不平等狀況，這部份摩里士也解釋過原因），同時也相當暴力。為了能以最高效率運作，農業社會傾向具有階級制度，也較不暴力。十八世紀出現的化石燃料社會（也包括我們），則傾向於在政治與性別上投以平等與尊重，相當容忍財富不平等的狀況，也比之前的社會少了許多暴戾之氣。

　　我大量簡化了摩里士的說法。他也強調過科技發明與地理扮演的重要角色，它們會決定哪種社會能夠統治他人，以及奪得先機的方式。《西方憑什麼》的讀者們會對這些主題感到熟悉：比方說，海洋運輸上的發明，使得濱海地區得到莫大優勢，並導致歐洲大型航海帝國出現。

　　摩里士在論證中用上了大量學識，並以獨特的清晰文筆與智慧呈現論點。

　　在摩里士嚴謹的五個篇章後，則有三位知名學者與世上最多產也最知名的文學人物之一提供了他們的論點。

　　理查・西福德是艾克斯特大學（University of Exeter）古希

臘文學系的教授，也撰寫過諸多書籍與大量關於希臘文學、宗教、哲學、與新約聖經的學術論文。

西福德辯稱摩里士過於「陷入決定論量化的窠臼中」，使摩里士低估了自己筆下廣大人類發展階段中，價值觀與文化種類的多樣性。西福德聲稱，耕作無法在各種地帶產出同樣的價值觀；為了挑戰摩里士的決定論，他用古雅典做為範例。他和史景遷都指出，只要受到邊緣化的人民缺乏組織性，歷史通常就不會記錄他們做出的批判。西福德想知道為何摩里士口中農民的「咕噥怨氣」，不該被用來證明無政治影響力的平等主義；這種平等思想挑戰了農業社會會接受不平等制度，或認為該制度是「好事」的概念（第六章）。

西福德的結論，是對摩里士聲稱「每個時代都會取得當代所需的思想」此一概念做出的觀察。有趣的是，他批判摩里士對歷史發展的想法，較為接近當今的「統治階級」，而非「我們的時代所需的思想」。西福德特別認為摩里士從演化論中擷取的概念，與他對「競爭、量化性、共識與效率」的強調，太全然地接受了我們那資本主義經濟體的「中心概念」。西福德聲明，如果人類想要存活，我們的時代便需要比摩里士提出的基本人類價值觀（善待人們、公平處事、愛與恨、避免傷害、認同某些事物神聖不可侵犯）更為嚴謹且開明的想法（第六章）。

由於伊安・摩里士最近的作品，與中國和西方之間的比較性發展與未來願景有關，我們的第二位評論人則恰好是耶魯大學（Yale University）的歷史系教授史景遷，他是位多產的作家，或許也是世界上對現代中國了解最透徹的權威歷史學家。

　　和其他評論人一樣，史景遷同時讚揚了摩里士「傑出的研究技術」，並對某些論點持保留態度。他特別指出，儘管摩里士的資料令人大開眼界，讀者卻應該要能從居住在「丘陵側翼區」（Hilly Flanks）或「幸運緯度帶」（Lucky Latitudes）帶來的「感覺」，得到更豐富的見解。和西福德相同的是，史景遷也說摩里士筆下的廣闊人類發展階段，包含了差異甚大的人類經驗，而我們也只能透過更精細的細節，才能了解這種概念。史景遷做出結論，講述近年來資訊科技和「網路戰」的高度發展。

　　我們的第三個評論人是克里斯汀‧M‧柯思嘉德，她是哈佛大學的亞瑟‧金斯利‧波特哲學系教授（Arthur Kingsley Porter Professor of Philosophy），或許也是世上最具權威的康德學派道德哲學家。她撰寫過大量具有影響力的著作，主題關於道德哲學與其歷史、現實理由、規範性、代理性與身分的本質、以及人類與其他動物之間的道德關係。

　　柯思嘉德挑戰了摩里士對道德價值觀抱持的觀點適宜性。她對「實在價值觀」（在特定社會中確實能生效的描述性事物）與「真實道德價值觀」（人們應該維持的真實觀念）做出比較。她聲稱「除非把持這類觀念的人們認為它們是真正的道德價值觀，實在價值觀才能發揮摩里士判斷出的演化與社會功能」。她進一步指出，進行評估性實作的人們，傾向認為「價值判斷行為有優有劣」（第八章）。柯思嘉德說：「如果價值觀只是維持因特定能量捕獲方式所需的社會型態，而人們也清楚這點，就難以看出這種價值觀要如何生效。在那類價值觀生效前，大眾得相信自己確實仰賴真實道德價值觀而活」（第八章）。事實上，她堅持維護道

德生命中參與者觀點的重要性，或至少是有效性。柯思嘉德進而提出自然出現的下一個問題：「如果人們相信摩里士的理論，他們的價值觀究竟會不會繼續存在？」也就是說，如果農業社會的參與者們理解自身社會（確實屬於他們自己）價值觀的話，會不會像摩里士一樣接受那些觀念，並將它們當作應對特定能量捕獲方式的功能性應用呢？不，她堅稱：我們得採用該價值觀使用者的角度，才能理解該價值觀的定義；這預設了世上存在「真實價值觀」，能夠負荷我們對他人的評估、與我們自身的「常態自我概念」。

　　柯思嘉德繼續說明，相信人類在定義價值觀上的能力「有某種自然傾向，會自行依附到真實道德價值觀上」，所以我們經常會在歷史上看到特定的道德強化方式。但她也說這種傾向「容易受到社會學動機所扭曲」，這股力量包括思想；同時也會受不同的外在壓力影響，包括物質缺乏與不安全感。她認為各種社會與經濟因素「塑造了我們價值觀的型態」，但不會「完全控制」它們（第八章）。

　　最後，柯思嘉德質問摩里士是否相信世上有「真實道德價值觀」。她敏銳地指出摩里士處理歷史解釋的方式，強烈地受到他心目中消耗化石燃料的社會，會採用的科學認知與手法所影響。不過，比起農業社會認為「世界受到至高神明統治」的神學世界觀，摩里士並未質疑自己的（和我們的）科學方式佔有優勢這點（第八章）。我們可以認為，在歷史與科學議題上，摩里士並非懷疑論者，也不會採用純粹「功能性」的觀點，認為每個時代都會得到當代需要的歷史或科學。如果這些人類理解的模式（科學

與歷史）能帶來進步（而不只是改變）的話，道德為何不會呢？

最後一位評論人是位多產的作家，她的文學想像探索了我們可能成真的未來。瑪格麗特・愛特伍是世上最偉大的小說家之一，撰寫過超過五十本以上的詩集、兒童文學、小說與非小說，包括《使女的故事》（*The Handmaid's Tale*）、《盲眼刺客》（*The Blind Assassin*）、《末世男女》（*Oryx and Crake*）等書。

愛特伍對摩里士的作品表達了欽羨之意，但也將焦點放在我們岌岌可危的未來，認為要想像未來，需要我們的文學想像力，不能只仰賴可量化的資料與學術觀察。她同意摩里士的說法，認為我們演化出的天性，包含了使我們變得比「社會達爾文主義長年主張中，那些天性自私又好鬥的噁心人士」更討人喜歡、或至少更為複雜的要素。但如果我們脆弱的生物圈嚴重受損呢？她說，因為我們彼此緊緊相連，「假若我們失敗，便會一同面對失敗的結果，規模之大，在過去令人難以想像」。她也擔心隨著我們仰賴的「科技變得更複雜」，社會也成長得更龐大時，「足以損害重要事物的錯誤就變得更微小，連鎖反應的速度會更快，後果也更具災難性。」

如同先前所述，摩里士提出了五種可能會導致文明崩解的狀況：「不受控制的遷徙、國家失敗、食物短缺、傳染病、與氣候變遷。」愛特伍補充了兩點：海洋失能與生化工程。她懇求大眾進行「大思考」（megathinking），結束了她亮麗的評論，內容充滿了我並未傳達出的幽默感。

伊安・摩里士以令人感到振奮並涵蓋廣泛內容的回答做出結論。摩里士深入回應了他人的評論，並藉此解釋和強化了自己的

論點。他並未修正任何觀點,而是認為諸位評論人使他能更有效地解釋能量捕獲如何塑造人類價值觀。

為了回應史景遷對於更鉅細靡遺描述的訴求,摩里士解釋:自己最首要的目標,是解釋為何人們擁有特定價值觀,而非從中理解這些價值觀。

為了回答西福德宣稱自己並未講述覓食、農耕、與消耗化石燃料這三個分類的差異,摩里士解釋「農耕社會」包含了「西元一八○○年之前一萬年來的所有人」,因此他稍微輕描淡寫地說道,這個範圍確實包含了「大量差異」。摩里士說,諸如雅典這類商業城邦有趣的原因,在於它們部分預示了現代價值觀與體系。儘管較缺乏戲劇性,但這點也出現在「早期現代原型工業國家中」,像是英國,它透過航海商業網路獲取了無可比擬的大量能源。不過,摩里士堅稱雅典人的財富「減輕但並未打破農耕社會中的限制」。諸如古希臘和早期現代英國這類明顯的異常範例,能夠證明,但無法「假造能量捕獲與價值觀之間的聯繫」(第十章)。

在他篇幅最長的討論中,摩里士分析了接續出現的能量捕獲模式,如何透過他所謂的「多層次選擇」來塑造人類價值觀。個體並非受到所屬社會的能量捕捉模式影響後,從而採納此價值觀。反之,在漫長的歷史中,加上充滿創造力的人類做出無數社會實驗後的結果,最能運用當下可行的能量捕獲模式的社會(透過它們的社會結構、經濟與政治體系、文化與價值觀)經常會勝過並取代其他組織性較弱的社會。難以適應人類生存與舒適度的社會類型與相關價值觀,在擁有可行科技的情況下,會由更有效

率的體制與價值觀所取代。

在解釋論點的過程中，摩里士反駁了柯思嘉德對人們擁有的「實在價值觀」與他們應該具有的「真實道德價值觀」所提出的差異。摩里士觀察道，我們唯一能得知的價值觀，是特定人士在特定時間與地點採用的觀念，因此導向柯思嘉德所說的：「真實道德價值觀與實在價值觀之間的差異毫無意義……實在價值觀永遠都會受到採納」（第十章）。摩里士主張，認同這件事，並不會使人們輕視並捨棄自己的價值觀。

這位坦納講座演講人，也回應了評論人認為自己陷入資本主義思想窠臼的意見。摩里士否認這點，並反過來主張西福德與柯思嘉德受到錯誤的「本質主義」（essentialism）所影響。這點代表了我們的自由派啟蒙運動價值觀，其中包括平等主義中的社會關係，和在解決爭端上對非暴力手法的偏好，這類觀念更近似真實道德價值觀；在良好情況下、與進入社會壓力不需要由武力維繫的社會階級時，人類便會往上述觀念構成的「既定」立場靠攏。

摩里士同意，要解釋人類如何演進成足以建立我們在歷史中所見證的複雜組織、判斷、與發明，就免不了提到特定的本質主義。他堅持要讀者回想，「所有人類」都共同享有幾項核心價值觀：「公平、正義、愛、恨、尊敬、忠誠、防止傷害、並認為有些事物神聖不可侵犯」，這些價值觀在人類發展的接續階段中不斷受到重新詮釋。柯思嘉德與西福德採用道德層面的觀點，認為平等主義與非暴力手段更為優秀真誠，摩里士則堅持，它們只是針對人類核心價值觀的特定詮釋：這類價值觀，相當適應由先進能量捕獲方式造就的社會，但不適合覓食與農耕社會。「對我而

言，」摩里士說，「違反了我強烈堅持的那種，以生物性方式演進的人類價值觀在化石燃料上的詮釋，就是錯誤行為。」摩里士和柯思嘉德同樣譴責塔利班（Taliban）企圖打壓女性，並奪走她們的受教權，但堅稱塔利班錯誤的理由，是因為「農耕時代已經結束了」。他們的「首要罪孽便是落後」（第十章）。

　　讀者可能會問，為何「落後」是主要問題？是因為我們的優先目標是以科學方式解釋（或在歷史方面得到理解），而不是做出道德批判嗎？但假若我們的核心興趣在於道德評估，另一類詞彙似乎更能妥善形容塔利班對待女性的暴行：殘忍又可惡，而不只是「落後」，或是不適合當代。我們不該認為自己的時代為女性提供了更強的公正信念，而不只是不同程度的正義嗎？

　　下一個問題則是：將道德評估詞彙，與體制和社會成功的功能性標準相連結，是否會帶來危險？政治與經濟組織中特殊的創新，是否可能會加強社會的物質福祉與權力（與征服其他社會的能力），卻在同時造就了道德敗壞呢？也許就像某些人所聲稱的，比起自由民主，中國一黨獨大的威權體系對經濟成長更有幫助（不只是在中國當前的發展階段）？我們自然不想在沒有更多佐證的情況下，就認為以中國方式取得勝利是好事（以道德層面而言）。或者，這只是我自己的想法？

　　重要的是，或許能合理認為：道德評估能降低摩里士認為會成真的特定狀況發生機率。這並不代表我們該認為自己能跳脫當代的所有偏見，只能盡力而為。

　　那之前提到，關於本書作者陷入思想窠臼的說法呢？摩里士認為思想是「使某人獲益的連篇謊言」，但也迅速堅稱「這種狀

況鮮少持續很久，因為常識是種強大的工具，能使我們理解哪種思想在這種物質條件下最有效率」（第十章）。他也引用了林肯的格言：「……你無法永遠欺騙所有人。」「邪惡菁英」不夠強大或聰明到能長時間愚弄大眾。

　　人類的發明力與常識，經常扭轉為了少數人利益而犧牲大眾的社會結構；有趣的是，作者對此相當有信心。當能量捕獲模式使得比起過去，能為更多人帶來更大福祉與安全感的新社會組織出現時，我們便能相信人類遲早會發現，並接納新社會模式，與隨之而來的價值觀。這也進一步顯示階級系統（或中央集權）需要，也會受到整體社會觀點的「測試」。

　　這股對人類能看清並推翻統治階級菁英自利謊言（當他們確實說謊時）所懷抱的信心，能幫助我們在人類歷史中的連續階段中，找出真實道德觀的演進歷程嗎？我們能理解與物質生活不同的道德演變嗎？摩里士是否以他內隱的平等主義思考：認為少部分人不該、最終也不可能透過犧牲大眾而獲得優勢呢？

　　我讓讀者自行考量這些問題。

　　摩里士為他範圍廣泛的討論做出結論：他再度望眼未來，思索我們的物種將自己推向絕種的可能性。他向瑪格麗特・愛特伍對下一場大浩劫之後的生命狀態的想像致上欣賞之意，並提出了一些基於自身學識的推測。

　　放心，以下論述是充滿活力的傑出作品，作者的學識廣闊，書中也涵蓋了廣泛的人類經驗，並舉出關於我們價值觀出處的基本問題，以及該價值觀的意味，再提出令人訝異的答案。

第一章

每個時代都會取得所需思想

喬治先生

一九八二年，我首度前往希臘進行考古挖掘。我感到十分興奮：我在英國挖掘過很多次，但這次是完全不同的情況。一台老舊的荒原路華越野車（Land Rover）把我從伯明罕載到賽薩洛尼基（Thessaloniki），我再從當地搭了台更為古老的公車前往阿西羅斯（Assiros），那裡是我們工作的農村（圖表 1.1）[1]。我在當地適應了該計畫的行程。我們一整天都會計算、秤重、分類史前陶器的碎片，太陽下山時，會在挖掘處房屋沾滿塵埃的前廊喝一兩杯烏佐酒（ouzo）。

有天晚上，某個老人沿著骯髒的路面走來，並經過房屋，他用橫座馬鞍騎著一隻驢子，一面用棍子拍著那頭牲畜。他身旁有名步行的老婦人，因背著內部突起的沉重布袋而駝背。當他們經過時，我其中一位學生便用生硬的希臘語向他們問好。

老人停下腳步，露出笑容。他和我們的發言人說了幾句話，接著兩人就繼續往前走。

「那位是喬治先生。」我們的口譯員解釋道。

「你問了他什麼？」我們其中一員說。

「我向他問好，以及為何他妻子沒騎驢子。」

此時眾人一片靜默。「然後呢？」

「他說她沒驢子騎。」

這是我第一次體會到經典人類學的文化衝擊。在伯明罕，如果有男人騎著驢子，而妻子[2]辛苦地背著大布袋，外界就會認為他是個自私（或更糟）的男人。不過在阿西羅斯，這種安排相當

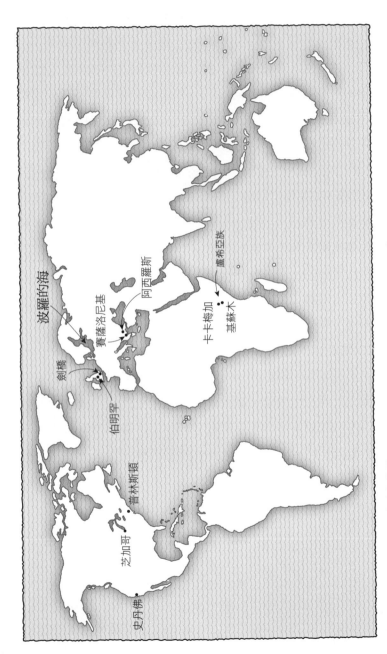

波羅的海

賽薩洛尼基
阿西羅斯
盧希亞族
卡卡梅加
基蘇木
劍橋
伯明罕
普林斯頓
芝加哥
史丹佛

圖表 1.1. 第一章提到的地點與族群。

自然，理由也極其充分，使喬治先生覺得我們的問題很笨。

　　三分之一世紀後出現的本書，正是我對在阿西羅斯目睹的光景做出的解釋。內容奠基於二〇一二年我在普林斯頓大學進行的兩場坦納講座，主題是人類價值觀[3]。受邀舉辦坦納講座是學術生涯中最高的榮譽之一，但我對此邀請特別感到高興的原因，是由於我根本不像該得到這種殊榮的人。碰上喬治先生之後的三十年，我從未就道德哲學寫過任何一個字。這點自然讓我感到猶豫，但回頭思考時，我便認為普林斯頓人類價值觀中心是能讓自己深入談論阿西羅斯事件的地方，且為了解釋喬治先生的話語，和我對此產生的反應，就得講述關於過去兩萬年來人類價值觀的文化演進史理論。為了達成這項任務，我認為歷史學與考古學專業比道德哲學要來得更為適宜；我也告訴自己，道德哲學家可能也會對關於人類價值觀的文化演進理論有興趣。

　　加上了專家的論點後，你可以判定我的觀點是否正確。在我列出長達五章的理論後，第六章至第九章則由原本講座中的四名評論人各自講評：古典學家理查・西德福、漢學家史景遷、哲學家克里斯汀・M・柯思嘉德、與小說家瑪格麗特・愛特伍。但我會做出結論，並在第十章做出回應。

論點

　　過去四、五十年來，學者們就類似我從喬治先生、他的驢子與妻子身上感受到的文化衝擊（還有許多更古怪的案例），寫了上百本書籍與上千篇文章。但我在此講述的主題，則與大多這類

研究截然不同。我認為，當我們觀察過去兩萬年來的地球時，會發現三種在大範圍內接連出現的人類價值觀系統。每個體系都擁有獨特的社會組織方式，每種社會模式也受到一種由我們周遭世界捕獲能量的特定方式所宰制。能量捕獲不只解釋了喬治先生所說的話，也解釋了為何我會感到如此訝異。

不過，我得立刻發出一項警告：由於價值觀系統（又稱文化，或我們用於稱呼它們的其他詞彙）是無形事物，唯一能在一百多頁中呈現這項論點的方式，便是專注於廣闊體系中的特定目標。因此在我做出的比較中，我限制自己只使用關於平等與階級的概念（包括政治、經濟、與性別）和對應暴力的態度。我選擇這些主題的原因，有部份是由於自己對它們有興趣，也有部分是因為它們似乎很重要。不過，我也認為大多價值觀的子組合都會顯露出相似的模式；如果它們沒有相似性，不同價值觀的子組合之間的比較，就會成為能讓評論人用於推翻我論點的證據。

我會在第二章與第四章，試著解釋這三項擁有大範圍連續性的人類價值觀系統中的現實。我稱第一項為「覓食價值觀」，因為它與主要仰賴覓食野生植物與狩獵野生動物維生的社會有關。比起大多數階級制度，覓食者們經常更為重視平等，也相當容忍暴力。我將第二種系統稱為「農耕價值觀」，因為它與主要以人工栽種植物，與馴養動物維生的社會有關。農民們通常重視階級制度勝過平等，也較不容忍暴力。我稱之為「化石燃料價值觀」的第三種系統，則是汲取轉化為煤炭、瓦斯、與原油的化石植物中的能源，來增加活體動植物的能量。化石燃料使用者通常都認為平等比任何階級制度都珍貴，也完全無法容忍暴力[4]。

　　此概念不只解釋了為何喬治先生的話語對於一九八二年的我來說相當奇怪（他的價值觀大多屬於農耕階段，而我的價值觀則屬於化石燃料階段），且似乎也同時在人類價值觀研究上，產生了兩種範圍廣闊的的意義。如果我對能量捕獲影響價值觀的論點正確，也許這種法則就證明了（一）、試圖找出適合所有人類道德觀這種完美系統的道德哲學家們浪費了時間，與（二）、認為在即將到來的某個階段中，我們（無論「我們」的定義為何）當今重視的價值觀很可能會再也無法提供幫助。在那個階段（前提是我的論點正確），我們會捨棄這些價值觀，並邁向第四個階段，也就是後化石燃料時期。我在第五章中做出結論，並對那類價值觀做出推測。

解釋與理解

　　我對文化衝擊的研究，與大多近代研究之間的差異，在於我試圖**解釋**經驗，而非**理解**它。這項差異通常會追朔至一世紀前的社會學之父馬克斯・韋伯（Max Weber）[5]。不過，韋伯並非首位在思考社會行動時將理解（verstehen）拿來與解釋（erklären）比較的人。第一位這樣做的人是身為哲學家與歷史學者的約翰・古斯塔夫・朵伊森（Johann Gustav Droysen）[6]，他在一八五〇年代聲明，歷史學家與自然科學家兩者進行的，是截然不同的活動。他說，歷史學家試圖理解（他的意思是了解過往行動者的主觀意義）他們的研究議題，而自然科學家則企圖解釋（他指的是辨認原因）自己的研究主題。

韋伯不只大幅擴張朵伊森原本的概念，也認為社會學擁有與歷史和科學完全不同的第三個目標：合成出解釋與理解。「當人們充分理解外顯的行為與動機，兩者的關係同時也變得明顯易懂時，」他堅稱，「就能為穩固的行為做出正確的尋常詮釋……如果意義上缺乏合適性，」他補充說明：「那麼無論處理的是外顯或主觀過程，不管均一性有多高、可能性在數學上有多精準，它依然只是令人費解的統計機率。」[7]

一九三〇年代的社會學家塔爾科特・帕森斯（Talcott Parsons），將韋伯的思想引薦給大批美國社會學家[8]，但人類學家克利弗德・紀爾茲（Clifford Geertz）（他的職業生涯從擔任帕森斯的學生開始）則於一九六〇年代到七〇年代為此概念提出了全新見解。「我相信馬克斯・韋伯是個作繭自縛的人，」紀爾茲寫道，「我認為文化是纏住他的蛛絲，因此對它的分析也不是為了找尋法則的實驗性科學，而是找尋潛在意義的詮釋性學問。」[9]紀爾茲由對韋伯的這項論點延伸出自己的論述，並得出結論，認為社會行動必須奠基於「長期、主要（但並非只有這種單一性質）為定性的、高度參與性的、與極度縝密的實地研究。」，才能生產出他口中那知名的「深厚描述」[10]。

紀爾茲說，深厚描述一般「以論文型態出現，長度從三十頁到三百頁不等；這是呈現文化詮釋與佐證理論的最佳方式。」不過，「以民俗誌研究的角度來看……作者的能力無法得知遙遠地帶的原始事實，但他能夠釐清那些地方發生的事，並減低未知背景自然散發出的陌生行為，所引發的困惑感（像『那些人究竟是什麼來頭？』）。」[11]

聲稱社會科學家應該專注於理解、而非採納韋伯對理解與解釋所提出的模擬觀念時，紀爾茲反映出了美國學術界大部分成員的心聲。到了一九八〇年中旬，大部分人類學者與眾多社會科學家跟上了他的腳步，將文化衝擊從問題轉化為機會。我們應該感到高興，因為歷史學家羅伯·丹屯（Robert Darnton）（他當時是紀爾茲在普林斯頓的同事）在我碰上喬治先生幾年後寫道：「我們完全無法理解老祖宗口中諺語的智慧」，因為「當我們聽不懂諺語、笑話、儀式、或詩詞時，就曉得自己碰上某種重要事物了。透過鑽研最令人一竅不通的文獻，我們也許能挖掘出某個特異的意義體系。這條線索或許還能導向某種奇特又炫目的世界觀。」[12]

我在一九八二年時確實想過，喬治先生可能是故意對我們開了玩笑，嘲弄來自第一世界的我們，對鄉村生活方式抱持的譴責態度。但事實維持不變：喬治先生依然坐在驢子上，妻子則努力扛著膨脹的布袋。我認為一旦用阿西羅斯的村莊生活邏輯來解讀他的話語，肯定能揭露某種奇特又眩目的世界觀[13]，但我要選擇不同的方向。與其理解喬治先生與他太太的行為，我想的是解釋其中的原因。

因此，我得向不只早於紀爾茲，甚至是比朵伊森更久遠的時代尋求解答[14]。如果我們回溯得夠遠，到了一七二〇到七〇年代之間的世紀中期，就會來到解釋（而非理解）主導著文化的學術研究的時代。從孟德斯鳩（Montesquieu）到亞當斯密（Adam Smith），西歐許多偉大的知識份子應對來自其他大陸大量資訊的方式，便是認為（和我的方式相同）人類已經歷過一連串經濟

發展階段（通常是某種狩獵、畜牧、農耕、與商業模式），每個
階段也都擁有獨特體系。

　　有些理論家稱他們的工作為「哲學史」，因為他們覺得自己
使用過去來解答道德哲學中的某些核心問題，但其他人偏好「推
測歷史」（conjectural history），理由則是他們明白這類概念仰賴
對過往的推測，而非實際證據。打從一開始，推測歷史便引來
了嘲諷（沃爾特・白芝浩〔Walter Bagehot〕開玩笑說，亞當斯
密「想彰顯出，與其成為野蠻人，人類反而成為了蘇格蘭人」）
與憤怒（一七七三年出版的第一期《歷史期刊》〔*Historisches
Journal*〕中，約翰・克里斯多夫・蓋特勒〔Johann Christoph
Gatterer〕大肆批判了「假惺惺的休謨*、羅伯森†仿效者，還有那
些德國版的伏爾泰〔Voltaire〕」，並保證「無論這些畜牲躲在哪
裡，都會毫不留情地把他們揪出來」）[15]。到了一七九〇年代，
許多學者做出結論，認為在缺乏證據的情況下進行推測所造成的
代價，比以哲學思維推論帶來的優點還更糟，因此推測／哲學歷
史的趨勢立刻衰退。[16]

　　但學者們企圖解釋文化衝擊的渴望並未減退。一股日後被稱
為「古典演化論」（classical evolutionism）的新思維，在一八五
〇年代中與之後成形，當時的傳教士與行政人員們，製造出了新
一波關於非歐洲民族怪異生活方式的故事，學者們則發展出了全
新的解釋體系[17]。不過到了一九二〇年代，第一批專業的人類學

---

* 譯注：指蘇格蘭歷史學家大衛・休謨（David Hume）。
† 譯注：指蘇格蘭歷史學家威廉・羅伯森（William Robertson）。

家證明了，古典演化論和十八世紀的哲學歷史同樣充滿推測性。解釋再度陷入低迷，只是在一九五〇年代卻再度大肆崛起（現在則被稱為「新演化論」〔neo-evolutionism〕）。到了此時，學者們已經蒐集了大批考古與民族誌證據，解釋者也能透過對大型資料集做出的統計分析，來鞏固自己的聲明，可是到了一九八〇年代，深厚描述也擊敗了這類第三波解釋者，不過這次則更仰賴理論辯證，而非實證[18]。

我們很容易將這故事詮釋成，認為人文與社會科學毫無進展的證據，但我想那並不正確。我們藉此看到的，是以正常方式運作的學術系統[19]。從十八世紀開始，接連出現的學者團體，對文化變異的原因做出諸多揣測，評論團體也接二連三地受到駁斥。在每次的辯論中，解釋者與理解者都強迫對方交出更優秀的理論與資料；而在二〇一〇年代，由於理解者佔了優勢，我們這些解釋者則得再度加強自己的辯證能力。

各種主義

為了做到這點，解釋者們得補齊特定文化在上百種深厚描述中的意義，其中包含了涵蓋大片地區與漫長時期的大幅度比較。這些都是薄弱的描述，大多（不過並非只有這種性質）能夠量化，也不太具有參與性。它們帶有粗粒性質，因為它們能聚合成為單一故事，其中充滿上百種社會、數千年的歷史、數百萬人民、與簡化論思想（reductionist），因為它們企圖將型態各異的生活經驗簡化為潛在法則。

我辨識出的三種價值觀系統（分別屬於覓食者、農民、與化石燃料使用者）則是韋伯所稱的理想類型（ideal type），他解釋道：「這些類型由單方面對一個以上的觀點作出的**強調**，是與許多飄渺分散、或多或少存在、但又經常消失的**獨立**現象綜合而成；那些受到強調的單方面觀點，將它們排列為統一的心理架構。這個具有純正概念性的心理架構，永遠無法在現實中得到實證。它是個**烏托邦**。」[20] 理想類型將數十億人的真實生活矮化為幾個簡易模組，也因為它們納入了如此龐大的實際變化，其中便必然充斥著例外。但如果我們要找出造成真實生活中渾沌的原因，就必須付出這種代價。

某些讀者肯定會認為，這條路將我們導向各種錯誤的思想。首先是簡化論思想。在大多人文學科與某些社會科學支派中，「簡化論思想」是個遭到濫用的詞彙，但與其否定我明確的簡化論點，我反而想接受改變。我的理由是：**所有**學問都是簡化論思想。任何否定這點的人，思考得都不夠謹慎。舉例來說：我最近有機會查閱馬丁·吉爾伯特（Martin Gilbert）長達八卷的溫斯頓·邱吉爾（Winston Churchill）傳記中的部分細節（該傳記其實出版了十三冊，因為有幾卷內容多到無法容納進單本書籍中）[21]。這肯定是世上最長的傳記之一，但依然是簡化作品。將任何人的生命濃縮到書頁上時（即使有五千頁），都必須扭曲更為複雜的現實；將過去兩千年裡所有人的生活簡化為短短幾個章節，自然也得做出更大的扭曲。但那沒有關係。我們該問的，並不是質問歷史學家、人類學家、或社會學家是否身為簡化論者（答案永遠都是「對」），而是要簡化到什麼程度，才能解決當前

的問題。大問題經常需要許多抽象解釋，我也提供了這種詮釋。

　　我的論點也具有強烈的物質主義。我用於三個階段的名稱凸顯了這點：和十八世紀的哲學歷史學者一樣，我相信社會所能取得的能量來源，會為能夠蓬勃發展的價值觀種類設下限制。以野生動植物維生的覓食者們發現，能夠運作的社會組織方式相當稀少，這些組織體系也經常獎勵特定的價值觀。以馴化動植物維生的生活，則使農民轉向不同的組織體系與價值觀，而能汲取化石燃料中的能量的人們則發現，還存在著另一種對他們最有助益的組織與價值觀系統。如果我沒說錯的話，我們得做出結論：文化、宗教、與道德哲學只在人類價值觀的漫長歷史中佔了相當渺小的地位。它們肯定也塑造了我三個階段中的地區性差異（比方說，沒人會把柏拉圖的《申辯》〔*Apology*〕和孔子的《論語》搞混），我會在第二章到第四章大篇幅地提及它們。儘管如此，底線在於當文化傳統在核心主題上產生變異時，能量捕獲便成為推動大局的動力。

　　再者，我的論點也幾乎（但不完全）是普世主義（universalist）。世上有些地帶不受這種概念影響，像是從滿州延伸到匈牙利的乾燥大草原。這塊地區無法維持我們印象中的覓食或農耕生活，因為（除了草以外）很少植物能在該處生長，但數千年來它維繫了不同的畜牧社會，該類社會成員食用能靠青草維生的動物（馬與牛）[22]。不過，儘管無法通過普世主義的考驗，我的概念框架確實包含了數量極為龐大（可能超過95%）的古今所有人類。

　　我也採用了功能主義（functionalism）[23]。價值觀是適應性特徵，當身邊的廣大社會體系改變時，人們便會調整這類特徵，

以便強化自己的效率。這並不代表發生之事（更別提長期狀況了）即為應然之事，但也代表發生之事（與長期狀況）總是可能成真。價值觀是大型體系中的功能性部分。如果將它們從整體中獨立出來，並用想像中的標準衡量和批判它們，就完全無法幫助我們設計出適宜一切情境的完美價值觀，因為價值觀永遠只存在於真實世界，做為實際社會體系中的一部分。

最後，但並非最不重要的一點，就是我的論點也充滿演化論的概念。人性並非一張白紙，能讓覓食者、農民、與化石燃料使用者在上頭恣意編撰自己偏愛的價值觀。我將描述的三個系統，是為了應對變化多端的狀況，所做出的演化性適應行為。

我的意思是，從我們和其他人猿的共同祖先，於七到八百萬年前在基因上分道揚鑣後，人類價值觀便出現了生物性演化[24]。由於我們的生理狀態在農牧行為開始後的一萬至一萬五千年內並未產生過多變化，人類學家、心理學家、與歷史學家們發現，無論時間或地點，全世界都會出現幾個核心議題（善待人們、公平處事、愛與恨、避免傷害、認同某些事物神聖不可侵犯），它們也或多或少出現在和我們有關的大型人猿身上，或許也出現在海豚與鯨魚身上。至少在某種程度上，人類價值觀已深藏於基因之中，而因為這點，生物學家愛德華・奧斯本・威爾森（E. O. Wilson）在四十年前觀察道：「科學家與人文主義者應該考量暫時將道德移出哲學家的控制，並將其生物化的可能性。」[25]

目前為止，對這項可能性的考量都出自科學家，他們在解釋關於公平與正義等傳自我們人猿祖先的核心價值觀時，得到了莫大的進展，但人文主義者卻明顯不想將任何概念生物化[26]。或

許，也因此很少有學術研究鑽研人類道德如何在過去兩萬年持續演化，以及為何人類對公平正義等價值觀的定義有如此大的時空差距。解釋人類價值觀的生物學根源是個顯著的成就，但在價值觀的演化性解釋中，這只是第一步而已。

　　第二步起始於一點：除了極少的案例以外，人類是唯一透過生物性演化而使腦力強大到足以發展文化的動物；我對文化的定義，是我們透過教導、模仿、與其他資訊傳輸方式得到的累積式資訊體[27]。我們的道德體系正是文化適應行為。當環境改變時，我們也會像其他生命一樣持續進行生物性演化，但只有人類能在文化上產生演變，並改變我們的行為與思考；於是當我們周遭的世界改變時，這些行為才會繼續對人類產生幫助（或變得更有用）[28]。

　　演化論者急躁地爭辯著文化選擇（cultural selection）每種層面的效果。有些生物學家堅稱它的主要機制非常類似生物演化中的天擇：文化變異取代彼此的原因，是由於它使採用該變異的人們更容易存活，並將它透過基因遺傳給下一代；其他人認為與天擇比較沒有共通點的偏差性傳輸（這種模式中的文化變異使人們的生活更容易受到模仿，進而取代其他變異），才是主要機制，而文化演進其實和生物演化截然不同[29]。選擇上的單位也相當具爭議性。這點的主要爭論出現在假設文化複製單位非常類似生物演化上的基因（生物學家理查・道金斯〔Richard Dawkins〕將其稱為「迷因」〔memes〕），它在不同心智之間傳輸，有些人則堅稱相關單位應該被稱為「吸子」〔attractor〕，因為帶有吸引力的想法會受到創造力重新詮釋，而不是單純在不同心智間傳輸[30]。

最後，文化選擇運作的規模（或程度）衍生出了內容特別廣泛的文獻。這點使堅稱所有選擇行為都透過基因運作（個體、親族、與大型團體都只是表現基因素質的不同媒介）的人，對上了認為選擇行為在不同層面上運作的人；他們認為諸如利他主義這類可能對基因有害的特徵，反而因為在大型團體中極度有利於適應性，而能順利發展[31]。

這些都是龐大又重要的問題，但幸運的是，我們不需要等專家們在選擇行為的機制、單位、和程度上得到共識，就能解釋人類道德觀演進的方式。「證據顯示，有時文化變異**確實**有些類似基因，其他時候則全然不同。」演化科學家彼得・瑞奇森（Peter Richerson）與人類學家羅伯特・博伊德（Robert Boyd）觀察道；「但是（還是個重大的「但是」），在這兩種情況中，達爾文主義的方式仍然有效。」這同樣也應對到關於親族與多層面選擇的爭論。瑞奇森與博伊德發現，畢竟在一八五〇年代，沒人曉得基因遺傳如何生效，但那並未阻止達爾文推論出天擇法則。「基於同樣的理由，」他們說，「我們將此問題回朔到如何透過使用我們了解的可觀察特性，將文化儲存於大腦之中，並由此展開研究。」[32]他們的結論是：當我們那樣做時，就會發現「有些道德價值觀（變得）越來越討喜，也因此更容易在個體間流傳。那些價值觀經常會長存於世，其他較不吸引人的價值觀則會消失。」[33]

冰河時期結束後，人類居住環境發生的最大改變，就是能量捕獲的爆炸性發展，我們通常將之稱為農業革命與工業革命，這也解釋了為何三個主要價值觀體系大略與三種主要的能量捕

獲系統相符。一九四〇年代，人類學家萊斯利・懷特（Leslie White）認為整體歷史能被簡化為單純的公式──C＝E×T，C代表文化（culture），E代表能量（energy），T則代表科技（technology）[34]。「**每年人類獲取的平均能量增加時，**」他做出總結，「**文化就會開始發展；當運用這股能量的科技方式變得更有效率時也會；或當這兩種因素同時增加時，也會有同樣的結果。**」[35]近年來懷特並不受歡迎，但我在本書中主張，他的理論大致上正確。人類在過去兩萬年來取得的驚人能量，引發了一連串文化演進，人類價值觀的改變也是其中一環。

如果可以使用這些層面來考量價值觀系統的話，我們或許也該做出結論（我在本書中也如此主張）：每個時代都會取得所需思想。根據心理學家強納森・海特（Jonathan Haidt）的說法：「我們天生具有公正性，但我們得學習和我們相同的人們該對哪種事抱持正直心態。」[36]長期歷史顯示，我們在對該維持正直心態的事物上的選擇，大多都是藉由我們從世界上汲取能量的方式，來施加在自己身上。能量捕獲方式大致決定了哪種人口組成與組織體系最有效率，這些因素則會宰制能蓬勃發展的價值觀。

無論是文化性或生物性演化，都是競爭性的過程，並歷經了數百萬種渺小的實驗。它有路徑依賴性（path-dependent），意思是當今的單一生物或社會限制了明天可能轉變成的型態，過程通常漫長噪雜又暴力。但當變種之間的競爭解決後，在特定環境中表現良好的特徵便會取代無效的特徵。我想，那點就是我們將在我的三個廣闊階段：覓食、農耕、與化石燃料社會中的行為、制度、與價值觀系統上看到如此多相似之處的原因；比方說，神明

般的王者與奴隸制度在農業社會中相當普遍（但並未在所有範例中出現），在化石燃料社會中則非常少見（也並非所有範例都是如此）。農民習慣選擇階級系統，這不是因為他們都是惡霸，而是由於那是有效的體制；化石燃料使用者經常採納民主的原因，也並非由於他們都是聖人，而是大量能量大幅度改變了世界，使民主成為有效的機制。

　　長期歷史顯示，無論我們對該價值觀的想法為何，文化演進的競爭過程都將我們推向能量捕獲中特定階段裡最有效的價值觀。這自然就是我親身經歷過的價值觀與環境之間的交互關係。一九八六年，在我前往阿西羅斯的四年後，我短暫研究了文化人類學。我前往肯亞拜訪我的妻子（當時還是女友），她在盧希亞族（Luhya）[37] 中學習傳統醫藥。我倆心中滿是化石燃料研究生的價值觀，也特別不想表現得像昔日的殖民者人類學家一樣，讓無薪的當地人四處搬運行李。不過，我們發現在英國劍橋的酒吧中聽起來不錯的概念，在卡卡梅加（Kakamega）和基蘇木（Kisumu）的丘陵地帶中不太管用。這裡還算是前化石燃料世界，比阿西羅斯還更為停留在農耕時代。之後，我們每天都花好幾小時在河邊打水，還得先找柴薪來煮水，才能將這些水用於飲用、烹飪、或清洗任何東西。凱西（Kathy）得教書和進行訪談，我則得寫完自己的第一本書，並為芝加哥大學（University of Chicago）撰寫一篇面試演說稿，而我們倆都沒時間打水。

　　但在受到低度就業所苦的農耕經濟體中，許多當地女子確實有時間。只要一天花一美金左右，我們就能買回數小時的時間。這些錢對我們來說只是九牛一毛，對當地家庭卻是莫大的收入。

這是個雙贏的局面，但也是種典型的殖民式關係，我們也不想這樣做。有大約一周，我們在泥地中蹣跚行走，不只摔掉水桶，還堆起了點不著的火堆。最後（我想，大家都鬆了口氣），我們重新評估了自己的準則。金錢易了手。採訪完成了，我寫完了書，並獲得僱用，有幾個家庭也得到了豐厚的金錢收入（圖表1.2）。

　　或許我們只是意志薄弱。也許康德不會做出和我們一樣的行為（不過我無法想像他會去溪邊撈好幾桶的水）。不過，我想世上幾乎每個人都會做出同樣的舉動。相傳當經濟學家凱因斯（John Maynard Keynes）遭控言行不一時，他回答：「面對變化時，我便改變了自己的意見。你又會怎麼做，閣下？」無論凱因斯是否確實說過這些話[38]，這依然完美形容了過去兩萬年來，世界上發生過數十億次的事。生物演化賜予我們常識，常識則告訴我們要適應事實。

關於犯錯

　　自從哲學歷史學家的時代開始，大型解釋性模組的建造者遇過最龐大的挑戰，便是讓這些模組接受現實的考驗。由於理想類型相當雜亂，在每種概括中都免不了持續出現例外；因此，當出現多項例外案例時，我們要如何得知該理論是錯誤的呢？

　　這個問題在我首度參與坦納講座時出現；當時我從芝加哥被邀請去科林・倫福儒（Colin Renfrew）於一九九三年在史丹佛大學舉辦的講座，主題是考古學、語言、與身分[39]。在他第一篇演說後的討論課程中，倫福儒教授與哲學家艾利森・韋利（Alison

圖表1.2.　運水工：在溪邊汲水的肯亞女子（來自一九八六年在基蘇木購買的明信片；作者的收藏）

Wylie）對可否證性（falsification）進行了激烈的答辯。房內的
考古學家們，就他將人口行動與語言交換連結起來的理論，接二
連三地提出例外，但該理論從未（或有可能）受到否證。

　　從生物學家變為宏觀史學家（macrohistorian）的彼得‧涂爾
欽（Peter Turchin）認為在這項理論與許多其他觀點上，「科學
史充滿強調性：通常只有在某條法則發展出數學理論後，才會漸
趨成熟。」[40]如果他沒說錯（我猜他是對的），那麼能夠處理可
否證性問題的解決方案，顯然就是駁斥紀爾茲的概念：他認為論
文是最適用於分析文化衝擊的類型作品。反之，我在本書的開
頭，從不同能量捕獲階段中的社會舉出代表性範例，並將它們的
價值觀體系簡化為數碼，再比較價值觀系統與能量捕獲之間的適
應性。$\chi2$（卡方〔chi-square〕）或其他顯著性測驗都能證明我們
是否該在0.05或其他恰當指數下駁斥無意義的假說（該假說認為
能量捕獲與價值觀之間毫無關聯）。我得花好幾頁解釋自己的編
碼系統與採樣策略，但如果該測驗顯示出價值觀與能量之間在統
計上呈顯著相關，我就能迅速解釋該相關的原因與意涵。

　　對許多大規模的跨文化比較而言，這種法則相當直接（即
使在現實中，量化測驗的結果通常都不太直接）。現在已經有
了大資料庫（特別是人類關係區域檔案〔Human Relations Area
Files〕）[41]，而更棒的資料庫正在建造中[42]。不過，如果你到這
些資料庫中找尋關於價值觀的資訊，也無法有多少建樹。核心
問題在於，道德價值觀擁有名目性（nominal），而非等距數據
（interval data）；意思是說，當聲稱某個社會中的人，以典型思
考方式認為貧富不均很好，而另一個社會的成員則抱持相反意見

時，除了表現出這兩個社會彼此不同之外，無法傳達任何資訊。
他們的態度無法排名或評估：「好」與「壞」只是名稱（因此這
是「名目」數據），而非持續性標準上的指數，讓我們能評估與
量化指數間的距離（因此這成了「等距」數據）。

　　由於上述（和其他）問題，跨文化索引製作者一般都會極
力避開價值觀，而當我早先嘗試製作量化索引時，也樂意效法
他們[43]。當然了，也許我嘗試得還不夠，就像我待在盧希亞族中
時，可能也不夠努力堅持使用化石燃料價值觀，而其他分析人
員確實宣稱找到了能將人類價值觀從名目數據轉化為等距數據
的方式。一九八一年以來，一項被稱為世界價值觀調查（World
Values Survey／WVS）[44]的大型歐洲計劃已在一百多個國家中，
向四十萬以上的對象訪談過他們的價值觀，並將回應分為兩個軸
心。第一個軸心從「傳統」到「世俗理性」（secular-rational）價
值觀（測量對宗教、家庭、與權威的態度），以及第二個從「生
存」到「自我表現」（與人身與經濟安全，以及信任與容忍度的
關切相關）。世界價值觀調查接著將數據累加，並計算出單一分
數，能在一組價值觀中鎖定世界上的每個國家。[45]

　　政治學家羅納德・英格爾哈特（Ronald Inglehart）與克里斯
蒂・韋爾策爾（Christian Welzel）說，這種現象顯示出「社會經
濟發展經常轉變人們的基本價值觀與信念；改變的方法也大致在
預料之中。」[46]他們對社會經濟發展的定義（從以農業主導的社
會，轉化為工業與後工業型態，和服務導向式的經濟體）相當類
似，但並不完全像我對能量捕獲的定義，因此我企圖在圖表1.3
與1.4中進行更直接的測試，將世界價值觀調查的分數與粗略的

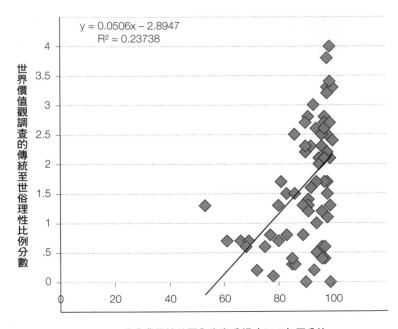

非農業區塊的國內生產毛額（GDP）百分比

圖表 1.3. 價值觀與能量捕獲，版本 I：用世界價值觀調查中的傳統至世俗理性價值觀比例中的國家分數，與每個國家的非農業事業所產生的財富比例做出關係曲線（y = 0.0506x－2.8947；R2 ＝ 0.23738）

能量捕獲估算方式連結。圖表 1.3 是最簡單的版本，將世界價值觀調查上的傳統到世俗理性軸心，用於估算每個國家透過農業產生的財富比例[47]。其中出現了清楚的線性相關，而當化石燃料取代農耕時，價值觀也從「傳統」轉為「世俗理性」；不過，相關性相當薄弱，R^2 的分數（相關係數〔correlation coefficient〕）只有 0.24[48]。能量捕獲與價值觀之間的關係真實不假，但圖表 1.3 則顯示這項關係十分寬鬆。只要有四分之一的國家財富來自農業，價值觀就會維持傳統，但如果非農業事業提升了 75%，價值觀便

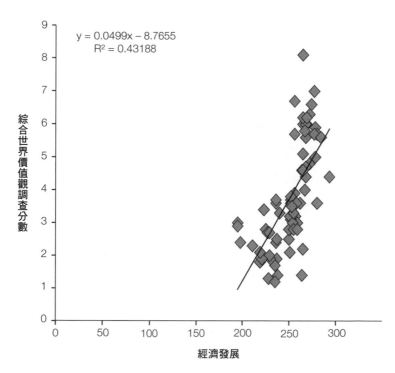

圖表1.4.　價值觀與能量捕獲，版本Ⅱ：綜合分數加上用世界價值觀調查中的傳統至世俗理性價值觀比例與安全至自我表現比例，並與反映出國家經濟中主要、次要、與第三區塊的綜合分數作出關係曲線（y = 0.0499x－8.7655；R2 = 0.43188）。

會迅速轉變為（但其中也有龐大的變異）世俗理性體系。歷史證據中強烈凸顯了這種模式，我們在第四章也會談到這點。

　　就統計學法則而言，有很多能夠排列世界價值觀調查資料的方式，但我試過的所有比較都產生了大致相同的結果。比方說，圖表1.4上的縱軸代表世界價值觀調查為每個國家所打的「傳統到世俗理性階段」和「生存到自我表現階段」分數。橫軸提供了對經濟發展的綜合評估，區分主要農業區塊、次要工業區塊、與

服務業的第三區塊之間的數據，並由主要區塊中的每個勞動力百分比為每個國家加一分，第二區塊每百分比加兩分，第三區塊每百分比則加三分。這產生了可信度更高的相關係數（R^2=0.43），但整體狀況仍舊類似圖表1.3。如果經濟體的開發程度較低，人民就越可能擁有傳統價值觀，但當工業與服務業變得更加重要時，人們的價值觀通常（不過擁有莫大的變異性）會轉而偏向理性主義、世俗主義、與自我表現。

　　世界價值觀調查的結論認為，模式紊亂的理由，是因為發展並非唯一影響價值觀的因素。「儘管社會經濟發展經常對人們的世界觀造成可預期的影響，」英格爾哈特與韋爾策爾說，「文化傳統（像是社會的歷史是否由新教〔Protestantism〕、儒家思想、或共產主義所塑造）繼續對社會的世界觀顯示出歷久不衰的影響。歷史元素與社會中的強勢價值觀導向，反映出現代化背後的驅動力，與傳統漸緩的影響力之間的互動。」[49]

　　英格爾哈特與韋爾策爾的「文化地圖」描繪出了這項互動；該研究奠基於二〇一〇年的資料，並展示出他們研究的七十四個國家[50]（圖表1.5）。其中文化和／或語言叢集相當驚人，也不可能只出自巧合，但其中確實有諸多需要解釋的異常現象。比如說，英格爾哈特與韋爾策爾的「天主教歐洲」分類，那條狹窄的走廊將波蘭連接到其餘叢集，看起來非常像傑利蠑螈選區[*]。根據他們在地圖上的位置，大多羅馬尼亞人會想當穆斯林，瓜地馬拉人會想當非洲人，而愛爾蘭人（無論是新教徒或天主教徒）則最

---

[*]　譯注：gerrymander，美國政治術語，指以不公平的選區畫分方式操縱選舉。

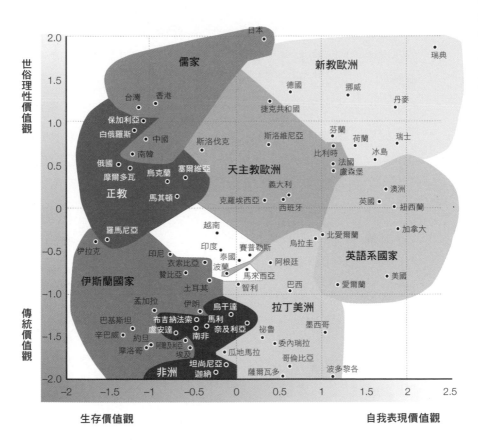

圖表1.5.　由政治學家羅納德‧英格爾哈特和克里斯蒂‧韋爾策爾收集的世界價值觀調查資料所繪製的「文化地圖」，彰顯出文化傳統與價值觀之間的相關性。

想待在拉丁美洲。這份文化地圖上並未出現希臘與以色列（不過它們確實出現在更早期的版本中），但它們的世界價值觀調查分數顯示，正統派基督教（Orthodox Christianity）的故鄉其實位於斯洛維尼亞和比利時兩地中間，離同派信徒很遠，而猶太國家則坐落於天主教歐洲的中心。

以上古怪的結果相當有趣,但最具啟發性的異常現象,是位於圖表中央的國家叢集。智利、塞浦勒斯、衣索比亞、印度、馬來西亞、波蘭、泰國、土耳其、和越南幾乎沒有共通點,不過它們都經歷了急速經濟變化;世界價值觀調查認為這指出了結論,證明發展是驅動價值觀的真正動力,文化則只微微改變價值觀演進的方向。「隨著生活水準提高、以及開發中國家透過工業化轉變為後工業知識社會後,」世界價值觀調查觀察表示,「國家經常從左下角(貧窮)以斜線移動到右上角(富有)。」[51]發展決定了路線,傳統則將路線轉往別的方向。拉丁美洲與東歐的工業化社會在世界價值觀調查中的分數,比非洲與中東工業化程度較低的國家高;但多虧了文化,拉丁美洲人經常在自我表現上得到較高的分數,卻在世俗理性價值觀上得到低分,而正教歐洲人的情況則經常相反。

世界價值觀調查的資料擁有強烈暗示性。不過到了最後,它們只為本書的核心理論提供了局部測試。基本問題在於,唯一能產生系統性價值觀資料的方式,便是民意調查,而這些調查在近代才出現。一九八一年,當世界價值觀調查開始著手研究時,覓食者們只是大型國家中的極少數族群。就連在覓食者於總人口比例中可能比其他國家更多的波札那(Botswana),住在喀拉哈里沙漠(Kalahari Desert)的一萬名狩獵採集者,其數量都遠少於以農耕、工廠工作、或服務業維生的人,比率為200:1。再者,到了一九八一年,幾乎每個農業社會(包括喬治先生的馬其頓[52])都快速依賴起化石燃料。二〇一二年,世上只有七個國家(全球有兩百二十三個國家)的農民,生產出一半以上的國家

財富[53]。相反的，從農業革命一直到西元一五〇〇年的世界歷史中，農民生產值不超過國家財富一半以下的案例，可能不超過七個。

　　唯一能對人類價值觀與能量捕獲提出嚴格的大 N（large-n）統計學研究的方式，便是限制只採用過去三十年的資料，這也意味著我們得忽視所有故事。於是，我在第二章與第四章中採用了更為傳統的方式。其實，本書算是根據紀爾茲推薦的方向所寫下的論文，其中描繪出推測，而非展示相關性。我從對人類學、考古學、與歷史社會學的定性廣義化概念汲取靈感，並試圖舉出橫跨兩萬年歷史的三種廣大人類價值觀體系，並主張它們約莫與能量捕獲系統相關；簡而言之，每個時代都會取得所需思想。我的計畫相當直接。在第二、三、四章中，我將分別檢視覓食者、農民、與化石燃料使用者，並在第五章詢問為何能量捕獲體系會改變，而改變是否無可避免，以及接下來可能會發生的狀況。從第六章到第九章，專家們會解釋我在哪犯了錯，而在第十章，我將嘗試補救自己的論點。

第二章

覓食者

誰是覓食者

我從覓食社會開始談起。一本標準參考文獻將「覓食」解釋為「狩獵野生動物，採集野生植物和釣魚，不種植植物，也不馴化狗以外的動物。」[1]（因此「狩獵採集者」經常成為「覓食者」的同義詞）。另一項標準文獻則觀察道，這種能量捕獲方式的後果，就是覓食者「不會特意改變資源來源的**基因庫**。」[2]

我們在本章中會看到，覓食行為有許多模式（因此有些人類學家偏好稱其為「覓食光譜」〔foraging spectrum〕）[3]，除了內容廣泛外，「覓食者」的類別也相當開放。有許多社會都結合了覓食與農耕（人類學家經常稱這些社會為「粗耕」〔horticultural〕族群）[4]，而在最後幾個世代中，有些人將覓食與化石燃料生活的元素結合在一起。儘管有變異與轉換性案例，人類學家們卻一致認同將「覓食者」視為一個相當明確的類別。

我們可以將覓食稱為生活的自然方式：所有動物都是覓食者，每個物種也都有獨特的覓食方式。我們是在中非大雨林邊緣旁衍生而成，當時我們剛從早期的人屬（*Homo*）動物演化中出現，時間約莫在五萬年到二十萬年前[5]，而當我們在地球上大多地區殖民時，則將這種習性帶了過去[6]。離開非洲的遷徙行為起始於十萬年到七萬年前，而到了一萬年前，我們便已安居在世上大多適宜居住的地點。在我們起初90%的歷史中，所有人類都是覓食者；當然，我們之中有少部分成員依然還是。

證據

　　研究覓食社會[7]的學者們有三項主要資訊來源：史前考古證據、過去數千年來文明社會遭遇覓食者的少許紀錄（得追朔回西元前五世紀希臘的希羅多德）、與過去一百多年來的民族誌分析。每種資料都有自己的毛病，但當它們齊聚一堂時，便會顯示出強烈的模式。

　　考古學是證明大多覓食社會確實存在過的唯一直接證據來源，但它有個莫大的缺點：石塊與骨頭對人類價值觀這點默不吭聲。無論我們的領域和理論有多深奧，詮釋考古發現這件事總是取決於，在考古發現與歷史性或民族誌紀錄之間做出哪種對比[8]。

　　反之，現代化前的覓食者文獻對價值觀有諸多敘述，也佔有未受現代認知污染的重要優勢；但它們也有一項重大弱點：受過教育的農耕社會菁英描寫覓食者的主要原因，是為了將他們當作論證自身價值觀的迴聲室*。在此之後，現代化前的紀錄便經常強調覓食者的特異性（就農耕社會成員的角度而言）。比方說，希羅多德擁有關於西伯利亞覓食者的明確資訊，但他依然相信某些覓食者不算是人類。他說，阿里瑪斯皮人（Arimaspian）（圖表2.1）只有一隻眼睛。他們的遠方居住著沒有毛髮的阿爾吉帕人（Argippaioi），食人族則住在更遙遠的北方，他們一年會冬眠六個月[9]。有時候，希羅多德會將非農民民族描繪成用來襯托希臘人深奧智慧的落後蠻族；有時候，則是將他們形容為高貴野蠻

---

* 譯注：echo chamber，指藉由在封閉環境中重複發表自己的觀點，以便扭曲事實的做法。

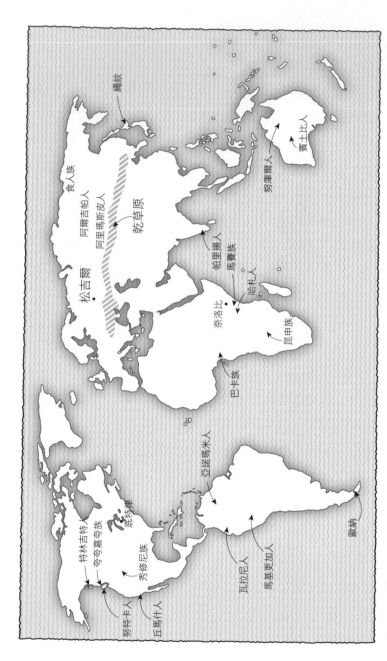

圖表 2.1. 第二章提到的地點與社會群體。

人，用來反映希臘的墮落[10]。同樣的主軸宰制了未來兩千年農業份子描寫覓食者的方式[11]。

過去一百年來的文獻中，現代民族誌學者發展出了更複雜的研究手法，也對覓食社會建立了廣泛的知識庫。不過，將這些資料作為對史前覓食者的代理證據時，主要的困難點在於：當代覓食者社會至少在某些部分上，和古老或史前時代同類社會相當不同。兩萬年前，地球上所有人都是覓食者。到了五百年前，十人中有一人依然過著這種生活，且這些少數分子被趕到地球上三分之一的地區中；時至今日，覓食者的數目已少於全世界人口的1%。少數倖存者大多被困在農民不想要的極端環境中，像是喀拉哈里沙漠或是北極圈，或是尚未遭受人類入侵的地區，諸如亞馬遜與剛果雨林的部分區域。不過，即使是偏遠的避難地點，也可能為化石燃料使用者帶來經濟或政治上的利益，這意味著除了最為孤立的當代覓食者外，現代政府、市場、與趨勢，對世界上所有人都至少有些許影響。（一九八六年的坦尚尼亞，最讓我訝異的一幕，是一名擲矛的馬賽族〔Masai〕獵人，他肩上扛著獵物，一邊等著能載他回營地的公車，一邊喝可口可樂。其實，他並非不尋常的案例；到了一九八〇年代，大多狩獵採集者都採用了以化石燃料輔助的覓食行為。）

在艱困環境中的二十世紀覓食者，與居住狀況較為溫和的史前覓食者之間相比較時，自然會出現問題。二十世紀中期，多位人類學家與考古學家用非常有效的覓食者類型學來處理這種問題[12]，但自從一九八〇年代後，其他學者便得到大幅度的進展，並認為任何類比分析都會導致誤解。這些人類學家宣稱，現代覓

食者並非古老生活方式的遺物，而是相對接近現代歷史過程（特別是歐洲殖民主義）下的產物；他們做出結論，認為當代覓食者因此無法為我們提供太多關於史前時代的線索[13]。某些人類學家開始宣稱，將史前與當代覓食者做比較，是種相當具有種族歧視概念的想法，這個概念矮化了當代覓食者，使他們成為被演化過程拋下的「活祖先」，因此得受到化石燃料社會的庇護[14]。

這些聲明引發了激烈的辯論，其中也經常帶有強烈的政治色彩[15]。不過，就連這些激辯中最骯髒的說法，也無法遮掩以下事實：一世紀以來的考古與人類學研究，產生了有效的中程理論，將挖掘出的遺物透過民族誌類比連結到史前行為[16]。其中有些方式自然只是常識，考古學家們在一世紀前就已觀察到這些跡象。儘管學術趨勢高低起伏，但拿考古學家 V・戈登・柴爾德（V. Gordon Childe）於一九三〇年代做出的許多結論來看，這些想法大略上似乎都還算正確（我在史丹佛的其中一位同僚喜歡逼學生考人類學試題，直到他們承認我們對史前生活的概念從路易斯・亨利・摩根〔Lewis Henry Morgan〕在一八七七年出版《古代社會》〔Ancient Society〕以來就沒有改變）[17]。儘管不謹慎的分析人員會碰上許多陷阱，史前覓食者所居住世界的大略型態似乎已相當明朗。

能量，人口學，與社會組織

覓食者維生與組織方式的細節中有許多不同[18]，但這項差異中的大部分狀況，主要反映出了不同族群的居住地點。對覓食者

而言，地點就是一切，並宰制了能量需求與能量來源。基本上，覓食者住得越接近赤道，需要的卡路里就越少。在熱帶地區，一個人只需四千大卡（kcal），就能供給當日對食物、工具、烹飪燃料、少許衣物、與簡單居所的基本需求。不過，靠近極圈的覓食者可能每天都會被迫獲取多上一倍的能量，以供應加溫、住所、和厚重衣物所需[19]。赤道覓食者大多能量經常取自於植物，當地的植被比極圈地區更茂盛（即使在沙漠也是）；北極與南極的覓食者大部分能量則是從動物（特別是魚）身上得到。我們沒有理由認為史前時代的地理限制較為微弱，且冰河時期時，地理限制肯定更為強烈。

當代覓食者普遍對評估不同能量來源的卡路里耗費與優勢相當拿手。傳統與信仰肯定塑造了他們的覓食策略，但一九七〇年代以來一連串的民族誌，已確認了覓食者在時間與勞力分配中蘊含的理性[20]。考古學者羅伯特・貝庭葛（Robert Bettinger）便認為能將狩獵與採集行為中令人訝異的變異狀況簡化為五種基本的覓食策略[21]，而經濟理性（economic rationality，經常被稱為最佳覓食理論〔optimal foraging theory〕）的概念則為史前遺物做出了不少解釋[22]。

覓食者（史前或當代族群都一樣）的能量限制後果在一九六八年時就十分明顯，當時理查・李（Richard Lee）與艾爾文・德佛爾（Irven DeVore）出版了他們的會議紀錄《狩獵之人》（*Man the Hunter*），這本書可能是最有影響力的覓食者相關書籍。李與德瓦爾認為，無論覓食者在哪生活、吃什麼食物、和如何找到食物，追尋野生食物的行為，都會迫使覓食者遵循兩條基本

準則：「（一）、他們以小群體方式生活，與（二）、他們經常搬遷。」[23]

　　人類學家爭論著該如何以最佳方式描述覓食者社會組織。在埃爾曼·賽維斯（Elman Service）知名的著作《原始社會組織》（*Primitive Social Organization*）中，他認為基礎組織便是隊群，並由好幾個有親族關係的人所組成。相反的，艾倫·強森（Allen Johnson）與提摩西·厄爾（Timothy Earle）則辯稱小家庭團體更為重要，提摩西·印戈德（Timothy Ingold）則認為覓食者族群以「兩種相對獨立自主的生產與消耗層面組成，分別由男性與女性主宰。我們認為是『家庭』的組織，」他推測道，「在這兩種層面的不同接觸點出現，並透過與食物和性有關的交換關係所構成。」[24]

　　但儘管有上述爭議，人口統計學上的核心議題卻不受爭議影響。野生食物來源的低密度，意味著大多當代覓食者把大部分時間花在非常小的群體中，通常只有二到八個血緣關係相近的成員。不過，所有人都得屬於更大的群體，其中至少有五百人，因為只有這些團體有辦法提供能成功生育後代的人口數目[25]。這麼多覓食者要實際聚集起來並不尋常，但即使是最小型的群體，也經常組成五十人以上的大型隊群或營隊，而這些隊群／營隊構成的網路，則創造出大小恰當的基因庫。在蒼綠繁茂的環境中，人們會把一年大部分的時間都花在這些大型群體裡；在艱困的環境下，他們花的時間更少。但是，只有在真正富饒的環境中，特別是擁有豐盛海洋資源的地帶上，覓食者才能永久住在充滿數十或數百精壯成員的群體中。從南加州的丘馬什人（**Chumash**）到阿

拉斯加的特林吉特人（Tlingit），北美洲太平洋沿岸的覓食者村落，都是最有名的範例[26]。

考古學認為史前覓食者生活在大小類似的群體中。在寒冷又乾燥的冰河時期，群體規模非常小也許相當正常，特別是對住在熱帶地區以外的人而言。當世界在西元前一萬四千年開始暖化後，群體大小似乎就開始增長，好幾個後冰期的溫帶地區則維繫了上百個人口密集的半永久村落。在某些時間點，像是波羅的海南岸（約西元前五千年前）與南日本（約西元前三千五百年），這些地帶充滿豐富的海洋資源，但在少數案例中（特別像是西元前一萬三千年與西元前一萬年的西南亞），野生動植物的量充足到能夠永久維繫村落的生計。不過隨著農耕興起，覓食者們便不斷被趕往資源較不充沛的環境[27]。

由於不同野生植物的成熟期各異，不同動物與魚類也有各自的遷徙期，當代覓食者得保有強烈的機動性。即使是小型群體也需要龐大的空間才能維持生計，這意味著人們會稀疏地分布在不同地帶。人口密度差異很大，主要取決於當地的野生資源基礎（這點也受到地理宰制），但通常一平方英哩的平均人數都少於一，而每十平方英哩的平均人數少於一也並非不尋常的狀況[28]。

典型覓食群體的規模小，代表分工相當簡單，大多都以家族為組織進行，並受到年齡與性別影響。整體而言，女性收集植物，並負責大部分準備食物的工作、與部分手工和育兒工作；男性負責狩獵、進行大部分的手工與部分食物準備工作。男孩與女孩幫忙適合各自性別的事物[29]。最近五千年，接觸到農業或工業社會的覓食者，經常熱切地向對方購買並使用更複雜的科技，但

覓食者本身的工具與武器通常都非常簡單（不過一般都設計得相當巧奪天工且有效）。歷史上，即使農耕社會已學會如何冶煉青銅與鐵，幾乎所有覓食者都仍繼續以石器時代的形式過活[30]。

但儘管他們只擁有簡單的科技與經濟組織，覓食者的生產力卻很強。如果因為野生資源而變得人口密度較低、機動性高的話，覓食者經常不需工作得非常努力，就能生產出成年人每天所需的一千五百到兩千大卡的食物能量。即使在如美國西南部般艱困的環境中，人們一天平均也只需花二到五小時覓食，因此人類學家馬歇爾・薩林斯（Marshall Sahlins）就以稱覓食者為「原初豐裕社會」（original affluent society）而為人所知[31]。

但是，「豐裕社會」的標籤同樣遮掩了真相。就薩林斯的認知而言，儘管覓食行為能透過相對稀少的勞力提供食物，卻難以供應其他物質需求。薩林斯認為，這點並不會瓦解他的豐裕社會理論，因為覓食者並非物質主義者：因此，他在結論中聲稱「世上最原始的人民擁有少許財產……**他們並不貧困。**」[32]不過，有些人類學家採用非常不同的研究方向，並接受當代覓食者確實非常窮困這點，但將原因怪罪於農民與化石燃料使用者的剝削，而非覓食作為能量捕獲方式上的無效率[33]。

物質文化的複雜度與財富在不同覓食者群體中各有差異，大型且大致上靜置不動的群體通常最富有，像是日本的史前繩紋文化，或是太平洋西北地區的夸夸嘉夸族（Kwakiutl）[34]；而住在極端環境中機動性強的微小群體，通常最為貧窮。不過，我們所有的證據來源（挖掘、現代化前的文獻紀錄、與民族誌）都指出同樣的結論。在歷史上，即使是最富有的覓食者，從農業社會的

標準來看都算是貧窮，而在化石燃料社會的標準下，則是非常貧窮[35]。

　　更重要的是，豐裕社會的標籤淡化了一項事實：就連最輕鬆的覓食者，也得經歷野生食物短缺的時期。有些群體（特別是規模更大、更固定定居當地的族群）能夠為惡劣的時期儲備食物[36]，但其他群體無法這樣做，且覓食者也得經常忍受食物短缺的時期，並因此導致健康狀況低落（以現代標準而言）。出生時預期壽命（$e0$）一般落在二十歲中期與三十歲中期之間。儘管有少數人活到七十多歲，有一半的孩童幾乎都會在十五歲前死亡，而大多順利長大的人也會在五十歲前辭世[37]。整體而言，覓食者讓群體規模小到能仰賴野外資源維生的方式，並非睿智地讓人口維持在自身乘載能力以下，而是經歷人口迅速成長與飢荒的快速漲跌循環[38]。

價值觀

　　我們對覓食者價值觀的資訊幾乎完全來自近一百年來的民族誌。古希臘與羅馬作家有時會提到非農業群體的平等主義與好戰心態，但我們確實沒有辦法確認自己在當代覓食者身上觀察到的態度，是否與人類歷史起初五萬年內相同。不過，由於上述段落所述的關於古代與現代覓食者生計、人口統計、與組織性之間的多重平行點，相信史前與二十世紀覓食者擁有截然不同價值觀的人，便會苦於找尋佐證自身論點的證據。

　　從北極到澳洲各處的民族誌學者，都提過覓食者急於避開

政治階級[39]。（比方說，在精采的《劍橋狩獵採集者百科全書》
〔*Cambridge Encyclopedia of Hunter-Gatherers*〕[40]中，幾乎所有撰
文者都觀察到，自己所描寫的族群缺少體制化領袖。）例外一
如往常地出現，大多是在食物資源允許擁有數百名壯丁的群體
共同生活的社會中[41]，不過有些考古學家宣稱，在現實中，就連
這些群體也不像外表那麼有制度[42]。當人類學家理查‧李在詢問
喀拉哈里沙漠中一名昆申族（!Kung San）覓食者關於他們缺乏
酋長一事時，幾乎各地的覓食者都能理解對方的回答：「我們當
然有酋長！其實，我們都是酋長⋯⋯我們每個人都是自己的酋
長！」[43]事實上，這與半個世界外火地島（Tierra del Fuego）上
的覓食者告訴另一位人類學家的話相仿：「對，先生，我們歐納
人（Ona）有許多酋長。所有男人都是船長，而所有女人都是水
手。」[44]

　　覓食群體有時得做出重大的集體決定，特別是關於無盡覓食
旅程中的下一站，但大多數群體會發展出特殊方式，使個人或小
型團體無法宰制決策過程。最普遍的解決方式是以子群體的方式
反覆討論每個決定，直到眾人達成共識，這時就連最固執的反對
者都很容易就變成贊同者，並同意多數人的決定[45]。

　　幾乎所有群體有時都會舉行需要領袖的活動，像是知名的秀
修尼族（Shoshone）有「兔子酋長」（rabbit bosses）；當好幾個
家族得組織成隊群時，這些人便負責組織狩獵行動[46]。不過，通
常一等活動結束，或等隊群再度分裂為不同家族時，這些職位就
會自動消失。管得太多、將魔掌伸向不恰當的事務中、或試圖將
暫時影響力化為控制他人的永久權力的人，很少能抵擋同伴的不

悅反應。

　　嘲諷是最常因創造政治階級體系的企圖而產生的反應。理查・李對昆申族的縝密研究再度提供了最佳範例。在喀拉哈里沙漠，「反動行為」（upstartism）（人類學家克里斯多夫・波姆〔Christopher Boehm〕用於解釋自我升級的字眼）主要發生領域是狩獵，而一名具有影響力的昆申人告訴李說：

> 「當年輕人殺了許多獵物後，他會認為自己是個酋長或偉人，並覺得我們其他人是他的僕人或下屬。我們不會接受這點。我們拒絕自吹自擂的人，因為有一天他的傲慢會害他殺死某人。所以我們總會說他獵到的肉毫無用處。我們用這種方式冷卻他的心，並使他變得溫和。」[47]

　　曾有人觀察到昆申人削弱反動份子的方式，他們會語帶諷刺地喊對方「老大」，並行徑誇張地忽視這些人；類似的行為在全世界都出現過。比方說，在南印度的帕里揚人（Paliyan）覓食者、與坦桑尼亞的哈札人（Hadza）、和澳洲的努庫爾人（Ngukurr）之中，野心份子經常因他人對自己的做作之舉所做出的嘲諷，而遭到推翻[48]。

　　如果訕笑失敗，覓食者也能強化自己的不滿之舉。放逐是常見的行為，也經常在嘲諷後出現。許多社會中都有相關紀錄：人們常見的第一步，是假裝自己聽不到或不懂反動份子在說的話，並在他越來越氣時哄堂大笑。如果這招依然沒用，反動份子可能會從群體中被驅逐一段期間，或是營地中的其他成員會自行拔

營，讓惹麻煩的人群自己隨後跟上。

另一項策略以當頭棒喝取代放逐與嘲諷，以相當明確的言詞向滋事份子說明對方究竟做錯了什麼。人類學家弗瑞德‧邁爾斯（Fred Myers）曾與居住在澳洲西部沙漠中的賓土比人（Pintupi）共事，並記錄下了一個事件：有個人開始認為自己比他隊群中其他成員來得優秀，並在沒有和他們討論的狀況下，就做出了影響他人的決定。人們嘲諷他、忽視他、並當面向他抱怨，但似乎完全沒有效果；直到他某天在一場典禮中突然暴斃。賓土比人認為這個企圖當上首長的人肯定激怒了某人，使對方用巫術殺了他，因為（根據邁爾斯對大眾意見的說法）：「人只該將自己的權威，施加在不會威脅他人平等與自主性的事情上。」[49]

但如果嘲諷與批評都無法打消反動份子氣焰的話，感到不快的覓食者也能離開。住在亞馬遜盆地的馬基更加人（Machiguenga）是群將覓食方式加入一部分粗耕的民族，他們將這行為稱作「伊許甘納卡」（ishiganaka）：如果有人發覺自己因為他人的壓迫而動怒，他就該獨自走進森林。過陣子後他可以回來，或如果他認為狀況無法改善的話，他也可以帶全家人走。馬基更加人說，這比用暴力解決問題更好[50]。

即使十九世紀認為覓食者採用「原始共產主義」（primitive communism），並使眾人共享資源[51]的概念明顯錯誤，無階級價值觀在經濟和政治上也同樣明顯。就像強森與厄爾在對社會演進的觀察中所強調，覓食者「非常重視和財產與所有權有關的事務。因此，每個被製造出來的物品都有獨立擁有人，由擁有人決定該如何使用該物品。」[52]

但儘管他們強烈重視財產權，卻很少有覓食社會擁有物質階級。經濟學家測量收入或財富不均的標準方式，是一種被稱為吉尼係數（Gini coefficient）的指標，它以零（完全平等，意味群體中的所有人都擁有相同的財富或收入）到一（完全不平等，意味一個人擁有一切，而群體中沒有其他人擁有任何財富或收入）的分數來詮釋財富或收入的集中度[53]。很少有人類學家計算覓食者的吉尼係數，但最成功的範例則觀察了位於非洲、南美洲、印尼、與澳洲的覓食者，並得出非常低的分數，平均約莫0.25[54]。（我會在接下來兩章中討論農耕與化石燃料社會的吉尼係數。）

覓食者的財富不均係數居然如此低迷，其實有顯而易見的原因：覓食行為通常需要人們迅速四處移動。這不僅使累積物質財富變得困難，也缺乏必要性。一方面而言，拖著物質財產在野外到處跑，會讓狩獵與採集變得更辛苦；另一方面，如果你每幾周就得拋下財產，財產的吸引力就會減退。作為能量捕獲體系，覓食行為對財富累積設下了嚴格的實際限制。

這項概括中有兩個例外，兩者似乎都證明了這項法則。第一件例外出自一小部分史前遺址，該地確實保存了財富不均的證據：最著名的是東俄羅斯的松吉爾（Sungir）。挖掘人員在這裡發現了一群墳墓，時代約莫是西元前兩萬六千年。大多只有少許陪葬品，或完全沒有，但有兩處墓穴（一處埋藏了一名五十歲的老人，另一處則埋了一名青春期初期的男孩，和一名較為年輕的女孩）特別與眾不同。他們的衣服上縫了超過一萬三千顆長毛象象牙珠。遺體周圍擺滿許多象牙裝飾，包括一只小長毛象雕像和好幾根長矛，男子的帽子與男孩的腰帶上則裝飾了兩百五十顆以

上的狐狸牙齒。珠子代表某位工匠連續兩年的工作，還有六十隻狐狸為了裝飾亡者而失去牙齒[55]。這是前所未見的集中式財富，而得到殊榮的死者中也包含了孩童，或許代表他們能繼承財富與權力。松吉爾出現這種獨特考古成果的原因目前尚不清楚，不過或許能推論出，該地是狩獵長毛象的最佳地點；不過明顯的是，人們能將以微小又方便攜帶的物品所象徵的財富，輕易帶到不同的狩獵點。松吉爾可能彰顯出，在正確的情況下（能將豐富的資源轉換為可攜型態時），覓食者之中，就可能出現經濟或政治階級。

第二件例外，則再度來自居住於北美洲太平洋沿岸的繁榮覓食者。數世紀來，豐富的野生食物（特別是魚）使這些覓食者得以居住在半永久的村落中，有些村落還有上百個居民。由於一年之中大多時間都住在同一個地點，他們覺得不只該建造房屋，也該累積財產，有些人建造和存下的成果則比其他人多上更多[56]。這裡的狩獵與採集行為相當興盛，使得丘馬什人、努特卡人（Nootka）、夸夸嘉夸族、與其他族群能夠打破松吉爾式的規範，從可攜式的小型財富演進到大型不動產。

不過，在馬克思（Marx）與恩格斯（Engels）對原始共產主義的看法中，有一點是對的：（就我們目前所知）沒有任何覓食社會中的子群體，曾經成為獨佔生產方式的收租階級[57]。正常來說，不可能阻止別人獲得生長在廣大地區中的野生植物、或是持續遷徙的野生動物和魚，就算是富足的北美洲太平洋沿岸覓食者，也無法獨佔大量鮪魚、劍魚、和鮭魚。覓食者最接近獨佔生產能力的狀況，便是擁有能加強獲取野生食物來源的人造裝置，

但如何製造並使用這些工具（裝植物用的籃子，或是狩獵偽裝、弓箭、和用於狩獵的畜欄）通常在覓食者群體中都廣為人知。大多覓食者也知道如何照料樹木或灌木叢，以便加強收穫量，這經常被視為授予所有權（比方說，秀修尼族的家庭便會宣告擁有特定的松子樹。）[58] 只有在特殊案例中，人造物才會使擁有人比他人佔有更強的優勢，而太平洋沿岸的社會在這點上則再度與眾不同。西元八百年時出現了關於大型航海獨木舟的首項考古證據，當時也出現了財富階級的第一項證明，這並非巧合[59]。

　　幾乎在所有覓食社會中，這些對財富累積的實際限制都受到一股強烈的認知所加強，認為物質階級是道德上的錯誤[60]。在大多社會中，分享的價值觀在孩提時代早期就會被灌輸入人們腦中。在某個令人有些反胃的範例中，一位民族誌學者望著喀麥隆（Cameroon）的巴卡族（Baka）男孩用箭射下一隻蜘蛛，接著小心地將蜘蛛可食用的身體部分和兩名玩伴一同分享。一個男孩拿到三條腿；另外一個男孩得到兩條半的腿，還加上蜘蛛的頭胸部以補齊差距[61]。

　　對覓食者而言，拒絕分享自己得到的好東西，是條嚴重的罪過，和成為反動份子一樣罪不可赦。事實上，貪婪與傲慢心態似乎在覓食者的概念中融為一體，在前面段落引述過的昆申人也曾提過這點，他說一名成功的年輕獵人「認為自己是酋長或大人物。」自私的覓食者會受到外界逼迫他交出物資的強烈壓力，有些人類學家稱此行為是「強制分享」（demand sharing）或「受容忍的索討／剽竊」（tolerated scrounging／theft）[62]。

　　對不習慣這種事的人而言，強制分享會帶來強烈的文化衝

擊。一九八六年，我太太待在肯亞另一頭的某位朋友犯了錯，因為她宣布自己要租一輛車把行李運回奈洛比機場（Nairobi Airport）。突然間，她見過的所有人似乎都在她的小屋外出現，要求她載他們去拜訪他們的表親、牲畜、與朋友。人們認為，那輛車不屬於她；她或許付了租金，但車子並不是她自己做的，所以他們完全認為該一同分享它。她明白如果拒絕這些要求，待在肯亞的最後幾天就不可能順利，但如果接受他們的要求，自己又會趕不上飛機；因此她將租車訂單取消，自己把行李拖到紅土路邊等當地小巴士（matatu）[63]。

我妻子朋友碰上的麻煩，是個獨特的現代化問題，但歷史上大多覓食者都有良好又實際的理由來接受強制分享。畢竟，如果狩獵成果豐厚的獵人無法為自己或家人儲存能供未來使用的肉，何不將今天豐盛的獵物分享出去，以便讓當下接受你慷慨贈禮的人在未來報恩呢？

不過，當性別階級出現時，覓食者的平等主義就會有部分瓦解。全世界的兩性都天生就認為男人應該主宰覓食社會。我已經引述過一位歐納人的言論：「所有男人都是船長，而所有女人都是水手。」妮莎（Nisa）顯然也同意這點；她是由於人類學家瑪喬麗・休斯塔克（Marjorie Shostak）寫了一本以她為名的書而聲名大噪的昆申族女性覓食者。當一位毫無經驗的少女需要他人為即將到來的婚禮安慰自己時，妮莎告訴她：「男人不會殺掉妳；他會娶妳，並變得像妳的父親或兄弟。」[64]

社會科學家繼續爭論為何男人在覓食社會中經常佔上風[65]。演化學者指出，生物學似乎給了女性優勢。精子和卵子對繁殖

都很重要，但精子為數眾多（一般年輕男子一秒能生產上億精蟲），價值較低；卵子則相當稀少（一般女性一個月才會生產一顆），物以稀為貴。女人應該要求男人提供各種服務，才能讓他們接觸自己的卵子。從某些層面看來，這點確實不假；比起雄性黑猩猩、倭黑猩猩、大猩猩、或紅毛猩猩（我們在基因上的表親）而言，男性覓食者確實在育兒上做出了更多貢獻。不過有些人類學家推測，女人所要求的代價從未包括政治或經濟權力的原因，是由於精子並非雄性覓食者唯一的誘因。因為男人也是暴力的主要提供者，女人得與他們談判才能得到保護；男人是主要的獵人，女人需要為了肉而和他們談判；也由於共同狩獵經常使男人彼此合作、彼此信任，單一女性經常得和許多人同時討價還價。

　　但無論細節為何，結果都相當明確：覓食者隊群受男性宰制，但鮮少擁有誇張的性別階級制度。時常見到受到虐待的妻子直接離開丈夫，沒人會大驚小怪或說三道四，社會成員對婚姻忠貞和婚前處女身分的態度也相當溫和。就妮莎看來：「一旦妳身為女人，就不會楞著什麼事都不做；妳還有情人呢。」[66]濫交自然會造成問題，也會導致妻子遭毆、男性競爭對手也會為了女人的關愛彼此鬥爭，但對不貞做出過度反應的人會受到嘲諷，性出軌者也鮮少永久被視為恥辱[67]。

　　性別階級的膚淺與婚姻關係的弱點，和經濟與政治階級的膚淺與弱點一樣，似乎都是將覓食行為作為能量獲取方式所導致的直接後果。女人採集的食物相當重要，特別是靠近赤道的地區，當地植物在大多覓食者的飲食習慣中佔有相當高的比例，但分享

道德觀通常代表群體中的所有成員都能得到這項食物。男性覓食者大多比男性農民還不在乎控制女性的主要原因（特別是控制女性的繁殖行為），是由於覓食者能供繼承的資源比農民來得少。對大多覓食社會來說，無論父母是誰，都能平等取得野生食物。再者，物質成功更取決於狩獵、採集技術、與結盟能力，而不仰賴能夠世代交替的實質財產，反之，這也代表了，在只有合法後代能繼承土地與資本的情況下，子女的正統性問題就變得不大重要了。

　　儘管如此，男性為了女性而相互爭執的狀況，在覓食者中似乎比農民之間更容易以暴力收場（也比化石燃料使用者更加容易發生）。有些人類學家對此抱持歧見，聲稱當男性覓食者為女性彼此爭鬥時，「其實」是在爭奪食物或地盤，女性只是提供了爭執點，並為更深奧的競爭關係賦予了較為便利的理由[68]。在某些情況下，事實肯定是如此，但整體而言，覓食者如此一致地將暴力行為歸咎於男性爭奪女性所導致，因此很難不懷疑他們是否明白自己在說什麼。甚至有證據證明，亞諾瑪米人（Yanomami）與瓦拉尼人（Waorani）（兩者都居住在亞馬遜河上游，並結合了粗耕與覓食方式）之中，比起較不暴力的男人，更暴力的男人擁有較多性伴侶與孩子[69]。

　　為女人發起的爭執似乎驅使男性覓食者以暴力行事，且機率比農民或化石燃料使用者高出許多，因為令人訝異的是，**各種**爭執都經常使覓食者採取暴力手段。相關資料引發了激辯，但在近二十年內，越來越多人類學家認為二十世紀的一般覓食者有至少10%的機率會因暴力而死[70]。在某些群體中（進行粗耕的亞諾瑪

米人與瓦拉尼人是最多人研究的種族），四個人裡就有一個會死得悽慘[71]。考古證據難以詮釋，但那又是我們唯一能確認這種程度的暴力行為是否在史前時代也相當常見的佐證，不過致命創傷的發生率（在尼安德塔人〔Neanderthal〕的骨骸中，至少找到了二十七個案例，早期現代人類中也有十九個範例）肯定與高漲的暴力死亡率一致[72]。

　　覓食者隊群使用暴力的狀況各有不同，就如同處理其他事項一般差異甚巨，但人類學家花了很長一段時間，才明白狩獵採集者有多粗暴。這不是因為民族誌學者走運到碰上特別和平的覓食者，而是由於覓食行為造就的社會規模小到使外人難以察覺其中的高謀殺率。如果包含十二名成員的隊群擁有10%的暴力死亡率，那該隊群每二十五年就會經歷一次屠殺；而由於人類學家連二十五個月的田野調查都鮮少進行，自然不會見到多少暴力致死案例。這項人口統計上的現實使伊莉莎白·馬歇爾·湯瑪斯（Elizabeth Marshall Thomas）將她於一九五九年出版、內容敏感的昆申人民族誌取名為《溫和人民》（*The Gentle People*）[73]；即使該民族的謀殺率和底特律經歷古柯鹼濫用高峰時的謀殺率幾近相同。人類學家肯定聽說過許多關於謀殺的故事，但他們也聽過很多覓食者講述自己對暴力感到的畏懼，直到一九九〇年代，他們才循著線索揭開了殘酷的現實。

　　和大多動物一樣，人類因經歷了生物性演化，而使暴力成為解決爭端的工具之一[74]。儘管如此，只有精神病患才會試圖用暴力解決**所有**問題[75]，他也會迅速發現自己受到他人孤立，對方還會彼此合作、並回以更強大的暴力[76]。人們非常害怕暴力（這

點很合理），也會找方法讓暴力喪失吸引力。湯瑪斯・霍布斯（Thomas Hobbes）在《利維坦》（*Leviathan*）中提過，在複雜社會中，這些步驟最重要的一點，就是創造中央政府，使其獨佔暴力的合法使用權，並能懲罰犯罪者。不過，只擁有膚淺政治階級的覓食者，無法建立這種政府；而儘管嘲諷、驅逐、批判、和搬遷在大部分狀況下確實有用（霍布斯在撰寫《利維坦》前，將生命認為是「與一切抗戰」的觀點，純粹只是思想實驗），卻經常無法生效，使十名覓食者中有一個以上的成員會因暴力而死。當情緒高漲時（特別是人們試圖對付令人討厭的反動份子時），暴力看起來一點都不惡劣。

　　儘管覓食者鮮少明顯容忍暴力，卻經常認為在許多情況下，人們該用暴力解決問題。這種行為可能出自突如其來的憤怒殺氣，或演變為以牙還牙的報復性謀殺，並延續好幾個世代。有時候還會變成某種石器時代版的《東方快車謀殺案》（*Murder On the Oriental Express*）[77]；整個族群都認為，唯一能阻止反動份子的方式，就是團結起來殺了他[78]。這些情況都不太常在典型覓食社會中出現，但大眾確實同意殺戮有時是合理行為，而在這些狀況下使用暴力的人們（幾乎總是男性），則不該受到譴責。

　　整體而言，大多覓食者都擁有非常相似的平等主義價值觀。他們對政治與經濟階級體制抱有極度負面的觀點，但接受溫和的性別階級，並認同該在確切的時間與地點使用暴力。

　　這些價值觀廣泛受到覓食者採納的原因，是由於當覓食行為成為能量捕獲方式後，它創造出的經濟與政治限制所引發的直接後果。在由擁有高機動性的狩獵採集者所組成的小型群體中，難

以創造並維持高度發展的政治、經濟、與性別階級，在不常以暴力解決問題的狀況下經營人際關係也同樣艱困。和所有人相同的是，覓食者也擁有自由意志，我們也得推測在全人類都身為覓食者的成千上萬年中，人們已經嘗試過各種想像得到的排列組合。但隨著時間過去，大多群體都朝向上述的道德平等主義演化，價值觀也因此順從了物質現實。每個社會各有不同的精準平衡點，地理狀況能用於解釋這類差異（特別是我們在太平洋西北地區裡規模相對較大、並維持定居生活的群體中，注意到的特異狀況），但我們肯定能辨認出韋伯口中的典型覓食者價值觀。只有在過去一萬年，當農耕在世上出現後，這些價值才逐漸式微。

第三章

———

農民

誰是農民

　　農民最重要的能量來源，就是馴化的動植物。我在第二章開頭引述了凱薩琳‧潘特－布里克（Catherine Panter-Brick）對覓食者的定義：他們「不會特意改變資源來源的**基因庫**。」，之後則「以小群體方式生活……並經常搬遷。」[1]；相反的，農民會特意修改資源來源的基因庫，並居住在大（規模通常極為龐大）群體中，也鮮少搬遷。在覓食者充滿機動性但微小的群體中，地點會改變，但成員不變；在農民靜止不動但規模龐大的村落中，成員終將改變，但地點依舊。

　　農耕的重點在於改變使用資源的基因庫，植物學家與動物學家通常稱之為「馴化」（domestication）。這點指出人類會充分干涉其他物種的繁殖行為，並創造出選擇性壓力，使這些物種演化為全新的物種，對方則只能繼續仰賴人工過程才能繁衍。

　　馴化過的小麥是個經典範例；現在它已是人類最主要的植物性蛋白質來源[2]，不過類似的基因流程在世上不同地區中的其他動植物身上也發生過。野生小麥是一年生植物；當它成熟時，穗軸（將種子連結到植物本身上的細小植莖）會變得瘦弱，種子則會接二連三地落到地上，此時它們的保護殼會碎裂，並開始發芽。每年在大約一到兩百萬株野生小麥中，會有一株在強化穗軸的基因上產生隨機突變，這代表當種子成熟時，就不會掉到地面，因此無法傳承基因。結果，這株變種植物從基因庫中消失（被下一個世代中的新隨機變種所取代）。但當人類覓食者開始收割植物並重新栽種部分種子時，就干涉了野生植物的基因庫，

使至少有些變種植株**會**將基因傳承下去，基因庫中的變種比例便會緩緩增加。電腦模擬結果反映出，理論上只要花上幾百年，變種植株就能完全取代原先的野生植物，不過考古證據顯示，現實中其實花了幾千年。只有當人類收割並重新栽種全新的馴化小麥時，它才能繁殖，人類也確實這樣做了，因為比起覓食者採集野生小麥的行為，他們的勞動（農業）能產生更多的卡路里。馴化過的動植物是最原始的基因改造生物[3]。

　　「農耕」這個分類包含了比「覓食」更多的變異性，因此本章比第二章要長得多。「農民」這個類別也有許多變換案例，使它的界線變得相當模糊。我在第二章中花了點時間討論「覓食光譜」，其中涵蓋了規模渺小、機動性強、且無社會組織的群體，像是非洲的昆申族，到大型的結構化定居式群體，諸如太平洋西北地區的夸裘圖人。不過，為了公平講述農耕社會，我們不能採用光譜式的類別，而得構思某種類似三芒星的圖表（圖表3.1）。

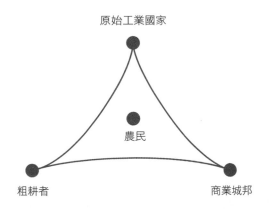

圖表3.1.　農業三芒星：每個頂點都象徵了極端案例，從粗耕者到商業城邦或原始工業國家，中央則代表理想農民社會。

其中一個頂點包含了小型群體，像是南非的馬基更加人（我在第二章中曾簡短提及他們）；儘管他們擁有馴化過的動植物，卻過著覓食者般的生活。人類學家通常稱這種社會為「粗耕者」（horticulturalists）或「食物培育者」（food cultivators）[4]。第二個頂點包含相當不同的十八世紀農業國家，像是中國清朝、印度蒙兀兒帝國（Mughal India）、鄂圖曼土耳其（Ottoman Turkey）、與啟蒙時期（Enlightenment）的西歐與其海外殖民地，有些殖民地正瀕臨工業革命邊緣；而第三個頂點則是高度商業化的小型城邦，像是古雅典、中世紀威尼斯、或是中亞的某些綠洲，它們在某些層面上與化石燃料社會和農業社會有許多共同點。三芒星中央則是理想的農民社會。

人類學家相當注重粗耕者和農民間的差異，通常認為兩者的分界點，在於有個獨特的統治菁英崛起。「只有當培育者被吸收進國家中的社會時，」人類學家艾瑞克・沃爾夫（Eric Wolf）在他充滿影響力的著作《農民》（*Peasants*）提到，「也就是說，當培育者受到自身社會階級以外的掌權者命令與宰制時……我們才能好好地談論農民的概念。」[5] 歷史社會學家與政治科學家，對農民與原始工業國家之間的差異付出了同等關注[6]，但城邦居民和農民間的差異則較不受重視[7]。

但和覓食者的範例相同的是，例外與子類別不該遮蔽事實：有種理想類型以抽象方式代表了農民社會的核心特質。跨文化相似性如此強大，使得在一九五四年舉行的一場比較三個農民社會（西元前七世紀希臘、十九世紀南英格蘭、與一九三○年代墨西哥）的講座上，人類學家羅伯特・瑞德費爾德（Robert Redfield）

甚至覺得該提起：

> 「如果有位來自這三個相距甚遠的聚落之一的農民，能
> 被某個好心的神燈精靈載到另外兩個社會中，並學會搬邊村
> 落中的語言，他就會立刻感到像在家中一樣自在。這是由於
> 基礎生活導向並未改變。他生涯的羅盤依然會指向同一個道
> 德上的北方。」[8]

我會在本章節中，以大篇幅敘述這些「基礎生活導向」。

和覓食一樣，農耕也源自特殊地點（在此狀況中，是考古學
家所稱的「丘陵側翼」）（參見圖表3.2；基本上是一道從約旦河
谷〔Jordan Valley〕彎曲蔓延過土耳其邊界、接著往下繞經伊拉
克與伊朗邊界的弧線）與特定時間（約莫在一萬年至一萬五千
年前），接著擴散到整個地球。不過，覓食與農耕在擴張上的不
同之處，在於它們的速度、規模、與貫徹性。現代人類覓食者花
了五萬年以上的時間（從約莫西元前七萬年到一萬五千年），才
從非洲擴散到地球上每個利於居住的地點。這段過程中，全球人
口大約成長了六倍（從西元前七萬年大約五萬人，到西元前一萬
五千年的三百萬人），而前人類種族則全部滅絕。相反的，農民
只花了一萬一千年（大約在西元前九千五百年到西元一五〇〇年）
就征服了所有可供耕種的地區，此期間世界人口成長了九倍，從
五百萬人變為四億五千萬人。覓食者並未絕跡，但確實從西元前
九千五百年時全世界人口的99%，衰退到西元一八〇〇年的1%[9]。
此時，世界人口大多數由農民構成的狀況已持續了至少五千年。

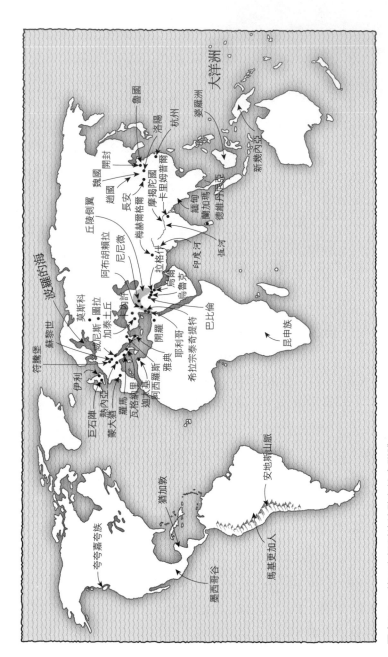

圖表 3.2. 第三章提到的地點與社會群體。

證據

農耕社會的證據[10]來源與覓食者相同（考古學、歷史文獻、人類學），但這些類別的權重則截然不同。由於所有農業社會遲早都會發明或採用書寫工具，我們在現今的南伊拉克，找到了約莫西元前三千三百年時，大量關於農耕社會的第一手資料[11]。

不過，在倖存的上百萬份文獻中，大多都有個嚴重問題：它們的作者屬於一小撮受過教育、並以男性佔大多數的菁英份子，通常也是為了同儕與自身目的所下筆。令人訝異的是，結果第一手歷史資料只告訴了我們，少許關於四分之三以上實際進行農耕的人口所經歷的生活。即使在教育程度最高的古代社會，像是古雅典（西元前四與五世紀）與晚期的義大利共和國（西元前一世紀），或許十個男性之中只有一人擁有基礎讀寫技能，女人則遠少於此數字。直到西元第二個千年初期，這個比率才緩緩升到10%以上，而且可能只有西歐與中國城市有這種數據。大眾教育達到超過一半以上的人口能夠閱讀簡單句子的程度，則屬於化石燃料時代[12]。

有鑑於此，歷史學家努力想找出普通農夫生活的相關資料。第一手資料有時會提供部分線索，像是宗教審判官雅各伯‧福尼爾（Jacques Fournier）（後來的教宗本篤十二世〔Pope Benedict XII〕），他記錄了西元一二九四到一三二四年間與南法蒙大猶（Montaillou）村落農民的會談[13]；但大多狀況下，我們對農民經驗所得到的證據，只來自考古學與二十世紀人類學家、鄉間社會學家、與發展經濟學家的文獻。農耕社會確實比覓食者製造出更

多物質產品（有些還裝飾了具象性藝術），因此至少物質紀錄相當豐富，但和所有考古證據一樣的是，這類佐證默不作聲，也得透過類比來詮釋。因此，即使社會科學家提供了關於二十世紀農民豐富的細節，要從中推論出早期農耕社會的狀況，便會出現和研究覓食者社會時遇上的同樣問題。

能量，人口統計學，與社會組織

　　和覓食者狀況相同的是，農民在維生與組織方式上的差異，大多肇因於地理因素。剛開始，在上個冰河期末期或許能成為農民的，是居住在丘陵側翼區的人們，該處的地理條件有利於擁有馴化潛力的大穀粒植物，與大型哺乳類動物的演化[14]。另一項類似覓食者之處在於，居住在這些得天獨厚地點的人們，得與原本就住在當地的動植物共存，這代表當丘陵側翼區的首批農民馴服小麥、大麥、豆子、綿羊、山羊、與牛隻時，東亞農民則馴化了小米、稻米、豬、與水牛；中部美洲（Mesoamerica）的居民則種植南瓜和玉米；安地斯山脈的人民馴服南瓜、花生、馬鈴薯、駱馬、和羊駝；新幾內亞的人民則栽種香蕉與芋頭。每個被馴化的物種都會生產不同的營養素，也需要不同的勞動模式[15]。

　　當這些農業中心的人口成長時，人們就會向外遷移，找尋新的農地，並帶走中心區內馴化過的動植物。緩緩移動的移民們帶著丘陵側翼區的原生農作物一路挺進當今的法國，和現代阿富汗的梅赫爾格爾（Mehrgarh），其他移民則將中國農作物帶到日本與婆羅洲，最遠則抵達大洋洲[16]。不過，將農業帶到新環境後，

就會開創全新的可能性，農民也逐漸明白大河（特別是幼發拉底河〔Euphrates〕、底格里斯河〔Tigris〕、尼羅河〔Nile〕、印度河〔Indus〕、與黃河）能用於灌溉、運輸、與溝通。這使得收成量與經濟融合程度變得更高，農民也沿著這些河流興建了首批真正的城市，人口則由幾萬人演變到數十萬人。但如果大河能幫助農業，靠近海洋的效果則更好。西元前一千年晚期，羅馬帝國將整個地中海盆地納入旗下，羅馬城也擁有了一百萬個居民。東亞沒有類似地中海的地理環境[17]，但於西元六〇九年開拓的大運河，則產生了人工地中海的效果，讓盛產稻米的中國南方連結到北方的城市與軍隊。到了西元七〇〇年，長安也有了一百萬個居民[18]。

隨著每個農業中心成長，它們在能量捕獲上也經歷了緩慢的爆發式演進。透過我在自己的著作《丈量文明》（*The Measure of Civilization*）中描述的估算，典型的富裕覓食者在踏出馴化過程的第一步時（在丘陵側翼區大約是西元前一萬年，東亞與南亞是西元前八千年，墨西哥與秘魯則是西元前七千年），每天都能獲取五千大卡（大卡／人／日），這些熱量有一半是食物，其他則是燃料、衣服、住處、工業、運輸、與其他活動。大約兩千年後，粗耕村落出現時（丘陵側翼區大約是西元前八千年，東亞與南亞是西元前六千年，墨西哥與秘魯則是西元前五千年），能量捕獲則提升到約莫六千大卡／人／日。又過了三千年，能量捕獲則達到八千大卡／人／日，當時農民學會以更有效率的方式開發馴化資源（丘陵側翼區大約是西元前五千年，東亞與南亞是西元前三千五百至三千年，墨西哥與秘魯則是西元前兩千年）。這些

農民發現，一年在花園中栽種穀類，隔年換種植富含蛋白質的豆類，能夠使土壤恢復養分，也使他們的飲食變得多元。在粗糙的磨石上碾碎穀物，會讓食物沾滿沙礫，使人們的牙齒嚴重磨損，所以農民學會篩掉雜質，並以新方式處理穀物。同時，牧人也明白與其在馴化動物還年輕時，就為了肉而宰殺牠們，不如將幾隻牲畜留下來生產羊毛與牛奶，還能用牠們的排泄物為土地施肥。東南亞擁有比世界上其他地區更大型的馴化動物，當地人甚至學會讓牲畜拉起裝有輪子的拖車。之前，搬移物品代表將東西撿起來帶著，但裝上挽具的公牛能發揮比人類多上三倍的力量。到了西元前四千年，以牛拉的犁便成為馴化動植物合併後的成果[19]。

　　這只是開頭而已。西元前四千年的中部美洲與埃及、西元前三千年的印度河流域（Indus Valley）、與西元前兩千五百年的黃河流域，運用灌溉的農民大約獲取了一萬大卡／人／日，過了約四千年後（西元一世紀的羅馬帝國部分地區、西元一一〇〇年的中國宋朝、或許還有西元一七〇〇年的印度蒙兀兒帝國），能量捕獲再度以三倍增長。以食物方式消耗的能量確實增加了，從農業起源的兩千至兩千五百大卡／人／日，到每天約六千至八千大卡，但這項增加趨勢大多來自以廉價熱量換取昂貴的卡路里（肉、酒精、栽種出的水果等等）[20]。大多農民在這段一萬年的歷史中依然矮小又營養不良[21]。每人捕獲的能量多了六倍，到達三萬大卡／人／日；這似乎代表了純粹的有機經濟的外在極限（圖表3.3）[22]。

　　由於野生動植物只提供了少許能量，覓食者得持續遷徙以便找到所需物資，但每公畝土地中捕獲的能量穩定增加，代表農民

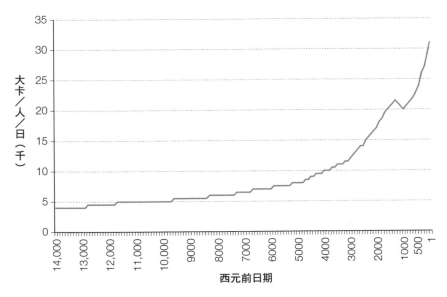

圖表3.3. 巔峰能量:西元前一萬四千年到西元前一年,世上每個人所捕獲的最高能量水準(資料來源:Morris 2013)。

不需要那樣做。確實有些農業社會的成員充滿機動性:牧人在冬季與春季牧場驅趕牧群,而在濱海的商業城邦,有一批無法量化的大規模少數族群,有時會搭船進行可能長達上百英哩的航行[23]。少數人的探索範圍確實比之前更遙遠;儘管覓食者持續搬遷,大多人只待在數十英哩的範圍內,而西元前五世紀的腓尼基(Phoenicia)水手可能已環航過了非洲。在西元紀年剛開始的兩個世紀中,至少有部分埃及與印度水手經常造訪彼此的故鄉。某個於西元兩百年被埋葬在義大利瓦格納里(Vagnari)的男子,其身上的線粒體DNA顯示他來自東亞,而中國文獻似乎指出西元一六六年時,羅馬大使曾抵達漢朝首都洛陽[24]。到了西

元一六〇〇年，一小批歐洲人已經航越了整個地球，接下來兩世紀，全球化貿易正式出現。另一方面，當這些環球旅行者創下新紀錄時，大多農民則居住在比大部分覓食者過去居住範圍還小的地區，也從未去過距離自己出生村落一兩天路程以上的地點。對洪武皇帝而言（他在西元一三六八年至一三九八年之間統治中國），人們只能遠離家園二十里（約莫七點五英哩），而十三世紀的英國法律也對「鄰近」（neighboring）設下相同的限制（一個人從自己的村落前往拜訪他人時，所穿越的合理距離），這點可能並非巧合。

　　即使來自農耕社會的第一手資料充滿無賴、流浪詩人、與年輕人出外闖天下的故事，現實中的農業使個人能量捕獲需求增加了六倍，使得浪跡天涯的自由生活逐漸變得困難，因為這些能量得用於成長規模更龐大的社會。覓食地帶中通常一英哩只能養活一個人以下的成員，而在艱困的環境中，可能需要十英哩才能供一個人維生[26]。不過，通常農業社會每平方英哩的人口密度在十人以上。西元前五世紀的雅典擁有的上千平方英哩地區中，約莫住有三十五萬人[27]，此密度比典型覓食社會要多出兩三個數量級，而尼羅河谷（Nile Valley）、長江、與恆河（Ganges）三角洲可能還超過這個數字。

　　個體聚落的大小擴張得更快。冰河時期的覓食者頂多只看過數量約幾百人的光景，且發生於不同隊群聚集時，一年只會舉行幾天。到了西元前七千年，大約有一千人在加泰土丘（Çatalhöyük）居住，該地位於當今的土耳其；西元前三千五百年之後不久，一萬名以上的人在位於南伊拉克的烏魯克（Uruk）

定居；到了西元前七百年，北伊拉克的尼尼微（Nineveh）擁有十萬個居民；之前也提過，到了西元一百年時（可能遠比西元前兩萬年時全世界的人口還多）羅馬已經有了一百萬個居民，到了西元七百年，中國長安也擁有同樣數目的人口[28]。羅馬帝國與同時期的中國漢朝各有六千萬名臣民；西元一六〇〇年時，中國明朝則有一億六千萬人。

每公畝農地捕獲的能量穩定增長，使土地能夠餵養上百萬個居民，但代價則是持續又艱困的勞動[29]。薩林斯的原始豐裕社會中相對輕鬆的覓食者，則與歷史學家、人類學家、與發展經濟學家紀錄中過度操勞的農民大相逕庭。「勞務接踵而來。」古希臘詩人海西奧德（Hesiod）表明，他的《工作與時日》（*Works and Days*）（著作於西元前七百年）是現存最古老的紀錄，該作品的大綱是以農民角度描述生活[30]。二十六個世紀後，一位南義大利神父認為「農民工作以能用餐，用餐則是為了工作；接著他會就寢。」[31]挖掘出的骨骸顯示，古代農民比覓食者還慣於承受重複性壓力創傷；由於嚴格受限的飲食習慣使他們大量食用含糖的碳水化合物，他們牙齒的狀況經常很糟；而他們的體態自從農業出現後便沒有成長多少，直到西元二十世紀才出現明顯增長，這也是象徵整體營養攝取的明確標準[32]。

農民工作的辛勞程度不只取決於他的居住地點和富有程度，還有他在人口統計中繁榮與蕭條循環裡的定位，該性質是所有農耕社會的特徵。和覓食者一樣的是，農民鮮少與環境平衡相處。歐洲是研究最完善的區域，此地的考古資料顯示，儘管人口在西元前八千年到西元前兩千年曾以指數方式成長，並在約每十六個

世紀數量就上漲雙倍，細節充足的整體狀況卻更為劇烈，突然的高峰後，隨之而來的是可怕的銳減（圖表3.4）[33]。

　　到了西元第二個千年，更為豐富的證據使我們能更精準地追蹤這類模式。人口在西元九百年那溫暖又潮濕的時代開始穩定成長，氣候學家稱此時期為「中世紀溫暖時期」（Medieval Warm

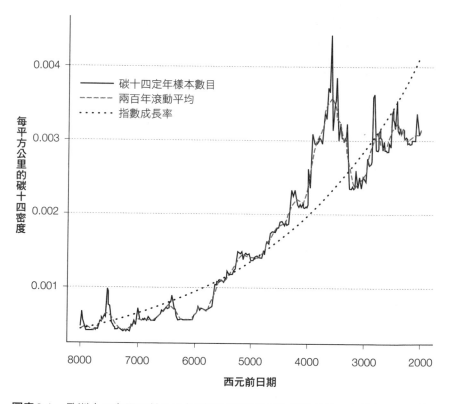

圖表3.4. 歐洲人口在西元前八千年到西元前兩千年的指數成長，資料來源為一萬三千六百五十八項已公布的放射性碳定年紀錄（Shennan et al. 2013）。一連串下滑與暴漲中的長期趨勢，顯示人口約每一千六百年就會以雙倍成長。（出自研究領域中的所有資料。樣本N=13658；組別N=6497）。

Period）。這迫使農民更努力地工作，與更多人共用同一塊土地，或得在較不肥沃的土地上耕作；但在一三四六年到一四〇〇年之間，幾乎消滅了歐洲大陸上一半人口的黑死病，讓土地勞動比例劇烈地降低到對生存者有利的狀態。非技術勞工的真實薪資於十五世紀衝上前所未見的巔峰，不過當人口數量復甦時，農民便得再度以辛苦勞務換取微薄薪資（參見之後的圖表5.8）[34]。十八世紀歐洲，受到啟蒙的知識份子發現，農民認為十五世紀是充滿歡樂、蛋糕、與麥酒的黃金時代，和他們當代的苦難截然不同。約翰‧昆西‧亞當斯（John Quincy Adams）於一八〇〇年寫信回家時，提到當代農民村落是「泥巴和茅草的聚合物……衣衫襤褸又蒼白的乞丐們住在裡頭……屋內一般都擠滿了孩童，身上除了破爛的上衣外，其他什麼也沒穿；他們經常一絲不掛，身上爬滿害蟲，看起來活像是經歷過瘟疫的埃及」[35]。

即使在人口統計上最快樂的時期，農民的生活依然會使任何化石燃料世界的訪客感到骯髒野蠻又貧窮。安東‧契訶夫（Anton Chekhov）於一八九七年出版，劇情嚴肅的短篇故事《農民》（*Peasants*），正是絕佳範例。故事中的反英雄尼可萊‧奇基利耶傑夫（Nikolay Tchikildyeev），直到病情迫使他搬回故鄉村莊前，都是個住在莫斯科的窮困服務生；但契訶夫說，即使是如此單純的人，也「（在回到鄉間後）受夠了長期的塵囂、飢餓、令人窒息的黑煙、和穢物，他痛恨並輕視貧困，並因妻女得見到他的父母而感到羞愧。」[36]但儘管我們沒有理由質疑契訶夫對農民生活慘況所抱持的理解，也該記得那至少不如覓食者生活般悲慘。經濟學家安格斯‧麥迪遜（Angus Maddison）估計，古代與

中世紀農民一天的維生收入，相當於一美元五十分到二美元五十分；金額確實不高，但比覓食者賴以為生的一天一美金十分高多了[37]。我對能量捕獲的估算顯示，差距可能更為龐大，像羅馬帝國或中國宋朝這類繁榮農業社會的收入程度，要比最富足的覓食者要高上五到六倍[38]。即使是契訶夫筆下悲慘的奇基利耶傑夫都有座小屋，裡頭則有台茶炊*，能用來泡茶，還有能加熱茶炊的爐子[39]。

　　但儘管農業社會比覓食者社會更繁榮，卻**更具**階級性。如我們在第二章所述，在特定情況下（就像十九世紀太平洋西北地區、史前日本、或波羅的海地區常見的狀況），覓食者社會的財富分配相當不均，但和農業社會相比，問題還小得多。我們擁有統計數據的最早案例是羅馬帝國，國內有些人令人訝異地富裕。有位C‧凱西流斯‧伊西多魯斯（C. Caecilius Isidorus）於西元前八年過世時，留下了三千六百頭公牛、二十五萬七千頭其他牲畜、四千一百一十六名奴隸、與六千萬枚羅馬銀幣（sesterce）（足以養活五十萬人一整年）。約莫在同時期，一位名叫L‧塔瑞斯‧盧福斯（L. Taurus Rufus）的資深軍官在某件財產交易失敗時損失了一億枚羅馬銀幣[40]；歷史學家克里斯‧威克漢（Chris Wickham）也認為到了西元四世紀，最強大的四個家族（阿尼奇家族〔Anicii〕、佩特洛尼家族〔Petronii〕、與凱歐尼家族〔Caeonii〕「可能是史上最富有的地主。」[41]

　　從最佳估算結果來看，西元一世紀時羅馬帝國的吉尼財富係

---

* 譯注：samovar，俄羅斯使用的煮水用金屬茶具。

數大約介於0.42到0.44之間，而有鑑於羅馬的科技與生產力，這個係數代表羅馬菁英（大約佔總人口10%）向大眾抽取財富，理論上的最大可能開發率則是80%[42]。相較之下，覓食者吉尼係數的平均數值為0.25（圖表3.5）（第二章曾提過這點），但羅馬的財富不均狀況似乎在農業社會中十分常見。另一項比較了十三個農業國家的研究，估算出的吉尼係數平均為0.45[43]，而計算出覓食者社會低分的同組人類學家團隊，則發現他們採樣的八個小規模農民群體中的平均吉尼係數是0.48[44]。（該團隊也研究了四個粗耕群體，並發現預料之中的平均分數0.27，分數只稍稍比覓食者高。）[45]

這種社會（比覓食者社會更為擁擠與繁榮，但較不平等）存在的原因，是由於農耕同時催生並需要在勞務分類上大幅增加複

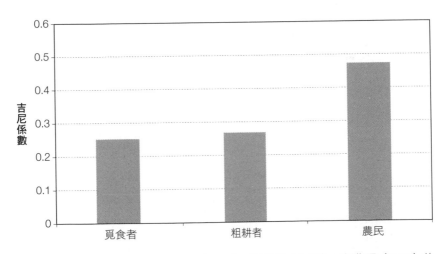

圖表3.5. 估算不均狀況：覓食者（0.25）、粗耕者（0.27）、與農民（0.48）的財富不均程度所估算的平均吉尼係數。（Smith et al. 2010）羅馬帝國的分數約莫是0.42到0.44；西元一八〇〇年時，英格蘭與法國則得到0.59分。

雜程度。該點最明顯的特色，就是出現了比家族更為龐大的經濟企業，稍後我也會再細談這些問題；但在檢視這種大規模組織前，我得先強調一點：和覓食社會相同的是，家族依然是農業經濟的基石。不過，家族的內部結構則經歷了大幅度改變。

　　兩項主要影響力催生了這種過程。首先是勞動本身的性質。在覓食社會中，女人通常負責大部分的植物採集工作，男人則處理大部分狩獵。這項性別勞務分工在粗耕社會中通常沒有太大的改變，狩獵與採集依然重要，農耕程度則相對輕量。許多地方都滿布能作為菜園的土地，同時勞動力則相當稀少，粗耕者會在幅員廣闊的地區輕量耕種，男女共同翻地除草。但隨著人口增長，比起勞動力，土地變得稀少許多，人們也得更賣力地在上頭工作，透過翻地、施肥、與灌溉這類粗重勞務，從每畝土地中獲取更多收成。社會越往這個方向演進，男人的上半身力量便越有助於農耕工作，也有更多人開始將戶外活動定義為男人的工作[46]。

　　這種長期改變肯定強烈將女性排除在田野工作之外，但第二項影響力（人口統計）可能在將女性拉入家中這件事上，扮演了更重要的角色。發明農耕前，人口平均每一萬年才會以雙倍成長，但在農耕開始後，人口成長雙倍的時間便縮減到兩千年內。農婦們生下的嬰兒比女性覓食者還多；多到使部分史前史學家將其形容為「新石器時代人口結構轉型」（Neolithic demographic transition）[47]。農耕社會中典型的女子平均會生下七個幼兒，並將自己大部分的成年生活花在懷孕或照顧幼兒上[48]，而由於這些活動對進行翻犁的女子來說相當困難，人口統計與勞動模式便對男性／戶外與女性／室內做出了區分。

　　由於（一）比起覓食者帶回家的食物，農民生產的食物經常需要更多加工（打穀、過篩、研磨、烘烤等等）；（二）農民漸漸開始建造的永久性房屋，比覓食者的暫時居所需要更多維護與清理；（三）這些活動能由在家中看顧孩童的女性負責，農耕的邏輯便開始轉向勞務與空間上全新的性別分工。全世界的農民都明顯得出同一個結論，認為男人該出外到田裡工作，而女人則該待在家中工作。事實上，這種決定似乎相當理所當然，使得沒有任何遠離粗耕生活的農業社會採用別種生活方式[49]。

　　研究敘利亞的阿布胡賴拉（Abu Hureyra）挖掘出的一百六十二具骨骸時，發現西元前七千年時，丘陵側翼區就發生性別上的勞務重組了。男女上半背部都擁有變大的脊椎，可能是由於得用頭部背負沉重的物品，但只有女性發展出了明顯的關節問題，原因可能是在磨碎穀粒時長期跪著，並用腳趾作為負重基座[50]。

　　阿布胡賴拉是個非常單純的農業社會，但即使在羅馬帝國（它可能是所有工業化前經濟體中發展最複雜的國家[51]），卻也令人訝異地沒有什麼改變。據地理學家老普林尼（Pliny the Elder）所說，儘管到了西元前一百六十年，羅馬城內也沒有麵包店，因為所有麵包都由女性在家中烘烤而成[52]。西元一與二世紀的文獻指出，只有七分之一的戶外勞工是女性[53]；女性職業也只有三十五個，男性則擁有兩百二十五種職業取向。古典學家蘇珊·特烈吉亞里（Susan Treggiari）認為「女性似乎專注於『服務性』職業（餐飲與娼妓）；特別是處理食物；在店鋪內提供服務；精於特定技術，特別是製造布料與衣物；『精細』工作，像是製作金箔或處理妝髮；以及特定的奢華性質工作，像是香水。」[54]

　　在二十世紀的工業化前農業社會中，人類學家與社會學家通常都會發現，農業行為的緊湊性、繼承的重要性、以及男性對女性貞節的執著間有著強大關聯[55]。這似乎也是農業邏輯的成果之一。覓食者與幼年成員分享知識，教導他們如何找到成熟的植物、野生動物、和安全營地，但農民有更重要的東西得傳承：財產。要在農業世界生存，人們需要房屋、田地、和牲畜，更別提水井、護牆、與工具，還有強化工作，諸如除草、澆水、修築梯田、和移除石塊。繼承老一輩的財產成為攸關生死的議題，而在諸多利害關係纏身的狀況下，男性農民都想確認會繼承自己財產的孩子們是親生子女。覓食者對性相對隨性的態度就此讓步，而對女兒婚前貞操（南義大利一位人類學家於一九五〇年代稱其為「象徵中的象徵」〔symbol of symbols〕）[56]與妻子的婚外情行為採取嚴格管制。男性農民經常在三十歲繼承遺產後結婚，女人則通常在十五歲完婚，此時她們還沒有機會在感情上步入歧途。

　　我們無法確定這個模式是否起始於農業出現之際，但有好幾條線索顯示真相確實如此。許多早期農耕社會似乎對祖先相當執著，甚至將他們當作超自然存在般崇拜。丘陵側翼區中有許多出自史前一萬年的遺址中，出現了明顯的祖先教派（奇異的半地下房間內放有缺少下顎的人類頭骨），當時馴化過程才剛開始。到了西元前七千年，住在加泰土丘的耶利哥（Jericho）與諸多其他遺址的人們，將他們的祖先埋在房屋地板下，砍下並保存他們的頭顱，也經常在頭顱上塗抹染色灰泥，並將這些頭顱在世代中傳承[57]。到了此時，丘陵側翼區的女孩們可能不再過著類似昆申族覓食者妮莎的生活。她們反而在父權下長大，並在青春期時被交

給年紀大得夠當她們父親的男子控制[58]。

二十世紀的民族誌和歷史資料，以及紡織、金屬冶煉、瓷器生產等活動，似乎顯示出農業社會中大多物質產品，都是在家中製作而成[59]。古希臘農民詩人海西奧德認為，農民會盡可能在家中製造任何物品，而不是從外界購買、交易、或借用[60]。他的《工作與時日》描述了擁有強烈性別區分的製作系統，女人的優先責任是紡織衣物，而男人則在農耕淡季製作工具（他提供了該如何製作拖車與犁的細節建議）[61]。

不過，儘管海西奧德致力於自給自足，他明白沒有任何農業家庭能獨立滿足自己的需求，而住家中的性別勞務分工變得更強烈的原因，則與不同家庭逐漸專業化的趨勢有所關聯。海西奧德認為理應有個村落鐵匠鋪（那是惡毒的流言蜚語中心，離得越遠越好），哪個家族精於特定技藝，也會在市集中交易產品，且彼此競爭[62]。「陶匠對彼此動怒，工匠與對方相爭。」他曾如此唱出這段知名的歌詞；甚至說「乞丐羨慕乞丐，詩人忌妒詩人。」[63]考古學顯示，專家（特別是生產高品質石製工具與武器的人）很早就在農業社會的歷史中變得相當重要[64]。

有些家族精於提供服務。宗教專家可能起始於農耕時代早期；挖掘人員提出了可信的判斷，認為西元前一萬年埋葬於以色列希拉宗泰奇提特（Hilazon Tachtit）的年老殘障女子是位薩滿，人們相信她能穿梭於人間與超自然世界之間[65]；她的陪葬品包括五十只龜殼、野豬的身體部位、一隻老鷹、一頭牛、一隻獵豹、兩隻貂，以及一條令人感到不安的人腿。祭司家族在農業社會中相當常見，但文獻中也記錄了專精於其他服務的家族。

西元前十九世紀來自卡內許（Kanesh）（該地位於現今的土耳其）的黏土板顯示出，亞述人家族公司掌控了長距離貿易網路，而在西元前六世紀與五世紀的巴比倫（Babylon），諸如穆拉休斯（Murashûs）與伊吉比斯（Egibis）這類家族則經營了龐大的商業活動，也留下了豐富的資料[66]。一千五百年後，從開羅、熱內亞、到中國杭州都有性質相似的家族企業，進行更複雜的財務與貿易活動[67]。

不過，家族專精只是農耕社會規模化所需，並促成更複雜勞務分工的開端。許多得在大型家族中進行的工作，已超越了家庭層次組織的能力。顯然，如果只有建築師的兄弟或表親前來工作，埃及人就不可能打造出金字塔，羅馬人也無法興建道路了。這種規模的任務需要超越家族的龐大組織，在結構與永久性上遠超過秀修尼族的獵兔活動[68]。

農耕社會找到許多方式，能夠組織家庭等級以上的工作[69]。有些農耕社會組織出了比家庭更大的族人團體，以便為儀式義務提供龐大的勞動力[70]，而史前時代有些最令人讚嘆的建物（包括巨石陣〔Stonehenge〕），可能就是以這種方式建造而成[71]。不過，作為永久性大規模組織的人力配置體系，親屬關係似乎具有嚴格限制，而留下文獻的農耕社會似乎更為仰賴另外兩項體制。

首先是市場，勞工透過市場販售自己的勞力，換取錢幣或同值代價。海西奧德提過他農場中的雇工[72]，但給薪勞務在更久以前就出現了。烏爾第三王朝（Third Dynasty of Ur）於西元前兩千兩百年至兩千年統治美索不達米亞（Mesopotamia）的大多區域，並支付薪資（經常翻譯為「配給品」〔rations〕）給在國立工

作坊與烘焙坊工作的勞工。這種設施擁有六千名員工[73]；該店是拉格什城（Lagash）中的紡織店。兩千年後，數以萬計的人打造了羅馬閃閃發光的大理石紀念碑，並將運穀船上的貨物卸下，以便餵養城中上百萬居民（更別提在羅馬軍隊中服役的三十五萬名士兵了）；這些工人大多是受薪勞工[74]，而在中世紀與近代早期的英格蘭到日本，市場可能是用於調動家庭等級以上勞力最常見的方式[75]。

因此，農耕社會中的企業家（無論位於鄉間或城裡）都持續抱怨將可靠的勞動力僅僅透過薪水就引進市場的困難度。他們發現整體而言，任何擁有足夠土地能養家活口的人，都偏好以在土地上工作維生，而非販賣自身勞力。經濟歷史學家蓋文‧萊特（Gavin Wright）說，這類農業經濟體中最先進的成員之一（十九世紀初期美國南部）可能更貼近早期農業社會：

「家庭農場提供了殷實的安全性，能抵禦飢餓、失業、或老年窮困。在財務機構尚未開發且充滿風險的年代，家庭農場供應了以合理的安全方式累積財富的方法（財富大多是家族本身透過清理土地、興建圍籬、排水等措施所得到的產品），自我耕作則幫助確保這項財富能持續得到收入，也能落入正確的人手中。」[76]

基本問題在於現代化前的雇農帶來的低產量，這代表勞動邊際產量（marginal product of labor）（也就是雇主雇用一名額外員工所得到的利潤）帶來的薪資經常相當低，無法吸引能用別種方

式維生的人[77]。因此第二種方式相當受到歡迎，它能夠調度的勞工數量，遠超過家庭的供應量：強制勞動（forced labor）。運用暴力來打壓勞動成本，使它為雇主創造達到正值的邊際產量，並讓奴隸與農奴制成為彌補勞動市場失敗明顯的解答[78]。

幾乎不會在覓食者社會中聽聞強制勞動。粗耕者經常在掠奪與戰爭中捕捉奴隸，但這些戰俘（特別是女人）一般都會迅速被吸納入捕捉者的親屬架構中：這點與許多發展程度更高的農業社會不同，這類社會中的奴隸永遠都是受到打壓的外來者[79]。農業社會似乎由於必要性而轉趨仰賴強制勞動：親族關係和市場都無法產生建造船隻、港口、道路、神廟、與紀念碑所需的勞力，少了這些勞力，他們（相對）龐大的人口就無法維生，也無法維持社會架構。在一份一九五九年出版的經典論文中，古代歷史學家摩西斯・芬利（Moses Finley）問道：「希臘文明是奠基於奴隸勞動之上嗎？」[80]他認為答案是肯定的，而如果我們擴大問題範圍，納入各種強制勞動的話，芬利的答案就能（在不同程度上）連結到所有農業社會。在極端狀況中（古雅典就是一例），三分之一的人民都是動產奴隸（chattel slave），且幾乎沒有農業社會缺少奴隸制度或農奴體系[81]。和父權制一樣，強制勞動對農業社會擁有功能上的必要性，能產生一萬大卡／人／日。

不過，勞動分工逐漸增高的好處，便是智慧生活的專業化，這點大幅拓展了知識量。二十世紀人類學最偉大的成就之一，便是反映出文字出現前，覓食者之間的智慧生活有多複雜；但農耕社會中的文化菁英所做出的成就，則到達了全然不同的境界。他們成功的關鍵在於識字度，而此能力本身則是經營上逐漸高漲的

專業化所催生的副產品。在歐亞大陸擁有最完整考古紀錄的東西端，有些生活在馴化過程初期（在美索不達米亞是西元前九千年，中國則是西元前六千兩百五十年）[82]的人，似乎開始使用符號來記錄家庭帳目，但得再過五到六千年，才會有更專業化的官僚，將這些符號轉化為我們稱之為書寫文字的系統。

　　目前尚未有人在美索不達米亞找到與馴化過程有關的古老文字，但第一個確切的書寫系統來自西元前一千年，大約是美索不達米亞與中國出現最古老的完整農耕體系之後[83]。但是，新大陸中的識字菁英文化則比舊世界演進得慢，而在西元前三千年時，高複雜度的學識系統在埃及、黎凡特（Levant）、和美索不達米亞出現，西元前一千年時的印度與中國，也出現了同樣的發展。人類學家持續爭辯究竟書寫是否讓人們以全新方式思考[84]，但驅使舊世界於農耕時代做出傑出學術成就的重要因素：專業化的教育體系，以及大量投資人類資本，則不可能在缺乏書寫的狀況下出現。

　　農耕社會中逐漸複雜化的勞務分工最終仰賴於一種專家：暴力大師，他們將殺戮中的相對優勢轉移到政治上。在所有研發過農業的地區，人們似乎都會在缺乏獨佔合法暴力的政府下度過三四千年；但在每項案例中，等到能量捕獲提升到一萬大卡／人／日，城鎮居民也提高到一萬多人後，少部分人就會掌權。這種狀況在西元前三千五百年於美索不達米亞發生，印度河流域是西元前兩千五百年，中國北部是西元前一千九百年，中部美洲與安地斯山脈則是西元前一百年[85]。

　　新菁英中總會有一人自立為王，但為了鞏固王權，他必然得

組織更廣泛的聯盟，並將潛在競爭對手轉化為支持者。為了與這些近似同儕之輩合作，統治者通常會將他們封為能合法繼承龐大資產的貴族，而為了使自己變得對統治者而言不可或缺，他的貴族們經常將自己重新包裝為在宗教、法律、文書、或戰爭上有用的專家。一旦合作，這些不同菁英便能透過抬高稅金、執行法律、舉行儀式、對抗鄰國、打壓叛亂、與其他擠滿了古代與中世紀歷史紀錄的政府活動，來控制社會活動的走向[86]。

由身兼人類學家與哲學家的厄尼斯特・蓋爾納（Ernest Gellner）繪製的圖表3.6，以高度抽象的方式，總結了一般狀況，但也很有幫助。蓋爾納將這種理想農耕社會稱為「農業國」（Agraria）[87]，並認為在這個虛構的典型社會中：「統治階級組成了總人口中的少數族群，徹底與大部分農業直接生產者（或稱農民）隔離開來。」圖表中的雙線標記這項明確的大眾──菁英分界，單線則代表統治階級的內部分工，專家們分別獲得了軍事、行政、神職、和其他任務，也擁有自身的階級和法律規定的權限。

「在頂端水平分層中的少數族群底下，」蓋爾納解釋道，「存在著另一個世界，它屬於受到橫向隔離的社會底層成員組成的小群體。」這就是農村。蓋爾納將之形容為「橫向隔離」，是因為農民不太出門：大部分歷史中，絕大多數農民可能都只待在出生地附近步行可及範圍的區域。在農業國中，每個分區的農民都擁有自己的方言、儀式、和傳統；蓋爾納說，他們過著「向內發展的生活。」圖表中垂直的虛線象徵農民世界的分裂，與統治者們居住的龐大世界形成鮮明對比。比方說，在羅馬版的農業國

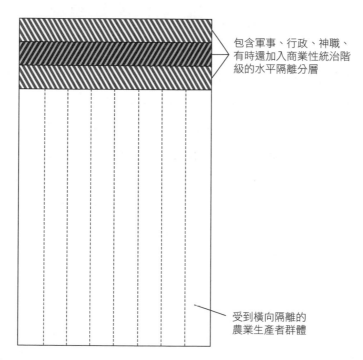

包含軍事、行政、神職、有時還加入商業性統治階級的水平隔離分層

受到橫向隔離的農業生產者群體

圖表3.6. 農業國：身兼哲學家與人類學家的厄尼斯特‧蓋爾納想出的典型農業國度模組（Gellner 1983）。

裡，皇帝、參議員、或薪資豐厚的教授能從英國旅行到敘利亞，一邊食用雲雀的舌頭，一面喝下費勒尼恩酒（Falernian wine），並以希臘語和拉丁語聊天，還在途經的每座別墅中說出關於荷馬（Homer）與維吉爾（Virgil）的詼諧影射。不過，在東道主家中的農民們，光是走二十到三十英哩，就會發現自己彷彿身處異國。「這種國家，」蓋爾納觀察道，「只想徵稅與維持和平，沒興趣與臣屬群體維持垂直溝通。」[88]農業貴族接二連三地確認此事：「我們對圖拉（Tula）鄉間的理解，」俄國親王李沃夫

（Lvov）（一八九〇年代時他待在圖拉）說，「和對中非的了解差不多。」[89]

　　社會學家約翰・霍爾（John Hall）在他的著作《力量與自由》（*Powers and Liberties*）中，描述帝制中國人、蒙兀兒帝國印度人、中世紀穆斯林、與基督教社會都能輕易被歸類進蓋爾納的分類中[90]，但蓋爾納認為，也有難以用圖表3.6分類的案例。「農業國時代（Agrarian Age），」他說道，「基本上是個停滯不前又充滿壓抑與迷信的時期。」他補充道，但是「例外確實會發生，但我們傾向於稱它們為『奇蹟』，像是古希臘這樁範例。」[91]

　　蓋爾納觀察道，奇蹟般的特例大多是城邦國家[92]。史前時代晚期的農業社會中，這種城邦國家組成的網路或許更為普遍：在埃及、美索不達米亞、印度河流域與恆河流域、黃河流域、祕魯、猶加敦、與墨西哥谷（Valley of Mexico），城邦網路似乎都會蓬勃發展，直到其中一座城邦勝過其他鄰國，並征服它們，再將它們吞併成為更大的農業國。不過在某些狀況下，特別是在歐洲與地中海（古腓尼基、希臘、和義大利；中世紀義大利、法蘭德斯〔Flanders〕、與波羅的海區域）、與中亞綠洲和撒哈拉沙漠（Sahara），城邦系統存活了下來，甚至在大型帝國邊緣演變出載入歷史之中的繁華時期[93]。

　　幾乎所有這類文獻有記載的城邦，都擁有一個重要特色：商業傾向，特別是海上貿易。這減低了其他社會因農業能量捕獲極限所遭受的約束。比方說，雅典在西元前四世紀進口大部分食物，並利用自身位於龐大貿易網路的中心，劇烈增加個人所能取得的能量。這不只使本章先前提過的高人口密度能夠成真，也維

持了經濟成長（人均消耗量可能在西元前八百年到西元前三百年以雙倍成長），導致實際工資水準鮮少在化石燃料時代前被他人趕上。識字率也極度高漲，且雅典享受著文化大爆發，使其得到「古典」的美名[94]。

從許多層面來看，古雅典、中世紀威尼斯、與其餘好幾個城邦都比農業社會更為現代化[95]。圖表3.7（我企圖〔或說是失敗的企圖〕將古雅典套入蓋爾納的模式中）[96]和圖表3.6有非常大的差異。和大多繁榮的商港城邦相同，雅典缺乏農業國族群渺小

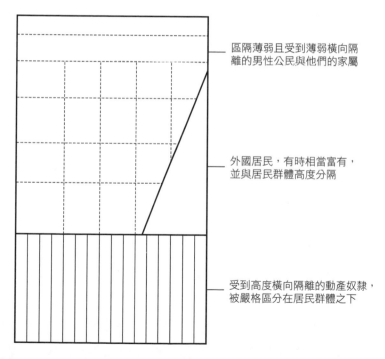

區隔薄弱且受到薄弱橫向隔離的男性公民與他們的家屬

外國居民，有時相當富有，並與居民群體高度分隔

受到高度橫向隔離的動產奴隸，被嚴格區分在居民群體之下

圖表3.7. 希臘奇蹟：商業城邦用於重建農業國的其中一種方式（Morris 1997）。

又高度分化的菁英，這批人和大多數農民完全分隔開來。它反而只有界線模糊的上流階級，他們與同樣受到薄弱橫向隔離的市民群體之間，差異只在財富，而非法定身分[97]。在雅典與數十個希臘範例中，階級區分薄弱到使國家並非由國王或商業巨頭統治，而是由希臘人口中的「dêmokratia」所控制，那代表了由所有男性公民組成的民主政體[98]。而在意料之中的是，財富的階級相對模糊。在我的計算中，西元前四世紀雅典在土地持有上的吉尼係數只有0.38到0.39，而古代歷史學家約賽亞‧歐伯（Josiah Ober）估計，西元前四世紀的雅典整體收入不均（就整體人口而言，包括奴隸）指數約莫在0.40至0.45之間[99]；遠低於史密斯等人為農業社會收入不均所估算出的平均值0.48。財富通常被視為好東西，這點與覓食社會不同。從希臘的標準看來，有些雅典人確實相當富裕，但平均實際薪資卻也不尋常地高，挖掘出的房屋遺址則顯示，古希臘人的居住條件比大多農業社會的居民來得好[100]。

　　即使如此，雅典與農業國依然有許多共通點。雅典市民是森嚴階級體系中的上層族群，而在區隔薄弱且受到薄弱橫向隔離的市民底下，還有另一個世界：受到高度橫向隔離的動產奴隸，之前曾提過他們可能組成了西元前四世紀三分之一的人口。儘管地中海貿易引發了能量暴富，對雅典與其他希臘城邦而言，強制勞動依然擁有相當必要的功能。雅典其實擁有文獻中最嚴峻的奴隸系統之一，解放率非常低，而每次將公民權賦予被解放的奴隸時，國家的最高決策團體（公民大會〔citizen assembly〕）都得投票表決。它也擁有古代世界最嚴酷的性別不公體系之一。古希

臘城市中女人並未擁有公民權[101]。

與其說是廢除農業國內的階級區隔，不如說是城邦奇蹟般的擴大了菁英階級的範圍。在可能身為極端範例的古雅典，總人口中大約有三分之一（自由的成年男性公民加上他們的兒子）屬於這種統治菁英族群。取決於詢問的問題，歷史學家能選擇要專注在這項獨特成就上（約賽亞・歐伯將之稱為雅典的「杯子半滿」觀點），或是非菁英雅典人所遭受的剝削與打壓（「杯子半空」觀點）[102]。

就當下的問題而言，我們或許該將雅典與其他城邦視為廣大農業模式中一個歷史上的重要例外，並符合圖表3.6中的模組，而非證偽：這點與太平洋西北地區與史前波羅的海和日本海地區中定居、富足、又複雜的狩獵採集者社會相同，這些群體同樣符合第二章中的覓食者社會模組，而非證偽。一方面而言，夸夸嘉夸族與雅典人都找到了將能量捕獲提高到正常水準以上的方式，並開發出不尋常的社會體系，以便運用這種優勢。但另一方面，不搬遷的覓食者與商業城邦只能在非常特定的生態區中蓬勃發展：前者得仰賴富含海洋資源的海岸地帶，像是史前波羅的海與日本海，或是歷史上的北美洲西海岸；後者則得依靠在大型帝國的貿易路徑（通常是海路，有時是河岸，偶爾是陸路）上提供補給。

在最終分析裡，定居覓食者無法逃脫狩獵採集所帶來的侷限，而商業城邦則同樣受到耕種土地帶來的約束。儘管定居覓食者的人口大小與密度，都大幅超越了更有機動性的覓食群體中的正常狀況，它們卻從未達到農業社會的正常標準；而儘管商業城

邦也能維持農業社會水準中的大型高密度人口，卻沒有任何商業城邦，曾達到化石燃料社會中常見的人口水準。在雅典的例子中，我們甚至能發現人口上升狀況與農業國越來越類似。當雅典在西元前五世紀將其他希臘城市納入自己控制下時，雅典居民便開始變得像是圖表3.6中的分層菁英，而之前曾相當類似圖表3.7的臣屬城市受到雅典控制時，它們也逐漸變得像圖表3.6中的橫向隔離族群[103]。我們在第四章會發現，唯一能逃離農業國的途徑，便是興起工業革命。

價值觀

一七六〇年代某幾年，一位名叫雅各‧古耶爾（Jakob Gujer）（通常以暱稱克萊因耶格〔Kleinjogg〕為人所知，意指「小傑克」〔Little Jake〕）曾短暫成為世界上最有名的農夫。發現這名口條清晰且充滿野心的農學家的人，是身兼醫生與社會改革家的J‧K‧賀索（J. K. Hirtzel），他盛讚古耶爾為「鄉間的蘇格拉底」。盧梭（Rousseau）大力讚揚他，歌德（Goethe）也前往蘇黎世鄉間進行朝聖之旅，克萊因耶格在當地以他的鄉村智慧溫暖了啟蒙時期貴族的心靈。「如果我們各盡其責，對彼此都有好處。」克萊因耶格於一七六五年這樣告訴符騰堡（Württemberg）的路德維格‧歐根親王（Prince Ludwig Eugen）。「你們貴族得命令我們農民做事，因為你們有時間決定怎樣對國家最好，我們農民則得遵從你們，並以勤奮與忠誠行事。」[104]

我們可以稱克萊因耶格鼓吹的關係為「舊政」（Old Deal），

在工業時代的各種新政（New Deal）出現前，那種社會契約
（social contract）宰制了農業世界。那是個簡單的概念：自然與
神明要求某些人發號施令，其他人則得遵從他們，只要大家都扮
演好自己的角色，天下諸事便會順利無比。

關於舊政，最清楚明確的書面說明，來自於克萊因耶格與歐
根親王談話的兩千年前、位於東方五千英哩外的中國。寫於西元
前四世紀的《禮記》宣稱：

「大道之行也，天下為公。選賢與能，講信修睦。故人
不獨親其親，不獨子其子，使老有所終，壯有所用，幼有
所長，矜、寡、孤、獨、廢疾者皆有所養，男有分，女有
歸。」[105]

海西奧德也明白這個道理：「在（貴族們）做出直接判
斷，」他解釋道，「也不偏離正道時，他們的城市便會蓬勃發
展，人民也能過得富足。宛如孩童保母的和平，會留在他們的國
度，而全知的宙斯從未使他們經歷殘酷戰爭……大地將為他們
產出諸多糧食。山上的橡樹結實累累，樹梢間則有蜜蜂飛舞。他
們的綿羊身上長滿厚實的羊毛。他們的女眷生下和父母相似的孩
童。」海西奧德在另一首詩中告訴我們，這種貴族是宙斯賜給人
類的禮物。「當受上天眷顧的貴族出生時，偉大的宙斯之女們會
在他舌尖上撒下甘露，使他舌燦蓮花。當他以公正的判斷解決紛
爭時，所有人都會仰望他。」而當一般人見到這種貴族時，「他
們會向他投以對待神明般的景仰，他也顯得鶴立雞群。這就是繆

思女神賦予人類的神聖賜禮。」[106]

　　舊政能一路追朔至世上最早期的政治文件之一：拉格什的烏魯卡基那王（King Uru'inimgina）律法，於西元前兩千三百六十年在當今伊拉克南部寫成。烏魯卡基那宣布他「使拉格什的居民從高利貸、高壓控制、飢餓、偷竊、謀殺、與強奪中解脫。他建立了自由。寡婦與孤兒再也不需受到強勢人物欺壓：烏魯卡基那為了他們而與（神明）寧吉爾蘇〔Ningirsu〕訂下契約。」[107]國王身為人民的引導者，為了人民而直接與上天交易，並保護他們不受掠食者傷害；這股形象成為大多農業社會中的標準政治哲學。全世界的政治階級體系經常認為立於最高位的男人（偶爾則是女人）有某種神性，而在像是法老統治下的埃及這種極端範例中，統治者**就是**神明[108]。

　　舊政在根本上是種環形論點，將政治與經濟不公的狀態串聯在一起，並將兩者正當化。美德與力量彼此伴隨：因為神明厚愛統治者，統治者也相當富有；而統治者富有這件事，代表神明厚愛他們。海西奧德對此表達了一如往常的明確態度。「美德與名聲隨著財富而來……恥辱伴隨貧窮，而信心則與富裕同在。」[109]在海西奧德死後一千多年的西元五世紀，聖奧古斯丁（St. Augustine）認為居住在現今突尼西亞的窮人不想廢除不公制度；他們只想要擠身富人之間。「當窮人看見」上流階級時，他說：「他們會咕噥、呻吟、誇讚、並羨慕；他們想與對方平起平坐，也對自己對此無能為力感到難過。」在讚美上流階級時，他們說：「這些是唯一重要的人；只有這些人知道該如何過生活。」[110]

　　在克萊因耶格的年代中，許多人依然認為經濟不平等是天經地義的事。一七八九年，當法國農民將陳述自身委屈的陳情書（*cahiers de doléance*）寄給國王時，很少人抱怨財富不均的問題；當改革者踏入農村時，他們也沒聽到對方要求重新分配財產。反之，使他們訝異的是，他們發現大多農民覺得大眾得維持貧困生活，而少數人理應享有富裕生活[111]。

　　蓋爾納認為，農業國「誇大而非降低階級間的不平等，與統治階級的分隔性。」[112]農耕社會似乎經常執著於階級意義，將自己細分為不同的合法階級，並讓每個階級都得到專屬標章。「在貴族之中，紳士擁有家族徽章與頭盔，騎士則擁有馬刺與盔甲。」一名十七世紀的法國律師注意到這點，同時「平民、醫生、學師（licentiate）、和學士都擁有各自的地位。」儘管近代早期的法國可能是極端範例，但它並非獨一無二。在歐亞大陸的另一端，一位十九世紀的英國人曾在緬甸觀察到：「幾乎所有人使用的物品，包括飾品（特別是衣物上的裝飾），都指出了擁有者的階級。」[113]

　　我們能夠輕易列舉出這類範例，而大多時候，人們口中的語言也強化了舊政。有錢有勢的人是貴族、公侯、與紳士；一貧如洗的弱者則是低下鄙俗的惡棍。在二十世紀，當人類學家能與農耕社會的成員交談時，他們經常發現，強烈尊敬權威（明白自身的地位），是使受訪人感到身為良好人民的關鍵。比方說，人類學家唐納德‧布朗（Donald Brown）曾提過一九七〇年代在汶萊（Brunei）的某天，他曾與一群年輕的馬來人一同坐在長椅上。他坐得很僵，想說坐在地上會比較舒服，但讓他訝異的是，他的

同伴們立刻跳下長椅，這樣他們才不會坐得比備受尊敬的外國人高。布朗要求他們坐在長椅上：附近沒有人，他自己則是工業國（Industria）的居民，因此不在乎階級制度。不過，他們的回答毫不讓步：「他們說這樣觀感不好。」[114]

　　人類學家發現，儘管現代農民經常抱怨自身處境，其怨言卻有某種明顯的矛盾。村民慣於同時憎恨與尊敬都市菁英，將等量的恐懼與羨慕混在一起。蓋爾納圖表中雙橫線以下橫向隔離的農民，為了使自己產生效用，得與全國的菁英成員互動。農民需要現金，才能購買他們無法自製的產品與繳稅，這代表他們得在市場中販賣自己的產品，即使他們清楚消息靈通的商人會佔自己便宜。「我們知道他們在嘲笑我們。」北印度卡里姆普爾村（Karimpur）的一位農民在一九二〇年代告訴人類學家。「但我們需要布料，而下一個店家跟之前的店家一樣都會敲我們竹槓。」說話者的怒氣相當明顯，但也看得出他對教育與菁英知識抱持著不情願的敬意。「除非你身為村民，不然無法理解別人如何威脅和剝削我們。無論你們（人類學家）或某個受過教育的都市人去哪，都會要求服務，也會受到服務。我們只能害怕地呆站著，他們則會踐踏我們。」[115]

　　大眾與菁英的相互依存相當深刻，使阿爾弗雷德‧克魯伯（Alfred Kroeber）（他是率先提及農民重要性的人類學家之一）認為「農民……以部分文化組成了部分社會。」[116]羅伯特‧瑞德費爾德則更進一步形容農民為「古老文明中的鄉下人……他們觀察仕紳或都市人，並受到對方影響；對方的生活方式和他們相似，卻更加開化……農村的智慧生活（經常還有道德生活）

永遠都不完整。」他認為，因為「不擅思考的大多數人中的渺小傳統」取決於「聰明的少數人中偉大傳統的領導……遙遠的導師、神職人員、或哲學家，他們的想法影響了農民，而自己或許也受到農民影響。」[117]

處於偉大與渺小傳統之間關係核心的舊政造成了雙向影響，為所有人帶來了責任與權利，而兩派人馬經常彼此抱持著複雜的意見，這點並不令人意外。以中世紀歐洲為例，貴族創造了歷史學家保羅・弗里德曼（Paul Freedman）所稱的「一種混雜的論述，同時也是一種常識；他們藉此**同時**貶低農民與敬重農民，認為農民理應地位低下，卻又靠近上帝。」[118]人類學家詹姆斯・史考特（James Scott）也認為農民價值觀中的「隱匿文本」（hidden transcripts，史考特稱它們「隱匿」，因為很難從菁英的「官方文本」〔official transcript〕背後將它們解譯出來）直接建構於菁英世界觀之上，而非排斥它。「無論他相不相信法則，」史考特做出結論，「只有愚人才不會注意到，使用這種構思完善的思想資源所帶來的潛在優勢。」[119]

覓食者使用嘲諷、放逐、最後則是暴力，來懲罰忽略自身分享與分工義務的反動份子；如果農民心中的優越人士似乎忽視舊政，並轉為暴君時，和那些覓食者一樣，農民也保留了抵抗與推翻菁英的權利。不過，對於那股定期傳遍農耕社會的強烈怒火，最特別的一點，便是抗議目標鮮少是不平等制度本身：大多時候，大眾怒氣的目標都是當下掌權的少數人士，因為這些人的行為破壞了舊政。

當抗議與威脅無法改變菁英的行為時，農民們有時會採取直

接行動，但當他們這麼做時，便會持續堅持自己只攻擊當地掌權者，而非終極權力核心，像是國王、皇帝、或教宗。他們聲稱，位置遙遠的統治者依然保有美德，但他的手下們背叛了他（有句俄國俗話說：「沙皇是好人，貴族則是惡人。」）[120]農民叛軍的邏輯宣稱：透過攻擊這些邪惡手下，叛軍們是在幫助國王維持舊政[121]。

　　舉例來說，西元一三八〇年，有位名叫理查‧迪萊切斯特（Richard de Leycestre）的英格蘭人「穿越了整座伊利村莊（Ely），並要求各階級的男丁都該揭竿起義，和他一同去摧毀各個叛徒，他會以理查國王（King Richard）與忠誠平民們的名義告訴他們這些叛徒的身分。」迪萊切斯特隨即和追隨者們攻擊、搶奪、審判、並將當地一名法官斬首，再把他的頭顱插在鎮上的頸手枷上。遭到逮捕時，迪萊切斯特拒絕承認遭控訴的罪名，堅稱他持有「國王陛下為他的個人安全與財產賦予的保護」。法官們毫不留情。「罪狀相當清楚，理查（迪萊切斯特）確實犯下了上述所有罪行與妨礙治安行為，」他們記錄道，「法官在此宣判，他將在該年上述日期接受絞刑。」[122]

　　有種模式逐漸明朗化：大眾接受誇張的財富不均，加上對富人感到慍怒，偶爾也會爆發滔天怒火。不過，如果狀況使叛軍認為統治者本身已破壞了舊政，政府便只能採用武力鎮壓，這時國家的前景便十分堪憂。一九〇七年，當有人問一名俄國農民，兩年前殺死兩名和平抗議者，是如何改變了他對國家的觀感時，他回答：「五年前大家（對沙皇）抱持著信念與恐懼。現在那股信念已經消散，只有恐懼不變。」[123]十年後，連沙皇也消失了。

在沙皇尼古拉二世（Nicholas II）災難性統治的三千年前，居住在黃河流域的周族酋長們已經開始稱這項規範為天命（Mandate of Heaven）。他們聲稱在很久以前，天神們賦予了商朝君王一項法則，但當代君王暴虐無道的行為，顯示他們已背棄了那條準則。周族因此得到了反抗商朝的合理理由，而在西元前一〇四六年推翻商朝後，周族證明他們已繼承了天命[124]。

其他農業社會也發展出類似的想法。當天命從商朝移轉到周朝後過了幾個世代，有些警覺到掃羅王（King Saul）其怪異行為的以色列人，認為他們的上帝也將祂的關愛轉移到了別人身上。按照《希伯來聖經》所述：「上帝對（先知）撒母耳（Samuel）說：『你要為掃羅哀悼多久？我不願讓他繼續擔任以色列之王。在你的號角盛滿油，並就此出發；我將派你去找伯利恆人耶西（Jesse the Bethlehemite）；因為我將使他的子嗣登基成王。』」撒母耳立刻為大衛塗抹聖油，大衛也在歷經艱困的內戰後，推翻了掃羅[125]。

宣稱統治者失去天命這點，能擴張到涵蓋整個菁英階級，如同先知彌迦（Micah）在西元前八世紀做出的結論，聲稱以色列法庭「為了收賄而做出判決，祭司們為了薪資而進行教學，先知們也為了金錢而進行占卜。」彌迦警告他們；上帝眼觀萬物。如果人們繼續維持貪腐行徑，「因為你們，錫安（Zion）將如同田地般受到翻攪，耶路撒冷將成為一片廢墟，而神廟之山也將化為森林中的光禿山丘。」[126]海西奧德講述了類似的話語。由於「貪圖禮品的貴族們」騙走了他的遺產，光火的他警告對方，除非他們改變行事方式，「否則整座城市都將因一個罪人的惡行

而付出代價⋯⋯（宙斯）對人民降下人難，包括饑荒與瘟疫；人民就此灰飛煙滅。他們的女子無法生下孩童，房屋數量也逐漸減少⋯⋯（而宙斯）摧毀了他們的大軍與城牆，並破壞他們在海上的船隻。」[127]

農耕社會中的叛變經常採納美好昔日的模式，堅稱叛亂目標只是將舊政重置為祖先的標準。聖經對不受歡迎的國王所做出的標準批判，是「他沒有像自己的父親大衛**一樣**，在**上帝**面前做出正確的事。」[128]，而在許多案例中，受過教育的菁英們會指出，他們認為道德是某個特定時刻崩壞的。對羅馬貴族政治家薩盧斯特（Sallust）而言（西元前五十年時，他因道德敗壞而遭參議院驅逐），當羅馬於西元前一百四十六年摧毀迦太基時，美好昔日就結束了。「當時運勢隨即下跌，拖累了羅馬的所有事業。」他寫道。「對金錢的執迷日漸茁壯，以及隨之而來的權力慾，催生了各種惡行。貪婪摧毀榮譽、正直、與其他美德，並促使人們變得驕傲又殘忍，且否定宗教，認為一切都能用來換取金錢。」[129]

人類學文獻顯示，較為貧窮的農民至少有時會有相同感受。比方說，一名於一九七〇年代在斯里蘭卡工作的人類學家發現「當代蘭加瑪（Rangama）／德維丹尼亞（Devideniya）較為年長的居民主張，儘管來自過往（以及當下）的不公狀況與歧視無處不在，富人與窮人、掌權者與弱者、與高低種姓階級，都不會像現今一樣，充滿悲苦、仇恨、與紛爭。」[130]即使在契訶夫筆下《農民》中的悲慘世界，歐希普神父（Father Osip）也主張：「以前在仕紳階級統治下，一切都比較好⋯⋯輪流工作、吃飯、和睡覺⋯⋯當時也嚴格許多。」[131]

　　這些對當權者的挑戰都擁有共同主題：真正的問題並非政治或經濟階級體系，而是不願遵守舊政、並濫用這些體系的惡人。就聖奧古斯丁看來：「除去傲慢，財富就不會造成傷害。」[132]

　　在擁有書寫佐證的最早期農業社會中（西元前三千年的美索不達米亞與埃及、西元前兩千年晚期的中國、與西元一千年初期的中部美洲），舊政的重心似乎都是國王的神性，而在我們無法透過有效文獻觀察的早期複雜社會中（像是西元前三千年的印度河，或西元前一千年的安地斯山脈），藝術與建築證據似乎都吻合同樣的準則[133]。某種強大的連結將地位最低下的農民，與最崇高的神明透過祭司、貴族、與神明般王者的介入串聯起來，維持了政治與經濟階級體系根本上的正義。為了定義並控制這項概念，君王與祭司間可能經常發生衝突，而有時（特別是在美索不達米亞的阿卡德帝國〔Akkadian Empire〕和埃及舊王朝〔Old Kingdom〕於西元前兩千兩百年崩潰後）這項概念似乎會完全解體[134]。不過，要等到西元前一千年的歐亞大陸，才有新概念確實挑戰了以神聖王權作為道德秩序基礎的想法。

　　我會在第五章繼續討論為何這些西元前一千年時的挑戰會發生，以及發生的時間與地點，但現在我要用一兩頁檢視這些新概念對舊政而言象徵的意涵。自從一九五〇年代以來，思想史學家（intellectual historian）經常將它們描述為「軸心時代」（Axial Age），這詞彙在德國哲學家卡爾·雅斯佩斯（Karl Jaspers）預言般的聲明後出現：「歷史軸心出現在西元前五百年那段時期……（當時）我們今日定義的『人類』首度出現。」[135]雅斯佩斯認為，在這些時代中，中國的儒家與道家份子、印度的佛教徒

與耆那教徒（Jainist）、伊朗的瑣羅亞斯德教徒（Zoroastrian）、以色列的猶太人、和希臘的前蘇格拉底哲學家，都開始質問關於人性的新問題，這些問題在接下來的一千年，會被重組為基督教與伊斯蘭教的基礎[136]。

事實證明，我們很難準確定義，是什麼要素使這些新的思想流派聯合起來，但古典學家阿爾納多‧莫米吉利安諾（Arnaldo Momigliano）的陳述相當有影響力：「各處都能注意到有人企圖引進更純粹、更公正、更完美、與對萬物更有統一解釋的概念。」[137]從中國到地中海，軸心時代的文獻成為「經典」，也是雋永的道德大作，為接下來兩千年的數十億人口解釋了生命的意義。

許多軸心時代的關鍵思想家（包括蘇格拉底、佛陀、瑣羅亞斯德、和耶穌）幾乎沒寫下多少東西，使我們難以得知他們對自身作為的想法，但他們似乎都同意普世法則：人們需要超脫汙穢世界中的貧窮、貪腐、與無常，以便在來世取得純淨與善良的狀態。這項聲明的重要因子，似乎普遍出自對舊願景失去信心；願景中那股創造出了神明般君王的強大連結，足以維繫道德秩序[138]。

從中國到希臘，軸心理論家們傾向認為遠離凡世的超然領域（佛教徒的涅槃〔nirvana〕，意為「熄滅」，代表俗世慾望如同蠟燭般被吹熄的心理狀態、儒家的仁〔英文中經常翻譯為「慈悲」〕、柏拉圖學派的「to kalon」〔美〕、基督教的天國、與道家的「道」）無法得到確切定義，但儘管他們對生命未來的去處抱持模糊態度，卻對達到該境界的方式展現出驚人的一致性。新的

思想家認為，神明般的君王和為他們工作的祭司，都無法透過提供超然境界來鞏固道德秩序。那點取決於自我塑造，使個人內心重新導向善良。每種軸心傳統都有各自的建議方式（佛教徒採用冥想，蘇格拉底學派使用交談，猶太人仰賴學習，儒家則融合了學習與一絲不苟的禮數），但這些技術與其他方法都是為了使追隨者達到同樣的目的：遵循道德過活，捨棄慾望，寬容為懷；自己想得到哪種對待，就用同種方式對待他人。

諸多軸心思想都相當激進且反文化，因此威脅到農業國的現況。軸心思想家（與他們在西元第一個千年中的繼承者們）經常是出身自低階菁英的男性（蘇格拉底、孔子、穆罕默德、大多希伯來先知都符合這項條件），或是出自此階級外（像是耶穌）。他們也來自大型帝國的地理邊陲：諸如孔子的故鄉魯國，佛陀的釋迦族（Sakya），或是以色列、希臘、與阿拉伯等地的邊界；而非來自勢力高漲的強國，像是中國的魏國和趙國，印度的摩揭陀國（Magadha），或是亞述（Assyria）、波斯、與埃及。其中有些人會質疑為何窮人必須依附富人、低下階級得依靠優渥階級、或甚至女人必須仰賴男人。道家份子與佛教徒慣於忽略政治階級；孔子、蘇格拉底、與耶穌責備領導者的道德缺陷；希伯來先知們則大肆批判他們的君王。農業國菁英經常以牙還牙，迫害、放逐、與處決軸心思想家，但整體而言，所有大型古代帝國最後都會與批評者合作，磨平軸心思想的氣焰眉角，並將年輕追隨者們拉入體制。

在印度，好戰的阿育王（Ashoka）證明自己對此相當拿手；當他在西元前兩百五十年左右摧毀敵國羯陵伽（Kalinga）

後，便宣布他自此開始遵循「法」（dhamma，這明顯是他對佛教的個人理解）。一方面而言，這使他必須放棄戰爭，但從另一方面看來，這也讓他擁有了維持舊政的穩固新支柱。他在孔雀王朝中（Mauryan Empire）設立了「法官員」，要求他們制定一批新律法。阿育王認為，結果是「人類之中的邪惡天性已從世上絕跡。它從蒙受其害的人群中消失，全世界則得到了快樂與和平。」[139]

於西元前二〇六年統一中國的漢朝，在將軸心教條轉化為國家理念上則更為精湛；對於提倡強調責任與臣服於當權者、而非贊同獨立與批判文本的儒家份子，政府則大力獎賞他們，並提升他們的名聲。皇室與儒家官僚之間的緊密關係不時受到政變與肅清行動破壞，但大抵上，它延續到了清朝於西元一九一一年滅亡時[140]。

不過，所有案例中最成功的，肯定是羅馬帝國。希臘哲學在西元前二世紀的羅馬統治階級中持續引發衝突，但在接下來的兩百多年，國家將斯多葛主義（Stoicism）轉變為類似儒家的公眾理念。不過轉變一成功，基督教就以更強大的批判者身分出現；但羅馬依然將之馴服[141]。「駱駝鑽過針眼，比富人踏進天國還輕鬆。」[142]耶穌曾告訴門徒們這段知名話語，但到了西元四百年，羅馬帝國的鉅富已完全吞併了教會的上層階級，使歷史學家彼得·布朗（Peter Brown）承認：「我很想稱此時期為駱駝時代。」[143]

舊政擁有強烈的適應力。儘管佛教、儒家、與基督教文獻持續批判不平等狀況，後軸心政治與經濟階級體系卻和軸心前的版

本同樣強盛（西元十四世紀，一位教宗曾試圖禁止基督徒宣稱耶穌是窮人）。在西元第二個千年早期，農業時代最偉大的一些思想家（中東的安薩里〔al-Ghazali，一〇五八年至一一一一年〕、中國的朱熹〔一一三〇至一二〇〇年〕、歐洲的湯瑪斯‧阿奎那〔Thomas Aquinas，一二二五至一二七四年〕）將面對上天時眾人皆平等的觀念，與俗世生活的階級需求，複雜地綜合了起來。只有少數知識份子確實讀過他們的書，但他們所學習到的法則，卻一路流傳到了後世。

　　我先前提過，當十八世紀的歐洲改革者開始離開他們的都市聚落，踏入鄉間時，他們經常對一件事感到訝異：與其抱怨不平等制度並要求重新分配財產，農民們大多認為大眾窮困潦倒、而少數人享盡榮華富貴，是再正常不過的道理。

　　有些改革者認為，他們遇見的農民肯定徹底遭貧困壓垮，因此無法想像別種生活方式。農民們的「處境如此惡劣，」一名丹麥改革者於一七六三年寫道，「令人很容易相信單靠愚蠢與無感，就能使他們的生活狀況變得易於忍受；而一但農民開始思考，或失去兩項主要慰藉來源：無知與白蘭地的話，他們擁有的快樂（如果還感受得到快樂）便會立刻消失。」半世紀後，一名待在摩爾多瓦（Moldova）的英國觀察者也做出了類似的譴責性結論：「習慣了其他人無法忍受的奴役後，（農民）便無法對更好的生活條件燃起希望；他們心中的慣性抑鬱導致了某種自然麻木與冷漠狀態。」[144]社會歷史學家史丹利‧埃爾金斯（Stanley Elkins）於一九五〇年代由於對此觀點發表令人訝異的延伸說法，引發了一陣軒然大波；他聲稱十九世紀美國南方的奴隸變得

相當習慣奴役生活，因而相信主人們對他們抱持的刻板印象：認為他們是軟弱、懶散、與幼稚的「黑鬼」* [145]。

不過，關於冷漠論點的問題，在於它並不符合上述的圖表3.3。覓食者鮮少獲取超過五千大卡的每人每日能量，而在西元前九千六百年，冰河期最後一個階段結束後的數千年裡，所有粗耕者都無法獲取過超過一萬大卡的能量。但儘管他們比任何十八世紀丹麥或摩爾多瓦的居民都要貧困，覓食者與粗耕者們一般都會拒絕不平等體系與奴役生活。另一方面，西元前四千年到西元前一年，能量捕獲以三倍成長，但政治與經濟不平等狀態則變得根深蒂固。

能解釋這點的答案，依然是每個時代都會取得所需思想。在缺乏化石燃料的情況下，唯一能使每人每日能量捕獲量超過一萬大卡以上的方式，就是向農業國的型態演進，其中的經濟與政治不平等條件在結構上相當必要；面對必要狀況時，我們得調整自身的價值觀。道德體系適應了能量捕獲的需求，而對每人每日獲取一萬到三萬大卡能量的社會來說，最重要的需求之一，便是接受政治與經濟不平等。

只有當這些需求得到滿足時，伴隨著大規模海洋貿易系統興起，將部分農業社會推離農業國中心，轉向城邦或圖表3.1中的早期現代階段，此時人們的態度才會開始改變。比方說，西元前六世紀至前五世紀的希臘，針對無能且貪腐的統治者發出的怒火，不斷從取代他們的念頭，轉向廣泛批判政治不平等的狀況。

---

* 　譯注：sambos，此處指北美原住民與黑人的後裔。

極度強烈的男性平等觀念逐漸成形，也有越來越多城市在關鍵決策上，開始讓所有自由男性公民進行一人一票的表決。大多數發言，仍然是由充滿才能與想法的男子們組成的小型團體所發表，並控制著絕大部分的政策。但即使是諸如伯里克里斯（Pericles）和狄摩西尼（Demosthenes）這類傑出領袖，仍得接受自己與其他公民平等的概念。西元五世紀大部分時間裡，富有的希臘人避免建造華麗的屋舍或陵墓，以防自己被指為反動份子，而最有錢的鉅富也堅稱自己過著非常平凡的生活。雅典人開始將財務與貿易視為不道德的「隱形經濟」，認為富人藉此讓大眾無法看見他們的非法利益[146]。

在第四章，我會討論更多關於歐洲近代早期大規模海上商業的狀況。不過就當下而言，我要提起十七世紀的情況；當能量捕獲爬升到每人每日三萬大卡時，舊世界的東西端便開始對廢除政治與經濟階級制度出現不尋常的需求，而非單純重整人們在體系中的位置。最有名的改革者在英格蘭，舉其中一位名叫理查・倫波德（Richard Rumbold）的成員為例，他在一六八五年堅稱「所有人來到世上時，身上沒有馬鞍，也沒有穿著長靴與馬刺的人騎乘自己。」一六四九年（他的國人在同年砍下了國王的頭，並認為自己不需要新的君王），艾比澤・庫柏（Abiezer Cooper）稱上帝為「偉大的平等主義者」[147]。不過，這些英國激進份子並非一六四〇年代唯一的平等主義者；在中國，根據一份一六四四年的官方報告，憤怒的農民們：

「銷鋤為刃，皆僭號鏟平王，謂鏟主仆、貴賤、貧富而

平之也。諸佃各襲主人衣冠……則命主跪而酌酒。批其頰
數之曰：『均人也，奈何以奴呼我？』」[*][148]

　　這種追求平等的憤怒超越了主流農業國中的一切，但依然有
其明顯的侷限。由目前倖存的文獻來看，幾乎沒人認真看待過性
別平等的可能性[149]。確實，直到社會科學家開始訪問二十世紀的
農婦前，沒人記錄過女性對父權的看法，但男性作家自然大肆提
及女人**理應**採納的思考方式。「夫者天也，」西元九世紀《女孝
經》的無名中國作者聲稱，「可不務乎？」[150]

　　對大多數男性作家而言，沒有回答這項問題的必要。如
果「妻子擁有和丈夫相同的自由」，羅馬演說家與政治家西賽
羅（Cicero）於西元前五十一年開玩笑道，「在這種自由下，犬
隻、馬匹、和驢子都會自在地四處奔跑，使得男人得讓路給牠
們。」[151]極度反對男性公民團體中階級制度的古雅典人，則認為
阿里斯托芬（Aristophanes）描寫女人握有政治權力的喜劇令人
捧腹大笑[152]。

　　關於女人挑戰父權價值觀的證據相當罕見，但無法證明這
種想法不曾出現，我們也確實會在資料來源中，偶爾發現不同
的思考方式。比方說，在西元前五百五十年，一位名叫曾諾
（Tsenhor）的埃及女子不只經營了自己的生意，還在遺囑中堅持
讓她的兒子與女兒繼承等量的遺產[153]。但儘管如此，橫跨四大
洲與五千年的歷史資料來源中，依然極度缺乏對父權的挑戰，

---

[*]　譯注：原文出自清同治年間的《永新縣誌》。

這點相當值得注意。在歐洲，從柏拉圖在《理想國》（*Republic*）（約莫著於西元前三百八十年）中提到兩性平等，到薄伽丘（Boccaccio）撰寫《名婦列傳》（*On Famous Women*）（約莫著於西元一三六〇年）之間，已經過了一千五百年。即使是克里斯蒂娜・德・皮桑（Christine de Pizan）的《女士之城的寶藏》（*Treasury of the City of Ladies*）（一四〇五年），雖然內容曾精闢地批評了中世紀的厭女症，卻只提議菁英女子該得到和男性相同的教育機會。最接近近代的父權批判當屬「女子爭論」（*Querelle des femmes*），這場書籍論戰在一五二四年到一六三二年的義大利城市間至少產出了五十本書，加上法國的暢銷書與英格蘭的投稿，但其中最重要作品的編輯，點出了該作品類型最驚人的問題，是「區隔出文藝復興與近代早期的女性辯護傳統，與十九世紀和二十世紀政治女性主義傳統之間的距離。」[154]有些學者甚至認為「女子爭論」只是文字遊戲，而非對父權提出的正式挑戰[155]。

　　就我所知，沒人計算過這些挑戰的數量，但我認為只要有一份反對（無論用詞有多溫和）父權的農業國文獻，就會多出數十份強調女性根本弱勢地位的文獻[156]。這類資料幾乎都出自男性筆下，但當民族誌學者從二十世紀初期針對這點開始詢問女性時，他們發現許多女性都接受性別不平等的根本正確性。社會學家威廉・湯瑪斯（William Thomas）與弗羅里安・茲奈涅茨基（Florian Znaniecki）於一九一〇年代在波蘭村落中發現，這種心態能應用在農業國大部份地區[157]：「妻子對丈夫應抱持的尊敬方式包括順從與忠貞，並照料丈夫的舒適與健康；丈夫則須給予妻

子良好的待遇和忠貞,除非萬不得已,不然不讓妻子做粗重的工作。」

　　父權價值觀在透過農耕獲取能量的社會中相當合理。壓制女性的男性權力在農業革命後增加,原因並非男性農民比男性獵人更殘暴,而是由於這是在農民社會中組織勞力最有效率的方式。在不斷競爭稀少資源的世界裡,最有效率的社會數千年來取代了較無效率的社會,也因為父權相當成功,男女雙方便認為父權價值觀相當公正。如果這兩項條件都不適用,歷史與人類學文獻就至少會包含一些範例,說明農耕社會能透過不同的方式統合,並表達不同的價值觀。

　　對性別階級的批判,就和針對政治與經濟階級的批評一樣,較不常專注於反對不平等,而專注在處分破壞父權合約的男女上。「整體而言,」湯瑪斯與茲奈涅茨基在波蘭觀察道,「丈夫與妻子都不該做出任何會降低另一半社會地位的行為,因為這會降低對方家人的社會地位。」[158]這使得保存農業價值觀成了團體行為。「她學到的大多行為,都來自她母親。」歷史學家麥可‧米特勞爾(Michael Mitterauer)與萊茵哈德‧席德(Reinhard Sieder)如此形容典型歐洲農村女孩。「年幼時,她也從(母親)身上學會採取一種臣服的態度與依賴性,這點適合未來她在父系家庭中擔任妻子與母親的職務。」[159]如同集體嘲諷反動份子的覓食者隊群,整座村落也會共同嘲笑太過放縱妻子的丈夫,或處罰氣焰過度旺盛的妻子[160]。

　　就像所有良好的價值觀體系,父系社會非常有彈性;而在每個時代,個性強烈的女人都有辦法在它的侷限中行事。有些女子

非常有名，像是安茹的瑪格麗特（Margaret of Anjou），她激烈地在十五世紀的英格蘭捍衛自己精神不穩定的丈夫亨利六世國王（King Henry VI）與他們的幼子。「裹著女人皮的老虎心！」莎士比亞讓她的死對頭約克公爵（Duke of York）向她發火。「女人軟弱溫和、令人憐憫、又身懷彈性；妳則固執成性、冷酷粗鄙、且毫無悔意。」一位同時代的人稱呼她為「男子漢般的女子，天生該居於上位，而非紆尊於他人。」但她持續利用自身的冷酷，來強化身邊男性的事業[161]。

歐亞大陸的另一端，約莫四百年前，富有的寡婦李清照透過截然不同的方式，取得了相似的成果；她不只透過紀念已故首任丈夫的詩，在中國完全由男性構成的文學圈打出名號，也打贏了一場艱困戰役，成功與性格暴虐又貪財的第二任丈夫離婚。李清照找到了保護自家人的方式，而不需被迫反對農耕社會的基本價值觀[162]。

不過，最令人動容的案例，可能是約莫在西元前五年過世的富有羅馬女子圖瑞亞（Turia）。圖瑞亞沒有留下著作，但她悲痛的丈夫昆特斯（Quintus）將自己在她葬禮上發表的演說內容刻在石板上，也有大約四分之三的內容保留至今[163]。即使按照嚴格的羅馬墓誌銘標準來看，這段文字依然滿溢情感。昆特斯深愛圖瑞亞。「我希望我們漫長的婚姻，是因為發生在我身上的事而中止，而不是妳；那樣才公平。」他說。「失去妳後，我也喪失了人生的平靜……悲痛奪去了我的自我控制，我的內心滿是哀痛。」

圖瑞亞是個堅強的女子，不像《女孝經》或希臘與羅馬哲學

家的規範性作品中描述的低賤女子[164]。昆特斯問道:「為何我該提到妳的居家美德:妳的忠貞、順從、親切、理性、縫製羊毛時的勤奮、不帶迷信的虔誠、肅穆衣著、與質樸的外表?」答案是:因為「很少有女人會碰上類似狀況,使她們承受這種苦難。」無論代價為何,圖瑞亞依然堅守自己的價值觀。少女時期,當她的親戚們反對她父親的意願時,她便挺身而出對抗對方;成年後,她面對羅馬最強大的男性之一,並要求讓她遭到放逐的丈夫歸鄉;而當昆特斯膝下無子無女時,她要求丈夫和她離婚,這樣他才能去找別的妻子為他生兒育女。他拒絕了,而他們倆則度過了毫無子嗣但快樂的四十年歲月。

農業國中沒有女性主義者,也少有共產主義者或無政府主義份子。反之,人們認同階層制度,以及體系中無盡的階級,認為這便是良好生活的基礎。關於這點,沒人比莎士比亞的《特洛勒斯與克瑞西達》(*Troilus and Cressida*)中的人物尤里西斯(Ulysses)說得更好;該劇作寫於昆特斯為圖瑞亞哀悼的十六個世紀後。他觀察道:

> 「噢,當體制動搖,事業就生病了!少了體制,
> 社會該如何維持地位?
> 移除體制,瓦解法規,
> 聽那隨即出現的鼓譟!
> 力量即為正義;或該稱其兼為是非
> 正義存於兩者間,
> 一旦兩者失去名義,正義也隨即湮滅。

萬物都存於力量之間，

力量存於意志，意志存於欲求；

欲求這貪心惡狼，

受到意志與力量輔助，

必當找尋獵物，

最後吞食自我。」[165]

　　莎士比亞寫下這些台詞後不到五十年，湯瑪斯・霍布斯便將尤里西斯的觀點轉化為政治哲學中最重要的論點之一：避免全面戰爭的唯一途徑，便是將體制奉為圭臬，使其催生出一頭龐然巨獸，也就是強盛到能恫嚇魯莽臣民，迫使他們平靜生活的政府[166]。霍布斯對佐證這點不太有興趣，但我們現在明白他大抵正確。第二章中提過，大致上缺乏體系的覓食者有著超過10%的暴力致死率，而照我的估算，農民的暴力致死率只逼近5%，有時還更低[167]。

　　只有當暴力致死率下降時，農業才能運作。靠野生食物維生並經常搬遷的覓食者，只有簡單的勞務分工，也鮮少在土地上投注資本。他們並不喜歡10%以上的謀殺率，但在這種殺戮中也能生活。但農民無法。因為他們仰賴馴化能量來源，因此需要複雜的勞務分工，也得對土地投注大量資本，這兩項要素都無法在覓食者的暴力世界中生存。「在這種（暴力）情況下，」霍布斯曾說過這段知名的話，「工業就無處生存；因為成果充滿不確定。因此世界上也不會出現文化；沒有航海技術，或是能透過海運進口的商品；沒有寬敞的房屋；沒有交通設施，或搬遷工具，

因為這些東西需要許多力量；沒有關於地表環境的知識；無法估算時間；沒有藝術；沒有文字；沒有社會；最糟的是，世上會出現持續性的恐懼，與引發暴力死亡的危險；人類的生活則變得孤獨窮困、骯髒鄙俗且短暫。」[168]

　　但假若農業使高暴力死亡率成為問題，卻也提供了解決方案。覓食者居住在相對空蕩的地區，也總能逃離壓迫的情況，並在新地點狩獵採集；但居住地區逐漸變得擁擠的農民，則無法逃走。結果，在戰爭中打贏鄰國的農民們，有時會把輸家納入更大的社會中。這是種殘忍的過程，通常會出現強暴、搶劫、與奴役行為，但隨著時間過去，它創造出了更龐大的社會，而照蓋爾納形容農業國的方式，它的統治者「只想徵稅與維持和平。」[169]統治者有強烈動機得降伏臣民，說服他們努力工作，凱撒的歸凱撒*，也不要謀殺對方，或摧毀彼此的生產工具。成功安撫臣民的統治者，經常會用失敗者的福祉換取自身的飛黃騰達，而一萬年來產生的淨效應（net effect），則是統治者逐漸使暴力死亡率下降[170]。

　　為了達到這些目標，統治者們需要說服臣民：只有政府才有使用暴力的權利；照韋伯的說法來看：「只有特定的政治群體，像是『國家』，被認為能透過法規或許可，將施加於其他族群身上的物理暴力『合法化』。」為了說服國民相信自己是唯一被允許暴力行事的團體，政府主要使用的工具是法律，但法律的合理性最終仍仰賴政府在力量上的相對優勢：

---

*　譯注：源自《新約聖經》，意指讓對方謹守本分。

「為了威脅與恫嚇，發展成熟的政治群體開發出了一套詭辯規範體系，這催生出了特定的『合法性』。這種規範系統組成了『法律秩序』，而政治群體則被認為是它唯一的正常創造者；因為在現代，該群體通常會透過暴力脅迫來強制他人遵守那些規範，以獲取權力。」[171]

在獨佔暴力的合法使用權上，現代化前的國家做得比現代國家差；但當它們越往這個方面演進時，它們的子民就越不認為該使用暴力解決自身問題。由大多軸心時代的思想體系催生出的寬宏心態，自然有助於這項過程，而我們也能在羅馬帝國與近代歐洲發現，男性菁英是如何逐漸放棄報復權的過程細節。在過程中，「君子」（man of honor）的概念由描述某個準備好使用暴力的人，轉化為控制自己的人[172]。

合法暴力的規模在農業社會裡依然比發展順利的化石燃料社會中還要大，但可能只是由於對農業國而言十分必要的強制勞動，依然取決於主人在恫嚇臣民上的能力。西元前二世紀的羅馬語法學家奧盧斯·格利烏斯（Aulus Gellius）寫下的一項悲慘紀錄，就描繪出持續惡化的暴力價值觀，與農業國需求之間的緊張關係。格利烏斯說有一天，普魯塔克（Plutarch，他是位飽學的希臘紳士，曾撰寫過包括名為《出自憤怒的自由》〔*On Freedom from Anger*〕等作品）決定鞭打手下的一名奴隸。這名奴隸埋怨普魯塔克犯下了他在書中批判的問題；因此普魯塔克邀請這名奴隸和自己進行哲學辯論，同時鞭子則鞭撻著奴隸背上的皮肉[173]。這就是農耕生活的道德複雜性。

重返阿西羅斯

「農耕社會」是個龐大的分類，幾乎涵蓋了整段有文獻紀錄的歷史，但我們依然能從中辨識出受到廣泛採納的道德價值觀。在它們的核心概念中，階級是良好制度。階級反映出自然／神性秩序；有些人天生該發號施令，其他人則得遵從對方。暴力根據同樣的原則而受到重視：當合法統治者要求時，它就是正義之力；反之則否。

農民價值觀與覓食者價值觀截然不同，因為農民與覓食者居住在不同的世界中。由馴化來源攝取能量帶來的約束與創造的機會，與從野生來源攝取能量有很大的差異。農民只能在較為平靜的階級化世界存活，因此他們珍惜階級與和平。所以在一九八二年，喬治先生與他的太太認為他應該騎驢子，妻子則該走路；儘管希臘鄉間部分地區已有電力系統，從阿西洛斯到賽薩洛尼基也有不太準時的公車，他們大致上卻依然活在農業世界中。照我聽說的狀況看來，他並不是粗人，她也不是奴僕；農民與覓食者之間的價值觀總會不斷演化，以適應物質上的現實面。

第四章

化石燃料

誰是化石燃料族群

人類總是仰賴太陽能。陽光照射到地球，植物則進行光合作用，將它轉化為化學能量；動物食用植物，將它們的化學能量轉變成動力能量；人類則食用植物與其他動物。不過在過去兩個世紀，由於人類學會汲取化石中的太陽能，便大幅度增加了捕獲的能量。這種能量主要來自從約三億年到三億六千萬年前的石炭紀（Carboniferous Era）就埋藏在地底的大量煤炭、瓦斯、和石油。開發化石燃料引發了能量暴衝，改變了人類社會與價值觀[1]。

化石燃料社會是兩種發明的產物。首先，部分西北歐居民兩千年前就發現，燃燒煤炭後能釋放熱能。不過，要到西元一千年（在中國）與一六○○年（在英格蘭），煤炭才開始成為與木頭分庭抗禮的能量來源。第二項突破首先由埃及工程師於西元三世紀前達成，他們發現透過燃燒木頭來煮沸水，能將熱能化為動力，並用蒸氣作為活塞的能量。不過，埃及人並沒有廣泛運用這種概念，只為他們的神明提供了擁有蒸汽動力的神廟大門，門板會如同魔法般自動開啟[2]。

一直到十七世紀，化石燃料與蒸汽動力才用於生產；西北歐的礦工發現他們能把挖出來的煤炭拿來驅動引擎，讓引擎能吸出礦坑中的水，使他們能挖得更深，以便找尋更多煤礦。最早的蒸汽引擎消耗相當多煤炭，導致除非將它們裝設在供給燃料的礦坑旁，不然毫無經濟效益；但在一七七六年，詹姆斯・瓦特（James Watt）與馬修・博爾頓（Matthew Boulton）成功打造出擁有分開的加熱與散熱模組，因此大舉降低了煤炭消耗量。工業家們迅速

發現如何利用蒸汽力量在生活中各個層面輔助人類與動物的肌肉。生產力一飛衝天，價格也立刻崩陷，但儘管如此，銷售量卻大幅成長，使利潤達到前所未見的高度[3]。最為工業化的西方經濟體，人均能量捕獲量成長七倍，從一八○○年的每人每日三萬八千大卡，提升至一九七○年代的二十三萬大卡（圖表4.1）[4]。能量豐沛的時代已然來臨。

　　人們當然還得進食，這意味著馴化動植物依然是重要的能量來源，但化石燃料也迅速轉變了農業。到了十九世紀晚期，火車與蒸汽輪船使人們能用更便宜的價格輕鬆搬運食物；而在二十世紀，化學領域則直接增加了食物產量。到了兩千年，每畝美國農

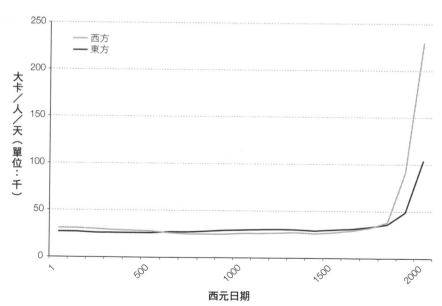

圖表4.1.　能量爆炸：東西方核心區域的人均能量消耗量，西元一年至西元兩千年（Morris 2013）。

地平均吸收了比一九九〇年代多出八十倍的能量，並產出四倍多的食物。

　　如同覓食與農耕，真正使用化石燃料，是從特定時間（大約兩百年前）於特定地點（西北歐）開始。不過，工業革命與前兩種能量獲取方式的轉變，之間的差異在於工業化更快速地改變世界。它突然創造出了如此巨量的能量，使身為該突破發生地的英國（我會在第五章詳述理由），於十九世紀時將它的勢力延伸到了全球。結果，一等英國開始工業革命，其他人就沒時間獨立開發化石燃料工業了。到了一九一四年，世上大多數人都是由西方宰制的化石燃料經濟體中的一部分，也與國際市場息息相關[5]，而歐洲人與海外殖民者則擁有早期採用者的優勢，並控制全球84%的陸地與100%的海洋。就目前而言，工業革命是人類史上最大的中斷點。

證據

　　能量捕獲的爆炸，造就了更驚人的資訊科技躍進[6]，結果過去兩百年來累積的證據，比之前所有歷史的佐證加起來還多。資料分布相當不平均，較為富有的國家與人民留下了比貧困國家更多的蹤跡，但當我們掃描二十世紀的歷史時，問題便逐漸偏向過濾大量資料，而非努力找尋資訊。

能量，人口統計，與社會組織

化石燃料使用者持續革新能量捕獲方式。在煤炭上有初步突破後，他們迅速發現了全新的碳氫化合物來源（石油與天然氣），發明新的汲取方式（像是深海鑽油和水力壓裂〔hydraulic fracturing〕），並學會用新方式傳輸能量（最重要的是電力）。他們也創造出新的商業、法律、與財務體系來整合能量榮景。這一切發生的速度讓當代人民相當吃驚。「所有僵化不動的關係，以及古老又故步自封的偏見與成見，都被盡數掃蕩，全新的體制尚未僵化就迅速變得落伍了。」馬克思與恩格斯在一八四八年這麼說道，當時改變幾乎還尚未開始。「一切陳規都化為烏有。」[7]

就像早期的能量革命，最明顯的結果就是規模上的躍進，不過化石燃料時期則比覓食與農耕時期更大也更快。剛開始，規模的暴漲只集中在西北歐（圖表4.2）。歐洲的人口在十九世紀以雙倍成長，成為歷史學家尼爾‧弗格森（Niall Ferguson）口中令人省思的「白色瘟疫」，由蒸汽輪船與火車運送，像傳染病般不斷跳到別的大陸[8]。一八〇〇到一九〇〇年間，住在歐洲與北美洲的世界人口比例（歐洲移民潮的主要目標）從15.8%漲到23.6%。但特別在一九四五年以後，世上越來越多人接受了化石燃料革命，規模上的成長便邁向全球化。到了兩千年，歐洲與北美州的世界人口比例才降到13.7%[9]。

世界人口從一八〇〇年的十億人以下，成長到一九〇〇年的十六億人，與兩千年的六十億人。以全球人口而言，現在平均每

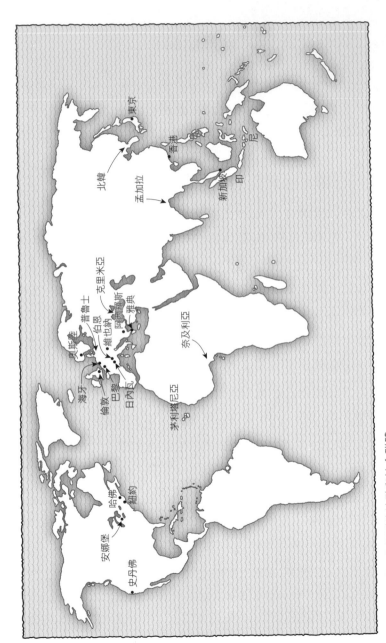

圖表 4.2.　第四章提到的地點與社會群體。

平方公里就有四十五個人，這代表全世界可居住地帶中，每平方公里就有一百人。農耕社會普遍有超過每平方公里三十人的人口密度，只有少數城邦（像是古雅典）會擴張到每平方公里一百人；但在化石燃料社會中，全國普遍都有超過每平方公里兩百人的人口密度。

　　占地約十五萬平方公里的孟加拉，平均人口超過每平方公里一千人，而有些城邦（特別是香港與新加坡）的人口密度則超過每平方公里六千人。農耕社會中最龐大的城市約莫有一百萬人，但到了一九〇〇年，倫敦人口就膨脹到六百六十萬人，當我下筆時（二〇一四年下旬），東京有三千八百二十萬個居民（比西元前五千年時全世界的人口還多）[10]。

　　思想史上最諷刺的事情之一，就是十八世紀下旬，正當化石燃料破壞農耕社會的能量侷限時，西北歐思想家則終於揭露了農業生活的基礎準則。一七九八年，托馬斯・馬爾薩斯（Thomas Malthus）認為當人口以指數成長時，數目每二十年就可能以雙倍或四倍增加，食物供應量一般卻只能以正常速率成長。這代表儘管好運（農業發展和好天氣等等）能暫時提高生產力，長期而言，飢餓的人口總會比可用的食物量增長得快，強迫大眾回到貧困生活[11]。不過到了一八五〇年，原因便相當清楚：化石燃料正在改變這點。有了以蒸汽驅動的交通工具，使得將食物從生長區運到人們所在地的過程變得輕鬆許多，大幅增加了供給量，以至於就算需求量因人口暴增而增加，價格卻依然下滑。到了一九〇〇年，西方人口數不只比一八〇〇年時多上兩倍，（平均而言）也長得更高，吃得更好，健康狀況更佳，也更長壽。一九

○○年以來，將化石燃料直接應用在田地上（以先前提過的方式，像是化學肥料、汽油動力牽引機、與電動引擎），大幅度增加了農獲量，而從一九五○年之後，化石燃料社會的全球化現象與綠色革命，將這些優勢散播到全世界。兩千年時，人類平均比活在一九○○年時的曾祖父母高出十公分，壽命增加了三十年，薪資也多了六倍[12]。

在馬爾薩斯解釋將人口統計學連結到生產上的邏輯的數十年前，蘇格蘭哲學家亞當斯密也以同樣方式解釋了分配上的邏輯。亞當斯密認為，國家的財富並非來自於掠奪或獨佔，而是出自他們提倡的市場大小與勞動分工。他推測，這種勞動分工本身就是「人性特定傾向造成的後果……進行交易、談判、與以物易物。」為了追求利潤，人們精於自己特別拿手或不須高昂代價的工作，並用勞動產品交換其他人特別拿手，或不須高昂代價的商品或服務。透過為這些商品與服務創造市場，他們同時降低成本並提高品質，讓每個人都獲利。「我們的晚餐並非出自屠夫、釀酒師、或麵包師的仁慈，」他觀察道，「而是來自他們對自身利益的期待。」[13]

「透過（自身）專業，使之產出最高產值，」亞當斯密解釋道，人「只想得到自身的利益；（但）許多情況下，他其實受到一隻看不見的手所引導，催生出並非他意圖產生的後果……透過追求自身利益，他反而比出自本意時，為社會創造了更高的效益。」[14]背後意涵十分明顯：越多人交易、談判、與以物易物，大家就過得越好。

亞當斯密那個時代最大的問題在於，儘管農民比覓食者富

有，生產力依然十分低落（根據我在第三章中提到的經濟學家安格斯‧麥迪遜所做出的計算，典型農民每天會賺到一點五到二點二美金，而典型覓食者則只賺到一點一美金）。因為農民的購買力低落，他們只能維持渺小破碎又沒效率的市場，也因為市場無法聚集足夠人民，來做農耕社會所需要的事，國家介入與強制勞動，便經常成為驅動勞工與商品最有效的方式。

化石燃料改變了市場結構，也開啟了反饋循環（feedback loop），掃除了規模與整合上的舊障礙。如果沒有可吸收商品的市場，使用蒸汽動力製造大量產品就毫無意義了。幸運的是，蒸汽動力同時解決了這項問題：透過產生能夠支付高額薪資的利潤，使勞工得到更多額外收入，讓他們能購買工廠製造的產品。這是個良性循環：由蒸汽驅動的交通工具不斷降低貿易商品的成本，讓更多人能購買它們，高薪資也誘使越來越多人進入工廠工作，而不是待在家中的農場，並產出更複雜的勞動分工，也製造出更多產品。

化石燃料將馬爾薩斯與亞當斯密的問題合而為一，並化解了兩者。隨著人口不斷暴漲（一七八〇年到一八三〇年，英國人口約莫成長了兩倍，達到一千四百萬人），許多十八世紀晚期的農民面臨著窮困與飢荒的威脅。十九世紀的資料來源清楚顯示，進入薪資勞動市場可能是個充滿創傷的經驗，也需要勞工遵守嚴格的時間規範和工廠環境，這一切與他們在鄉間所知的一切都不同[15]；但有上百萬人選擇這樣做，因為另一條路（挨餓）更為糟糕[16]。

貧窮的農民們急切地想找骯髒又危險的工廠工作，使得一七

八〇年到一八三〇年之間的英國雇主，只需增加5%的薪資（以
實際條件而言），不過每個工人的平均產出量成長了25%。薪資
只有在一八三〇年代間加速上漲，也只發生在都市勞工身上。生
產力是強大的動機，當時它高漲的程度極大，使雇主開始發現與
員工分享部分利潤，成本比試圖解決罷工來得低廉許多[17]。（另
一項帶來莫大諷刺的議題則是：當馬克思、狄更斯、與恩格斯撰
寫著作時，薪資正以史上前所未見的速度飛漲。）接下來的五十
年，薪資和生產力上漲的速度一樣快；一八八〇年後，它們漲得
更快。到了此時，鄉間的收入也開始上升[18]。

　　一九五五年，經濟學家西門・庫茲涅茨（Simon Kuznets）
推論：工業化經濟體中的收入不均，會遵循往內彎的U型模式，
在早期階段上升，並隨即下降，而從十九世紀文件中計算出的
吉尼係數，則顯示他大致正確[19]。十七世紀時，英國收入不均度
（圖表4.3）成為先進農耕社會的典型，但在十八世紀，隨著勞工
的薪資停滯不前、資本家的利潤增加，它則迅速上漲。儘管都市
勞工的薪資於一八三〇年開始增加，資本回收依然漲得更快，而
吉尼係數在一八六七年則抵達0.55，幾乎和紀錄中最不平等的農
耕社會一樣高。不過，到了一九一三年，吉尼係數（儘管以二十
一世紀的標準看來依然極高）已經降回接近十八世紀的水準[20]。
一八三〇年代才開始工業化的法國，收入不均度也遵循著類似的
曲線，於一八六〇年代達到0.60的高峰，卻在一九〇一年回到
0.48；在美國，稅後的吉尼係數則從一七七四年的0.44，升到一
八六〇年的0.51[21]。

　　儘管早期化石燃料社會不平等的狀況越來越明顯，化石燃料

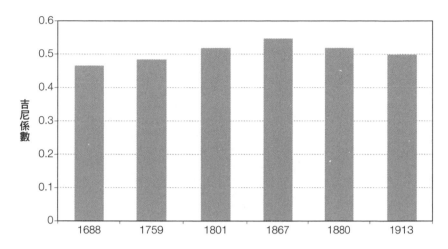

圖表4.3. 庫茲涅茨曲線（The Kuznets Curve）：一六八八年至一九一三年的英國收入不均度，由林德特（Lindert）與威廉森（Williamson）計算（1983）。

能量的高漲趨勢卻影響了所有人，更高的薪資也改變了一切。透過讓給薪勞動足以吸引上百萬名自由勞工，更高的薪資使強制勞動變得較不必要，也由於貧困的農奴與奴隸（不像越來越繁榮的給薪勞工）鮮少購買工廠產出的商品，強制勞動便逐漸成為商業利益成長上的阻礙（特別是在競爭者使用該體系時）。社會越是邁向化石燃料，廢奴與解放就得到更多政治支持。一七八〇年代到一八四八年間，歐洲大陸大部分地區都已廢除了奴隸制，俄國也在一八六一年跟上這股風潮。英國於一八〇七年在帝國境內禁止奴隸交易，並在一八三三年完全禁止蓄奴。

農奴主與奴隸主起而反抗，比起化石燃料經濟體的合理需求，他們自然更在乎自己的沉沒成本。有時能用為其人力資本損失提供大量補償來收買他們，但有時則需要暴力才能推翻強制勞

動。到了一八六五年，內戰解放了美國境內四百萬名奴隸，而皇家海軍（Royal Navy）的西非艦隊（West Africa Squadron）則攔截並釋放了十五萬名非洲人，當時他們正被運送過大西洋去販賣。最大的奴隸社會巴西，於一八八八年廢除了人身束縛，而儘管強制勞動在非洲開發程度最低的地區與中東依舊倖存[22]（茅利塔尼亞〔Mauritania〕在一九八一年才禁止奴隸制），到了二十一世紀，奴隸制與農奴制在任何地區都已違法，只有透過偽裝、或在毫無法治的落後地區才存在。

　　數千年來，強制勞動對農業社會而言不可或缺，但化石燃料不到一世紀就使其灰飛煙滅；一等自由給薪勞動勝出，化石燃料便開始瓦解農業社會中另一項古老且必要的阻礙：性別勞動分工。和強制勞動的狀況相同，供應與需求共同催生了改變。在需求層面上，由化石燃料驅動的機器，在十九世紀穩定降低經濟對人力的需求，但它對組織的需求則隨之增加；既然女人也能和男人一樣提供腦力與服務，女性勞工就有可能提供一種使勞動市場呈雙倍成長的方式。白領階級化為粉紅。

　　從供應面來看，最重要的因素是嬰兒。由於嬰兒死亡率相當高，如果農民社會想維持穩定人口，就需要女人懷孕六到七次。不過，化石燃料釋放出的能量催生了體型更大、更健康、生活條件更好的女性，她們生出的體型更大、更健康、生活條件更好的嬰兒，則得到更優渥的生活。一八五○年代，全美大約有四分之一的孩童在度過第一次生日前就死亡，但到了一九七○年，死亡率降到了五十分之一，二○一四年時則變為一百六十三分之一。第二次世界大戰以來，在全世界普及的化石燃料動力交通方式，

在將全球幼兒死亡率降低三分之二上，扮演了重要角色；而在二
〇一四年，有不少於五十五個國家擁有比美國還低的幼兒死亡率
（日本是對嬰兒來說最安全的大國，國內四百名嬰兒中只有一個
會在出生後第一年夭折）[23]。

　　化石燃料出現前，一般女子得把大半成年人生花在懷孕與養
育孩童上，而一但這點不再必要，父母便逐漸偏好將心力投注
在餵養與教育規模較小的家庭，而非越生越多[24]。十九世紀結束
前，低薪／高死亡率／高生育率的農業社會體系，正讓步於高薪
／低死亡率／低生育率體系（人口統計學者稱之為「人口轉型」
〔demographic transition〕）[25]；而在二十世紀，市場回應了父母對
非生殖性性愛的需求，並在一九二〇年創造了乳膠保險套，口服
避孕藥也在一九六〇年出現[26]。到了二〇〇二年，歐盟中平均單
名女性的活產數降到了一點四六，遠低於人口替代率；而當化石
燃料於一九五〇年後散播到全球時，總和生育率就降到一半以下
（圖表4.4）[27]。在化石燃料時代，女性平均只會在懷孕與育兒上
花個幾年，讓她能將數十年的歲月自由花在透過接受給薪雇用，
來增加家庭收入上。

　　在農耕世界，讓女人待在家中照顧諸多子嗣的其中一個優
勢，便是他們也能處理家中大量雜務。這代表如果家庭得讓女子
出外工作以彌補降低的生育率，他們就得找辦法解決之前填滿女
性生活的無薪勞務。答案來自機器：也就是經濟學家傑瑞米・
葛林伍德（Jeremy Greenwood）、阿南斯・賽夏德里（Ananth
Seshadri）、與梅密特・尤魯寇格盧（Mehmet Yorukoglu）所說
的「解放引擎」（engines of liberation）[28]。由於女性的潛在收入

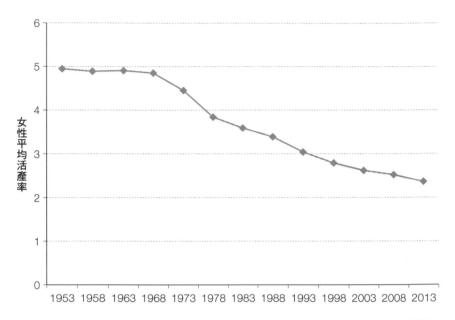

圖表4.4. 全球生育率：一九五〇年代到二〇一〇年代間女性平均活產率的減半狀況。

讓家庭能把錢花在節省勞力的器具上，市場便迅速供應了他們的需求。商業化洗衣裝置在十九世紀晚期蓬勃發展，但真正打破居家瑣事的因子，則是電力。一九二八年，洗衣機的銷售量達到接近一百萬台。一九三七年，第一台全自動家用吸塵器的廣告開始宣傳，而在一九三八年，售價僅僅十美元的「自動蒸氣牌」（Steam-O-Matic）熨斗，在商業上造就了莫大的成功（圖表4.5）。

從十九世紀晚期到二十世紀初期，女性逐漸開始參與家庭之外的工作，但晚至一九四〇年，給薪勞動力中的大量女子（即使在西歐與北美洲）依然年輕又單身，主要就業於薪資低廉又只由

圖表4.5. 解放引擎：自動蒸氣牌熨斗的廣告，約莫源自一九五〇年（作者個人收藏）。

女性擔任的居家、秘書、育嬰、與教育類工作。不過，這一切在第二次世界大戰後迅速改變。在美國，參與給薪工作的女性比例於一九四〇年到一九九〇年間以雙倍成長（圖表4.6）。一九五〇年，一半的美國職業婦女都已結婚，而到了二十世紀末，幾乎沒有任何工作拒絕女性參與（不過女性依然極少參與大多職業的高層，平均而言也只得到男性收入的77%）[29]。

農業國透過設立界線來維持運作，界線不只出現在菁英和大

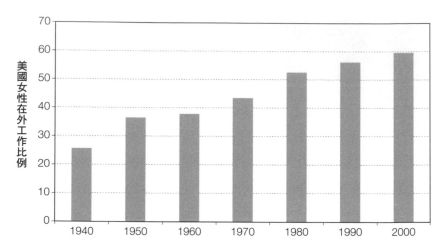

圖表4.6.：職場中的女性：美國給薪職場中女性的比例，一九四〇年至二〇〇〇年
（資料來源：J. Patterson 1996, pp. 32-34；2005, pp. 54-55）

眾或男女之間，也出現在信徒與不信者、純粹與玷汙、自由與奴
隸等無數類別之間。每個團體都在充滿共同義務與特權的複雜階
級體系中，被分配到應有的位置；舊政連結了各個階級，神明與
暴力威脅也鞏固了所有人的地位。但化石燃料社會最佳的運作方
式，便是抹去界線。團體越是使用圖表4.7中的反結構（以可替
換居民構成的空蕩方格）取代圖表3.6的嚴謹結構，市場就越大
和越有效率，也能在化石燃料世界中運作得更好。我們能稱這種
圖表為「工業國」，它和農業國同樣是理想類型，也沒有任何現
存社會曾達到它的標準[30]；但自從西元一八〇〇年以來，它便是
世界採取的方向。

　　化石燃料社會找到了能從農業國轉變到工業國的兩種主要方
式：一種是自由途徑，另一種則是非自由途徑[31]。兩條途徑都消

圖表 4.7. 工業國:理想型化石燃料社會,完全沒有內部分類,並由可替換的居民所組成。

弭了圖表 3.6 中的界線,但做法截然不同。自由途徑宣稱農業國的界線毫無意義,而無論人們在農業社會中屬於哪種階級,每個人在法律之前都享有平等的自由與權利。如果控制人們該祭拜的對象、該跟誰結婚、和該從事哪種工作的傳統規範,干涉了需要吸收並開發化石燃料所釋出能量的市場成長,這類傳統就必須消失。相反的是,非自由途徑則不忽視差異,而是直接將之消滅,有必要時也會用上武力。結果,非自由途徑看起來經常比自由途徑更落後,且習慣性地仰賴暴力、強制勞動、甚至進階版的

神聖王權。這兩條途徑無法重疊，而將它們合併的企圖也經常導致災難；當哈布斯堡帝國（Habsburg Empire）於一八六七年分裂為奧地利與匈牙利後，就彰顯了這點。歷史學家傑佛瑞・華洛（Geoffrey Wawro）觀察道，奧地利人認為自己的國家力量「僅用於規定……斯拉夫人用德語和哈布斯堡官員互動，匈牙利人則將自己的國力視為消滅……其他國家的許可」[32]事實證明，自由與非自由途徑之間失衡的妥協是場災難。「奧地利是輸家；也是歐洲的倒楣鬼。」一九一三年，維也納的《時代週報》（*Die Zeit*）如此聲稱；「沒人喜歡我們，每件災難也都落到我們身上。」[33]

自由途徑的第一個跡象，於十七世紀晚期的北大西洋沿岸出現，當時市場的洲際擴展開始拉抬了體系中的能量（我會在第五章繼續談論這點）。但要等到一八〇〇年左右，當工業革命開始在英格蘭出現時，才確實建立起自由路徑。近兩千年來，基督徒們都在迫害猶太人與任何以錯誤方式跟隨耶穌的人，但突然間，其他人的信仰似乎成了對方自己的問題，自然也沒有理由阻止他們擁有財產、投票、或（遲早）融入基督教主流世界。事實上，對十九世紀不斷成長的人口數而言，信仰似乎不算是個議題了，而新的、世俗的思想體系（社會主義、演化論、民族主義）則迅速散播開來。世俗化（secularization，社會學家史帝夫・布魯斯〔Steve Bruce〕將其定義為「宗教離開了人類生活的中心」）[34]標示出化石燃料世界與農民世界截然不同之處[35]。

有些無神論者激烈地提倡反教權主義（anticlericalism），令人想稱他們的熱情為宗教狂熱。比方說一八七一年，曾短暫統治

巴黎的暴力左派組織巴黎公社（la Commune de Paris）開始逮捕神職人員，而拉烏爾‧里高爾特（Raoul Rigault）（公社革命法庭〔Revolutionary Tribunal〕的國家檢察官〔State Prosecutor〕）從以下惡名昭彰的話語，開始他對一名耶穌會修士（Jesuit）的審問。

里高爾特：你的職業是什麼？

修士：上帝的僕人。

里高爾特：你的主人住在何處？

修士：他無處不在。

里高爾特（對一名書記員說）：抄下這段話：X形容自己為一名遊民的僕人，對方名叫上帝。

如果里高爾特沒在接下來幾周內射殺諸多修士的話，這件事就好笑多了。不過，大多無神論者並沒有那麼兇猛，只想單純反對上帝。在英國，教會參與率從一八五一年的近60%，掉到一九七九年的12%，與一九八九年的10%，和一九九八年的7.5%。即使在宗教較為受歡迎的美國，一九三九年與一九九〇年代之間的教會參與率可能也掉了一半[37]。

不令人訝異的是，宗教的衰退和農業國最強盛的特點之一（天賦菁英與政治影響力薄弱的大眾之間的嚴峻界線）的消失密不可分。我在第三章提過，飽含能量的古希臘城邦，曾透過使所有自由男性投票表決重要的團體決定，而部分抹煞了這條界線；而當能量捕獲於十七世紀和十八世紀的西歐飛漲時，這想法便再

度得到重視。「我在上帝的律法中找不到任何一點，」英格蘭平等主義者托馬斯·雷恩巴勒（Thomas Rainsborough）於一六四七年堅稱道，「說明貴族能選二十位官員，紳士只能挑選兩人，窮人則不能選擇……如果英格蘭最窮困的人無法向他的政府發聲，那麼嚴格來說，他便全然不受該政府的控制。」[38]平等主義者很快就被擊敗，但在一六八八年後，英格蘭王族們依然逐漸接受商業寡頭政治的宰制。一世紀後，隨著工業革命在英國興起，美國與法國的革命也將政治權利開放給大眾參與[39]。

照二十一世紀的標準來看，這兩項系統都不太民主：兩者都阻礙女人投票，美國的作法是容忍大規模奴隸制度，法國則是先墮落為大屠殺，接著演化成專制。但當化石燃料於十九世紀重新建構市場，將人們從以物以物與實物交易中解放出來後，作風老舊的統治菁英發現越來越難保護自身的政治特權，不受近來致富的資本家或越趨繁榮的勞工所侵害。

各國細節有所不同。英國當地菁英頑強又充滿技巧地蒙混、妥協、和做出零碎的讓步。海外的英語系移民則較容易下定決心，並迅速接納民主。不過在歐洲大陸，狀況則更暴力與動盪。一八四八年的一波革命浪潮大多以失敗收場；一九〇五年的俄國革命成功，但隨即遭到鎮壓。儘管有不同意見，但到了一九一四年，西方政府便都轉向代議制民主（representative democracy），男性普遍擁有參政權，也舉辦了常態選舉。一九六〇年代，基於財產、種族、信仰、教育、甚至是性別的政治阻礙都遭到打擊，並在各地崩解（奇怪的是，瑞士一直到一九七一年才賦予女性投票權）。從任何標準來看，邁向民主的社會都表現得比停滯不前

的社會出色[40]。

在歐洲與它的殖民地之外，民主化過程則進展的更緩慢。日本是第一個實行工業化的非西方國家，也在一八八〇年代邁向民主，卻至少在某些層面上保有神聖性質的天皇。要等到化石燃料經濟體與開放市場於二十世紀晚期打進亞洲與拉丁美洲時，民主才開始蓬勃發展。即使到了二〇一〇年代，非洲大半部地區、中東、與中亞的化石燃料經濟依然處於疲弱且不穩定的階段，民主狀況也是如此[41]。

儘管狀況不勝枚舉，十九世紀的自由主義者（人們也經常稱呼他們為「古典自由主義者〔classical liberal〕，以便將他們與二十世紀的自由主義者區分開來」）經常將小型政府視為邁向工業國的最佳途徑。德國社會學家斐迪南·拉薩爾（Ferdinand Lassalle）嘲諷說是「守夜人國家」（night-watchman state）的基本原則，則是政府該盡可能少做事、強制施行財產權，且保護國家不受攻擊，但將提升大眾福祉的任務交給自由市場。不過，化石燃料社會的高複雜度，使國家難以嚴謹地維持這種原則。早在一八三〇年代，英國政府就認為非得立法管制工作環境[42]，到了一八七〇年代，大多自由派政府都已經將工會合法化，並推行免費義務小學教育。有些政府甚至提供退休儲蓄計畫、公共醫療計畫與失業保險。到了十九世紀末期，許多歐洲人提到「新自由主義」（new liberalism），這與「古典」自由主義截然不同，且既仰賴國家那看不見的拳頭，也仰賴市場那看不見的手，以催生更大的利益[43]。

為了打造工業國的公平競爭環境，政府的介入仰賴國家在使

用武力打壓抵抗勢力上的能力，而在某些情況下（最有名的就是一九六〇年代美國南方發生的反種族隔離行動），民選領袖確實會佈署軍隊來打壓本國公民[44]。但整體而言，導向工業國的自由派途徑使人民遠離了國家暴力；這點與非自由派途徑形成了鮮明對比。在十九世紀與二十世紀初，即使是最自由的政府，也認為國內某些族群相當不受歡迎，應該將他們隔離，才能保護可替換公民組成的同族社群不受汙染。比方說，英國將貧民趕入感化院，美國則將許多美洲原住民驅逐到不斷拓張的疆域之外，接著將他們囚禁在保護區中，遵照前美國總統安德魯・傑克森（Andrew Jackson）於一八三二年宣稱的準則：「無論在何處，獨立農民都是社會的基礎，也是真正的自由之友。」[45]較不自由的政體，例如沙皇俄國（Tsarist Russia），則在國內實行工業革命時拘留了更大量的人口。不過，二十世紀出現了更極端的分裂狀況，像英國、美國、與其餘諸多國家變得更加自由化，並捨棄了上述政策，而俄國與不少國家則轉向逐漸高漲的非自由方針，以驅逐和屠殺輔助囚禁。

　　二十世紀的共產主義份子透過階級來定義內團體（in-group），法西斯主義份子則透過種族做出同樣行為，但雙方都企圖在他們認為不屬於國人的人群上大舉施加暴力，以淨化自身的內團體[46]。這項政策的典型範例或許是蘇聯於一九三〇年代創造的集體化農場，歷史學家奧蘭多・費吉斯（Orlando Figes）曾將之形容為「社會大屠殺；對抗農民的戰爭；讓數百萬辛勤家庭離開他們的家園，並讓他們在蘇聯境內流亡。這股遊牧民族般的勞動力成為蘇俄工業革命的人力，擠滿了大城市、建築工地、與古

拉格（Gulag）的勞改營。」[47]

在導向農業國的路上，共產主義份子與法西斯主義份子的作法充滿矛盾，他們以創造同質性無階級社會的名義，用嚴峻法規控制手下的人民，並以經濟成長之名部署大批勞動力，甚至以人民的名義使神聖統治者復辟。不過，儘管有這些矛盾，二十世紀中依然有好幾次（特別是一九三〇年代和一九七〇年代），導向工業國的非自由派途徑，似乎比自由派更加迅速；且一九八〇年代以來，中國後毛澤東主義時代對非自由發展的再造，也產生了比自由政體更快速的經濟成長（不過起始點較低，同時也催生了極端環境災難、大規模貪腐、以及暴力抗議）[48]。

最後，自由派路線果斷地超越了二十世紀的主要非自由對手：納粹德國與蘇聯；自從蘇維埃帝國於一九八九至九一年垮台後，代議制民主、法律、與言論自由便迅速擴散開來。圖表4.8使用智庫「自由之家」（Freedom House）開發的政治與公民自由類別，顯示自一九七二年以來的變化。一九七二年，自由之家只將世上29%的社會列為自由，相比之下，有46%為不自由地區。到了一九九八年，它反轉了這個比例，稱46%的社會呈現自由狀態，而不自由社會則是26%；自此之後，數據就非常穩定[49]。

自由派途徑的成功，取決於不只在生產財富與自由上打敗非自由途徑，也得在使用暴力上勝過對方，這點也使自由派途徑出現了矛盾。如果沒有和不自由派的蘇聯合作，自由民主政體可能就無法於一九四〇年代打敗信奉法西斯主義的德國、日本、與義大利，而一九八〇年代，自由主義國家透過累積更多的破壞手段

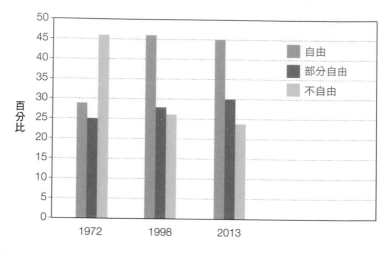

圖表4.8.　最終自由：自由之家對一九七二年至二〇一三年間，擁有政治與公民自由的國家百分比，所做的分析。

與更多的財富，同時和蘇聯達成**不使用**暴力的默契，而勝過了對方[50]。

　　自由與非自由政體半世紀以來彼此不斷爭鬥的其中一項後果，就是由於政府試圖動員國家意志與資源，兩種社會的國家權力都大舉擴張。這項趨勢直接衝擊了十九世紀的守夜人傳統，但也與「新自由派」傾向合而為一：運用激進派大型政府來消弭農業國留下的差異。結果是創造出了自由派新政，於二十世紀中葉取代了農業國最後一絲舊政。

　　五千年來，政府管控著防禦、法治、財產權、與宗教，但二十世紀中後期，大多新政政體也（或多或少）擔起了教育、健康、就業、與環境的相關責任。有些政體制定了薪資與價格政策，用公僕取代市場；其他政體則將挖礦到銀行業等重要產業國

有化。官僚體系與稅單大量增加,而快速上漲的所得稅,使收入不均回到覓食者時代後就不曾出現過的標準。到了一九七〇年代,經濟合作暨發展組織(Organisation for Economic Cooperation and Development/OCED,基本上,是由一幫富有的化石燃料國家組成的俱樂部)會員國,其稅前的平均吉尼係數是0.40,但政府從富人到窮人身上實施的淨轉移(net transfer),卻使係數掉到平均0.26(圖表4.9)。就連在重新分配上,比其他OCED成員更沒熱忱的美國人,都發現自己稅後與轉移後的吉尼係數,於一九二〇年代晚期掉到接近0.50,一九七〇年則變為0.36。幾乎所有地方,稅後吉尼係數都從第二次世界大戰時開始急遽下降,經

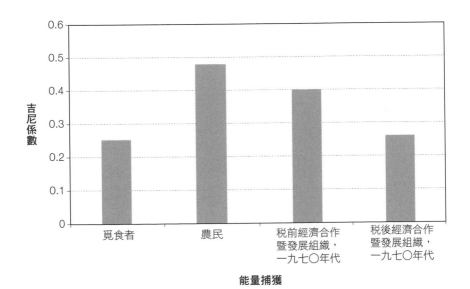

圖表4.9. 覓食者,農民,與化石燃料:到了一九七〇年代,政府轉移使富裕國家中的收入不均降到覓食者時代後就沒有出現過的程度(資料來源:Smith et al. 2010; Chu et al. 2000)

濟學家則經常稱一九四〇到一九七〇年代之間的時期為「大壓縮」（Great Compression）[51]。

不過，自從一九七〇年代晚期開始（理由依然充滿爭議）[52]，許多化石燃料國的國民收入分配已經減壓。到了二〇一二年，OCED 的平均稅後吉尼係數就上揚到 0.31，美國則爬升到 0.38。化石燃料國家中上漲的收入不均，導致大眾起而對收入前 1% 的階層表示不滿，經濟學家托瑪·皮凱提（Thomas Piketty）則預見到可怕的後果：「當資本報酬率超過生產與收入的成長率時（這點在十九世紀曾發生過，似乎也會在二十一世紀重演），資本主義會自動產生隨機且無法維持的不均狀況，從而激進地削弱奠基民主社會的菁英價值觀。」[53]

然而，整個大局更加複雜。最明顯的是，即使許多國家二〇一二年的轉移後吉尼係數都比一九七〇年時高，二〇一二年的係數卻依然比農業社會中財富不均狀況的典型吉尼係數（大約 0.48）還低（通常還低得多），且由於人均生產量自從農業時代後就上漲不少（根據經濟學家安格斯·麥迪遜的說法，全球平均從一七〇〇年的每年六百一十五美元，來到二〇〇八年的每年七千六百一十四美元）[54]，一九七〇年代以來的國民收入解壓，甚至尚未損傷到工業革命最重要的精神遺產：它創造出來的那些，能購買化石燃料經濟體所生產的商品與服務的龐大中產階級。最後，可能也是最重要的一點，當庫茲涅茨於一九五五年辨識出他的曲線時，大壓縮大多發生在從十九世紀就開始工業化的西方國家。結果，即使西方國家中的吉尼係數在二十世紀前半段下跌，當以全球為準來測量時，數值反而增加，因為西方化石燃料國家

與其餘農耕世界間的鴻溝正在擴大。按照經濟學家布朗科・米蘭諾維奇（Branko Milanovic）的估算，一八二○年到一九五○年間，全世界的吉尼係數幾乎成長了四倍。不過從一九五五年至二○○二年之間，化石燃料時代進行了全球化發展；結果，儘管國內吉尼係數正在上揚，全球不平等狀況的增加是突然減緩或完全反轉，取決於計算二○○二年的係數時有多精確（圖表4.10）。二○○二年以來，無論從任何層面觀察，全球的吉尼係數都在下跌[55]。

　　化石燃料經濟體在全球散播時，還同時夾帶了自由化，導致現在許多激進份子都會談論始於一九五○年代的世界人權革命[56]。農業國內部分界線的消弭，始於十九世紀歐洲與其海外殖

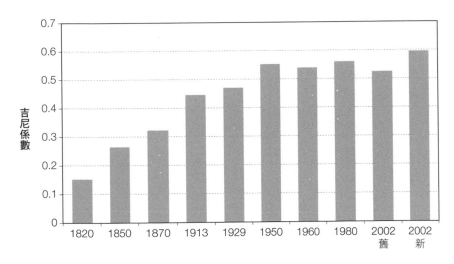

圖表4.10. 大分流後的大融合：西方的工業革命幾乎使一八二○年到一九五○年間全球收入不均的狀況成長了四倍；但自從一九五○年以來，東方的工業革命便減緩或反轉了這項趨勢（出自 Milanovic 2011, 2012）。

民地，而這種現象正往全球化發展，而在最先進的化石燃料經濟體中，權利已被推入上個世代完全不敢想像的領域。一九九〇年代，美國軍隊的同性戀議題依然充滿爭議，甚至連自由派政客都同意以惡名昭彰的「不問不講」政策來迴避該議題。不過到了二〇一一年，所有限制就此煙消雲散，二〇一三年的一份報告則指出，這些改變對軍隊的準備狀態毫無影響[57]。這時，超過半數的美國人支持同性婚姻，還有十六個國家使它合法化[58]。

權利革命不只發生在人類身上。一七八九年，傑瑞米・邊沁（Jeremy Bentham）自覺得提醒英國人在對待動物時，「問題並非『牠們能否**用理性思考**？』也不是『牠們能**說話**嗎？』，而是『牠們**會受苦**嗎？』」兩百年後，革命演進到使法律規定瑞士居民在收養狗前，必須接受四小時的動物同伴原則課程[59]。當我在一九八二年碰到喬治先生時，希臘經常發生令人髮指的動物暴行，但等到我在近十年後的二〇〇九年回到當地時，我很訝異地發現雅典人會在人行道上放水碗讓流浪動物喝。然而，與化石燃料社會相似的是，人類對待其他動物的方式也充滿矛盾。當瑞士人舉行研討會時，有億萬隻動物在工廠農場中受苦與慘遭屠殺。「從對待生物的行為來看，所有人都是納粹。」諾貝爾獎得主以撒・巴什維斯・辛格（Isaac Bashevis Singer）於一九六八年寫道。「對動物而言，世界宛如永恆的特雷布林卡滅絕營*。」[60]

不過在我們的種族中，這種模式則更為單純。「我要的是更善良溫和的國家。」老布希（George H. W. Bush）在一九八八年

---

* 譯注：Treblinka，納粹德國於二戰時在波蘭建立的滅絕營。

接受共和黨總統提名時，對黨員們這樣說道[61]，而從他說出這句話過了四分之一世紀後，他確實得到了這種國家。即使在一九八八年以前，化石燃料社會（特別是自由社會）就已經使自己達到驚人的和平程度。到了一九〇〇年，西歐的謀殺率已比一六〇〇年下降不少，甚至在謀殺率高出八倍的美國，用任何早期時代的標準來看，都相對安全[62]。化石燃料社會掀起的兩次世界大戰，是史上最血腥的戰事，二十世紀的非自由獨裁者也最為嗜血，但當我們將一九〇〇年到二〇〇〇年之間，戰爭、屠殺、國家導致的飢荒、與謀殺中所有的傷亡人數加總，這一億到兩億人，只佔了二十世紀總人口一百億人中的1%到2%。使用化石燃料的二十世紀比覓食者世界安全了十倍，也比農民社會安全兩到三倍[63]。

　　但後來發現，那只是開端。一九八九年以來，戰爭次數（國際戰爭或內戰）已大幅度降低，世上95%的核子彈頭都遭卸除，暴力犯罪事件數不斷下跌，而根據世界衛生組織（World Health Organization）的說法，全球暴力致死率已降到0.7%[64]。局勢平靜到二〇一二年十一月二十六日星期一，發生了令人意想不到的狀況：紐約市有一整天（其實是近乎三十六小時）都沒有人遭到射殺、刺傷、或其他暴力致死傷害[65]。暴力並未消失，但世界從未如此安全過。

　　化石燃料社會越往和平、民主、開放市場、性別平權、與法律平等待遇邁進，社會就越繁榮。結果，在驚人的短短兩世紀內，世上大部分地區便從農業國轉向工業國。當然，要達到圖表4.7中那種真正的開放社會還有很長一段路要走；經濟菁英與商

業組織仍然比一般公民對社會政治擁有更高的影響力，而近代一份對高地位職業中家族姓氏普遍度的研究，則顯示出工業國依然存在明顯的天生菁英[66]。但即使如此，人類史上從未有如此多人這麼迅速地經歷了如此多變化。

價值觀

近兩百五十年來，道德體系出現了相應的龐大轉變。當工業革命釋出龐大的能量，獎勵從農業國轉向工業國的社會時，數十億人民重新調整了自己的價值觀。不到十個世代，原本被視為自然且公平的政治、經濟、與性別階級，便轉為程度不同的惡劣之事。這項轉變於北大西洋沿岸出現，在該處也演進得最快最劇烈，不過等到化石燃料能量與組織於二十世紀散播時，就幾乎對全世界造成了衝擊。

三百年前，似乎不可能演變為這樣的結局。從中國到地中海，反動勢力似乎擊敗了我在第三章中提過的十七世紀「平等主義者」，並重置了農業國的傳統社會與宗教秩序。只有西北歐成為這項規律中的例外[67]，但即使在那裡，例外事件起初看起來也相當稀少。

歐洲思想特異點的頭幾項徵兆出現在十六世紀，我也在著作《西方憑什麼》中提過，新思維大多是對北大西洋沿岸興起的全新經濟所做出的回應[68]。這種經濟運作的方式，就像早期使某些城邦蓬勃發展的貿易路線的加大版，將歐洲西北地區的居民推離農業國。越來越多知識份子不再闡述古典或聖經文獻，反而試圖

解釋風與潮汐如何產生，以及星辰為何以特定方式移動，並迅速集結起來打造宇宙的機制模組[69]。

哥白尼、伽利略、與笛卡兒等人宣稱樹木的成長不比時鐘運作方式神秘多少，且太陽才是宇宙的中心，並非地球；這使各地的掌權者都認為他們是可疑人物。然而，隨著十七世紀過去，從大西洋經濟中大量獲利的農業國菁英（因此透過解釋世界如何運作，他們能得到最多利益），讓新的自然科學家擁有更多探索空間。儘管一六三三年時，義大利的教宗法庭認為有必要打壓伽利略的言論，英格蘭的統治者們則有足夠的安全感，得以容忍牛頓於一六八七年出版的《數學原理》（*Principia Mathematica*）。

西北歐的知識份子迅速將自然界的機制模組延伸到社會上，將政治視為機制，並提出哪種體系最有效的問題。但晚至一七〇〇年，新思維對舊政的挑戰都極為有限。就連洛克（John Locke）在他的《政府論次講》（*Second Treatise of Government*）中知名的聲明（由於人「天性自由、平等、又獨立，沒人能在缺乏自身同意的情況下放棄這些特質，並使自己受制於他人的政治力。」[70]），都不反對王權、貴族、或教會，且於一六八八年，英格蘭菁英終止了半世紀以來爭端的方式，並非透過放棄舊政，而是透過妥協，來使君主受到憲法的網羅包圍[71]。

農業國遭遇到最強烈的挑戰起始於法國。「我們必須檢視並調查一切，不可有漏網之魚，也切莫手下留情。」德尼・狄德羅（Denis Diderot）於一七五一年在《百科全書》（*Encyclopedie*）中寫道。「我們得踐踏所有過往的愚蠢思想，推翻並非基於理性而存在的藩籬。」[72]在瑞士流亡的伏爾泰（Voltaire）確實是這樣做

的，他特意譴責教會與王室的特權，並將其稱為「臭名遠播的東西」；但即使是他，也並未完全駁斥農業國的皇室與神職基礎。他堅稱，中止這種臭名的方式，並不是將法國變成共和國，而是仿效中國的模式。他聲稱歐洲人會發現乾隆皇帝是位睿智的明君，在治國上諮詢儒家官員體系的意見，該體系重視理性，而非迷信[73]。

剛開始，十八世紀的歐洲君主採用啟蒙時代的批判，順利的程度，就如同古代皇帝馴服最令人警覺的軸心時代思想時一般。一七四〇年，普魯士的腓特烈大帝（Frederick the Great）承認克里斯蒂安・沃爾夫（Christian Wolff）的觀點：「哲學家應該擔任世界與王族的導師。」但他補充道：「他們必須進行邏輯思考，我們也得依邏輯行事。」[74]由於自認為啟蒙君主，十八世紀的國王採納舊政中新概念的方式，便非常類似第三章提到的，啟蒙農民克萊因耶格所提出的想法。

一直到十八世紀下半葉，舊政本身才面臨到真正的壓力。一六七二年，當盧梭在《社會契約論》（*The Social Contract*）中聲稱政治合法性的唯一來源是人民的「共同意志」（general will）時，他依然被視為怪人（儘管依然是知名文人），不只在他的故鄉日內瓦遭到驅逐，在法國與城邦伯恩（Berne）也遇到相同的狀況。但二十五年後，美國的開國元勳們（一群深受大西洋經濟影響的男人）極度偏離了農業國的價值觀，認為自己能以「我們人民」的名義寫下新憲法，而非仰賴上帝或國王。兩年後，為法國帶來《人權和公民權宣言》（*Declaration of the Rights of Man and the Citizen*）的資產階級紳士們則說：「法律是共同意志的體現。」[75]

　　到了一七八〇年代，法國與美國革命家們變得和在古雅典創造民主的人們同樣極端[76]，但當化石燃料開始使北大西洋世界充滿能量時，針對舊政的挑戰便正式展開。十九世紀中期，將自己重整為圖表4.7結構的社會正開始獲取優勢，而適合無界線結構的價值觀也蓬勃發展。一八六〇年代，在《社會契約論》出版一世紀後，大多工業化社會中的政治價值觀已經改變了。菁英們理解到，將政治權利建立在共同意志上，而非傳統或宗教，並不會催生無政府主義。他們反而發現，在充滿可替換公民的社會中，共同意志確實是唯一能鞏固合法政治權威的基礎[77]。

　　在《社會契約論》出版兩個半世紀後的二〇一〇年代，共同意志已擊敗了政治權威上的所有對手。身兼哲學家與經濟學家的阿馬蒂亞·森（Amartya Sen）說：「民主現在已是普世價值。」[78]；而全世界的受訪者都對民調採樣者說，自己對民主的偏好，勝過其他政治體系[79]。二〇〇七年進行的民調指出，全世界有80%的人口支持民主，而地理、性別、宗教、或年齡的差異極其微小（圖表4.11）[80]關於「民主」的意涵，仍然有許多爭論的空間，但在世界上許多（可能是大部分）地區，它很大程度上，是建立在嚴峻的政治階級體系非常惡劣這個信念之上。

　　諸多無政府主義者、自由主義者、和共產主義者對政治階級最嚴厲的批判，在於認為恰當的工業國完全不需要統治者。早在一七九四年，美國自由主義十分強盛，使得亞歷山大·漢彌爾頓（Alexander Hamilton）認為他得捍衛自己的新國家，對抗「政府本身將變得無用，社會則會在脫離它的鉗制後蓬勃發展」的想法[81]，過了將近一個世紀，恩格斯則堅稱在共產革命後，「國家

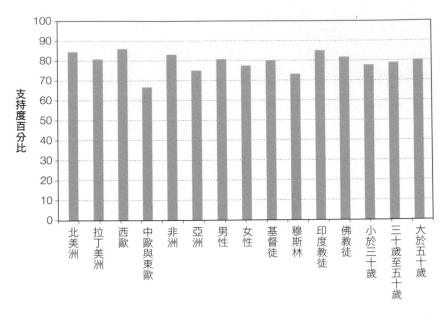

圖表 4.11. 歷史的盡頭？民主的支持度持續高漲，不論地理、性別、宗教、或年齡等因素，範圍都落在 66% 到 86%（2007 pool data）。

對社會關係的介入，在一個又一個領域裡，變得多餘……國家並未遭到『廢除』，而是**自然瓦解**。」[82] 但實際上而言，美國政治菁英與共產主義者都沒有廢除政府。事實上，共產主義者還熱情地擁抱它。早在列寧（Lenin）一九二四年的葬禮前，蘇聯的政治宣傳人員就不斷宣揚個人崇拜（cult of personality），希望能透過突顯共產黨的領袖睿智到能獨自體現共同意志這點，解決因拒絕讓政治階級自然瓦解所帶來的問題[83]。毛澤東與北韓的金氏家族對此更進一步，法西斯主義份子為之更甚，將個人崇拜拉進了喬治・歐威爾（George Orwell）筆下知名的「雙重思想」（doublethink）[84]。透過創造最嚴峻的政治階級，並將權力集中在

單一個人上，非自由派宣稱，他們確實根除了政治階級。

　　長期下來，這些對共同意志充滿想像力的詮釋，都證明是不可行的。一九五六年，史達林（Stalin）過世三年後，尼基塔‧赫魯雪夫（Nikita Khrushchev）捨棄了個人崇拜。五年後，他試圖採用新招，聲稱蘇聯已演化成「全民的國家」，政黨則代表了共同意志。當毛澤東於一九七六年逝世後，中國也遠離了領導崇拜，而儘管金氏家族已統治北韓長達六十年以上，他們卻為其臣民帶來災難，處境在二〇一〇年代也不算樂觀[85]。

　　激進無政府主義也失去了支持，這次則輸給更務實的自由派觀點。比方說，在一九七四年那部充滿影響力的著作《無政府、國家與烏托邦》（*Anarchy, State, and Utopia*）中，哲學家羅伯特‧諾齊克（Robert Nozick）認為對自由主義者而言，「只會強制履行合約，並保護人民不受暴力、竊盜、和詐欺所苦的最小規模國家，存在目的便合情合理。任何規模更大的國家，」他聲稱，「會破壞人類不該被強制要求做出特定行為的權利，因此無法使國家的存在合理化。」[86]；但缺少國家則絕對不是可行方案。

　　儘管國家並沒有消失的趨勢，化石燃料對嚴峻政治階級與反動份子的態度，依然更接近覓食者的心態，而非農民。政治科學家長期以來認為，就連民主政體都會產生強大的菁英，他們則會使自己成為永久政治階級[87]，但民主派人士仍然偏好由普通人組成的政府，不喜歡天生的統治階級。

　　這些思想間的衝突來自於現代民主最早期的那段時光[88]。聯邦黨員（Federalist）亞歷山大‧漢彌爾頓對於得在一七八〇年代與「內心無知又變態、性格固執而自負的人」共享權力大感震

驚；我們不該對此感到訝異，但即使是大平等主義者湯瑪斯・傑弗遜（Thomas Jefferson），也承認自己相信只有一小批「大自然賦予了他們才華與美德」的菁英，才能「透過博雅教育（liberal education），成為值得接受，並守護其餘公民神聖權利與自由的人。」[89]不過，美國在首任總統的人選上非常幸運。一方面而言，許多觀察者認為喬治・華盛頓（George Washington）是統治階級的絕對化身，但從另一個角度看來，他確實堅稱自己對統治毫無興趣[90]。一七八三年獲得軍事勝利後，華盛頓就將他的劍交給國會，發誓「從此不再干涉公眾事務」。他於一七八九年勉為其難地離開退休生活，並重新擔任總統，此舉全然出自責任感，也（某位仰慕者將華盛頓與驕傲的羅馬英雄辛辛納圖斯〔Cincinnatus〕相比）一等他能「心滿意足地回到鄉間獨立生活中的平靜勞務」[91]，就立刻返家。

　　自華盛頓時代以來，許多美國政客都宣稱自己遵循他不想要權力的範例，但其他人也曾採用帶有微妙差異的方式，堅稱儘管自己明顯身為特權菁英，卻和其他人沒有差別[92]。無論是龐大的財富（像是一九九二年的羅斯・佩羅〔Ross Perot〕）、政治王朝的成員身分（二〇〇〇年的小布希）、或兩者皆有的情況下（一九六〇年的甘迺迪〔John Kennedy〕），都無法阻止總統當選人宣稱自己出身中產階級。

　　大眾對嚴峻政治階級的不信任，使這種手法施加在未來統治者身上的其中一項副作用（並非預料中的狀況），就是服從的崩解。世上最有權力的男人比爾・柯林頓（Bill Clinton），於一九九八年因婚外情而差點被趕下台；二〇一一年，在被《耶

路撒冷郵報》（*Jerusalem Post*）稱為世上第六有權力的人士一年後，多米尼克・史特勞斯－卡恩（Dominique Strauss-Kahn）因遭控強暴旅館女侍，而被趕下國際貨幣基金組織（International Monetary Fund）的總裁大位。這種事不會發生在羅馬皇帝身上。

　　化石燃料政治所特有的那種，嚴峻與寬鬆階級間的妥協狀況，在經濟上更為明顯。工業國似乎需要處境低下（以農業國的角度而言）的富有階級，但不要**過於**低下。一方面而言，只有當富足的中產與勞動階級創造出，對化石燃料經濟生產的所有商品與服務的有效需求後，工業國才會變得繁榮；另一方面，它也需要能因提供領導與經營，而贏得物質獎勵的強盛企業階級。作為回應，化石燃料價值觀已在近兩百年來，演進為偏好透過政府干涉來降低財富不均──但不要降低太多。

　　根據自一九九〇年以來收集的意見民調，大多美國人（數字從一九九〇年的高點67%，轉換到二〇〇八年的低點58%，最近的分數〔二〇一一年〕則是66%）想看到財富分配更加平均；而在二〇一三年的民調中，中國（52%）、歐盟（60%）、和印度（誇張的82%）大部分的受訪者都認為收入不均是「非常大的問題」。不過，這些族群都沒想到，經濟不平等才是他們國家所面對**最大**的問題。歐洲人與中國人排行第三，印度人第五，美國人則是第十二名。被詢問到對富人加重徵稅是不是降低財富梯度的最佳方式時，美國人的意見相當分歧，有52%支持，也有48%不支持。這些態度至少從一九九九年以來就鮮少改變，當時有45%的人支持，不支持的則有51%。不過，這項議題上的歧見經常反映出更深層的地域或黨派分歧。二〇一三年的民調顯示，歐

盟中有84%的希臘人，與僅有50%的英國人認為財富不均是個大問題；在美國，75%的民主黨員（Democrat）說他們想對富人增稅，但只有26%的共和黨員（Republican）抱持相同意見；雖然到了二〇一四年，數名領頭的共和黨員已經準備好支持調高最低薪資了[94]。

理解過去兩世紀以來，思想與文化對經濟階級所造成影響的其中一種方法，便是觀察提到財富時，「平等」究竟含有哪種意義。有些人強調機會平等，讓所有人得到在市場上自由交易與議價的機會，並且不太在乎利益分配；其他人則強調結果平等，偏好管制市場行為，不使任何人有機會過度超越他人[95]。廣義而言，古典自由主義者和自由意志主義者提倡機會平等，並擔心管制會破壞自由（以及經濟成長）；新自由主義者和社會主義份子則通常支持結果平等，並擔憂身懷巨富的惡人會打壓自由（以及經濟成長）[96]。

多虧近兩百年來的充足資料，我們能仔細追朔導向工業國的自由與非自由途徑，看它們如何成為詮釋化石燃料價值觀上的兩項重大實驗。最重要的二十世紀非自由政體（納粹德國、蘇聯、與中華人民共和國）都宣稱它們追求經濟結果上的平等，但實際上卻沒有一方，能躲過兩種截然不同的經濟平等定義之間的緊張狀況。入主政府的頭幾個月內，納粹（他們的正式名稱是國家社會主義德國工人黨〔National Socialist German Workers' Party〕）強力提倡結果平等。他們勞動陣線（Labor Front）中的激進份子強制向雇主要求給薪假、薪資合同與平等薪資，並威脅要將反對人士送入集中營。不過沒能維持多久；一九三三年結束前，黨領

袖們便開始與老闆們站在同一陣線，因為他們需要業主支持希特勒野心勃勃的軍備整頓計畫。「我們都是勞動士兵。」那年十一月，勞動陣線的新領袖這樣告訴柏林西門子（Siemens）工廠中的工人們，但「有些人負責指揮，其他人則得聽令。服從與責任很重要。」薪資於一九三四年陷入泥沼，財富不均的狀況也在接下來的十年中迅速飆高[97]。

共產政體陷入了同樣的窠臼。面對一九二一年的大規模飢荒，列寧放棄了革命原則，並使蘇聯經濟變得自由化，以便鼓勵生產。至於他對此事是否抱持認真態度，外界則有不同見解；列寧在政治局（Politburo）裡的同事格里戈里‧季諾維也夫（Grigorii Zinoviev）堅稱：「（新經濟政策〔New Economic Policy〕）只是暫時的政策轉向，也是策略性撤退；在對國際資本主義發動全新的決定性攻擊前，得先清理國內的狀況。」但列寧自己認為「以資產階級之手打造共產主義」是唯一可行的途徑[98]。不過，新經濟政策的後果非常明顯。「店家們一夜開張，裡頭神秘地塞滿了俄國多年不見的精緻物品。」美國無政府主義者艾瑪‧高德曼（Emma Goldman）於一九二四年觀察道。「臉孔瘦弱又帶著飢餓眼神的男女與孩童，盯著窗戶並討論這項奇蹟。」[99]當史達林在數年後以真正社會主義的名義扭轉列寧的新經濟政策時，就產生了災難性後果。數百萬人於一九三〇年代餓死，當時農場生產量開始下跌，薪資與居住差異也不斷擴大，同時政黨官員則創造出了黑市經濟（black economy）。蘇聯不斷碰上世上最糟糕的狀況，儘管財富成長相當緩慢，財富階級卻變得更加陡峭，而當戈巴契夫（Gorbachev）試圖在一九八〇年代重

新導入經濟機會平等時，整個體系就完全垮台了[100]。

　　在毛澤東的統治下，中國可以說是經歷了更糟糕的狀況；它不斷在打壓機會平等的極端行徑、和相對自由化的踏實成長期之間來回擺盪。當大舵手於一九七六年過世時，國內隨時會經歷另一場大飢荒。鄧小平的因應方式，是在經濟中某些部分接受了機會平等。他曾說過知名的話：「勤勞致富是正當的。」，並使生產力成長與收入不均同時綻放。當毛澤東於一九七六年過世時，中國的稅後與轉移後吉尼係數是 0.31，二〇〇三年時達到 0.51，並於二〇〇九年掉回 0.47[101]。

　　自由政體也發現，在嚴峻與寬鬆財富階級之間尋求完美平衡相當困難，但它們的實驗較不具傷害性。在十九世紀自由主義的經典論述中，約翰・彌爾（John Stuart Mill）聲稱「無論個體或群體，人類唯一干涉他人行動自由的原因，便是自我保護。在保護自我與身心靈上，個體握有絕對的掌控權。」[102] 但如果推展到邏輯上的極限，這便代表國家重新分配財富永遠是錯誤行為。事實上，自由意志派哲學家羅伯特・諾齊克指出：「對勞動收入徵稅，等同於強制勞動。」這正是自由工業國的反義。「奪去他人勞動的成果，」諾齊克解釋道，「就等於奪走對方數小時的時間，並指派他去做不同活動。如果人們強迫你在特定期間做特定工作，或是缺乏獎勵的勞務，他們就會決定你該做哪些事，以及你的工作能達到哪種目的，而這一切都與你的抉擇無關。這點……使他們成為你某程度上的擁有人；使他們在你身上握有了財產權。」[103] 盧梭則更直接了當地說明這點：「我認為強制勞動，」他在《社會契約論》中寫道，「比起稅金而言，還較不抵

制自由。」[104]

　　不過，拒絕在富人身上實施強制勞動（以稅金方式），似乎經常代表了施加在窮人身上的另一種強制勞動（以漫長工時換取維生薪資）；而在十九世紀，強調結果平等的社會主義方案在歐洲逐漸盛行。到了十九世紀末，許多政府接受了新自由主義，並認為用國家權力重新分配財產會引發更大的整體成長。這種趨勢加速了第一次世界大戰、在經濟大蕭條時加速，並在一九四五年的一連串自由派新政後被奉為圭臬。英國政客威廉・卑弗列治（William Beveridge）於一九四二年預測，戰後政府的工作便是讓世界變得「盡可能自由，並遠離五大惡：需求、疾病、無知、貧困、與怠惰。」要達到這點，「我們得準備好盡量在毫無侷限的情況下運用國家權力，以便消滅五大惡。」卑弗列治補充說，我們還得記得，「個人比國家更重要，也是國家存在的原因。」[105]

　　這項計畫需要複雜的經濟與社會調整，而戰後自由派經驗則顯示，對機會平等與結果平等之間的矛盾而言，世上沒有完美的解決方案。化石燃料價值觀的演進反映了此事，讚許地位放低、但也不會過低的財富階級。「低」與「過低」確切的意義似乎主要取決於經濟成長率，和較為富裕、成長速率較慢的經濟體中的居民相比，住在較為貧困、成長速率較快的經濟體中的人們，更能容忍嚴峻的財富階級。從雷根—柴契爾時代許多OECD成員國選民對財政保守主義（fiscal conservatism）的熱忱看來，數值約為0.25的稅後吉尼係數對已開發經濟體而言或許太低，但從其中許多國家在二○一○年代時對1%的頂端人口普遍的憤怒判

斷,超過0.35的吉尼係數可能還太高了。相反的,在快速成長的印度與中國,人們會抱怨,但也會接受極高的數值(二〇〇九年分別為0.50與0.47)[106]。

　　與這些對經濟階級的複雜心態相比,化石燃料社會對性別不平等的態度則更為直接[107]。直到一八六九年,彌爾都以相當自覺的激進態度寫下了:「控管兩性之間現存社會關係的準則(其中一方得在法律上臣服於另一方)本身就是錯誤,現在則變成阻礙人類發展的主要原因之一……沒有哪種奴隸,比妻子更完整地體現了奴役感。」[108]但自此之後,農業國心態就完全瓦解。在一項二〇〇九年於十六個國家舉行的民調中,86%的受訪者認為性別平等很重要,而國家反應則從印度的60%,到英國與墨西哥的98%,伊斯蘭國家則處於此分配的末端。即使穆斯林世界中針對女性的法律保護經常薄弱(比方說,埃及在二〇一四年才通過定義性騷擾的法律)[109],也有78%的埃及人、91%的印尼人與土耳其人、和93%的巴勒斯坦人認同性別平等的重要性。全球而言,81%的受訪者支持政府介入來提倡性別平等,而53%的受訪人認為自己的政府目前做得還不夠多[110]。

　　與自由社會相比,非自由社會對性別階級抱持著更極端的態度,共產主義者通常都會熱情地提倡女性平等。列寧於一九二〇年宣稱「繁瑣的家事輾壓、壓榨、愚弄、和貶低了」女性[111],赫魯雪夫於一九五九年表示,在女權上,共產主義已大幅勝過了資本主義。「你想把自己的女人關在廚房裡。」他在知名的「廚房辯論」(Kitchen Debate)中,這樣告訴當時的美國副總統理查·尼克森(Richard Nixon),但「我們不用這種角度觀察女性。我

們將她們視為更優秀的成員。」[112]不用說，現實自然糟糕多了。一九二〇年通過大型女性權益法案後，史達林就在一九三〇年代回歸鼓勵生育的政策；而儘管當赫魯雪夫與尼克森唇槍舌戰時，在外工作的蘇聯女子確實比美國女性多，在家事上，蘇聯太太們卻也經常比美國太太花費更多時間（也比蘇聯丈夫要久多了）[113]。不過，納粹德國反其道而行，激進地將男女分隔開來，並堅稱女性的首要責任便是生育[114]。

　　起初，自由社會對性別平等較為謹慎。之前曾經提過，一九一八年以前，女性幾乎沒有投票權，而且要等到一九四〇年後，女性才逐漸開始參與給薪勞務。當一九三七年的民調人員詢問美國人民是否會考慮投給女性總統參選人時，只有三分之一的人同意，64%的人則說不。到了一九四九年，回應則相當分歧，但在二〇一二年，則有95%的人表明支持，也只有5%的人拒絕。對於其他議題的態度，則是花了更多時間才有所改變：一九七七年，被問到男人是否該養家、而女性則該持家時，受訪者的回應相當兩極；而在二〇一二年，19%的人依然支持這個說法，75%的人則持反對意見[115]。

　　整體而言，戰後改變的速度相當明快。一九七〇年代，當我還是青少年時，喜劇演員經常在黃金時段電視節目上拿「女性解放者」和「胸罩焚化者」開玩笑。不過到了二〇〇五年，價值觀已經歷了重大變化，以至於當哈佛大學校長勞瑞・薩默斯（Larry Summers）在學術研討會上詢問，生物學是否與男性宰制科學界與工程界最高層級的原因有關時，人們就無法接受這個問題。薩默斯觀察到，某些測驗似乎顯示男性的認知能力平均值比

女性分布得更廣泛,假若這點屬實,代表男性比女性更常出現在分布上的兩點極端。「為了刺激你們的想法,我的猜想是,」他省思道:

「在科學與工程界的特殊案例中,存在著固有才能的問題,特別是才能上的變異性;而那些考量則受到與社會化和持續性歧視有關的小因子影響。我非常希望有人能證明我是錯的,因為我只希望能透過使每個人理解並盡力解決這些問題,來使它們受到重視。」

後續引發的騷動,無疑對薩默斯發表此言論後兩個月,哈佛教職員對他的領導身分投下不信任票產生了一定的作用;可能也促使薩默斯不到一年後決定辭去哈佛校長一職;或許也影響他在二〇一三年退出美國聯邦儲備銀行(Federal Reserve Bank)的總裁遴選[117]。

主流自由價值觀不會以抹滅性別階級的名義,來否認男女之間的差異。不過,認為能靠法律制定生理差異的社會數量,從一九四五年開始銳減,而我最後一項分析類別:暴力,則是少數在認可男女之間的差異時,還擁有政治正確的行為範疇。全世界的警察統計數據顯示,無論因為宗教、文化、或其他因素,男性犯下暴力犯罪的可能性比女性高出十倍[118]。這項解釋充滿爭議,但使用暴力的先天因素[119]似乎是演化後的適應特性,這在人類男性中相當普遍,在女性中則較少發生[120]。因此,當農業國普遍對男性治權的正面評價,與它對暴力有限度的容忍忽然一同崩解時,我們不該感到訝異[121]。

就像催生農業國的複雜勞務分工與長距離貿易,無法在農民

與覓食者同樣暴力的情況下運作一樣，如果人們繼續以農耕時代的暴力方式解決爭端，工業國的可替換公民開放空間也無法運作。化石燃料社會仰賴極度和平，由比霍布斯想像過的利維坦巨獸還強大的組織維繫（最早的現代警力於一八二八年在早期工業時代的倫敦所創立一事，並非巧合）。和過去相同的是，人們會調整自己的價值觀，以適應自己居住的新現況。農耕社會降低了使用暴力解決爭端的合法規模，而化石燃料群體則更進一步壓低這種趨勢。

　　歷史學家馬丁・切德爾（Martin Ceadel）認為能用「宿命論」（fatalism）精準描述西元十八世紀前，全世界對暴力抱持的態度。許多人（特別是軸心時代的宗教領袖）反對暴力，而大多文明則在正義與不公戰爭之間，發展出微妙且有利自身的區別，但大眾普遍同意，有必要讓合法權威使用暴力，此舉甚至可能令人讚嘆[122]。一直到十八世紀，我們才見識到這種價值觀模式實質上的瓦解，且甚至只發生在歐洲與其北美洲殖民地中。認為戰爭並不自然、人類的原初狀態則相當和平的新思維蓬勃出現，而更廣義的政治、經濟、與性別階級批判也同時萌芽[123]；一七九〇年代，進行工業化的英國中有個和平協會（Peace Society），公開且激進地反對向法國宣戰[124]。

　　隨著工業國作為可替換公民組成的開放空間這個概念逐漸成形，和平運動（諸如對政治、經濟、與性別階級的攻擊）則於十九世紀蓬勃發展。到了一八五四年，克里米亞戰爭（Crimean War）爆發，大量受過教育的歐洲自由派份子認為戰爭是異常且悖德的事件；一八九九年，有二十六個國家派遣代表到海牙

參與國際和平會議；而在一九一九年，人們短暫希望國際聯盟
（League of Nations）能抹滅戰爭。接下來的二十五年對和平主
義而言相當難熬，但到了一九五〇年代，西歐與北美學者便建
構了智庫（衝突解決研究中心〔Center for Research on Conflict
Resolution〕於一九五二年在密西根州的安娜堡成立，國際和平
研究所〔International Peace Research Institute〕則於一九五九年
在奧斯陸成立）與期刊（《衝突解決期刊》〔*Journal of Conflict
Resolution*〕於一九五七年開始出版，《和平研究期刊》〔*Journal
of Peace Research*〕則於一九六四年出版）更強調了認為暴力幾
乎永遠錯誤的主張[125]。

　　研究和平運動的學者經常將人們分為「和平主義者」
（pacifist）──他們「不反對所有武力：他們允許使用防禦力量
來保護其所堅持的價值觀」；與另一支更為獨斷的族群，他們被
稱為「絕對和平主義者」（absolute pacifist）──「無條件反對戰
爭，並宣揚在所有情況中都不該抵抗」[126]。二十世紀罕有絕對和
平主義者，但近年來的民調資料顯示，二十一世紀的狀況正在改
變（或至少有大量人口告訴民調採樣者，說自己完全反對暴力）。

　　二〇〇八年到二〇一〇年之間，蓋洛普公司（Gallup）訪問
非洲、美洲、亞洲、和歐洲人民，詢問他們對個體與國家暴力
抱持的心態。69%的受訪者聲稱自己在人際暴力議題上是絕對和
平主義者，也說暴力永遠無法得到正當理由，也只有13%的人
說，有時使用暴力沒有錯（另外18%的人要不沒有意見，要不
就說「看情況」）。不過，對國家暴力抱持的心態則更為複雜。
當被問到是否能接受政府在戰爭期間殺死公民時，60%的受訪者

說絕對不行，而21%的人則說有時可以[127]。一份二〇一一年皮尤公司民調（Pew）詢問西方人一個更廣義的問題，即政府有時是否需要使用軍事力量來維持世界秩序。調查發現更多人準備好接受國家暴力，同意比例從德國的50%到美國的70%都有。但即使如此，民調採樣者發現西方人依然對此持保留態度：大多歐洲人（從法國的66%到德國的76%）與45%的美國人，都說政府使用暴力時，得受到聯合國批准[128]。

有些戰略家認為西方已進入了「後英雄」（postheroic）時代[129]，人民已無法認為有國家目標重要到能將死傷正當化（無論是導致或承受傷害）。不過，化石燃料後英雄主義或許和西方國家自一九八九年以來經歷了一連串衝突有關，導致人們想完全避免殺戮。考量到外來威脅時，受訪者則採取了較為強硬的立場。沒有任何擁有核武的民主政體，曾讓提倡單方面卸除武裝的政黨勝選入主政府，而一份二〇〇七年的民調也發現，至少有些人願意考量發動核戰。被問到政府（對無核國家而言，則問到他們的同盟）該不該使用核武，70%的義大利受試者和77%的德國受試者不同意，但只有49%的英國人、43%的法國人、40%的美國人、與22%的以色列人有同感[130]。人類從未像當今一樣和平，或是對用暴力解決問題抱持強大的反對態度；但我們尚未住在充滿絕對和平主義份子的世界之中。

阿西羅斯之後

我相信，第二章到第四章中的論點大致解釋了我在一九八二

年感受到的文化衝擊。阿西羅斯至少還有一腳踏在農業國中；我長大的英格蘭米德蘭茲地區（Midlands）則不再如此，該地也是工業國於兩百年前出現的地方。

　　表格4.1總結了第二章到第四章的論點。我樂意承認表格4.1是簡化過的狀況，它簡化並在必要下扭曲了更為複雜的現實，但我想它確實表達出重要的一點：覓食、農耕，與化石燃料的道德系統截然不同。身處兩種不同能量捕獲環境中的人，鮮少對道德問題產生共識。

　　圖表4.12甚至更為簡化，將複雜的文化世界更進一步簡化與扭曲[131]；但我想它因此能為表格4.1增添第二項重點。在圖表中，我們不只看到所有價值觀體系全都有差異，也能觀察到某些價值觀體系和其他體系有更大的差異。區隔農業價值觀與覓食和化石燃料時代價值觀的鴻溝，比區隔覓食與化石燃料價值觀的鴻溝來得更大。

　　當心理學教授想測試關於大腦功能的理論時，他們經常會從學生中找自願者來問問題，儘管如此，心理學家們經常承認，自己的學生都屬於WEIRD[132]。以心理學而言，WEIRD代表西方

表格4.1.　價值觀如何演進：覓食者、農民、與化石燃料使用者之間典型的道德價值觀差異。

	覓食者	農民	化石燃料使用者
政治不平等	壞	好	壞
財富不平等	壞	好	中
性別不平等	中	好	壞
暴力	中	中／壞	壞

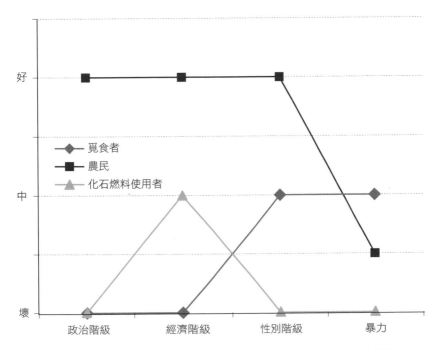

圖表4.12.　一張圖片勝過千言萬語？以圖表展示不同價值觀體系之間的差異。

（West）、受過教育（Educated）、工業化（Industrialized）、富裕（Rich）、與民主（Democratic）；簡而言之，這代表這些人相當適合工業國[133]（憤世嫉俗的人可能會說，大學本身的重點就在於確保學生畢業時，已達到WEIRD的標準）。

　　教授前近代史近三十年來，我學到的其中一項重點，就是學生經常認為難以理解農業國與其價值觀，甚至更難對其抱持喜愛。相反的，年輕的WEIRD成員卻非常受覓食者與其價值觀吸引。當然也有例外，覓食者們的行為有時非常類似野蠻人，而諸如古雅典這類商業城邦則能引起共鳴，至少在我們談起奴隸制度

與壓抑女性前是如此。但整體而言，我們在《妮莎》中見識到的覓食者（人類學家瑪喬麗·休斯塔克為一名昆申族女子寫的傳記，在第二章曾提過該書）像是監獄中會出現的人，而十一世紀史詩《羅蘭之歌》（*The Song of Roland*）中的人物則宛如來自外星球。

　　一九九六年我在史丹佛大學教書第一年的結尾，曾對此有過特殊經驗。當時我開了一堂關於古代與現代奴隸制度的大學生研討會。在我們其中一場會議中，發現好幾個學生的祖先（高祖父母或天祖父母）在南北戰爭前曾是南方州的奴隸主。我的學生們無一例外地同意奴隸制非常惡劣。不過，當我問他們是否認為自己的親人有道德缺陷時[134]，他們大多人似乎感到不安，也逃避說出直接了當的回應。隨著討論主題變廣，班上其他學生提出了不同解釋。有些人認為，或許蓄奴親人也清楚奴隸制的錯誤，因而成了偽君子。也或許奴隸制並非錯誤，而一切則都是相對的。這兩種想法都引發了更深的不安。

　　這場課堂辯論按照其定義來說，是學術性的，其結果並不會有太過深遠的影響。不過，無法理解彼此價值觀的農民與化石燃料使用者，有時會催生出非常嚴重的後果。二〇一二年十月九日，在我進行作為本書基礎的那場演說前，有個男子爬上巴基斯坦西北部的一台校車，質問馬拉拉·尤沙塞夫（Malala Yousafzai）是否在車上，接著抽出柯爾特45手槍（Colt 45），並朝著這名十六歲女孩的臉開槍。根據一名塔利班發言人的說法，她的罪過是：「與西方靠攏，發言反對塔利班，還說歐巴馬總統是她理想的領袖。」當馬拉拉並未身亡時，塔利班發誓要再度行

刺（也要殺死她父親）[135]。

　　我在普林斯頓舉辦講座後，這場槍擊案在討論中被提起許多次。對工業國的 WEIRD 居民而言（我認為世上沒有比普林斯頓更充滿 WEIRD 思維的地方了），對於這起暗殺的企圖，唯一的解釋似乎是塔利班犯下了嚴重的道德過失。女性有受教權，世界也需要受過教育的女性。馬拉拉就塔利班禁止女孩上學所撰寫的部落格文章與抗議行為，早在攻擊事件發生前就使她成了英雄。戴斯蒙・屠圖（Desmond Tutu）主教提名她為國際兒童和平獎（International Children's Peace Prize）候選人，巴基斯坦那名現代化的總理，也將巴基斯坦的國際青年和平獎（National Peace Award for Youth）頒給她[136]。那次攻擊行動之後，馬拉拉成為最年輕的諾貝爾和平獎得主[137]。暗殺她的計畫，使塔利班踐踏了最高等的道德品德。

　　但對塔利班而言，他們看這件事的角度顯然截然不同。他們嚴謹的農業國價值觀強調女性臣服、對天賦權力的政治權威抱持尊敬、以及正當地使用暴力；在這樣的世界，馬拉拉肯定是那個踐踏最高價值觀的人[138]。塔利班並非唯一抱持這種心態的人：二〇一四年四月到六月間，當我完成本章節的文字稿時，伊斯蘭團體博科聖地（Boko Haram，這個豪薩語〔Hausa〕名稱約略意指「西方教育是邪惡的」）在奈及利亞綁架了超過兩百五十名女孩[139]。在一則二〇〇九年的訪談中，組織創辦人描述組織任務為對抗民主與現代教育（特別是演化論與球型世界概念）、實施宗教律法、以及恢復傳統性別地位[140]。一位發言人說，遭到綁架的女孩們應該出嫁，而不是待在學校裡，並補充說，要彌補她們的

過失,將她們當作奴隸賣掉可能是一種合適的作法[141]。

我們在第三章看到的農業國世界中,塔利班與博科聖地可能會被視為極端或行為偏差,但並不邪惡。一萬年來,農業社會持續使用暴力來宰制或處分詆毀神聖秩序的舉止;這些行為比馬拉拉的行徑輕微許多。即使是受到啟蒙的雅典人,也在西元前三九九年處決了蘇格拉底,罪名是污染年輕人的思想,和信奉該城市不信的神[142]。博科聖地與塔利班遵循著農業國的規範,並依此詮釋以生物性演化出的人類價值觀,包括正義、尊敬、與良善。他們的道德錯誤並不在於認為想上學的女孩該受到暴力懲處,而是思想落後;就和喬治先生一樣,只不過他的狀況輕微多了。

每個時代都會取得所需思想,而需要塔利班這類型價值觀的時代,已經從世上消失了。過去兩百年來,謹守農業國價值觀的社會已消失殆盡,而當工業化持續勢如破竹地擴張時,剩餘的殘黨也會消失。WEIRD將繼承地球。

我希望透過第二章到第四章,解釋我在一九八二年的阿西羅斯感受到的文化衝擊成因,其實就是冰河時期的人類價值觀所經歷的劇烈演化,它並非受到生物性改變的驅使(近一萬五千年來,人類物種似乎沒有多少改變),而是受到我們的能量捕獲系統、與該系統所需的社會組織所驅動。但我還沒試著解釋為何會發生這段能量、組織、與價值觀的劇烈共同演化,或提出這個顯而易見的問題:當我們的能量捕獲系統與組織持續演進時,人類價值觀可能會發生什麼樣的變化?我接下來要談的便是這些問題。

第五章

價值觀的演變：
生物學、文化、與未來趨勢

生物化倫理學

　　在第二章到第四章，我企圖從上次冰河期最寒冷的時間點開始，講述兩萬年來人類價值觀的故事。我認為現代人類價值觀起初是在距今十萬年前（加減五萬年）出現，也是我們龐大且運轉迅速的腦部經歷的生物性演化成果；而一旦我們擁有龐大且運轉迅速的腦部，文化演進就化為可能。由於文化演進，人類價值觀在過去兩萬年迅速改變，變化的速度也在近兩百年來加快。

　　我辨識出人類價值觀中的三個主要階段，並將之連結到覓食、農耕、與化石燃料社會。我的主要論點是，在每項案例中，能量捕獲模式都決定了人口大小與密度，這兩者則大致決定哪種社會組織最有效，接著使特定價值觀變得更成功並充滿吸引力。

　　我觀察到，覓食者大多以小規模、低密度群體的形式居住生活，通常也認為政治與財富階級是不好的東西。他們較為容忍性別階級，（以現代角度而言）也出奇地容忍暴力。農民居住在更大也更密集的社群中，通常也認為陡峭的政治、財富、與性別階級很好。但比起覓食者，他們較無法容忍人際暴力，也將暴力的合法使用範圍限縮得更為狹隘。化石燃料使用者則生活在規模更龐大、密度也更高的群體中。他們慣於將政治與性別階級視為壞事，也認為暴力特別邪惡，但他們一般比覓食者更通融財富階級，不過程度並不比農民高。

　　在我將本書交給評論人之前的最後一章中，我想問問為何價值觀以這種方式改變。我已經交出了相當接近的解釋，將每項價值觀體系連結到不同的能量捕獲系統上，但現在我要再提出三個

問題。首先，我想問為何能量捕獲系統會改變；第二，這些變化是否無可避免；最後，這些答案為人類價值觀的未來帶來了什麼意義？

在第一章中，我引述了自然學家愛德華・奧斯本・威爾森的說法：「科學家與人文主義者應該考量暫時將道德移出哲學家的控制、並將其生物化的可能性。」[1]現在我則想假定，我們應該從威爾森的生物化狀況中找尋我三個問題的答案。在他的經典著作《社會生物學》（*Sociobiology*）中，威爾森要求讀者想像自己是「來自另一個星球的動物學家，正在完成關於地球社會物種的型錄。」他說，從這個角度，「人類與社會科學縮減為特殊化的生物學分支；歷史、傳記、與虛構故事是人類行為學中的研究計畫；人類學與社會學則共同構成了單一靈長類物種的社會生物學。」[2]歷史與道德哲學成為生物學的子領域[3]。

達爾文曾將生物演化定義為知名的「累世修飾」（descent with modification）[4]，而一個世紀半後，生物學家們能夠一窺我們的細胞，解釋驅動此理論的機制。在世代間傳送大量基因資訊的過程，總會產生一小部分的隨機突變。這類突變大多只造成些微差異；有些差異會造成確切的傷害，也讓擁有者更難以將自己的基因傳給下一代；但少數突變很有幫助，使承襲這些性向的生物更有可能將基因傳到下一代。隨著時間過去（通常是很長的時間），生物對能量與伴侶的競爭意味著適應性的正向突變，會在基因庫中傳播開來。這便是達爾文所稱的天擇：最適應環境的生物容易蓬勃發展，逐漸取代適應力較差的物種。不過在此同時，也有種反饋系統持續運作，使演化得更適應環境的物種，同時也

改變了那個環境，有時反而對牠們的演化有不良影響[5]。

　　有些生物學家將此稱為紅皇后效應（Red Queen Effect）[6]，典故出自路易斯·卡羅（Lewis Carroll）所著的《愛麗絲鏡中奇遇》（*Through the Looking-Glass*）中一段備受喜愛的場景：紅皇后帶愛麗絲到鄉間進行一場瘋狂賽跑。她們跑啊跑的，「快到彷彿穿越空氣」，卡羅敘述道，但接著愛麗絲發現她們還待在位於起點的同一棵樹下。「在我們的國家，」愛麗絲告訴皇后，「如果妳跑得夠久，就會抵達某處。」震驚的皇后向愛麗絲解釋：「在**這裡**，妳得一直跑，才能使自己待在同樣的地點。」[7]

　　生物學家有時會將紅皇后效應提升為一種演化原則。生物學家觀察到，如果狐狸因演化而跑得更快，就能抓到更多兔子，接著只有速度最快的兔子能活下來繁殖後代，生下一批跑更快的兔子；這個情況下，自然只有最快的狐狸能抓到數量足夠的兔子以便存活，並將基因傳給後代。儘管牠們拚命奔跑，這兩個物種卻只停在原點。

　　紅皇后效應確實存在，但它在現實世界中的效果卻截然不同。狐狸和兔子不只與彼此互動；牠們也與整體環境互動。儘管牠們可能依然停在位於起點的樹下，那棵樹卻已不是原本的樹了：狐狸與兔子的競賽將它轉換成別種東西[8]。為了將這項難懂的譬喻改為較具哲學性的說法，我們可以說進行紅皇后競賽的物種從未踏入同樣的溪流兩次；讓狀況更雜亂的因素是，演化競賽可能會大幅度受到外來因素的影響。

　　我貫串本書的主題，是我們價值觀改變的方式會與基因相似，是透過道德體系與環境之間的來回互動（社會、思想、與物

理條件），加上外來衝擊。正如狐狸與兔子間的競賽，是以數百萬種性、追逐、與進食方面的小型生物性競爭的形式進行的，機率上微小的數據改變，則在歷經數千個世代的動物身上催生了龐大變化；隨著個體決定該做出哪種正確行為，價值觀與環境之間的競賽也透過數十億種小型文化競爭而開展。機率上微小的數據改變，再次在文化中產生了巨變，但這次，後果有時只需數十年，而非數千年，就會感受到。

在本章剩餘部分，透過觀察覓食到農耕的價值觀演進，與農耕到化石燃料價值觀的變化，我將試著回答自己的三個問題（為何能量捕獲系統會改變、這些改變是否無從避免，以及這對人類價值觀的未來帶來何種意義），並推論未來的結果。

從覓食到農耕

在第三章，我認為馴化動植物最重要的後果，便是增加了人類能取得的能量（不過這也迫使人類得更努力工作），人類也將額外能量用於生產更多人類。逐漸高漲的人口壓力不斷獎勵更為分層化的組織，導致分層社會戰勝並取代分層程度較低的社會；在這些新社會中，以公平正義等概念，將政治、經濟、與性別階級詮釋為良好事物，並認為以暴力解決爭端是壞事（除非神聖統治者抱持不同觀點）的人，則比其他抱持相左意見的人過得更為繁榮興旺。

馬歇爾・薩林斯在經典論文《原初豐裕社會》中提到的明顯問題，便是人們為何選擇以覓食的自由與樂趣，交換農耕的

限制與苦力；身兼生物學家與地理學者的賈德・戴蒙（Jared Diamond）就曾將此選擇稱為「人類史上最糟的錯誤」。歷史學者尤爾・諾瓦・哈拉瑞（Yuval Noah Harari）最近則進一步稱農業革命為「史上最大的騙局」[9]。不過，演化學者彼得・博伊德（Peter Boyd）、羅伯特・李察森（Robert Richerson）、和羅伯特・貝廷格（Robert Bettinger）則認為我們得以截然不同的方式來詮釋這項問題。他們覺得，我們應該問的是：「農業在更新世（Pleistocene）時不可能發生，卻在全新世（Holocene）變成必要存在？」[10]我猜，這是提出此問題最具啟發性的方式：從覓食到農耕的改變並非無可避免（與人類有關的事物不可能如此），但機率一面倒地對農耕有利，因此它**不發生**的可能性微乎其微[11]。

　　人們開始農耕的主要原因之一，是氣候變遷帶來的龐大外來衝擊[12]。地球繞行太陽的軌道持續轉移，而氣溫在西元前一萬四千年時開始上升，不過上漲速度相當不一致，因為地球軌道中的微小傾斜或搖晃都引發了暖化或降溫（圖表5.1）。到了西元前一萬兩千七百年時，氣溫相當接近現代水準，而以某些估算法來看，水銀溫度計在三十年中上升了華氏五度。冰河開始融化，而龐大的低窪平原（包括我們現在所稱的波斯灣與黑海）都遭海水淹沒。但每持續幾世紀的溫暖潮濕天氣，隨之而來的就是數世紀的冰冷時代，而在西元前一萬零八百年，發生了一場迷你冰河期（專家們稱之為新仙女木期〔Younger Dryas〕），讓世界陷入長達十二世紀的冰河時代[13]。而當它結束時，世界迅速（以地質標準而言；這項過程歷時兩千年）變得比當今還熱。照圖表5.1所示，自從西元前九千六百年以來，曾發生過許多次氣候波動，

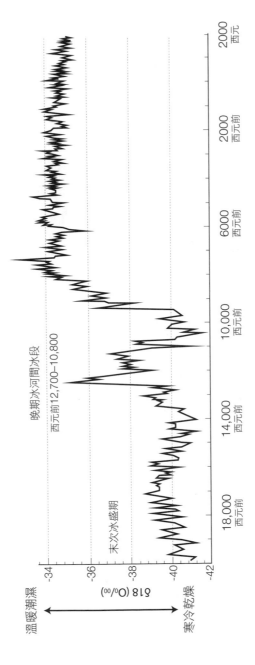

圖表 5.1.　全球暖化：氣溫在過去兩萬年內的變化狀況，以在極地冰蓋中發現的氧氣同位素重製而成。

但這些變化都不比新仙女木期嚴重。近一萬兩千年來，我們居住在考古學家布萊恩・法根（Brian Fagan）稱為「長夏」的氣候中[14]。

長夏對農業發明而言是必要條件，但並非充要條件。要滿足充要需求，就需要第二種條件：我們。在十三萬五千年前、二十四萬年前、三十二萬年前的冰河時代中都出現過溫暖潮濕的間斷期（地質學家稱之為間冰段〔interstadial〕），遠比現代智人出現要早得多，而這些時代都並未催生出農耕[15]。每段時期反而發生了相同的繁榮與破滅模式。隨著世界變暖，植物也因太陽能增加而迅速擴散；動物旋即因植物充沛的數量而食用它們，並同時增加數量；因應周圍如此多的動植物，前近代的人類也大量食用它們，並得到可預期的結果。但當（這總會發生）每種動植物高漲的數量超過資源量時，生物數量就會暴跌。

這個長夏，那種狀況並未發生。上一次冰河期最冷的階段，也就是兩萬年前時，地球上約莫只有五十萬人；一萬年後（西元前八千年），則有六百萬人[16]；又過了一萬年後的今日，則有七十億人。打破繁榮與破滅的人口統計循環的因素，是由於長夏加上現代人類，這使農耕在史上變得幾近無可避免。

這種方式會生效，是因為當時與現代一樣，當全球暖化影響了地球上每個地區時，有些地帶受到的影響比其他地方還大。在一塊從舊世界的中國延伸到地中海、從新世界的祕魯到墨西哥的地帶中（在前一本書中，我將此地帶稱為「幸運緯度帶」〔圖表5.2〕[17]），氣候與生態共同催生了具有大穀粒的草種（像是野生小麥、大麥、與稻米）和龐大又多肉的動物（像是野生羊、牛、

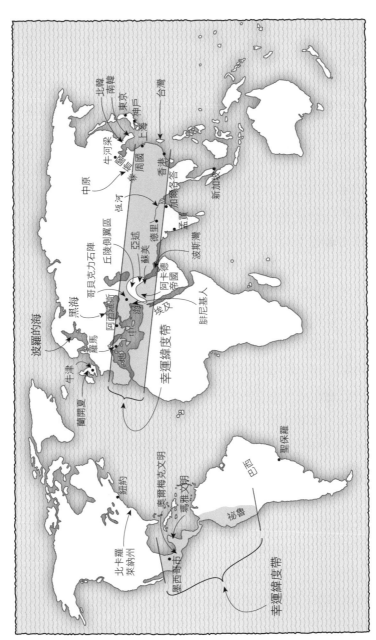

與豬）。狩獵採集行為比世上任何地區發展得都更好，人口也大量成長。

在幸運緯度帶中的某些地帶（特別是約旦河谷），採集量相當旺盛，使得覓食群體能居住在半永久的村落中，幾乎全年（有時則是整整一年）都能靠單一偏好地區周邊的野生食物維生。現代人並非唯一會因食物充沛或稀少而改變行動模式的物種，但接下來的事，只有像我們這樣腦力強大的動物演化出現後才可能發生。人們逐漸定居於原地，更緊密地開發村落周圍的動植物，並選擇性培育和照料它們，人類不知情地（與緩緩地）發揮了選擇壓力，改變了食物來源的基因結構[18]。

這項馴化過程首先在幸運緯度帶中發生，這並不是因為當地人比起（比如說）西伯利亞或撒哈拉的居民而言，較為聰明或更有精力，而是由於幸運緯度帶擁有世界上最密集的可馴化動植物。地球上任何地方的人類都一樣，所以我們可以認為，馴化首先發生在最容易出現的地點。

賈德‧戴蒙在他傑出的著作《槍砲、病菌、與鋼鐵》（*Guns, Germs, and Steel*）中強調了這點[19]。戴蒙觀察到，世界上約有二十萬種植物，但人類只能吃兩千種，也只有兩百種具有能受馴化的基因潛能。在種子至少重十毫克的五十六種可馴化植物中，有五十種植物的野生祖先原本生長在幸運緯度帶，世上其他地區只長了六種。二十世紀科學出現前，在人類馴化的十四種體重超過一百磅的哺乳類中，有九種是幸運緯度帶的原生物種。

也難怪馴化發源自幸運緯度帶，加上在幸運緯度帶內，馴化首先出現於西南亞地區，考古學家將該地區稱為丘陵側翼（在

第三章曾經提過），當地有最密集的可馴化物種（圖表5.3和5.4）。牛、綿羊、山羊、小麥、大麥、與黑麥的野生祖先都從此地演化而出。這項過程的第一波徵兆（演化出異常巨大的種子與動物，考古學家將此過程稱為培育〔cultivation〕）[20]於西元前九千五百年到西元前九千年之間在丘陵側翼出現，而完整的馴化行為則於西元前七千五百年出現[21]。

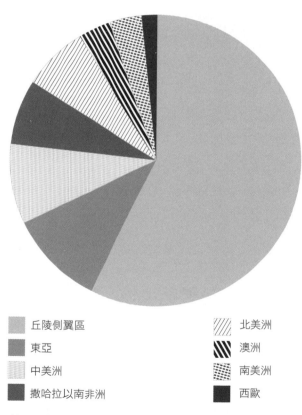

圖例：

丘陵側翼區

東亞

中美洲

撒哈拉以南非洲

北美洲

澳洲

南美洲

西歐

圖表5.3. 種子至少重十毫克的可馴化野生植物分佈狀況。

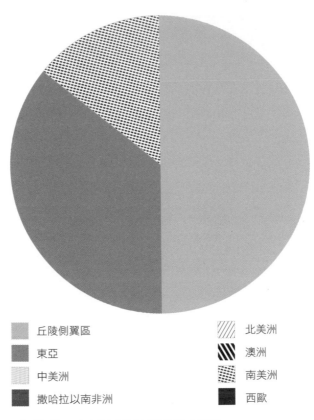

■ 丘陵側翼區		▨ 北美洲	
■ 東亞		▨ 澳洲	
▨ 中美洲		▨ 南美洲	
■ 撒哈拉以南非洲		■ 西歐	

圖表5.4.　體重超過一百磅的可馴化哺乳類分佈狀況。

　　我們現在稱為中國的地區，擁有高度集中的可馴化動植物，但不像丘陵側翼區中的數量那麼多。在黃河與長江之間，稻米於西元前七千五百年開始栽種，並在西元前五千五百年馴化。小米與豬也在接下來一千年中加入馴化行列。在巴基斯坦，大麥、小麥、綿羊、和山羊也約莫在同個時間點培育與馴化。南瓜、花生、與大芻草於西元前六千五百年在墨西哥種植，並於西元前三

千兩百五十年馴化；祕魯的藜麥、駱馬、和羊駝則分別在西元前六千五百年，和西元前兩千七百五十年經歷了這類過程。可馴化動物的數量密度，與馴化開始的日期彼此近乎完美地吻合。

這樣的吻合使薩林斯的問題（人們為何寧願選擇充滿限制與勞苦的農耕，而非自由與閒暇的覓食）漏失了重點，而博伊德等人重新的表述（他們質問為何農業在西元前九千六百年不可能誕生，卻在之後變成必要的存在）則直搗重點。世上第一批農民和我們一樣擁有自由意志。當他們的家族變大時，居住地也隨之填滿了人。當原始豐裕社會變得越來越飢餓，他們可以望著自己孩子們的眼睛，告訴他們寧可挨餓，也不要更努力地培育動植物。就我們所知，一萬年前的約旦河谷中有些覓食者確實這樣做。但問題是，他們做的並不是一次性選擇。成千上萬的人都問了同樣的問題，所有家族每年都得多次重新考量究竟要賣力或挨餓。最重要的是，每次有家族選擇努力工作來加強對動植物的管理，維持昔日生活方式的人就少了一點好處。每當培育者開始將他們細心照料的動植物視為**自己的**花園與牲畜，而非大眾共有的物資時，承襲舊作法的人就會發現，狩獵與採集變得更加困難。固執和／或勇敢地堅守舊習的覓食者注定會失敗，因為**趨勢**對他們不利。

現實中，人們鮮少面對薩林斯想像出的極端選擇。西元前六千年，當一個農夫放下約旦河谷中的耕犁，並遠離該地時，他不會立刻跨越界線，踏入覓食者的地盤。他反而會開始碰上其餘耕作程度比他稍弱的人（與其犁田和施肥，或許對方只有用鋤頭翻地），接著是農耕程度更弱一些的人（或許他們燒了森林中的一

塊地，在上頭耕作到雜草長回來，接著就搬走），最後則會見到
完全仰賴狩獵與採集的人。廣大接觸帶中的想法與人們不斷來回
飄移。

　　當人們明白採用緊湊農耕法的鄰居正在撲滅並驅逐覓食生活
賴以維生的野生動植物時，他們可以和這些野蠻人作戰、逃跑、
或加入他們，並加強自己的耕種行為。與其選擇農耕而捨棄覓
食，人們其實只需花少一點時間採集與狩獵，並多花些時間在種
植與畜牧上。之後他們可能得決定是否要開始除草，接著是翻
地，還有施肥；但這是一連串嬰兒般的步伐，而非一下子從原有
的豐裕社會，大躍進到苦役勞動與慢性疾病。

　　整體而言，經過數百年與數千英哩後，勤於農耕的人子孫綿
延；而固守舊習的人則逐漸衰亡。在這段過程中，農業「邊疆」
逐漸往前推移。沒有人選擇階級和更長的工時；這些事緩緩纏上
他們。

　　這項模式的史前大型特例（除了第二章所提過的繩紋時代日
本，與波羅的海沿岸）似乎證明了這種法則。農業迅速在中歐與
東北亞發展開來，直到它的疆域推進到波羅的海沿岸五十英哩
內（約為西元前四千兩百年），以及日本沿岸（約為西元前兩千
六百年）；但在這兩個地帶，它都停滯了一千年以上。日本與波
羅的海擁有豐饒的野生資源，導致努力工作和培育動植物對覓食
者而言沒有多少好處；而假若粗耕者試圖入侵這些狩獵採集者樂
園，並用農場與圍籬破壞豐饒物產的話，就會發現武力高強的當
地居民人多勢眾。不過，即使在這些特殊地點，最後依然出現了
農業進展的浪潮，直到農民掌控了世上所有能透過農業獲利的地

點[22]。因此我做出結論：從透過覓食捕獲能量的方式，轉換到以農耕捕獲能量一途並非無可避免，但當世界暖化、現代人類也演化而成後，這種變化在歷史上就近乎必然。

從農耕到化石燃料

造就農業轉換的同種競爭性演化力量，很可能也使農民繼續找尋捕獲更多能量的途徑，直到他們面臨農業政體的極限。農業因此持續演化，透過數百個世代中的上百萬種文化競爭而開展。當某地區出現培育行為後，通常得花兩千年，才能使馴化作物完全取代野生植物，並使嚇人的野生動物徹底突變為可愛的農場牲畜。接著至少還需要幾千年，農民才能全數改善，並建構適當的農業生活，像是交替栽種豆類與穀物以便補充土壤養分，加工穀物以除去雜質，並在牛隻或水牛身上套上軛具，讓牠們拖拉耕犁與貨車。

圖表5.5顯示了八個主要地區的模式。當農耕在其中一塊地區成熟後，農民們通常需要四千年，才能透過發明城市、政府、和書寫來邁入農業國。在其他條件平等的狀態下，再過一千年後，這些早期國家便會演變為強盛帝國（這裡的定義是擁有超過一百萬平方公里國土的國家），而又過了兩千年後，才能使它們從帝國轉向工業化。

轉變上的細節因地區而異，但基本架構大致相同。大多農民創造農業國的原因，是由於隨著每年過去，就會用多一點野地栽種植物，也在多一點田地除草、翻地、犁田、澆水、施肥。食物

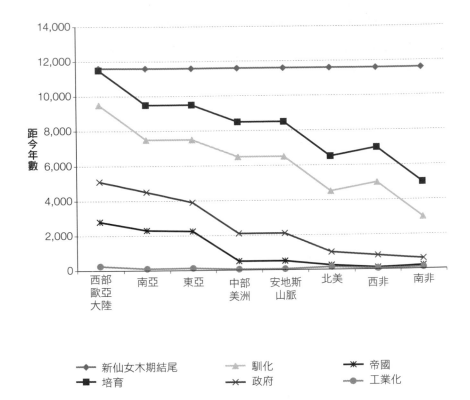

圖表 5.5. 時間表:培育行為在世上每個地區開始的日期,大多取決於可馴化的野生動植物密度;但當培育開始時,改變就逐漸產生,直到西元一五○○年,各地發生的時間點都大致相同。在其餘條件平等的狀況下,大約過了兩千年,人們才由培育轉為馴化;又過了三千五百年到四千五百年,馴化才轉為城市與國家(也就是完整的農業國);一千年後,城市與國家變成帝國(這裡的定義是佔地超越一百萬平方公里的區域);兩千五百年後,則從帝國邁向工業化。線條在圖表底部聚合,因為在西元一五○○年後,西歐人透過征服新大陸,將帝國擴展到海外;而在西元一八○○年後,西歐人也輸出了化石燃料。要注意垂直刻度代表了距今年數(BP/before present),而非西元前,連結區域的線條也只做為視覺輔助,而非象徵該現象在不同地區中擴散的狀況。

供給不斷增加，人類也繼續進行當動物面臨充足資源時會做的事：將額外卡路里用於生產更多同族生物。但他們隨即做出其他動物沒做過的事：他們重組了自己的社會，並創造出中央集權組織，使其能控制人數成千上百、甚至上百萬的群體。在幸運緯度帶中，人們都會搬到農業國，這不見得是出自他們的選擇，因為另一個下場就是遭到鄰近的農業國徹底打壓。

早期農業國最驚人的地方之一，就是在我們能找到佐證的所有地區中，讓人們團結的理由都是宗教。從新仙女木期開始，最令人敬畏的紀念碑似乎總有著宗教意涵，而世俗與宗教權威的標誌則經常一同出現。我們在土耳其哥貝克力石陣（Göbekli Tepe）中建於西元前九千五百年的獨特聖殿、西元前三千五百年滿州牛河梁的「女神廟」、與西元前一千年位於墨西哥的奧爾梅克文明（Olmec）的巨石頭雕上，都看過這種跡象；還有埃及、美索不達米亞、中部美洲、與東南亞的金字塔型紀念碑；在最早期的蘇美文明（Sumer）、中國商朝、與馬雅文明（Maya）城邦中，宗教、經濟、軍事、與政治勢力似乎總是齊頭並行。我們應該假定人們試過不同方式，企圖解決團體行動問題：如何在從覓食轉向農耕時，創造更大也更具整合性的社會，並使其具有更複雜的勞動分工；但幾乎在所有地區，最佳解決方案都是創造神明般的王者[23]。

隨著時間過去，這點改變了。我們似乎再次觀察到更有效率的社會增加能量捕獲的過程，但規模變得更大，這也迫使人民重新整頓社會，以便在和經歷相同過程的鄰居們競爭時維持效率。在西元前三千至一千年之間，政治單位的規模飛漲了一整個單位

（圖表5.6），到了這時期的結尾，我們可以在歐亞大陸的幸運緯
度帶看出兩種龐大變化[24]。

　　首先是組織性。我們一再發現成長中的社會之間的競爭，勢
力來源逐漸從宗教移轉到官僚與軍事層面（起始於西南亞的亞
述人、南亞的難陀王朝〔Nanta〕和孔雀王朝、以及東亞的秦朝
與漢朝）。在這些帝國之間的間隙，有更小又更具商業性的城邦
（東地中海的希臘與腓尼基人、恆河河谷中的跋闍〔Vrijji〕城
邦、與中國中原上的春秋時代城邦）蓬勃發展，經常（如我們在

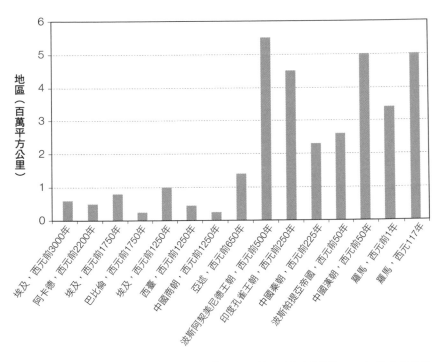

圖表5.6. 歐亞大陸的主要政治單位規模，西元前三千年至西元一一七年（資料來
源：Taagepera 1978, 1979，包含少部分更正）。

第三章中所見）無視農業國的某些基本法則，但當它們存在時，就經常成為發明與創造力的溫床。特別是，它們大致上催生了西元前一千年的第二項大型變化：軸心思想的崛起，在第三章中曾簡短討論過這點。

在西元前一千年越來越擁擠、競爭也越趨激烈的環境中，人們焦急地試圖找出新的成功方法。我們首先看到提格拉特帕拉沙爾三世（Tiglath-Pileser III，統治期為西元前七四四年至西元前七二七年）在亞述嘗試建立官僚化與中央集權化的國家，而完善的文字紀錄則使我們觀察到其他試圖抵抗亞述的統治者，如何為了自身目的而仿效它的體制。統治者、士兵、與官僚不斷修改該體系，直到西元前三世紀的羅馬產生了特別成功的版本。在東亞，周國、齊國、晉國於西元前六世紀各自步上了同一個路線，直到秦國於西元前三世紀產出了勝利的版本；同樣的過程也在印度進行了多年，直到孔雀王朝出現（另一個西元前三世紀王朝）並勝出。《摩訶婆羅多》（Mahabharata）將其稱之為「魚類法則」：乾旱時，大魚會吃掉小魚[25]。

在我的著作《丈量文明》中，我主張西元前一千年歐亞大陸發明的高階官僚國家，提供了制度與法律框架，使人民能在前化石燃料社會中盡可能地拉高能量使用量。照我的估算，能量捕獲於兩千年前的羅馬帝國漲到每人每日攝取三萬大卡以上，接著開始滑落。一千年前的中國宋朝也達到同樣的層級，並再度下滑；清朝和西歐也曾一度達到高峰，而印度蒙兀兒帝國則於約莫三百年前發生過這種現象[26]。

這個層次是限制農耕社會中發展可能性的硬性上限（圖表

5.7）。羅馬人、宋朝、清朝、蒙兀兒帝國、與現代早期歐洲人，都發現自己碰上的情況，與數千年前位於幸運緯度帶的豐裕覓食者有許多相似之處；那些覓食者的發展也同樣遇到了硬性上限。那些社會中的人民盡力想出能重整有機經濟的方式，以便讓自己變得更有效率，但唯一能打破極限的方式，便是在能量捕獲上做出革命性改變。對覓食者而言，是增加農業；對農民而言，則是增加化石燃料。

　　那些在解讀史前社會變遷演化上十分得心應手的學者，對於將同樣的原則用於搜尋近代變化的終極原因時，時常猶豫再三，這是由於我們熟知這個時期中那些人的真實姓名。不過，對我而

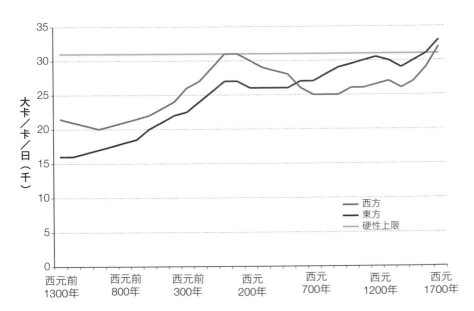

圖表5.7.　東西方每人每日的能量捕獲量，以及限制農耕發展的硬性上限，西元前一千三百年至西元一七〇〇年（資料來源：Morris 2013）。

言，對工業革命與用化石燃料價值觀取代農耕的解釋，和對農業革命與用農耕價值觀取代覓食的解釋相同。在這些案例中，傳統的行事方式越來越有壓力，人們也試圖找出新方法。大多時候他們都會失敗。數千個覓食社會沒有馴化動植物；只有幾個社會這樣做。相同的是，當農耕社會在羅馬帝國、宋朝、蒙兀兒帝國、清朝、現代早期歐洲碰到硬性上限時，大多將能量捕獲量提升到每人每天三萬大卡的社會都無法突破這股疆界。

就像農耕一樣，化石燃料社會透過單一突破脫穎而出，在特定地點（西北歐）與特定時間（約為西元一八〇〇年）發生。不過，為何它於此時此刻開始，一直是最受歷史學家們熱切爭論的問題之一。西北歐在西元一七〇〇年時的科技程度並不比亞洲高，且儘管歐洲的科學與數學已經超前發展，想學習的亞洲人依然可以獲取許多先進成果。比方說，中國的康熙皇帝（在位期間為一六六一年至一七二二年）就曾向耶穌會數學家學習，甚至學會彈奏大鍵琴[27]。有些學者認為歐洲體制具有決定性，其他人則專注在宗教、更廣泛的文化、氣候、或資源上，還有一些人則依然認為，與其找尋將歐洲推向化石燃料時代的原因，不如問是什麼阻礙了世上其他地區的進步——特別是中國[28]。

在我之前的著作《西方憑什麼》中，我主張造成化石燃料社會開始於特定時間地點的理由，和覓食與農耕社會誕生的時間地點理由相同：地理因素[29]。從古代到約西元一四〇〇年，西北歐不斷在嚴重的地理缺陷中努力求生。它離趨勢中心很遠（地中海、中東、和南亞與東亞），龐大的大西洋也將它從世界其他部分隔開，這使大西洋成了貿易障礙。

　　不過，發明了能用於海上航行的船隻後，那點也開始改變。中國船隻可能在西元一二〇〇年左右擁有這項能力，不過太平洋太過廣大，因此還需要數世紀，跨越太平洋一途才產生商業吸引力。但到了一四〇〇年，西歐人已發展出自己的航海船隻，這些船則將較窄的大西洋從阻礙轉變成為高速通路。到了一五〇〇年，歐洲人用這條高速通路繞過非洲底部，進入印度洋，也由於比起亞洲，西歐離美洲近得多，一四九二年後發現、掠奪、並殖民美洲的就是歐洲人，而非亞洲人；他們將新大陸拉入以歐洲為主的經濟體，而非亞洲。在十七世紀，北大西洋成了某種金髮姑娘海洋*，不太大也不太小：大到使諸多社會與生態狀況沿著非洲、歐洲、與美國沿岸繁榮發展，但也小到使歐洲船隻能夠跨越海域，在每個地區獲利。歷史學家將此稱之為「三角貿易」（triangular trade）網路，而到了一七〇〇年，大西洋經濟就成了史上最強大的財富創造機器。

　　擷取大西洋周圍能量，使西北歐的能量捕獲量在十七世紀上升了10%[30]，而如同諸如雅典與威尼斯等海洋城邦在數世紀前掌控地中海，額外能量沖垮了部分農業國的侷限。我在第三章提過一六〇〇年開始興起的「平等」運動，也在第四章提到十八世紀的政治革命。不過，一七〇〇年後的西北歐與早期城邦之間確實有個很大的差異：只有十八世紀歐洲學會了開發化石燃料。

　　歐洲全境內一般人民的收入都在一三四〇年代後急速上漲，

---

* 譯注：Goldilocks Ocean，「金髮姑娘」典故出自英國童話《金髮姑娘與三隻小熊》（*Goldilocks and the Three Bears*），講述一名金髮女孩在三隻熊的住家中進行的探險。

當時黑死病殺死了三分之一到一半的人口，使土地勞動比變得對
工人有利，但到了一五○○年，人口成長開始讓薪資下降（圖表
5.8）[31]。等到十八世紀，如同我們在第三章中所見，南歐與東歐
的農民經常陷入赤貧狀態。但在西北歐，大西洋經濟成長得比人
口還快，不只讓英格蘭與荷蘭的薪資維持穩定，實際上更推動了
薪資上漲。

　　全球市場的成長讓所有歐亞大陸企業家產生動力，讓他們在
十七世紀與十八世紀以廉價機械力量加強昂貴的人工勞動力，且

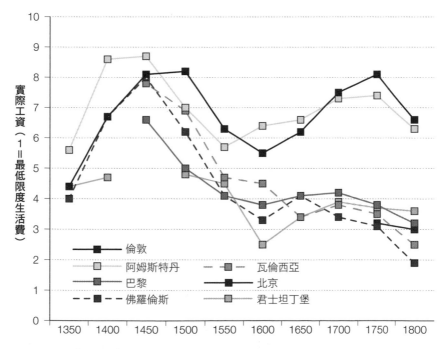

圖表5.8. 特定歐洲城市與北京的平均實際工資趨勢，西元一三五○年至一八○○年
（資料來源：Pamuk 2007 and Allen et al. 2011）

從蘭開夏（Lancashire）到長江三角洲，各地都很熟悉引發化石燃料革命的基礎科技。不過，西北歐用機器做實驗的動機，比其他地方都強（因為當地薪資相當高），動機最強的地方則是英格蘭，當地的薪資在一七五〇年時已達到極高水準，使得英格蘭商品的價格開始高於部分大陸市場。不意外地，英格蘭成為首先出現突破的地點。但儘管這點使在英格蘭米德蘭茲長大的我很難過，不過推進英國工業革命的企業家：博爾頓（Boulton）、瓦特（Watt）、特里維西克（Trevithick）、和史蒂文森（Stevenson），並沒有比中國、印度、或中東的當代人士更聰明大膽，想像力也不比他們強。純粹是地理條件使英國獲得優勢[32]。

　　西南亞人於一萬兩千年前發明農業後，農業在數千年後的東亞獨立地重新開發，中美洲與南美洲則在一千年後進行改良，再之後一千年間，又經歷了多次轉變。西北歐人民發明化石燃料產業後，就沒有人獨立發展出同樣的產業，因為化石燃料突然間，使西北歐人民和他們在北美洲的殖民地向全球拓展勢力。化石燃料社會輕易擊垮了依然處於農業國時代的社會。到了一八五〇年，英國就像個巨人般統治世界。

　　西元一八〇〇年不必然會產生化石燃料的突破，也不必然在西北歐發生，就像農業突破不必然於西元前九千六百年發生，也不必然會在西南亞出現。但文化革命持續不斷重新實驗，顯示出能量捕獲上的這兩項突破，最終確實很有可能發生，地理條件也意味著，最有可能發生突破的地點，就是它們的發源地[33]。相似之處在於，一旦發現了農耕與化石燃料，儘管不確定人們是否會偏向農業國與工業國中最有效率的價值觀，但這始終是可能性最

高的結果；不必然會成真，但可能性非常高。

你往何處去？

我在本章開頭說，我想回答三個問題。第一個是當覓食轉為農耕、再轉向化石燃料時，在價值觀系統中造就龐大革命的原因；我在第二章到第四章曾描述過這點，答案則是文化演進。第二個問題是，這些變化是否無可避免；儘管我提出否定的答案，卻也認為它們在歷史上的發生率相當接近無可避免。我最後的問題是，前兩個答案對下一個世紀的人類價值觀有什麼意義。

如果我在還是個青少年的一九七〇年代思考這些問題，我的課本可能會指出答案。英國所有的歷史課本內容都停在一八七〇年。這點並不讓我感到有何特別之處（顯然其他人也不覺得）；但回想起來，一八七〇年（我高祖父母的世代[34]正忙於像巨人般征服世界）是個方便讓英國歷史劃下句點的階段。然而現代英國的大問題，在於歷史並未停駐於一八七〇年。於十八世紀和十九世紀使英國得到宰制全球地位的力量（能量捕獲高漲、競爭、開放市場、以及距離上的劇烈縮減），正不斷作用著。

十七與十八世紀的船隻將英國置於大西洋經濟的中心，將北美洲、西非、與歐洲大陸都列為國土周邊。十九世紀晚期，蒸汽輪船、火車、與電報讓世界變得更小，英國過去在北美洲的殖民地也經歷了自己的工業革命。一九〇三年，美國的國內生產毛額（GDP）超越了英國；一九一三年，它的人均工業產值也超過英國。到了二十世紀中，舊大西洋經濟已成長為完整的全球經濟

體，而擁有龐大資源、巨大國內市場、和能直通大西洋與太平洋的美國則是它的核心。

　　我沒有在一九七〇年代的美國高中修過歷史課，但上過那些課的朋友們向我保證，他們的課本進程約莫停在一九七〇年。這也是個停止的好時間，美國現在正忙著宰制世界，但美國過去的大問題（現在也一樣），則是歷史完全不打算在一九七〇年結束，這點和一八七〇年相同。貨櫃船、噴射機、和網際網路縮小太平洋的方式，就和過去蒸汽船、火車、和電報縮小大西洋距離的方式同樣迅速，而東亞國家從身為圍繞美國核心的邊陲，逐漸成為各自的核心，並發展出自己的工業革命。許多分析師認為中國的國內生產毛額將在二〇一〇年代晚期或二〇二〇年代早期超越美國（不過人均國內生產毛額得再花上數十年才能趕上）[35]。

　　這對人類價值觀帶來什麼意義？有個很受歡迎的理論（至少在西方知識份子圈中很受歡迎）認為經濟發展遲早會導向曾於十九世紀與二十世紀橫掃歐洲與美洲的自由與民主觀點[36]。記者詹姆斯・曼（James Mann）稱此為「平靜情境」（Soothing Scenario）[37]：東方越富有，它的價值觀就越像西方[38]。某種程度上，自一九四五年以來，這種情境已經在日本、南韓、台灣、香港、和新加坡發生了[39]。

　　不過，許多觀察者（包括曼）都抱持存疑態度。有些評論人認為，比起工業化邏輯本身，亞洲四小龍的西化，和它們在美國主導的聯盟中處於何種地位較有關係[40]。歷史似乎顯示，當世上其中一個地區獲得軍事與經濟硬實力時，通常也會得到文化軟實力，這可能代表我們當前所稱的西化現象，會隨著美國軍事與財

富狀況而起伏。畢竟，當美國勢力在二十世紀增長時，很少有美國人會擔心美國歐洲化，但有許多歐洲人埋怨自己的祖國變得美國化。隨著二十一世紀的演進，或許我們會聽到越來越多美國人抱怨中國化[41]。

另一方面，有些人認為二十一世紀帶來的演變，可能不是東方取代西方成為全球霸權，而是衍生出缺乏單一核心的網路。「與其匯集成預期中的共同價值觀，」政治經濟學家希爾頓‧魯特（Hilton Root）說，「有鑑於多樣性不斷擴大，成長中的經濟互通性，正創造出全新的最佳統治方式。」[42]這種世界可能會使上千種價值觀體系蓬勃發展，或催生出混合式價值觀。中國哲學家蔣慶認為，以全新方式詮釋的儒學，加上三院制國會，能成為適合所有人的完美體制；而韓國思想家金永玉與金正奎則聲稱，對儒學進行另一種重新詮釋，能使中國與西方空洞的道德體系再度復甦[43]。

然而第二章到第四章的論點，則認為儘管自由與個人主義價值觀通常被這項辯論的參與人稱為「西方性」，卻最好將之稱作「化石燃料性」。這些價值觀首先在北大西洋沿岸出現，因為那裡是工業革命的起始點；但將它們標示為歐美價值觀，就像認為農耕價值觀是西南亞產物、或將覓食價值觀當作非洲產物一樣沒有意義。自由主義與民主在世上擴散的原因，是由於工業革命拓展到了全世界；也因為自由與個人主義價值觀在工業國內最有效益，全世界的人們便或多或少接納了這種思想。日本無法使政治制度完全自由化的理由，和一九九〇年代的經濟蕭條有關；更廣大的東亞地區無法實現財務制度的自由化，也與一九九七年至一

九九八年的大型經濟危機有關；而二〇一〇年代的中國，在維持經濟成長上最大的挑戰，可能是如何處理自身的自由化。接下來數十年內，印度更為自由的社會，可能會是使它勝過中國的一大優勢。

　　日本與中國崛起成為經濟強國的過程，是近五十年來最重要的發展之一，而印度、巴西、與部分撒哈拉以南非洲地區的崛起，在下個五十年內也可能變得非常重要。但這些變化在十八世紀晚期西北歐的化石燃料革命所引發的龐大故事中，都只是最近期的篇章。現代人類覓食者花了六萬年，才從非洲往外擴散到全世界可居住的地區，並產生狩獵採集者社會與價值觀。農民花了不到一萬年，從原本位於西南亞的農業核心（與日後的獨立發展核心）拓展到各種可用地區，並催生農業國與其價值觀。工業可能花上不到三百年來進行同樣的過程，並產生橫跨全球的化石燃料社會與價值觀。當我於一九八二年遇見喬治先生時，農耕價值觀已在希臘鄉間遭受挑戰；到了二〇八二年，這類價值觀可能會在地球上完全絕跡。

　　不過到了那時，可能已經有全新的革命性能量捕獲方式正在醞釀。圖表5.9是我在著作《西方憑什麼》中首次發表的圖表。在那本書中，我估算出東西方自冰河時期結束以來的大略社會發展分數；而這張圖表顯示出，如果我們做出非常保守的假設，認為二十一世紀每個地區的社會發展，會持續以和二十世紀相同的速度攀升的話，分數會有哪些變化。它顯示東方發展追上西方，並於二一〇三年超越對方。

　　儘管是自賣自誇，但這張圖相當不錯。除了其它潛在優點

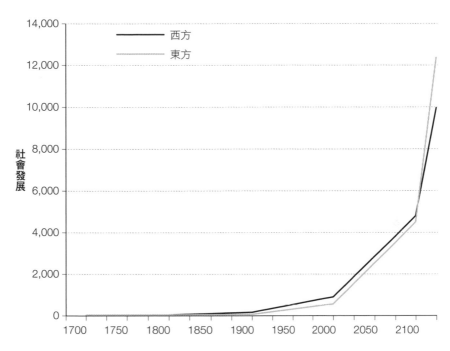

圖表5.9.　未來的趨勢？對二十一世紀社會發展的攀升，所做出的保守估計（資料來源：Morris 2010，圖表3.9）。

外，它滿足了任何良好預測中的兩項必要需求：首先，它非常精確，所以能輕鬆看出我是否正確；第二，等到有人發現真相時，我早就死了。當然，我的預測非常可能是錯誤的；任何人所做的每一項預測都是錯誤的，沒理由認為我的預測會有所不同。然而那點可能不對也不錯，因為這張圖最有趣的一點，並不是線條跨越橫軸的位置，而是它們在縱軸上交會的點。即使在我極度保守的估算，即二十世紀的成長率到了二十一世紀仍會繼續衍伸，而到了二一〇三年，東西方的發展分數則都會升到五千點以上。

　　為了從拉斯科（Lascaux）的洞穴壁畫，演變到讀著這本書的你，社會發展得由我圖表上的四點成長到約九百點，但從二〇一五年到二一〇三年，就得讓分數再上升四千點：比從冰河時期上升至今要多出四倍。這相當令人吃驚。

　　它代表能量捕獲從每人每日二十三萬大卡（大卡／人／日）上升到一百萬大卡[44]，擁有一億四千萬人民的城市（想像一下東京、墨西哥市、孟買、紐約、聖保羅、德里、上海、與一半的加爾各答全混在一起），使氫彈變得像是火繩槍般的武器，而最有可能出現的，則是重新定義人類身分的革命。這張圖表指出，接下來數百年在人性和人類價值觀上出現的變化量，會遠比過去十萬年更多。

　　如果這聽起來很誇張，記住，我們的身體在近一百年來已經經歷了比過去十萬年更多的改變。從全球的角度來看，現代人類比之前高上四英吋，壽命多了三十年，也重了50%。對羅馬人或宋朝人而言，我們的世界就像是魔法王國。所有人類都經常使用科技來強化身體。地球上幾乎每個人都能取得眼鏡（這更像魔法了），而在富裕國家，雷射手術能賦予我們超乎完美的視力，基因手術也能給予我們親自挑選出的孩子。有三百萬人帶著心律調節器在路上走，而一位沒有腿的男子也在二〇一二年的奧運會上賽跑。數十年內，我們就能看到可治癒某程度失明的科技方法，富裕國家的出生時預期壽命也會達到一百年，還擁有可行的心電感應能力[45]。科技正回溯到生物學上。

　　沒人知道這項過程會將我們導向何處，也不曉得速度有多快。有些科技未來主義者認為接下來一世紀中，將出現不亞於六

億年前單細胞生物轉化為多細胞生物的演化躍進；這些之人中最知名的成員是谷歌的工程總監雷·庫茲維爾（Ray Kurzweil）。他預估道，二十一世紀中旬不只會出現能繪製個人大腦神經元地圖的強大掃描科技，也會出現性能優異的超級電腦，使生物工程師能夠即時上傳世上八十到九十億人的掃描資料並進行處理。庫茲維爾主張，這會使全人類融合成為單一超級生命體[46]。

庫茲維爾認為這種狀況在二〇四五年會成真，但其他人則更為樂觀。曾主導人腦計畫（Human Brain Project）的神經科學家亨利·馬克拉姆（Henry Markram），預測自己將能透過歐盟的十二億歐元贊助，在二〇二〇年左右融合人類與機器[47]。另一方面而言，許多評論者依然對此不抱信心。一位不具名的科學家，曾於二〇一二年的瑞士科學研究院（Swiss Academy of Sciences）會議上被詢問到，對馬克拉姆的聲明所抱持的看法，並對《自然》雜誌（Nature）魯莽地說：「這是一派胡言。」[48]

最好的方式可能是雙向下注。米格爾·尼可利斯（Miguel Nicolelis）是名神經科學家，他曾於二〇一二年利用網際網路把一隻位在巴西的老鼠，連結上另一隻位於北卡羅萊納州的老鼠，並使南美洲老鼠移動北美洲老鼠的腳掌；他稱庫茲維爾的預言為「無稽之談」。尼可利斯主張，不可能掃描大腦並在電腦平台上融合它們。不過他補充說，透過植入微型電腦與網路連結來強化大腦確實有可能，我們也能透過這條不同的路徑，達到庫茲維爾所預期的部分進展（分享思緒、記憶、與個性）[49]。「在達成真正的讀心能力前，還有很長一段路要走。」揚·施諾普（Jan Schnupp）（他是牛津大學神經科學系的教授）於二〇一二年這樣

告訴一家報社，但「問題是何時發生，而不是會不會發生……它確實可能在接下來的十年內成真。」[50]

彷彿是為了強調這點，科學家們在二○一四年一月宣布位於日本神戶的富士通「京」超級電腦（K supercomputer）成功模擬了人類大腦活動；不過這場實驗只限於建構大腦整體神經元網路中1%的模組，也需要四十分鐘才能做出大腦只需花一分鐘處理的計算。如同施諾普所說，還有很長一段路要走，但其中一名計畫研究員指出：「如果京電腦這種拍級（peta-scale）電腦能代表當今1%人類大腦網路的話，我們就曉得，用艾級（exa-scale）電腦以個體神經細胞與神經元層次來模擬整個大腦，在未來十年內很可能成真。」[51]

由過往預言家的失敗紀錄來看，這些預測最後也會成為誇張的錯誤，但預期二一一二年的人類，和我二○一二年在坦納講座上面對的人群，會是相似的動物，似乎更不準確。如果能量捕獲持續往每人每日一百萬大卡攀升，二一一二年的後人類（與他們的價值觀）和我們之間的差異，可能會和我們與尼安德塔人（與他們的價值觀）的差別一樣大[52]。

這一切都會發生……當然了，除非事情並非如此發展。

我在本章中提過冰河時期以來的大改變（從覓食到農耕，再到化石燃料），發生於成功的社會觸及能量捕獲階段中的硬性上限，並發現自己參與了一場自然實驗時。這個狀況在覓食者變成農民時發生了上千次，也在農民發現化石燃料時發生至少五次（羅馬人、宋朝、蒙兀兒帝國、清朝、與現代早期歐洲人）。人們經常無法對自己的能量捕獲方式做出革命性改變，並陷入馬爾

薩斯式的崩潰。

　　最明顯的問題，在於化石燃料是否和覓食與農耕一樣，具有既存的硬性上限。多年來，這都是個帶有政治爭議的問題，但答案似乎是肯定的。透過燃燒化石燃料，人類自一七五〇年來就往空氣中排放了一千億噸的碳，其中四分之一的碳出自二〇〇〇年至二〇一〇年之間。二〇一三年五月十日，大氣中的碳含量短暫超越百萬分之四百，這是八十萬年來的最高濃度。平均氣溫在一九一〇年到一九八〇年之間上升了華氏1.5度；史上最熱的十年都出現在一九九八年後；二〇一四年則是史上最熱的一年。七十億人口繼續放縱地燃燒化石燃料，所造成的未來結果充滿爭議（有條罕見的正面氣候消息顯示，全球平均溫度其實於二〇〇二年至二〇一二年之間曾經停止上升），但氣候科學家依然一致同意，結果只會介於可怕和災難之間[53]。

　　過去每次大崩潰（我們的紀錄可追朔至四千年前，到阿卡德帝國和埃及舊王朝於西元前兩千兩百年瓦解時）都牽扯到同樣的五種影響力：無可控制的遷徙、國家失敗、食物短缺、傳染病、與氣候變遷（這點總是會出現，不過都以無法預測的方式產生影響）。即使快速瞥過新聞周刊，都能發現這五名末日騎士似乎於二十一世紀再度蠢蠢欲動。過去的瓦解狀況對牽扯其中的人們來說，通常相當可怕，造成了數百萬人死亡、生活水準下降，以及黑暗時代[54]。當羅馬的能量捕獲量於西元紀年剛開始的幾世紀攻頂後，得再過一千年，宋朝才會追上羅馬的水準；在宋朝的高峰後，還得再過六個世紀，清朝、蒙兀兒帝國、和歐洲人才會回到同樣的層級。

　　這是個嚴肅的故事，但二十一世紀任何的崩潰狀況都會加倍
駭人。比方說，社會規模在過去兩萬年來的成長，已大量減少了
自然實驗發生的次數，這意味著我們基本上只剩下一個全球實
驗，也只有一次成功機會；從另外一個角度來看，我們現在擁有
許多過去社會從未有過的失敗方式。最明顯的是，我們有核武
器，而羅馬人沒有。好消息是，一九八六年全世界的核彈頭，
到現在只剩下二十分之一仍然倖存[55]；但壞消息是，增殖狀況即
將失去控制，且在情報分析師稱為「不穩定弧形地帶」（arc of
instability）的地區中進展地最快；該區從中非延伸到東亞。這個
弧形地帶擁有世界上大多最貧窮、政府狀況也最糟糕的國家，也
可能比世上其他地區更容易受到氣候變遷的嚴重衝擊。得抱持極
為樂觀的想法，才會認為這個區域之中，沒有政府將核戰當作最
不惡劣的手段；而只要強權持續極度仰賴這塊區域來取得能量，
就無法樂觀地認為它們能躲過（比方說）以色列與伊朗、印度和
巴基斯坦、或是北韓與攻擊範圍中所有人之間的核戰[56]。

　　當然了，沒人清楚這些可能性會如何演變。不過就目前而
言，我唯一需要提到的問題，就是無論我們飛向五千點或直接墮
入核冬，二十一世紀在能量捕獲與社會組織上顯示出的變化跡
象，程度都超越了現代人類演化出現後的一切。如果這是二十一
世紀帶來的後果，過去兩萬年便教導了我們該預期價值觀發生同
樣的劇烈變化。或許一切事物的自由化會變得更快；也許它會逆
轉而行。但無論發生什麼事，早在二一〇三年前，我們可能就需
要在表格4.1中，為後化石燃料使用者增添第四列。

　　愛因斯坦曾開玩笑說：「我不曉得第三次世界大戰會如何

進行，但我知道人們在第四次世界大戰會用哪種武器作戰：石頭。」[57]科幻小說圈中備受歡迎的其中一項可能性，便是戰爭會使人類掉回覓食階段，並恢復當時的價值觀。另一方面而言，如果科技未來主義者們的說法更接近現實的話，就會開啟各種可能性。在其中一個極端狀況中，心靈的混和與能量獲取方式的轉變，可能會使工業國更趨完美，創造出真正沒有內部屏障的世界，階級與暴力也將失去意義。另一種狀況下，在不均衡的人類科技演進所創造出的世界中，一批後人類將大幅超越未經強化的智人，遠超過我們的祖先勝過尼安德塔人的程度。我們版本的人類可能會隨著所有原型人類一同絕種，在這個狀況下，我們就不必討論人類價值觀的未來了。

　　如同我在第一章中所提到的，我得讓專家在第六章到第九章講述他們的看法，判斷我於一九八二年在阿西羅斯經歷了文化衝擊、並想找出其意涵後所做出的大範圍解釋，是否有助於思考人類價值觀，但目前我得再提出部分簡短總結。因為人類和其他動物一樣，都享有核心價值觀組合：正義、公平、愛、忠誠、自我尊重、善良、與其他對每個人都有意義的議題。但也由於我們不像別的動物，我們在過去兩萬年內在文化上不斷演進，過程中也以差異極大的方式詮釋了這些生物性演化適應。我主張過能量捕獲攀升（它本身就是近乎必然的文化適應，用於應對不斷變動的環境，與持續增長的知識量）已經對不同種類的社會組織發揮了有利的選擇性壓力。最後，當人們從覓食移轉到農耕時，他們發現比起小群體，農業國是更良好的生存機器[58]，而當他們從農耕轉到化石燃料時，就發現工業國是比農業國還好的生存機器。而

當能量捕獲攀升對社會組織的演變發揮選擇性壓力時，社會組織的演進，也同樣對經歷生物性演化的核心人類價值觀發揮選擇性壓力。對喀拉哈里沙漠中的昆申族覓食者妮莎、海西奧德、希臘鄉間的喬治先生、和住在化石燃料加州的我而言，善惡道德行為有截然不同的定義[59]。

這項經驗層面的觀察，無論是從我們的價值觀必然傾向的終極目標、效用、定言令式（categorical imperative）、或不同準則來判斷，並不一定代表世上沒有單一最佳人類價值觀組合[60]。不過，我的主張似乎企圖從「道德規範」中辨識出某種毫無實際意義的學術性質。訴諸我們的生物性演化價值觀，和其他自然狀態（state-of-nature）論點沒有不同；如果我們真的想維持自然本性，就都會成為文盲，大多人也會在三十歲時死亡，這在二十一世紀似乎不是生活的良好基礎。事實是，價值觀無法脫離握有它們的現實世界。在歷史上，從覓食隊群中的長老，一路到柏拉圖、孟子、康德（Kant）、和羅爾斯（Rawls），道德哲學家確實在做的事，便是爭論哪種價值觀（或哪種他們希望能生效的價值觀）對他們當前的能量捕獲階段最好，並且對在其他階段有效的價值觀完全沒有興趣，或不曉得那些思想的存在。

那自然也是大幅度的批判，認為整體學術法則缺乏普世性。但讓我以較為平衡的觀點做結論。即使我是對的，且如果過去兩百五十年來的道德哲學化過程，只透過列出工業國模範居民之間互相競爭的觀點，來釐清當代所需思維的話，那也比大多學科產生的成就要高得多。

第六章

想像「每個時代都會取得所需思想」
的意識形態

艾克斯特大學古希臘文學系教授

理查·西福德

正如同伊安，我在肯亞也會付錢請當地家庭幫我取水並煮沸。他從中了解到，生物演化賦予我們「常識」，使我們適應環境。但矛盾的是，「常識」通常都帶有**意識形態色彩**。伊安在肯亞擔任臨時個人觀察員。對村民而言，最好**不要**適應處境，而該透過加強供水條件來**改變**處境。伊安的演說飽含學識，內容引人入勝，也相當有說服力，同時也含有誤導性，我覺得這點在政治上相當糟糕。

根據伊安的說法（我也同意這點）：

> 從我們和其他人猿的共同祖先，於七、八百萬年前在基因上分道揚鑣後，人類價值觀便出現生物性演化。由於我們的生理狀態在農牧行為開始後的一萬至一萬五千年內並未產生過多變化，人類學家、心理學家、與歷史學家們發現，無論時間或地點，全世界都會出現幾個核心議題（善待人們、公平處事、愛與恨、避免傷害、認同某些事物神聖不可侵犯），它們也或多或少出現在和我們有關的大型人猿身上，或許也出現在海豚與鯨魚身上。至少在某種程度上，人類價值觀已深藏於基因之中（第一章）。

覓食族群是平等主義者。為什麼？就伊安所強調的，原因是沒有那麼多物質財富可供分配。但我也得強調，這肇因於他們的**小規模**。即使在我們的社會中，活躍的小型自治團體也會比大型團體來得更平等，也絕對比政體社會更加平等。以露營探險為例：團體待在野外，每個人都有工作得做；指揮與控制階級也許

可行，但食物與帆布椅分配不均的話，就會引發爭議。這也代表，我們與生俱來的正義感通常能在露營探險中生效，就和在覓食隊群裡一樣。

想像一個古代農耕社會，它是大小與大型覓食隊群相仿的農村，大約有五十個居民，伊安將此稱為農業國。在村莊中村民們也許能維持平等價值觀，也與最接近的城鎮以顧客身分維持垂直關係。但這些事情都不會危及水平連結的菁英，他（儘管國家提供了軍事、行政、與意識形態控制）可能會施加使其他人感到不公的行為，並透過說服他人相信這種行為的公正性，來**轉變**價值觀，或**阻止**對方維持平等思維。但重要的是，任何平等主義者的怒氣（在缺乏大規模組織的情況下）沒有政治效力，可能也不會在考古或歷史紀錄上留下蹤跡。

到目前為止，伊安可能會同意我的論點。他在演說中提到「有種模式逐漸明朗化：大眾接受誇張的財富不均，加上對富人感到慍怒，偶爾也會爆發滔天怒火。」（第三章）由於（根據伊安的說法）我們天生具有正義感與公平感，這點就不令人感到訝異了。

但伊安在表格4.1中將社會中的財富不均列為「好」。在伊安認為農業社會中出現的怨氣，與不時出現的平等權怒火，只不過是一種「模式」時，要如何符合上述的定義呢？他的解決方案似乎優先處理財富不均的「普遍接受度」。但為何重視「普遍接受度」，而非「牢騷怨懟」？或是雙方之間當今已廣為散播的內部衝突呢？接受（因為看似沒有合適的選擇）並非支持。

缺乏政治力量的平等主義或許會在宗教信仰中找到表達方

式。保羅在《加拉太書》（*Galatians*）（第三章二十八節）中寫道：「世上沒有猶太人或希臘人、奴隸或自由人、或男性與女性，因為你們與耶穌基督一體同心。」那並非政治教條，因此他在別處寫道：「奴隸們，遵從你們的凡世主人。」（《以弗所書》〔*Ephesians*〕第六章第五節；《歌羅西書》〔*Colossians*〕第三章第二十二節）。《加拉太書》中的保羅只是將平等概念注入超凡領域中，就像早期佛教對所有人的開放性，並不是要求人們推翻種姓制度。但儘管宗教、超然的平等主義，並未受到政治力影響，自然也不代表它無法激發政治行動。比方說，基督徒與佛教徒都清楚明確地這樣做過。

另一方面，談到性別不平等的議題時，我確實同意伊安的說法，認為男性（甚至是女性）對此抱持的態度，可能因繼承物質財富而從「普通」變成「好」。至於覓食社會中的暴力事件為何比農業社會高，則又是規模的問題。大規模社會得發展出非暴力威懾與處分方式，像是監禁。他們對控制暴力的需求可能也更大，**無法控制**的交互暴力，可能比較不會在成員們認識彼此的小型團體中發生，而大型團體中的交互暴力則有更廣泛的規模。在古希臘，交互暴力為大型團體帶來的危險，成為建立衛城的重要動機：為了避免交互暴力吞噬政治化的社群，就需要中立的第三方來扮演法庭。

這讓我們轉向伊安所謂的「較大型農業模式中的歷史性重要例外」：希臘城邦。

他努力減低這點的獨特性，說：「雅典市民是階級森嚴體系中的頂層群體。」因此，他得同時壓低以下兩點的重要性：經濟

與政治平等之間的衝突（許多被排除於政治之外的人可能相當富裕：女人、海外定居者、與獲得自由的奴隸），和以諸多男性公民組合成的民主國家，與身為（或與其擁有特殊關係的）至上神明的君王統治的國家，兩者之間的差異。

　　再者，民主的雅典人不只在經濟上比當今的美國與英國更為平等。對於無止盡的個人財富累積，梭倫（Solon）與亞里斯多德都比我們抱有更多敵意[1]，雅典政府還強迫富人得負擔公共建設的成本[2]。比起**經濟**平等，我們確實更常聽到**政治**平等的重要性，部分原因可能是古典文獻經常是由相對富裕的對象撰寫而成。但我們確實聽說過大眾對經濟平等（isomoiria）*的要求。我們聽說雅典的一般人民會做出安排，「使他們得到更多，讓富人變得更**窮**。」[3]敘拉古（Syracuse）的一名民主領袖，則指控獨裁者們貪婪到想得到一切[4]。

　　最後，為何無法將雅典邊緣化為僅僅「符合」，而非直接挑戰農業價值觀模式，還有另一個原因。雅典的獨特性和一股更為特殊的文化優越性密不可分，後者包括了強烈自傲感，這使雅典有別於階級更分明的社會，特別是波斯帝國（像是艾斯奇勒斯〔Aeschylus〕所著的《波斯人》〔*Persians*〕）。這點顯示農業體制中既存的潛在價值觀動力，但這點通常都受到壓制。

　　因此農耕並不會在所有地區催生出相同的價值觀。它是產生不同價值觀的重要因子；地理條件是其他因子之一：由於山脈與海洋的隔離，使希臘城邦的規模變小。第三項因子則是流傳自過

---

*　譯注：該字為希臘文，意指「均分」。

往覓食時的固執心態。希臘人的動物獻祭保存了狩獵時代的行為[5]，荷馬史詩中也有詳細描述。荷馬史詩飽含貴族價值觀，但卻在動物獻祭上堅持平等主義：每個人都會分到等量的肉。這項他們最重要儀式中的平等主義行為，成為發展出兩種獨特希臘體制的重要因素：公民權與貨幣（更別提基督教聖餐了）。我無法在此解釋那點發生的原因[6]。我反而得先強調，這是證明宗教平等主義中政治意涵的另一項範例；再來，透過這種方式，動物獻祭成了讓覓食價值觀倖存於化石燃料社會的另一項管道。無論伊安認為希臘衛城有多邊緣化與特異，長期以來，這項特例（還有另一個邊緣化「特例」：以色列）一直都比埃及與美索不達米亞的主流神王們還更有影響力。但伊安在講座中陷入了確定性量化的窠臼，並將文化傳統矮化為「只不過是核心主題的變體」。

　　伊恩所稱的「特例」對他的整體理論而言，造成了他不敢承認的莫大傷害，特別是當他說自己的理論可能只有現在對我們有用時。在他的第二次演說中，他描述「改變」（能量捕獲與催生出的價值觀）都「近乎必然」。但他將能量捕獲與價值觀連結起來的作法不普遍也非必要。農耕與平等主義價值觀完全一致。農耕確實經常**催生出**大規模社會，其中的大眾通常都失去了對財富分配與暴力的控制權，並將之交給位於核心的一小群人，他們也實施了某種意識形態上的控制。但農耕社會的規模也可能很小，這樣伊安心中的覓食隊群價值觀，就可能更不受限制。

　　伊安可能會想用以下方式回應：「對，我同意你大部分的說法：但我得處理兩萬年，因此得使自己受限於**基本準則**（主要是能量捕獲）。」我會回答，我不同意的原因，恰好與人類價值觀

的基本準則有關。伊安自行指出，我們在數百萬年內以生物性方式取得了一套當前普遍有效、並與動物在某些層面上共享的價值觀；在判定人類價值觀時，能量捕獲方式並不比上述要素來得必要。

這項批判有意義的原因，在於伊安將他對過去的說法，包裝成對未來的指引。

他並不宣稱人類選擇全然沒有意義。但他確實相信價值觀上的改變「在歷史上近乎必然」。重要的是，他也不認同訴諸我們的生物性普世價值觀這種想法：

> 訴諸我們的生物性演化價值觀，和其他自然狀態論點沒有不同；如果我們真的想維持自然本性，就都會成為文盲，大多人也會在五十歲時死亡。*（第五章）

他反而宣稱：

> 文化演進的競爭過程都將我們推向能量捕獲中特定階段裡最有效的價值觀。（第一章）

以及：

> 每個時代都會取得所需思想。

---

* 譯注：此處的「五十歲」與前段的「三十歲」不同，疑似西福德筆誤。

首先，伊安的比喻有個明顯問題。透過教育與延長壽命來改變天性（假設這點意義正確）能被輕易正當化、也普遍被接受的話，就更難找到比我們天生的道德價值觀還寶貴的價值觀（國內生產毛額？），而儘管逆轉這種天性的過程相當複雜，大眾也會認同這點（無論持續在暗中操控或解除那些價值觀的行為有多成功）。

第二，伊安的論點認為（儘管我們面臨極大危險）我們會被推向有效的價值觀。但「每個時代都會取得所需思想」嗎？其他人曾宣稱，每個時代的統治概念一直都是統治階級的想法。我們現在擁有自己所需的思想嗎？當然沒有。難道我們的統治概念來自統治階級嗎？他們不再是神王，只是宇宙之主（以及其追隨者）。答案對也不對。但我想以反直覺的主張做出結論，認為伊安的想法本身更接近統治階級的思想，而非我們這時代所需的思維。

我的論點是，在看似基本準則的選擇中，所包含的無意識偏見。伊安選擇了競爭、量化性、共識、與效率，這一切都是資本主義企業與資本主義社會的核心概念。他明顯強調了**必然競爭**與**量化性**（兩者都與文化或價值觀相斥）。他沒有提到「共識」這個詞。但概念隱晦地在兩場講座中出現，而他在講座中則沒有提到社會衝突的潛在相關性（以及內部心理衝突）：（在對歷史變革與肇因的廣泛討論中）這是個明顯的疏忽。至於「效率」，他宣稱從覓食到早期現代社會中，「人民……盡力想出能重整有機經濟的方式，以便讓自己變得更有效率。」（第五章）但來自資本主義經濟體的我們相當熟悉，持續追求效率，並非古老經濟體

的特點。

這四種概念都隱晦地出現在伊安的話語之中：

> 文化演進的競爭過程，會將我們推向能量捕獲中特定階段裡最有效的價值觀。（第一章）

對誰「有效」？我們又要如何決定東西如何稱得上「有效」？要提到國內生產毛額嗎？

由於伊安將能量議題徹底合理化，讓我們將不斷擴大使用化石燃料而導致氣候變遷作為範例。能量使用改變上的需求，會將我們推向有效的價值觀嗎？當然不會──除非我們使用兩種內部資源。其中之一是某種理解，伊安在講座中並未提及此事。另一種則是伊安置之不理的某種情緒。

伊安宣稱所有人類價值觀都是達成同種目標的連續性方式，該目標就是使人類繼續發展。資本主義想法的基礎要素，便是想像自己成為「常識」，伊安無意識地將這點內化。在他於普林斯頓進行的講座中，伊安自然從未提過資本主義，而在本書的加長篇章中，資本主義依然缺乏應有的篇幅。但資本主義對必要自我擴張所展現的動力，與它產生的價值觀，都與先前出現的思想不同。為了避免氣候變遷，瞭解這股動力對我們而言相當重要，但它卻不存在於伊安的演說中。顯然，在充滿極度不平等狀態的社會中，人們永遠不會接受拯救環境所需的限制。當天空中擠滿私人飛機時，我為何要減少飛行？我對伊恩在《西方憑什麼》中的樂觀言論並不感到放心，他在書中提到充滿機器人與強化人工智

慧的未來。

　　機器人與強化人工智慧，甚至是強化過的人類理解力，都不足以防止氣候變遷（還有其他災難）。我們也需要由情緒維繫的價值觀。但在充滿政治性缺陷的主張中，伊安捨棄了他形容為，以生物性方式演化而成的人類價值觀組合：平等待人、舉止公平、避免傷害，並認為某些事物帶有神聖意義。從古至今，這些價值觀都經常因可量化競爭的不可抗性而遭到犧牲。過去的它們只單純令人嚮往，但現在（如果我們想生存的話）則變得相當必要。

第七章

但事實為何？
丈量歷史價值觀上遇到的限制

耶魯大學歷史系教授

史景遷

在我對伊安‧摩里士的坦納講座做出的回應中，我強調了我們兩種歷史學術研究上的巨大差異。摩里士專於複雜的全球範圍，並涵蓋廣闊的時空，我則專於特定人物與他們所有的根本糾葛，以及構成人類過往那稍縱即逝的事件組合。對摩里士而言，過去與遙遠的歷史時空能夠精準計算，也受制於秩序與量化；那點沒有錯，因為摩里士的最終目標是創造人類社會發展的指數，其中將涵蓋所有結構與空間。每個階段都會以線性方式連結到其他成長與改變的現象，也會受到嚴謹檢視，此舉目的是取得對時空的全面涵蓋。在指數的支脈中，觀察者可以找到能承受精密測量的數據。這些數據則能幫助我們以增強的精準度繪製指數。

儘管不同類別彼此難免會在某些程度上重疊，摩里士似乎找出了四組與他的指數與其範圍有特別關聯性的資料。其中一組曾是（現在也是）「人均能量捕獲」，這使我們看出對能量的抽取與使用如何在不同社會中隨著時間改變，並影響社會的衰退、崛起、與殞落。摩里士觀察到三項特別顯著的概念，合併成了那股強勢概念。摩里士為這三者設定了押頭韻的名稱：覓食（foraging）、農耕（farming）、與化石燃料（fossil fuel）。為了讓自己的計算得到平衡與標準化估算，摩里士展現了驚人的研究技巧，並從天文學、地質學、海洋學、植物學、考古學、與森林學中尋找證據。在他研究中的不同領域，這種折衷主義能讓大量一般與專業讀者採用，也加深了論點的方向：比方說像「城市密度」成為指數中的重要因子，還有「開戰的能力」，與「資訊科技」上的技巧。這些不同的資訊領域為複合指數累積了大量資料，也提出了可能的補充或進步方向。

　　如果我得對摩里士的作品做出一點批判的話，問題就來自我在他描繪出的世界中觀察到的無趣感。他選擇接下最龐大的任務，讀者也因此整理好情緒，在摩里士的指引下探索世界史。於是乎摩里士需要與自己野心等量的清晰性與膽量，以確保自己能掌握我們的關注。我覺得在這點上，儘管他費盡心思，但在圖表與描述中卻依然存在代溝，其中的範圍縮減或許能被稱為「資料仕紳化」（gentrification of data）。摩里士把自己在探索過程中學到的「一切」告訴讀者，卻沒有讓我們對「事情真相」得到更深的認知，像是「丘陵側翼」或被委婉稱為「幸運緯度帶」的地區。無論是對農民或覓食者而言，或許命運正如摩里士主張般溫和，但即使如此，我也認為有許多人受到同樣強烈的野蠻行為或貪婪所侵害。當我閱讀摩里士的作品時，就回想到一種更傳統的觀念：與往常相同的戰爭危機、財富累積、育兒、與疾病的需求──對成千上百或數百萬個散居在世界無數溫暖角落的人類而言，卻是嚴酷的現實。

　　這自然只是我的揣測，而非史實，即使過去的氛圍強烈到變得自成一體。因此如果以對資料本身的反思來對這些思維做出結論，可能更有建設性。當我們企圖將過往模式融入現代框架時，就會碰上不同的挑戰，這點也與專有名詞上的描述性用途有關。簡單來說，這是細節描述上的問題，也得估算出形容每日生活現實的專有名詞組合，是否與其他名詞組合相符。比方說，我們可以使用像「農耕」或「工作」這種明顯的簡單字眼，而不需要想到可能與特定關係或情況有關的無數不同經驗。反過來看，那些差異可能會帶有誤導性地近似特定地區中的當前狀況，但在動機

或實行上卻大相逕庭。摩里士自然清楚漫長時期中對勞動的交叉定義，但他也明知很容易陷入重疊術語的泥沼中。要舉幾個例子的話，就談談中國農村好了。（這剛好是我自己的歷史專攻領域，但其他範例儘管性質不同，反映出的效果可能也一樣好。）如果我們只要製作某種統計基礎的話，特定時期的中國農村可能就只需要少許注解。但為了比較生活品質、與遠離基礎的農民／覓食者區隔，我們得用更多細節和對比來描述自己的問題。工作是涵蓋空間或性別的持續狀態？女人的工時更長嗎？她們育兒時也會工作嗎？以家庭來說，居住空間該有多大？養一口家該有多大的土地？土地上的兒童勞動模式為何？商業與農事合併了嗎？紡織是否成了慣性職業，織布機也調整了大小，適宜女孩、男孩、或長者使用嗎？誰有權攜械？誰得接受強制勞動，每年又得做多久？哪種階層的人能參與國事？每季有多少家庭得借錢，才能度過慘澹的月份？有多少憂心的農民雇用了更窮苦的農民來看顧自己的作物，以防止竊案？有多少農民有船能載食物去市場？誰支付了建造道路、橋墩、和牆壁的費用？這只是條隨機的簡短清單，卻可能影響覓食或農耕等較廣大的概念，或幫助我們估算特定時期或地點中鄉村生活的參數。

　　對於摩里士的人類社會發展指數，以下是我最後一項想法：他的類別維持了多久？他最大的類別能獨立存在嗎？還是狀況的變化比他想得還要快？舉例而言，他將開戰能力列為其中一項關鍵類別。另一項是資訊科技的全球散播。第三項則是化石燃料。再加上網路戰。單看過去兩年的事件與揭露出的真相，就使我們察覺到全新的同盟與因子，它們正在轉變過去一度看似永久的現

實。全新的全球集中化現象是否正在發生？伊安・摩里士建構出
了雄偉的思維大廈；但世上沒有思想能阻止那棟大廈遭到更動，
或經歷徹頭徹尾的改頭換面。

第八章

永恆價值觀、演變中的價值觀、與自我價值觀

哈佛大學哲學系教授

克里斯汀・柯思嘉德

　　覓食者：「我們當然有酋長！事實上我們全是酋長……
我們每個人都是自己的酋長。」

　　　　　　　　　　　　　　　　　——一名昆申族覓食者[1]

　　農民：「沒有律法的外邦人，若順著本性行律法上的
事，他們雖然沒有律法，自己就是自己的律法。」

　　　　　　　　　——《羅馬書》（*Romans*）第二章第十四節[2]

　　早期化石燃料使用者：「人類……只受制於自己制定的
律法……自律是……人性尊嚴的基礎。」

　　　　　　　　　　　　　　　　　　——伊曼努爾·康德[3]

　　伊安·摩里士向我們保證，他並不認為自己的觀點意味著
「發生之事（更別提長期狀況了）即為應然之事。」[4]。儘管如
此，摩里士的推測激起了關於人們確實擁有、或曾擁有、與應有
的價值觀之間關係的問題，前提是這類價值觀得確實存在。

　　為了使此話題變得比較不拖泥帶水，我想標記術語上的差
異，但這點卻相當難以實現。我能稱我們應有的價值觀為「真
實價值觀」，但我怕有些讀者會認為那代表「人們確實具有的價
值觀」，而非「理想價值觀」。我可以將我們應有的價值觀稱為
「理想」價值觀，但無論一個文化中的價值觀是否該維持下去，
都代表了該文化的理想價值。另一個選項，則是稱我們應有的價
值觀為「道德價值觀」，但那可能也會令人感到困惑，因為它可
能會被當作當前問題中價值觀的內容或功能。當我們將「道德」

價值觀認定為宰制人類關係的思維，而不是用於衡量藝術品與美的美感價值觀時，就可能以上述方式思考。摩里士聚焦的價值觀，出現在我們對暴力、與不同種類的平等與階級模式所抱持的態度中；而從那角度來看，無論那些價值觀出現在某些社會或文化的態度中，或應受社會與文化重視的思維，都稱得上「道德價值觀」。我的解決方案將混合可用的形容詞，並稱我們應有的價值觀為「真道德價值觀」。

　　為了解釋相反的另一面，我則要從法學理論中借用一個詞彙。在法律理論上，由社會制定並強制執行的法規，被稱為「實在法」（positive laws），而其他應被強制執行的法律（我們能以道德角度對它們表達贊同），在某些傳統中，則被稱為「自然法」（natural laws）。這項差異源自斯多葛主義道德觀，與衍生自斯多葛主義道德觀的自然法道德理論。但這能追朔到亞里斯多德，他在「法律」與「自然」正義之間做出區隔，主張自然正義普世皆同，並認為「它的存在並不憑依於人們的想法。」[5]所以我要稱人們確實具有的價值觀為「實在價值觀」，並請讀者用實在法的標準來看待它。實在價值觀在不同世紀、社會、文化、與時代中都不同。我認為，真道德價值觀的差異不太大，至少在根本上沒有差別，因為如果覓食者與農民應支持的價值觀之間有確切差異的話，基於覓食者與農民雙方應支持的基礎真道德價值觀而言，我們就能解釋那些差異了。亞里斯多德強調，自然正義普世皆同。近世道德哲學家喜歡透過聲稱價值觀是永恆與不變的，來特別強調同樣的想法。現在的哲學家已不再採用那種說法，但如果我們照用的話，就可以將真道德價值觀與實在價值觀之間的

差異，視為永恆價值觀、與事實上只在特定時間地點才受到重視的價值觀之間的差異。

摩里士的想法之所以會引發對實在價值觀，與真道德價值觀之間關係的質疑，其中一項理由，便是他認為實在價值觀有部分由生物性演化塑造而成，並衍生出真道德價值觀是否也經歷過這種塑形過程的問題。摩里士引用弗蘭斯・德瓦爾同樣在普林斯頓坦納講座的內容，以佐證他的主張：「從我們與和其他人猿的共同祖先，於七、八百萬年前在基因上分道揚鑣後，人類價值觀便出現生物性演化。」[6]我曾是德瓦爾教授演說的評論人，也想重複當時自己提出的一個想法，不過方式有些不同[7]。如果我們要談價值觀的演化，就得考量到不只是我們的價值觀內容經歷演化，價值判斷（valuing）本身必然也經歷了演化。我指的是，比起喜歡某物、想要某物、直覺地想做某件事、或自覺必須做某件事而言，價值判斷是截然不同的心態。我之後會提及此差異的細節。能解釋我們價值觀的因子，必定也能解釋那種獨特心態或活動的起源。演化的貢獻必須賦予我們做出價值判斷的能力，而不只（或至少不只）是我們價值觀的內容。

有三項理由能證明這點的重要性。首先，摩里士同意德瓦爾的想法，認為某些動物也擁有道德價值觀[8]。我不覺得這點有可信度，這並不是由於我認為其他動物的舉止惡劣，而是因為我覺得牠們不具有我稱為「價值判斷」的獨特心態[9]。一樣，我之後會解釋原因。第二，我認為當我們一提醒自己說，價值判斷是人們**會做**的事時，可能就能看出辨識真道德價值觀的途徑。以正確方式做出價值判斷的人們，擁有的觀念正是真道德價值觀。也就

是說，當演化創造出價值判斷能力時，它就可能成為決定真道德價值觀的正確能力，而非由演化本身所宰制。

當然了，懷疑論者可能會質疑任何被認為「能做出正確價值判斷」的事物。但赤裸裸的事實是，演化出的能力無法證明它並未正確實行：畢竟，理性本身必然也是演化而成。而（這是我的第三項論點）摩里士的故事，或至少就他故事中我認為合理的部分而言，如果世上確實有進行正確價值判斷這種事的話，就比較有效；簡而言之，如果世上確實有真道德價值觀，他的故事就更有效益。或者，說得更仔細的話，如果摩里士在理論中描述的人們**同意這點**，效果就更好。理由很簡單。只有當具有實在價值觀的人們，將之認定為真道德價值觀時，實在價值觀才能維繫摩里士為它們辨識出的演化與社會功能。要使實在價值觀輔助由不同能量捕獲方式所造就的社會組織型態，人們就得認為他們的實在價值觀是真道德價值觀，那也代表人們了解真道德價值觀的概念；他們必須相信人際互動中的某些模式確實有價值。

這點值得強調。摩里士的故事點出了哲學家有時稱為「透明性」（transparency）的議題。這也點出了問題：無論人們相不相信摩里士的理論，他們的價值觀究竟能否繼續存在？假設人們了解，自己的部分價值觀，會維繫不同能量捕獲模式所需的社會組織，那麼女性農民還會接受男性霸權嗎？如果你曉得信仰支撐了特定社會組織型態，就很難繼續相信你的國王即為神明，那麼你還會繼續把國王當成能宰制你的天賦權威，並能決定你生死的人嗎？我不這麼認為，但如果你願意相信那點，至少是由於你珍惜那種社會組織型態，也認為自己有權這樣做。只有當人們相信價

值觀的真實性時,價值觀才能維繫社會組織型態。所以人們得具有真道德價值觀,或某種真實價值觀的概念。為了解釋人們為何擁有真道德價值觀,最自然的方式(或許這並非唯一途徑,但卻是最自然的)就是接受這類價值觀存在的事實。

我剛提出的論點擁有漫長的歷史。吉爾伯特・哈曼(Gilbert Harman)那著名的論點聲稱,我們不需要為了解釋人們的道德反應,而接納真道德價值觀:我們只需要接納他們對道德價值觀的信念[10]。我剛剛提出的論點則成了相反的論調,主張我們還得解釋人們為何會得到這種信念。人們是從何處得到形塑自身對道德價值觀抱持的信仰——也就是是非與義務的概念呢?

大衛・休謨與弗蘭西斯・哈奇森(Frances Hutcheson)提出了類似的觀點,反對伯納德・曼德維爾(Bernard Mandeville)的想法;他認為美德是政客創造出來的發明物,他們用讚美來獎勵做出討喜表現的人[11]。摩里士的觀點有種曼德維爾的氛圍,因為他認為價值觀有其社會用途,因此休謨與哈奇森的論點在這裡似乎具有相關性。休謨與哈奇森指出,如果「好」人藉以行事的唯一概念,就是「加強某人的自我利益」,那就沒有人會因讚美而感到被奉迎或獎勵。當某人說你很「好」時,你只會認為他指的是你在某些方面對他有用,你也沒理由對此感到特別高興,除非那種情緒對你有用。即使如此,它也不會影響你的自我概念。我們只能說服人們相信,如果他們按照美德概念行事,某些特質就會成為美德,我們也得解釋人們為何會這樣做[12]。所以美德的概念(自我本身能以特定方式變得有價值或毫無價值)無法透過自我利益概念的角度直接產生。以相同角度來看,敘述人們如何得

到具有特定內容的價值觀的故事之前，得先提到關於人們如何得到「價值觀」這種概念的故事。那個故事得解釋人們為何相信某些事物確實有價值，或應當有價值。

讓我回到價值判斷究竟是什麼樣的活動這個問題。關於價值判斷，有一項哲學議題，涉及了價值觀和價值判斷之間的優先順序。有些哲學家相信價值觀只是存在（有些事物純粹因固有本性而具有價值），而價值判斷則是對那項特性的回應。正確的價值判斷只代表評估確實具有價值的事物；在當前的案例中，問題則在於理解獨立於那種能力外的真道德價值觀。其他人相信價值判斷先於價值觀，而具有價值的事物僅只是價值得到正確判斷而已。因此我們需要不同的因子，來說明如何正確應用價值判斷能力。我不認為自己得先解決這項議題，才能講述當前的重點，不過這點似乎值得一提，因為第二項可能性（價值判斷先於價值觀，而價值觀也無法獨立於價值判斷之外）可能對這個世界的科學概念較為友善。如果我們有辦法找到，能解釋正確應用價值判斷能力的不同因子，而不只是理解獨立存在的價值觀，那我們就得彰顯出真道德價值觀不會與科學觀點起衝突[13]。

撇開這點，有許多代表不同道德理論的哲學家，都把道德判斷，與我們對人、對我們自身、與對他人的評價性或規範性概念連結起來。比方說，遵循「表現主義者」（expressionist）傳統的哲學家指出，要對某些東西做出價值判斷，不只得想要該事物，也得對不想要該事物的人、以及不再想要它的我們感到不悅[14]。當我想要巧克力冰淇淋時，不需因自己不再想要它，而認為自己是個可悲的人；我確實能想要冰淇淋，並強烈希望自己對它的食

慾能夠消失。但如果我成了不道德的騙子,就會是個可悲的人,因此我也無法珍惜真相;也無法希望自己珍惜真相,並成為會說實話的人。哈利·法蘭克福(Harry Frankfurt)在他的坦納講座中提出了類似論點,內容關於他所謂的「在乎」(caring),我也認為這是一種價值判斷的方式。法蘭克福說:

> 當我們……在乎某件事時,我們就不只想要它。我們想持續渴望它,至少直到完成目標為止……如果我們忽略這股慾望,就會覺得是自己的過失,也會在慾望開始消散時,企圖重新點燃火花。換句話說,在乎代表了對慾望的承諾[15]。

這裡的共同思維顯示,我們的價值觀必然與我們的評估性或規範性自我概念相連結。它們指引我們的方式,不只是促使我們像滿足慾望般滿足它們,而是督促我們達到它們的標準:它們不只決定我們想實現哪類事項,還決定我們想成為哪種人。如果這些說法屬實,那就只有具有評估性或規範性自我概念的生物,能做出價值判斷。先將焦點轉回其他動物身上,我不認為其他動物**具有**規範性自我概念。規範性自我概念取決於人類以特殊方式自省:我們不只對世上的事物抱持評估心態,也對自己的內心狀態與態度抱持同樣的心態。我們針對自己的好惡、吸引與躲避、樂趣與痛苦表達支持或反對,並提出它們的好與壞。我們也依此自認有無價值、可愛或醜陋、善或惡。我相信這一切都是人類生命中的特色,讓它與其他動物產生差異[16]。部分其他動物可能看似

擁有驕傲的時刻，但牠們普遍看似不將自己視為有價值或無價值的生物。有些動物想被愛，但牠們看起來似乎也不在乎受到喜愛。我的觀點是，我們對於評估性或規範性自我概念的能力，或是這種能力的起源，使我們建構出自我身份。你的價值判斷成果可能或優或劣，因為你的自我身份結構也有好有壞，這取決於它是否讓你成為整合良好的人[17]。

　　我早先曾主張，了解價值判斷的本質，或許能讓我們得到理解真道德價值觀的關鍵。真道德價值觀可能是妥善使用價值判斷能力的人所具有的觀念。當然了，只有完整的道德理論才能證明這項提案。同樣明顯的是，這次我無法給你們這種理論。但我想指出，價值判斷與規範性自我概念之間的連結，至少顯示出正確價值判斷究竟能達到哪種效果。儘管那項連結確實有些模糊，但假設擁有正面規範性自我概念的人，已準備好為自己提出特定要求，那種連結就有了可信度[18]。比方說，他們會認真看待自己的需求，並要求其他人照做。他們會盡可能抵抗施加在自己身上的暴力，並要求他人幫助他們進行反抗。他們也不會允許自己因他人的利益而受到犧牲，或受他人的意見所宰制，而非遵從自身的意願。他們會將自己視為（也要求他人如此看待他們）康德所稱的「自身」（ends in themselves）或約翰・羅爾斯口中的「有效陳述的自我確認根源」（self-authenticating sources of valid claims）[19]。

　　我說這些話的原因，並不是想反駁摩里士：他明顯將某些價值觀的普世性（他的清單包括「善待人們、公平處事、愛與恨、避免傷害、認同某些事物神聖不可侵犯」）[20]追朔回一件事

情上：人類大腦的基本構造，自從我們仍是冰河時期的獵人時，就沒有太多變化。我提出的，僅是關於我們大腦如何決定這些價值觀的原因。但無論你接不接受我的論點，都不會影響我要說的重點。為了講述當前重點，我只需要你同意：如果世上確實有真道德價值觀，我們有時也清楚其本質的話，你就該認為它們之間的連結，以及我們的價值判斷能力都並非意外產物[21]。無論價值判斷能力和真道德價值觀之間的連結，是由於恰當推理、正確理解、或其他對當前目的而言不重要的方式而出現，只要你認為世上確實有這種連結就算數。如果你那樣想，就會認為當價值判斷能力連接到真道德價值觀時，狀況絕非偶然。畢竟，如果我們沒理由認為價值判斷孰優孰劣，又為何會認為真道德價值觀存在於世上呢？這就是我不同意摩里士的部分。

　　在承認世上確實有明顯的普世價值觀後，摩里士繼續說「為何……人類對公平正義等價值觀的定義，有如此大的時空差距」，並將這些差距連結到不同能量捕獲方式所需的不同社會模式。

　　在公平正義等應有價值觀上，人類有不同的想法；我自然不想反駁這項無趣的事實。所有人都明白，在階級與統治議題上（也是摩里士的聚焦點之一），這點並沒有錯。但我們能就這些差異提出三項不同的論點。我之後會給予它們名稱。

一：我們可以將第一種觀點稱為「社會學實證主義」（sociological positivism），不過我得強調，它和其他擁有相同名稱的論點只有極小的相同之處。根據此觀點，

人類有價值判斷的能力，但人們確實進行價值判斷的東西，都能透過社會動機來解釋，而社會動機則受演化動力所驅動。

二：我們可以稱第二種觀點為「啟蒙觀點」（enlightenment view）。根據啟蒙觀點，人類擁有價值判斷的能力，而那能力有某種自然傾向，會吸附到真道德價值觀上。但和我們學習科學知識的能力一樣，它在歷史中緩慢發展，並慢慢地使我們注意到恰當的重點：真道德價值觀。

三：我們可以將第三種觀點稱作「扭曲觀點」（distortion view）[22]。根據扭曲觀點，人類具有價值判斷能力，而那能力有某種自然傾向，會吸附到真道德價值觀上，但這股傾向容易受到社會動機的扭曲。傳統而言，這項觀點與以下論點有關：我們的價值觀會受到帶有貶義的「意識形態」所扭曲。

　　我認為啟蒙觀點有些可取之處，但扭曲觀點有更多需要探討的部分。畢竟，我已經提到價值判斷能力，與我們的規範性或評估性自我概念有根本上的關聯，而那種惡名昭彰的能力也會受到各種毛病影響，我們則能將其中幾種狀況稱為扭曲。規範性自我概念也許是我們價值判斷能力的根源，但它也使我們容易受到一堆獨特人性問題與妄想影響。人們會因自覺無價值或醜陋而深深感到痛苦，甚至會透過自殺來逃避這些念頭。觀察到我們的價值判斷能力，與規範性自我概念之間的連結後，佛洛伊德與尼采便

經常將道德觀視為一種疾病[23]。我們因自我價值而容易受到各種影響，而這些影響都會扭曲我們的價值觀。畢竟，在摩里士專注討論的其中一項案例中（性別不平等），那點明顯是造成此問題的部分原因。男性階級是透過性別理想的宣傳，特別是對女性氣質的理想所維持；那使女人相信如果自己不美麗、脆弱、順從、和負責育兒的話，就成了無用的醜陋女子。我們都清楚，性別理想能導致女性注重照顧自身健康的方式，擁有使男性看來溫順，且讓對方宰制她自主性的態度，並為了扮演妻子與母親而做出自我犧牲，罔顧自身的權利與幸福。我準備好聲明這種性別理想催生出價值觀的扭曲，而不只說它們能用於解釋某些價值觀的特定形式。或許我的化石燃料心態太過根深蒂固了。

但我不這麼認為。我已經對自己稱為社會學實證主義的觀點提出了一項批判。如果價值觀只是維持特定能量捕獲模式所需要的社會類型的方法，而人們也清楚這點，就很難看出價值觀要如何生效。在價值觀生效前，人們得相信自己配得上真道德價值觀。我得承認，如果我試圖以特定方式解釋這種思想，就會碰上一項有力的駁斥。假若我像之前一樣，提出除非人民確實相信君主擁有控制他們的權威，否則就不會反抗君主，或如果女人不認為自己屬於家中，就不會待在家裡的說法，你可能會抗議說，我自認知道人們在沒受到價值觀影響的情況下，會做出或想要的事，或是我自認清楚他們未受扭曲的價值觀原貌。我當然會那樣想。但倘若我在評估價值觀差異上的三項可能解釋時，採用這些主張的話，就不太公平了，因為這些主張預先假定世上存有真道德價值觀，而如果沒有扭曲影響的話，我們的價值判斷能力就會

連結到價值觀上。

　　所以我很高興看到自己觀點上的一小項證據，也就是摩里士在講座中引述的昆申族覓食者。如果我們將他當作我們的覓食祖先代表的話，那麼在道德觀歷史的源頭，就已經能發現康德式道德自律的基本原則了。當然，我是指我們都是酋長的原則，因為我們每個人都是自己的酋長。這項傑出的想法注定會受到國家勢力與教會控制的打壓，最後使一般人相信自己必須遵從英國人一百年前文雅地稱為「優等人」的對象。如摩里士所推測，或許能量捕獲的需求也在這項打壓過程中起了效用。

　　但我不打算說服你相信我對此的觀點；我反而要解釋為何摩里士無法說服我接受他的說法。其中一項問題是，如果每個時代都得到所需的確切價值觀，那摩里士解釋的每種價值觀，就會在維繫能量捕獲模式所需的社會型態上，做出某些正面貢獻。但摩里士並不會一直展現那點。有時候他展現出的（或明顯展現出的），是當要維繫問題中的社會型態時，並**不會**特別需要**相反**的價值觀。比方說，為了敘述自治主題，摩里士告訴我們說覓食社會「管得太多、將魔掌伸向不恰當的事務中、或試圖將暫時影響力化為控制他人的永久權力的人，很少能抵擋同伴的不悅反應。」[24]我們或許可以接受，如果只是因為人口較多的話，權威性結構對農耕社會有某種必要性，對覓食社會則並非如此。但那無法顯示為何平等結構對覓食社會來說是必要或有益的：或許無論為了哪種理由，當階級缺乏必要性時，平等就會成為正常條件。我能想像這項特例中的答案：如果覓食者獨自出外覓食，或許他們就需要學會平等社會經常培養出的獨立精神。但讓我感到

些許困惑的，則是濫交與婚姻不貞為何對覓食社會有益。摩里士指出覓食社會並不鼓勵財富不均，少了財富不均，就沒什麼好繼承，因此孩童的正統性就不太重要了[25]。但那只顯示出基於它的能量捕獲方式，覓食社會沒理由強制婚姻忠誠。這無法顯示出，這種社會中的婚姻為何採行鬆散的形態。

另一項無法說服我的解釋，則是農民選擇性別制度的原因。摩里士的解釋，主要在於農耕生活需要嚴格的性別勞動分工。但即使那點正確，也無法解釋男性霸權為何出現。我能想像女人在家中統治男人的世界，女人命令對方出外工作以便賺錢，因為這是男人唯一的用途，並等他們一把錢帶回家，女人就立刻掌握那筆錢。我完全同意以整個文化層級而言，這種事沒發生並非意外，但對那點的解釋不可能只跟勞動分工有關。

但最明顯的問題與對暴力的容忍有關。根據摩里士的說法，覓食者們能容忍令人訝異的大量暴力，農民們則在我們無法接受的案例中認為可以允許，而我們化石燃料使用者則理應完全反對暴力。比起覓食社會，或許暴力對為農耕而架構的社會帶來了更大的問題，對工業社會造成的問題則更大。但那無法解釋為何暴力在覓食社會中受到容忍。

我得公平點。我已指出，作為對我們的價值觀受到能量捕獲方式所塑造這點的替代想法，價值判斷能力得傾向於連結到真道德價值觀上，但這種傾向極度脆弱，也容易遭到扭曲。當然，如果你同意這點，也同意覓食者能輕易容忍暴力是錯誤的舉止，就必然會認為那種輕易容忍度需要解釋。所以就這案例而言，我這種另類的解釋風格並不會比摩里士好上哪去。是哪種扭曲力量使

覓食者們沒有注意到人們不該彼此殺害，而我們卻能清楚理解這點呢？我想這大致取決於覓食社會中常見的暴力動機。

這裡有些粗淺的推測。首先，有時可以觀察到，過去有些人的身分概念，比當今的我們還更有社會性與公眾性。我們現在能立刻說，如果你內心清楚自己是好人，人們怎麼看你就不重要；但情況並非總是如此。人們過去經常提起自己的「品格」，彷彿這個詞曾一度代表我們所謂的「名聲」與他們的內在身分。他們似乎也感覺到，自己的內在身分，會因他人對自己的想法而受損或遭到毀滅。以公眾觀點而言，捍衛榮譽等同於捍衛自己的身分。我們可以推測，為了捍衛自我榮譽而殺害某人，曾一度看似我們當今能接受的一種暴力形式：自我防衛。如果這是覓食者暴力的動機，那麼扭曲（或與我們的差異）的根源，就出自人們對自己的看法[26]。我對狩獵採集社會不夠了解，無法判斷這是否可信。我參考的兩項資料來源（理查・李對昆申族的著作，與法蘭克・馬洛〔Frank Marlowe〕描述哈札人的書籍）並未清楚敘述榮譽感的重要性[27]。它們清楚表明，性經常與此有關：不忠與忌妒經常導致暴力事件[28]。當然，連現代人都經常對關於性的話題產生敏感的評估性自我概念。

我的另一項想法是，現在在我們之中，有會製作人工合成毒品（designer drugs）的人、花時間開發能誘惑年輕人抽菸的廣告的人、試圖透過使用低劣原料來生產人們的生活必需品以省小錢的人、和許多誘騙他人送死或使他們陷入死亡危機以獲利的人，而這些人甚至不需親自碰觸刀槍。我的猜測是，當社會科學家統計死於暴力的人數時，這些人的受害者並沒有被納入估算。但殺

害這些受害者的人，就和拿刀或槍的殺人兇手沒有兩樣。這讓我思考，將「暴力」當作顯著的道德類別究竟有多少用處。在現代社會中，我們做很多事時都鮮少親自動手，包括傷害與謀殺。

其實，摩里士對暴力的說法含有另一項問題，我得透過表格4.1來解釋[29]。在他用於奠基著作的原始講座中，摩里士使用了「尚可」（OK），在書中則改為「中」（middling）。「尚可」代表「可接受」，而「中」則沒有明顯規範性意涵，意義也不明確。他在第一章中解釋了使用這種詞彙的理由，當時他正在討論根據每個群組對特定行為的表現，來給予評分的可能性：直接給予良好行為一分，並對惡劣行為扣一分。不過在這裡，你心中的道德哲學概念則確實有其重要性。哲學家們有時會爭論：以結果論者的道德觀看來，重點只在於你做了多少好事，因此比起將行為評斷為禁忌、可接受、與義務，最好單純將它們稱為更好或更壞。從結果論的概念看來，使用「中」也許合理，因為確實可能認為好與壞是評量中的兩端。但不可能用那種方式考量禁忌與義務；「可允許」無法存在於兩者「之間」。於是摩里士似乎採取了某種結果論觀點。無論情況為何，我都不認為將它視為「中」或「尚可」，就能恰當解釋為何覓食社會能夠容忍更多暴力。沒有社會允許暴力，這點和允許與把午後時光花在看電影上，是完全不同的事。暴力永遠需要某種正當化藉口或理由；形容它受到容忍，就像在說比較容易將它正當化、或為它找藉口一樣。透過摩里士和其他人對覓食者的敘述，能明顯看出覓食者確實如此看待暴力。

但除此之外，我的主要論點是：有許多方式能解釋價值觀系

統在漫長時間中的變化，而有些方式使我們能承認社會型態與其肇因對價值觀的成形造成壓力，而不須認為社會型態完全宰制了價值觀的全貌。摩里士沒有讓我們看出他的解釋比其他可能性較高的解釋更好；特別是我所稱的扭曲觀點。其實如果我們看摩里士的表格4.1，就可能會訝異地發現，覓食者價值觀與我們的價值觀有廣泛的相似之處；照摩里士的說法，他的學生也做出了這種反應[30]。與其認為價值觀受到能量捕獲模式宰制，或許我們應該認為，當人類從農業時代開始處在能聚集勢力與財產的地位時，意識形態便開始滲入扭曲的真道德價值觀中；而我們直到當今科學與教育普及的時代，才開始矯正這種扭曲狀態。

我不清楚摩里士是否相信世上有任何真道德價值觀。或許他說的故事並不一定要有啟人疑竇的意涵。的確很容易想像出一個關於改變世界運作概念的故事，與摩里士口中改變價值觀的故事相仿。我們會說，覓食者們有種泛神論者的觀點，認為世界上住有能使事情發生的內在靈魂。農民抱持著神學觀點，認為世界受到一位超凡神明統治。化石燃料使用者則持有科學觀點，認為萬物都由動力因（efficient causes）造成。或許每個時代都會得到所需思想！但即使如此，我不認為我們之中有任何人（包括摩里士），會想放棄認為萬物確實由動力因所驅動的概念。

無論真相為何，摩里士最接近承認世上也許有人們應有價值觀的部分，是第五章中的一句話，他說「無論是從我們的價值觀必然傾向的終極目標、效用、定言令式、或不同準則來判斷，並不一定代表世上沒有單一最佳人類價值觀組合。」[31]這句話讓我感到訝異，因為我們應該認為，摩里士將價值觀視為對社會有用

的工具這觀點，使他以特定方式「計算」出最佳價值觀組合。如果我們終於得到穩定又有永續性的能量捕獲模式（像是經濟上可行的太陽能），屆時能維繫支持所需社會型態的價值觀，就會是最佳價值觀組合。

　　但無論如何，我都不確定當摩里士說世上可能有「最佳」價值觀組合時，他究竟承認了什麼。根據摩里士在講座後討論會上的說詞，我們提起了當時剛發生的馬拉拉槍擊案，想看看我們是否能從摩里士身上引出任何道德觀點。這是個能測試我先前所提「透明度」的實際機會。相信摩里士的理論，對摩里士的價值觀會有什麼效果？摩里士說我們認為「這場暗殺企圖唯一的解釋，就是塔利班犯下了嚴重的道德失誤。」其實這並非事實。某種行為是否正確、以及為何有人依然認為此行為正確，是兩項不同的問題，我們也不會評斷塔利班為何做出這種行為、或認為此行為得當。我們的論點，是這行為明顯錯誤。當時，如同書中的討論，摩里士試圖迴避做出自己的道德聲明。在書中，摩里士反而提到農耕者或工業份子「可能會如何看待」趨勢。奇怪的是，之前的討論中，摩里士指控自己的學生試圖迴避另一項問題：有什麼能解釋某人做了某種錯事；這項案例中提的是蓄奴。學生們坦白地認為奴隸制度錯誤，但不願將這點歸類於道德「遲緩」（摩里士如此形容）。我認為學生應該拒絕簡化解釋奴隸主的錯誤舉止，也覺得解釋塔利班對女性的態度，可能會牽扯到複雜的錯誤道德心態、某些真正的宗教信念、以及人類對性經常抱持的陰沉心態。那種想法不需要干涉我們的信念：奴隸制與射殺想上學的女孩是錯誤行為。

讀起摩里士的文章，有時他彷彿不像自己理論中的人類，回應這些問題時也有如與自身安危無關。我認為我們都與這一切有所關聯。但當摩里士敘述對馬拉拉開槍的塔利班，與綁架奈及利亞女學生的博科聖地「的道德錯誤，並不在於認為想上學的女孩該受到暴力懲處，但他們確實有思想落後的問題」時[32]，他確實表明了自己的心聲。如果摩里士只想表達他們對此事的觀點，並非出自道德性格中的任何缺陷，我便對此抱持質疑，但也猜這可能屬實。不過如果他認為因為女孩們想了解自己居住的世界，就因此射殺她們以作為懲處此舉沒有錯，或此舉並非總被認為錯誤，我就只能說，他是個不相信真道德價值觀存在的道德偽君子。

圖書資料：

Aristotle. *Nicomachean Ethics*. In *The Complete Works of Aristotle*. Translation by W. D. Ross; revised by J. O. Urmson. Princeton, NJ: Princeton University Press, 1984, vol. 2, pp. 1729–1867.

Blackburn, Simon. *Ruling Passions: A Theory of Practical Reason*. Oxford, UK: Clarendon Press, 1998.

De Waal, Frans. *Primates and Philosophers: How Morality Evolved*. Edited by Stephen Macedo and Josiah Ober. Princeton, NJ: Princeton University Press, 2006.

Frankfurt, Harry. *Taking Ourselves Seriously and Getting It Right*. Edited by Debra Satz. Stanford, CA: Stanford University Press, 2006.

Freud, Sigmund. *Civilization and Its Discontents*. Translated by James Strachey. New York: W. W. Norton & Company, 1961.

Harman, Gilbert. *The Nature of Morality: An Introduction to Ethics*. New York: Oxford University Press, 1977.

Hobbes. *Leviathan*. Edited by Edwin Curley. Indianapolis: Hackett Publishing Company, 1994.

Hume, David. *A Treatise of Human Nature*, 2nd ed. Edited by L. A. Selby-Bigge and P. H. Nidditch. Oxford, UK: Clarendon Press, 1975.

———. *Enquiry Concerning the Principles of Morals*. In David Hume, *Enquiries Concerning Human Understanding and Concerning the Principles of Morals*, 3rd ed. Edited by L. A. Selby-Bigge and P. H. Nidditch. Oxford, UK: Clarendon Press 1975.

Hutcheson, Francis. *Inquiry Concerning the Original of Our Ideas of Beauty and Virtue*. In D. D. Raphael, *British Moralists 1650–1800*. Indianapolis: Hackett Publishing Company, 1991, vol. 1, pp. 261–99.

Kant, Immanuel. "Conjectures on the Beginning of Human History." In *Kant: Political Writings*, 2nd ed. Translated by H. B. Nisbet; edited by Hans Reiss. Cambridge, UK: Cambridge University Press, 1991, pp. 221–34.

———. *The Groundwork of the Metaphysics of Morals*. Translated by Mary Gregor. Cambridge, UK: Cambridge University Press, 1998.

Korsgaard, Christine M. "Morality and the Distinctiveness of Human Action." In Frans De Waal, *Primates and Philosophers: How Morality Evolved*. Edited by Stephen Macedo and Josiah Ober. Princeton, NJ: Princeton University Press, 2006, pp. 98–119.

——. "Reflections on the Evolution of Morality." At http://www.amherstlecture.org/korsgaard2010/index.html.

——. *Self-Constitution: Agency, Identity, and Integrity*. Oxford, UK: Oxford University Press, 2009.

Lee, Richard. *The !Kung San: Men, Women, and Work in a Foraging Society*. Cambridge, UK: Cambridge University Press, 1979.

Mandeville, Bernard. *The Fable of the Bees: or, Private Vices, Public Benefits*. Edited by F. B. Kaye. Indianapolis: Liberty Classics, 1988.

Marlowe, Frank. *The Hadza: Hunter-Gatherers of Tanzania*. Berkeley and Los Angeles: University of California Press, 2010.

Nietzsche, Friedrich. *On the Genealogy of Morals*. In *On the Genealogy of Morals and Ecce Homo*. Translated by Walter Kaufmann and R. J. Hollingdale. New York: Random House, 1967, pp. 15–163.

Rawls, John. *Political Liberalism*. New York: Columbia University Press, 1993. Rousseau, Jean-Jacques. *Discourse on the Origin of Inequality*. In *The Basic Political Writings of Jean-Jacques Rousseau*. Translated by D. A. Cress. Indianapolis: Hackett Publishing Company, 1987, pp. 25–110.

Smith, Adam. *Theory of the Moral Sentiments*. Edited by D. D. Raphael and A. L. Macfie. Indianapolis: Liberty Classics, 1982.

Street, Sharon. "A Darwinian Dilemma for Realist Theories of Value." *Philosophical Studies* 127, no. 1 (January 2006): 109–66.

第九章

燈火熄滅時：
文明崩壞後的人類價值觀

知名作家
瑪格麗特·愛特伍

　　我想感謝摩里士教授如此讓人大開眼界、鼓舞人心、集各論點之大成、與高潮迭起的傑出講座；我猜講座內容很快就會被做成電玩遊戲，就像是蛇梯棋（Snakes and Ladders），但裡頭有更多蛇。

　　讓我做個簡短的自我介紹。我是個小說家：說出這點完全不會讓我覺得丟臉，特別是在天才們揭露我們在更新世發展出的敘事技巧，其實是演化的推動力之後。少了這項能力，我們的語言天分就只等同於活死人，也無法像今日一樣討論人類價值觀。所以呢，科學家與哲學家們，請不要嘲笑講故事的人。我的專長比你們的更有傳統。

　　但在寫小說前，我在生物學家之間長大，也差點成為他們之中的一員。我盡可能當個生物學宅女，也一直很注意生化昆蟲間諜、人造香腸肉、無頭雞等東西，這使我寫下《末世男女》，那本小說與我們最新的玩具有關：基因工程。現在我們能創造新生命型態，也亟欲從裡到外改造人類。（提示：宅男生物學家會設計出內心渴望宅男生物學家的美女們。注意這項趨勢。）

　　在我們生活的時代中，我們對自身的先天美德與能力感到自滿，也覺得維生所需的生態圈浩瀚無垠，而這兩種概念都受到了嚴峻挑戰。我們從哪裡來？我們是誰？我們向何處去？（引述自畫家保羅・高更）那些問題長期以來曾是重要的人性問題，但答案則迅速改變。

　　那也很重要，因為第三項問題的答案（**我們向何處去？**）大致取決於我們如何解析前兩個問題：「我們是誰？」與「我們從哪裡來？」。神經學家、DNA史學家、和大批相關研究人員都

忙於解開這些問題。眼光廣闊的生物學家也是如此，如同弗蘭斯・德瓦爾最近的著作《同情年代》（*The Age of Empathy*）（我們似乎不只是社會達爾文主義多年來主張的，那種天性自私又富侵略性的骯髒生物）與愛德華・威爾森最近的《群的征服》（*The Social Conquest of Earth*）；當我們從覓食轉到農耕、再從農耕轉向在機場喝拿鐵時，部分與價值觀相連的核心特質似乎倖存了下來。（並非偶然的是，威爾森教授在最新的著作《人類存在的意義》〔*The Meaning of Human Existence*〕中，將人類持續進步的核心視為人文，而非科學。這應該會讓許多人感到訝異。）

　　我們常常聽到「人類精神」，我也不想放棄那個說法，不過摩里士教授對我們道德價值觀設計的鉤眼扣模式則使人大為緊張。我們的道德價值觀，似乎無縫連結到使燈光繼續亮起、與輪子繼續轉動的原因，那種動因也對晚餐的內容產生莫大效果：生海豹肉、《奧德賽》中成堆泛著光澤的肉、《聖經》中雅各（Jacob）與以掃（Esau）故事中的蔬菜濃湯、以及我家街角生食餐館裡的純素燉湯。那些價值觀也被連結到烹煮晚餐的人身上，前提是有晚餐，和有人可煮的話：媽媽、奴隸、巴黎大廚、家奴媽媽、肯德基油炸鍋；如果不是自助餐點的話，還有上菜的人：媽媽、成列的半裸奴隸、女侍、自動食物販賣機、嗨，我是鮑勃，今天是你的服務生、穿著烤肉圍裙的爸爸、機器人米爾德瑞德*等等。誰會得到晚餐最棒的部分：偉大的獵人、偉大的戰

---

* 　譯注：Mildred the Robot，一九六八年美國電視節目《香蕉船》（*The Banana Splits*）中出現的角色。

士、貴族地主、父權商人爸爸、現代企業家媽媽、被寵壞的孩子們、小狗羅佛（Rover the Dog）、機器人米爾德瑞德等。

這一切都非常引人入勝，特別是對於像我這樣的人而言，我習慣描寫充滿歡樂與笑鬧的喧鬧故事，劇情中大多人類都已灰飛煙滅——但有些人倖存下來，不然就沒故事可說了，對吧？

但假設確實發生了有如我小說中，以及摩里士教授暗示的文明崩壞狀況。你可能會認為在這種情況下，我們之中的倖存者會倒退一步，從化石燃料價值觀退回農業價值觀；但在規模廣泛的社會瓦解狀況下，我們更可能立刻切換回早期覓食價值觀，人際暴力也隨之而來。簡而言之：當燈火熄滅、警方網路也失效時，強盜們就會在二十四小時內出外掠奪。農業份子得捍衛土地，因此有地盤邊界得保護，但少了尋常職業的都市居民就成了遊牧民族，不靠他們種植的作物維生（從種子到收成有很長一段循環），只能四處搜括、偷竊、或謀殺。

這些情境對小說作者而言相當有利，能作為有效的劇情；目前它們確實是很受歡迎的情節，殭屍末日（Zombie Apocalypse）是為例證。但和每個人一樣，我也想以寫實角度觀察我們的生存機率，不只是以物種來看，而是以社會整體而言。正如摩里士教授指出，由於我們的供需網路，全球化代表全世界正逐漸成為同一個社會，也是持續進行中的同一項社會實驗，這多虧了我們由化石燃料驅動的電路網。我們建造的東西從太空中看來，就像是個龐大的大腦，上頭還有數量無可估計的神經元連結，或像是龐大的蟻窩，上頭滿布電子化學通路網。所以假若我們失敗，就會一同經歷莫大失敗，古人完全無法想像這種規模。

社會中的科技越複雜、成長規模越大，能破壞某種重要事物的錯誤就越小，火車會越快失事，後果也越具災難性。重建社會功能的困難度也更高，因為沒有人曉得該如何修理東西了。你的車、電腦、舷外引擎：全都是數位化產品。如果我們的社會瓦解，就很難重建，因為使資源汲取與製造業生效的特殊專業都會化為烏有。

不過，假設社會並未瓦解。摩里士說，在那個狀況下，社會情勢就會穩定上漲；這裡的「上漲」只能應用在圖表上。規模擴散的狀況會超越人們的想像：我們會住在難以抵禦物資短缺的大都市帶之中。因此摩里士說，即使在沒有失誤的狀況下，我們對五星級完美人類的定義也將改變，變化速度也會很快。今天我們對善良與正確的定義，明天可能就顯得愚蠢又反社會。

就摩里士教授所指出的，和過去相同的是，外在衝擊也可能影響事件。他指出五種可能促成或伴隨大型文明瓦解而來的力量：天啟五騎士。記好，他們是天啟騎士，不是天啟行人或天啟溜冰客：人類喜歡跟馬有關的隱喻，很長一段時間以來都是如此。我不太滿意地注意到摩里士的三個階段中缺乏畜牧，而如果軍事史學家約翰・基根（John Keegan）沒說錯的話，組織化的大規模戰爭就出自發源於大草原的騎馬牧民，也曾對人類價值觀做出相當龐大的改變。至少該為這點加條注記。

以下是摩里士的五騎士：無可控制的遷徙、國家失敗（也就是方向與基礎設施的崩潰）、食物短缺、傳染病、與氣候變遷（其他作家也曾就此主題指出，這點影響了食物供給與疾病傳播，正如當下的狀況）。

　　我想添加第六位天啟騎士：海洋的崩潰。我們從未在人類史上削弱過海洋一絲一毫，但我們正在進行中。我們富有效率的捕魚科技即將消滅它的存在理由。我們搜刮了海底，也毀壞了生物繁殖地；我們傾倒了大量毒素，就像最近的墨西哥灣漏油事件*；我們對頂級掠食者鯊魚宣戰，因此造成了牠們的獵物魟魚大量繁殖，現在則大量捕食中型魚類。

　　還有更糟的狀況。數十億年前，海藻製造了讓我們呼吸的大氣，而這些藻類也持續製造了60%到80%的氧氣。少了海藻，我們就無法存活。越戰時，大量橙劑（Agent Orange）被運過太平洋。如果它們沉入海中並外洩，我們今天就不會有這番談話了。注意：一定得關注與我們生存息息相關的基本物理／化學根基。

　　還有第七位天啟馬怪：生物工程。我們現在不只能透過選擇性繁殖來改變物種（我們數千年來都這麼做），也能透過改變牠們的DNA來這樣做。改造我們的身體與大腦這件事，具有強大的潛力：我們無法抗拒改變自身DNA的誘惑。我們也拿動物、植物、與微生物做實驗；所有行為聽起來自然都相當崇高，而其中之一則似乎是幾家巨型企業對世界種子市場的壟斷（短注記：大自然討厭單一作物）。

　　和所有工具一樣，生物工程能被用於我們視為「良好」的目的，也能被用在遭定義為「惡劣」的目的上。因此，我們製作的

---

* 譯注：指二○一○年英國石油公司在墨西哥灣的深水地平線鑽油平台發生的漏油事故。

工具算是中立嗎？而界定好與壞的要素是否就代表常見的人性與其價值觀——也就是我們慣於視為恆常要素的價值觀？

　　摩里士認為並非如此。我們製作工具，但工具也製造了我們。而能量捕獲工具則是反饋迴路；如果你移轉到農業，就會製作能幫助農耕的工具，那些工具也會決定你如何認為誰該做哪些事。農業下的性別角色與狀態有大規模分歧，因為許多上半身力量都得被用來使用農耕器具。

　　在化石燃料時代，狀況往另一個方向發展：也就是更廣泛的平等；因為社會需要不同的力量與技術。閱讀、寫作、與打字（從使用工具的力量觀點看來）與性別無關，因此越來越難以將基於性別的歧異薪資正當化。

　　但在化石燃料時代後，假若還有之後的時代，會發生什麼事？而我們又會變成哪種模樣？如果我們要維持當前的複雜社會結構，新的廉價能量捕獲方式就得出現；因為假設我們以摩里士的大比例圖表中設定的速率，繼續燃燒化石燃料，我們就注定葬身火窟，更不用談隨之而來的洪水與飢荒了。

　　許多聰明人士正集思廣益於解決這些重要問題。在此同時，摩里士教授恰當地指出我們能以其他社會前所未見的方式失敗。他聚焦於核子武器上，那確實令人憂心。不過，如同車諾比所示，暴露在中高程度輻射中的大自然依然繼續存活，儘管充滿更多變種，但我們自己則過得沒那麼好。我們容易長出腫瘤，並一命歸西。

　　但無論事情如何發展（在圖表上像曲棍球棍般往上攀升，和／或迎面撞上地板，並遭到抹滅）我們的社會、物種、與星球，

包括某些我們認為「良好」的行為，可能都會經歷改變。我同意沒人清楚這些情境會如何演變；變數太多了。身為小說家，我對這點感到高興；未來有各種可能，所以我可以編造故事。至少對我而言，這是一線希望。

　　但我們很喜歡臆測未來，也有合理依據。由安佛・杜爾文（Envil Tulving）在《新科學人雜誌》（*New Scientist Magazine*）帶來的刺激新消息指出，我們大腦中的情節記憶系統（episodic memory）並非演化來讓我們記得過去，因此我們依然搞不清自己究竟把鑰匙放哪了。相反的是，這些系統是演化來幫助我們預測未來，以便協助我們探索即將到來的事件。那正是我們今天在這間會議室中用大腦在進行的事。

　　人類之前曾遭遇過幾次瓶頸，多虧了優秀的大腦，使我們依然活在世上。噢，偉大的大腦呀！即將到來的事件投下了陰影，讓我們嚇得屁滾尿流，因此我們呼喚你！我們需要你！你得絞盡腦汁了。

　　再度感謝摩里士教授對我們的集體偉大大腦送出一記當頭棒喝。

第十章

我對一切的正確觀點

本書作者

伊安・摩里士

　　在學術界，批評便是最誠摯的恭維。因此我得大力感謝菲爾·克萊漢茲、喬許·歐伯、凱西·聖約翰、華特·謝德爾、保羅·西布萊特、肯·瓦鐸、與普林斯頓大學出版社的兩位匿名評論人，還有我勤快且有耐心的編輯史蒂夫·麥奇多與羅伯·坦皮歐，他們所有人都讀過這本書的早期版本，並對它做出評論[1]。但我更加感謝瑪格麗特·愛特伍、克里斯汀·柯思嘉德、理查·西福德、與史景遷，他們不只花時間於二〇一二年十月親自到普林斯頓回應我的原始講座，也為了在本書中第一章到第五章的擴充版內容，費勁修訂了自己的感言。

　　我喜歡回應。當我拿起一本刊載回應的期刊時（像是《當代人類學》〔*Current Anthropology*〕或《劍橋考古學期刊》〔*Cambridge Archaeological Journal*〕），我通常都會直接看辯論，之後才決定是否要閱讀文章本身。我想，這方法不算糟糕；回覆者經常提出各種我無法自行想出的問題，而當我閱讀文章時，心中這些問題也會為閱讀經驗帶來極大的差異。

　　不過，儘管讀過這麼多文獻，我卻不記得有任何作者曾因為遭受激烈批評而收回自己的主張；我也得承認，自己不想當第一個這樣做的人。但可能沒有關係，因為我不認為人類價值觀中心選擇這種模式的原因，是為了從坦納講者身上得到自白。對我而言，這些回應的驚人之處在於它們的作者（小說家、哲學家、古典學家、與歷史學家）都對人類價值觀演進採取了如此不同的觀點，也根據這主題衍伸到如此廣闊的領域，這使我以全新角度思考自己的論點。但當我答覆這些回應時，那點也成了問題。即使我有能力談論回應者所提出的所有議題，也得寫上另外五個章節

才能這樣做（而如同出版社其中一名匿名評論者所說，還得花上二十年）。我不覺得有人想那樣做，不過閱讀這些回應確實讓我想更為深思這些問題。我已經寫了本關於長期暴力歷史的書[2]，但現在我想嘗試寫另一本書（或三本），討論財富、性別、與政治的長期歷史。

那得等之後的機會了；現在，我得限制自己只表現出較合理的反應。儘管這些回應並未讓我放棄自己的錯誤，它們卻使我看到自己論點中的缺失，以及能更為加強論點結構的方式，這可能還比原先的更好。就這些回應思考過一陣子後，現在我覺得自己的論點確實能簡化為兩種假設，並使我做出兩項主張，並激發出兩種含意。「假設」代表我不打算示範（並非由於我缺乏必要的生物學與心理學知識）卻作為起始點的設定；「主張」代表我想透過第二章到第五章彰顯的重點；「意涵」則代表我無法證明的論點，但如果我的主張屬實，那麼這些論點就似乎有邏輯上的根據。在最後一章中，我只想討論這些假設、主張、與意涵，並在每種情境中考量到回應如何使我（或不使我）採取不同角度。

兩種假設

我不會花太多時間解釋概念，因為回應者們都沒有直接挑戰這兩者。不過我確實想說幾句話，因為克里斯汀・柯思嘉德對我的第二項概念提出了一些顯著條件，也因為這兩種假設對我隨後在本章中要對柯思嘉德教授與西福德教授提出的辯論相當重要。

我的兩種假設如下：

一：近乎全人類都相當在意數種核心價值觀。哪些價值觀能
　　進入這份清單還有待商議，但公平、正義、愛、恨、尊
　　重、忠誠、避免傷害、與認同某些事物神聖不可侵犯肯
　　定名列其中[3]。

二：這些核心價值觀是生物性演化而成的適應行為。

　　其他假設自然也有可能性。與其假設全人類共同享有某些基
本價值觀，我可以假設人類心智處於空白狀態，能夠接受任何想
像中的價值觀組合；而與其假設人類價值觀是生物性演化而成的
適應行為，我可以假設它們出自別種機制，像是某個智慧設計者
的行為，或徹頭徹尾的意外。這些不同假設似乎合理符合我的功
能主義式論點：不同層次的能量捕獲促使人們對核心人類價值觀
進行不同詮釋。即使如果生物性演化只是幻想，或在人類共享價
值觀的出現中扮演了小角色，和我稱為「文化革命」的狀況完全
相同的過程，也依然會造成覓食者、農民、與化石燃料使用者心
態上的差異。我提出這兩種假設的理由，並非因為它們對我其餘
論點有絕對必要性，而是由於它們似乎屬實，而空白狀態、智慧
設計、與意外理論看來都錯了[4]。

　　如我所說，回應者對我的假設都沒有意見，但克里斯汀・柯
思嘉德確實回朔到她對弗蘭斯・德瓦爾的坦納講座所提過的一項
論點。當她評估我第二項假設時，她認為我應該不只試圖解釋共
享人類價值觀的內容，還得先解釋我們的共享價值判斷能力。據
她所說，她的意思是判斷好東西的價值，和單純喜歡它並不同。
她主張價值判斷與批判其他不認為同事物有相同價值的人有關。

她說：「如果我成了不道德的騙子，就會是個可悲的人，因此我也無法珍惜真相；也無法希望自己珍惜真相，並成為會說實話的人。」價值判斷是每個人的「評估性或規範性自我概念」中的基礎部分之一，而任何無法達到這項概念要求的人（包括我們自己），都無法贏得尊重。

這一切都很合理，這可能意味著柯思嘉德教授與我對生物學在價值判斷演化上的角色並沒有太大的歧見。生物性演化在每個現代人類頭顱中放入了2.7磅重的魔法，而這兩百億個神經元每秒都來回閃過一萬兆個電子訊號，使我們得到能用於製作複雜道德觀系統的意識[5]。不過，儘管我同意柯思嘉德之前就人類與其他動物之間的關係出版過的某些結論[6]，但當她說「我不認為其他動物**具有**規範性自我概念」（她在該句話中做出強調）時，我就不同意了。「人類，」她解釋道，「以特殊方式自省：我們不只對世上的事物抱持評估性心態，也對自己的內心狀態與態度保持同樣的心態……這一切都是人類生命中的特色，讓它與其他動物產生差異。」

有個最早至少起源於西元前三世紀中國的古老哲學問題，該問題試圖想像其他動物如何思考、感受、與判斷價值[7]。我不打算加入辯論，但我花了許多時間與動物共處，而我半世紀以來的觀察也使我質疑柯思嘉德的主張。我可能又受到某種思想的拖累，這次則是行為學家稱為擬人論（anthropomorphism，他們通常用這詞彙表示「將人類心理經驗歸屬到動物身上」。）[8]的主張。這種思想明顯不佳，因為對柯思嘉德的論點報以擬人回應會催生出循環論證（circular argument），將受爭議的人類價值判斷

方式投射到其他動物身上。不過，我認為世上的擬人論點其實比行為學家相信的還少。就德瓦爾對靈長類動物學家的觀察而言：「有種因子似乎會影響科學家對動物心理這項爭議性話題所抱持的心態：也就是他或她和非人靈長類行為的經驗量……在與這些物種熟悉的人們之間，鮮少有絕對『不信者』（指非人評估性或規範性自我概念）。」[9]

作為我對擬人論爭議的小貢獻，我想拿自己養的其中一隻狗麥羅（Milo）作為範例。麥羅似乎以自己的方式，發展出獨特的階級感，這點近似我們在第三章中碰到的農民們。這不只是因為麥羅想在啄序（pecking order）中捍衛自己的地位；他似乎覺得有責任要處罰不認為我太太和我是領頭狗（狀況確實如此）的其他動物；無論是我們最年幼的貓，或是兩匹大馬，雷（Ray）與史瑪帝（Smarty）。麥羅完全將階級認定為善良本身，也對其餘沒有同感的動物抱持偏見[10]。

我無法證明自己對麥羅的價值判斷過程是否正確；認為其他物種的評估性與規範性自我概念「大致奠基於人類直覺」[11]的德瓦爾沒有說錯。不過，認為現代人類處於光譜的另一端、而非在本質上與其他動物不同的想法，似乎逐漸流行了起來。一九九〇年代，古人類學家經常提到約五萬年前的「大躍進」與「人類意識大爆炸」，這點使現代人類認知變得與我們的祖先完全不同；現在，大多人偏好提到延伸數十萬年的「幼兒步伐」，逐漸使智人與其他人類物種變得不同[12]。當達爾文主張「人類與低等動物的心智並無不同，不過發展程度的差異相當大」時[13]，他又說對了。

主張一

我的第一項主張有兩個部分：過去兩萬年的人們在詮釋這些透過生物性演化而成的核心價值觀時，能分為三個大階段，而這些主張大致與三項人們用來從環境中捕捉能量的主要方式有關：覓食、農耕、化石燃料。

四位回應人都在不同程度上提到了這項主張，但在回覆他們的意見前，我得先承認自己的錯誤。瑪格麗特・愛特伍「不太滿意地注意到摩里士的三個階段中缺乏畜牧」，這點相當正確。儘管我對她認為「組織化的大規模戰爭就出自發源於大草原的騎馬牧民」這點頗有微詞，但我完全不否認她的結論：大草原的遊牧行為「曾對人類價值觀做出相當龐大的改變」[14]。我在第一章中對大草原畜牧行為的著墨太過簡短；當時我忽視它的唯一理由（除了畜牧行為〔pastoralism〕開頭沒有 F 這點以外，因為它會破壞我在書名裡押的頭韻）是因為我認為那點會使我過於偏離主軸，對整本書的加長版內容也沒有幫助。但據愛特伍所說，這可能是項錯誤。

盡速承認這點後，我就得專注在回應中提出的諸多主題中的兩個問題。第一點主要由史景遷提出，這點與我測量不同時空中能量捕獲的行為有關。「當我們企圖將過往模式融入現代框架時，」史景遷教授觀察道，「就會碰上不同的挑戰，這點也與專有名詞上的描述性用途有關。簡單來說，這是細節描述上的問題，也得估算出形容每日生活現實的專有名詞組合，是否與其他名詞組合相符。」最後，他認為關鍵問題是：「他的類別維持了

多久？」

　　我想從史景遷提到的範例談起，也就是中國聚落。當我在製作自己用於計算能量捕獲上的社會發展指數時[15]，這點就成了非常真實的類別問題。我用於計算社會發展分數的的其中一項特點，就是社會中最大聚落的規模。對某些時期與地點而言，判斷哪種地點稱得上是聚落相對容易。比方說，新石器時代的中國村落經常以壕溝與圍牆圍繞，房屋位於防禦工事內，外頭則沒有建築物。結果，考古學家們鮮少爭論村莊的起始點與盡頭（不過他們經常在如何計算居住在村莊中的人數上產生爭議）[16]。但在別的時代，情況相當不同。最極端的案例可能是青銅時代早期的安陽市（圖表10.1），該地涵蓋約十五平方英哩，大約接近三分之一的曼哈頓。但大部分「市區」只有開闊空間，小屋舍群零星散落其中。考古學家們爭論是否該將安陽認定為單一聚落；而如果不算，又該在裡頭何處劃分邊界[17]？

　　考古學家並非唯一感到困惑的人。我於一九八六年前往肯亞時，當時我剛離開城鄉差異極大的地中海世界，我發現盧希亞族的西科寇（Shikokho）村莊令人費解。當地毫無邊界：小屋、花園、開放空間無盡地散落各處，從四面八方往地平線延伸。就連當地人都不太確定西科寇與其他村莊的邊界在哪。

　　不過，與其說西科寇的問題是種密不可分的障礙，不如說它是自成一格的利益變數，從這點看來，這類問題在研究社會發展時總會發生。自從一九七〇年代，考古學地表調查顯示出世上許多地區都經歷過廣大的核心式與分散式聚落模式，前者產生了易於辨識的村落，像是新石器時代的中國（或喬治先生的阿西羅

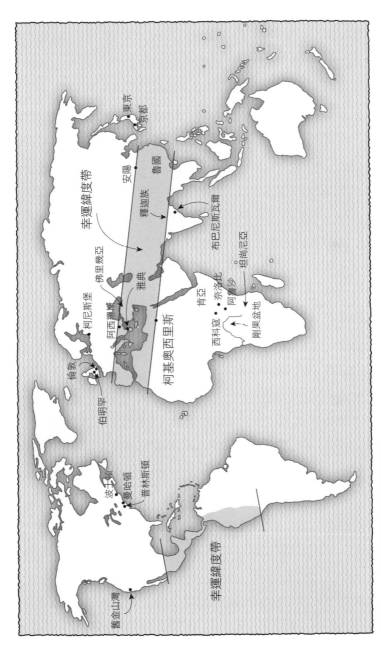

圖表 10.1. 第十章提到的地點與群體。

斯），後者則緩緩累積住宅，像安陽（或西科寇）。這種變化的原因本身非常有趣[18]，而對此細節的爭論也提供了一些粗糙但堪用的方式，能夠定義現代化前的聚落[19]。

就本書的論點而言，社會發展指數最重要的部分自然就是能量捕獲，而好消息是，定義上的挑戰比研究聚落的挑戰要來得緩和些。我的分析單位是每人每日攝取的大卡能量。人類學家、歷史學家、哲學家都證明了「人」的概念在時空中的差異極大[20]，但儘管這點肯定影響了人們對自己的觀點，卻不會影響個體擔任消耗單位的首要性。相似的是，雖然區分廉價與昂貴卡路里，和食物與非食物消耗很重要，大卡依然是能有效測量所有類別的單位[21]。

無論我們談的是聚落規模、能量捕獲、或我對資訊科技和作戰能力描述的其餘特性，社會發展指數都得從細節中汲取綱要，並辨識出能在不同文化中用於比較的單位。歷史學家與社會科學家對這點產生的可比性優勢，究竟能否補滿特異性上的損失，已經爭論了很久[22]。我相信如果處理得當，答案就是肯定的，但史景遷對此存疑。他認為我的汲取方式產生「在（我）描繪出的世界中的無趣感」，與「其中的範圍縮減或許能被稱為『資料貴族化』」。他的結論是，如果我們偏好「一種更傳統的觀念：與往常相同的戰爭危機、財富累積、育兒、與疾病的需求——對成千上百或數百萬個散居在世界無數溫暖角落的人類而言，卻是嚴酷的現實」的話，效果可能比較好。

我希望沒人會否認這種嚴酷現實，我也認為大多人（即使是像我這種被指控為仕紳份子的人）會同意史景遷的說法：忽視根

本問題會造就令人無法滿意的史書[23]。不過,史景遷的說詞,讓我們回到我在本書開頭為理解與解釋其他文化之間做出的對比。我認為要了解生活在過去的感覺,我們就需要和史景遷所稱的「傳統觀念」同樣深刻的描述,用於形容其它時空的生活現實,無論它嚴酷與否。(史景遷教授關於帝國時代晚期中國的著作正是奠基於此類型。)但要解釋這些現實,我們就得拋開印象式的論文,並進行比較與量化。即使史景遷教授覺得結果無趣又仕紳化,我依然不會為此道歉。

我想回應的第二個問題,主要由理查‧西福德所提出。如我在第一章所說,思考理想類型時最困難的地方之一,就是知道自己何時出錯。以定義上而言,沒有任何特定案例完整符合模式,但它何時在符合現實上變得如此鬆散,使我們認為理想類型毫無用處?西福德教授專注在古雅典上,並認為我誤判了此論點,後果則是「伊恩所稱的『特例』對他的整體理論而言,造成了他不敢承認的莫大傷害」。

為了詳細解釋我們的爭論,讓我快速回顧我在第三章中對此論點發表的意見。我的「農耕社會」類別包含了生活於西元一八〇〇年過去一萬年中的所有人,所以當這個類別涵蓋了大量變異時,我們也不該感到驚訝。我建議用三芒星形的圖表(先前的圖表3.1)來代表這種多樣性,而瑞德費爾德與沃爾夫描述的經典農民社會則處於核心,形成了農業理想類型中的理想類型。諸如馬基更加人的粗耕社會,它擁有低程度的能量捕獲量(平均每人每日五千到八千大卡)與和覓食者重疊的組織與價值觀,並形成了三芒星的其中一個頂點。更多的複雜原型工業國家(像是近世

的歐亞大陸國家）與商業城邦（像是古代和中世紀地中海國家）
則形成了第二和第三個頂點；這些農耕社會擁有高程度的能量捕
獲量（平均每人每日兩萬大卡，有時則是兩萬五以上），也與化
石燃料社會共享了許多組織與文化特色。

　　粗耕社會提供了覓食社會與農民社會之間的歷史連結，也因
為這點，使它們充滿農耕模式的例外狀況。相同的是，原型工業
國家提供了農民社會與化石燃料社會之間的歷史連結，也包含了
許多農業模式的例外狀況。但城邦呢？儘管它們看似提供了邁向
現代化的不同途徑，卻從未催生過工業革命。我在第三章中說商
業城邦有趣的原因，在於它們透過海上貿易減輕農業的侷限，卻
沒有將之破壞，因此與其竄改農耕模式，它反而提供了證明。西
福德教授不同意這點，認為古雅典的案例駁斥了能量與價值之間
的關聯。他辯稱，為了證明我的論點，我被迫「壓低以下兩點的
重要性：經濟與政治平等之間的衝突（許多受到政治排除的人可
能相當富裕：女人、海外定居者、與獲得自由的奴隸），和以諸
多男性公民組合而成的民主國家、與身為（或與其擁有特殊關
係）至上神明的君王統治的國家之間的差異。」要回應這點，我
就得深入講述細節，而部分讀者可能不會樂見這點，但既然我對
能量捕獲與人類價值觀有關的主張，得仰賴其與資料之間的契
合，因此我想這點無法避免。

　　歷史學家們嚴重缺乏古雅典的數據，這點已是臭名昭著，但
即使如此，說「許多受到政治排除的人可能很富裕：女人、海外
定居者、與獲得自由的奴隸」也太誇張了。受到政治排除的人之
中，只有非常少人過著富裕生活。雅典法律允許來自公民家族的

自由女子擁有財產（除了地產外）[24]，但女人的財產其實受到她的「kyrios」[25]控制，也就是「主人」：直到她結婚前，該角色是她的父親或兄弟，婚後則是她丈夫，如果她是寡婦，則換成她兒子。女性的主人不能自由使用她的財產（尤其是她的嫁妝），但女性自己也不能動用。根據演說家伊塞優斯（Isaeus）於西元前三百七十年的一場法律訴訟案中所說：「法律明確禁止孩童進行商業交易，也禁止女性交易超過一模底*的大麥。」[26]（大約足以使四口之家維生六天，也會耗費一名熟練勞工兩到三天的薪資）[27]這條法律使自由女子難以變得富有，但在希臘歷史中對此經常存有爭議空間。我們知道在三件案例中，雅典女子送出的禮物或借來的款項，比伊塞優斯的限制多出數百倍[28]。每則案例都有自己的詮釋問題，但這些文獻顯示某些女子能取得大量金錢（至少在其中一則案例中，這筆錢明顯來自女子的嫁妝）。在另一則案例中，一個為了建築工作販賣蘆葦的女子在單一交易中，就賺到超越伊塞優斯限制二十倍的金錢[29]。

　　長期以來，古典學家一直對法律與實作間的明顯矛盾爭議不休，他們普遍認為伊塞優斯帶有偏見地錯誤引用了一條法律，其中規定除非女性得到主人的同意，不然無法進行價值高於一模底的交易[30]。但無論細節為何（法律情況可能也模稜兩可），結果則相當明確：儘管自由的雅典女子經常進行小型零售交易，卻鮮少控制大筆資金。少數自由雅典女子得到財富的原因，是由於出生在有錢的父親家中，和／或嫁給富裕的丈夫[31]。

---

*　譯注：medimnos，古希臘的體積單位。

　　不過，這點對於在法律上不自由的女性來說，並不完全屬實。雅典肯定有富裕的奴隸[32]，其中有些人也是女性。不過，她們的人數極少，而儘管奴隸存在於古雅典各種生活層面中[33]，有錢的奴隸似乎完全集中在財務職業中[34]。西福德教授和我有共識的其中一點，是雅典人的強烈堅持：讓單一公民在財務上佔他人便宜，是違背道德的行為。有鑑於此，即使這些活動為他們提供了利潤極高的管道，富裕的雅典人（特別是透過野心踏入民主政治的人）也鮮少想被人發現自己參與了高額交易[35]。他們巧妙的解決方案，是買下教育程度高的奴隸，並讓他們經營雅典人稱為「aphanês ousia」的行為，也就是「隱形經濟」，在幕後為有息貸款調度龐大金額。在半世紀中，雅典最大的銀行連續由四組奴隸經理人掌控。這些經理人得到財務獎勵，鼓勵他們將自己莫大的天分運用在事業上；而其中一名奴隸銀行家帕席翁（Pasion），有錢到讓他買下自己的自由，接著是買下銀行，之後則借了巨額給雅典，使得議會給予他公民身分。帕席翁的妻子阿契普（Archippe）[36]在銀行中十分活躍，許多其他銀行中的奴隸妻女也都是如此，而在帕席翁於西元前三百六十九年過世後，他之前的奴隸弗爾米奧（Phormion，他管理了銀行多年，也用賺到的利潤向帕席翁贖回自由之身）娶了阿契普並接掌事業，並在自己也獲頒雅典公民身分時，將管理職責轉交給自己的奴隸[37]。

　　這些都是獨特的故事，但這種富裕奴隸與獲得解放的男女相當罕見。富有的外國定居者也一樣；儘管有些非常富裕的人搬到雅典來享受它的便利設施，城裡大多自由外國人都是貧窮的男

女，他們希望能在雅典的龐大市集中，進行比在他們本國城市裡的小市集裡效果更好的交易（外國人不能擁有土地）[38]。和每個農業社會相同的是，雅典的政治與經濟屏障彼此緊緊相連。約有三分之一的人口受到奴役，奴隸的解放率很低，也幾乎無法得到公民身分，除非他們剛好屬於像帕席翁和阿契普那種人的神奇圈子。奴隸與獲得解放的男女鮮少有致富機會。外國定居者的機率自然高了點，但也只有幾個幸運人士躍升富豪[39]，而儘管有少數天生自由的雅典女子對財富唾手可得，但她們的主人則會控制她們對財產的使用。

　　歷史學家哈拉瑞製作的表格10.1，是對古代與現代雅典女子所做出的聰明比較，內容詳盡地總結將古希臘與化石燃料世界分

表格10.1.　哈拉瑞對古代與現代雅典女性做出的比較

女性＝生物學類別		女人＝文化類別	
古雅典人	現代雅典人	古雅典人	現代雅典人
XX染色體	XX染色體	無法投票	可以投票
子宮	子宮	無法擔任法官	可以擔任法官
卵巢	卵巢	無法擔任公職	可以擔任公職
少許睪酮	少許睪酮	無法自行決定結婚對象	可以自行決定結婚對象
大量雌激素	大量雌激素	普遍不識字	普遍識字
能夠產乳	能夠產乳	由父親或丈夫合法擁有	合法獨立
完全相同		截然不同	

（資料來源：Harari 2014, p. 149）

隔開來的距離。如我在第三章中所強調，雅典並沒有假造價值觀系統與能量捕獲之間的關係；儘管它具有商業成功與文化成就，卻依然是個農業社會。人口中的小群體（成年男性公民）統治了大多數人。不過，西福德正確地指出這個小群體的人數眾多，可能由社會中三分之一的人口組成[40]，而且「諸多男性公民組合成的民主國家，與身為（或與其擁有特殊關係）至上神明的君王統治的國家之間有顯著差異」。

　　就我看來，有些希臘人在西元前八世紀拓展商業網路時，就開始遠離受宗教認可的政治力量。到了五世紀，賦予男性公民社群權力與自由的城邦，表現得比沒有這樣做的城邦更好[41]。然而，這點產生了大多古代社會不需面對的問題：如果神明沒告訴我們該怎麼做，我們該如何度過良好生活？在另一本書中，我將此稱為「希臘問題」（the Greek Problem），並認為希臘許多的成就（從他們傑出的藝術與文學，到大規模的男性民主系統）都能視為對解決此問題所做的嘗試[42]。以某些方式而言，這項希臘實驗只是西元前第一個千年中，從地中海到中國所發生較大型遠離神權過程的當地版本而已；當時的氣候改變，人口增長，政府也進行中央集權[43]，但希臘版本不只產生與大多古代社會截然不同的成果，也催生出不少辯論，主題與民主、自由、平等有關，在現代依然相當重要。因此我在第三章中做出結論：儘管古希臘沒有假造能量捕獲與價值觀之間的關聯，它確實以重要方式證明了該關係的存在。

　　西福德教授的章節中提出了其他許多我樂於回應的論點，但我只會再提一點。他認為「無論伊安認為希臘衛城有多邊緣化

與特異，長期以來，這項特例（還有另一個邊緣化「特例」：以色列）一直都比埃及與美索不達米亞的主流神王們還更有影響力。」從一種角度來看，這明顯正確，但從另一種角度看來，我覺得用這種非此即彼的方式包裝問題相當沒有幫助。希臘和以色列都不是獨立存在的，希臘文化與猶太文化也都是在對抗帝國主義的大規模抗爭時所成形[44]。少了亞述與波斯，猶太與希臘文化對世界歷史的貢獻，就會變得截然不同又渺小；而少了羅馬帝國，猶太人與希臘人可能完全做不出貢獻。在歐亞大陸彼端，西元前第一個千年中最持久的思想，出現於擴張主義帝國的邊陲小國中：孔子的故鄉魯國，佛陀的釋迦族，還有猶大（Judah）與希臘。但只有當漢朝、蒙兀兒帝國、唐朝、和羅馬帝國的菁英們採納並宣揚這些思想時，它們才轉為真正的大眾行動[45]。傳統農業國與激進派軸心時代思想家需要彼此。

還有更多議題值得討論，但目前我依然相當有信心地認為，自己的第一項主張大致正確：過去兩萬年來，人類價值觀曾有三個主要階段，而這些階段與能量捕獲的三個大階段有關聯。

主張二

我的第二項主張奠基於第一項主張上，認為能量捕獲與人類價值觀之間其實有因果關係，而能量捕獲的變化，也使人類價值觀產生改變。這項因果主張是本書的核心，但柯思嘉德教授、西福德教授、還有好幾個我單獨詢問過的朋友們所提出的意見，則挑戰了這個想法。為了妥善回答，我得使以下段落成為本章節中

最長的部分。

　　理查・西福德認為覓食社會擁有平等主義的原因並非能量，而是「肇因於他們的小**規模**」。農耕社會經常具有更高的階級性，因為「農耕確實經常**催生**大規模社會，其中的大眾通常都失去了對財富分配與暴力的控制權，並將之交給位於核心的一小群人。」但即使如此，「農耕與平等主義價值觀完全一致。」「即使在我們的社會中，」他解釋道，「活躍的小型自治團體也會比大型團體來得更平等，也絕對比政體社會更加平等。以露營探險為例：團體待在野外，每個人都有工作得做；指揮與控制階級也許可行，但在食物與帆布椅上的分配不均會引發爭議。」相似的是，在「大小與大型覓食隊群相仿的農村，大約有五十個居民……村民們也許在村莊中能維持平等價值觀。」克里斯汀・柯思嘉德表達了類似想法，認為「我們或許可以接受權威性結構，對農耕社會有某種必要性，對覓食社會則並非如此，原因則是更多的人口。但那無法表明為何平等結構對覓食社會有必要或有益：或許無論為了哪種理由，當階級缺乏必要性時，平等就會成為正常條件。」

　　柯思嘉德與西福德對人類價值觀的演進提出了不同理論：人類自然會重視空洞的階級，但規模相對於覓食群體而言更大的農耕社會，則允許狹窄的菁英打壓這種傑出的想法（這是柯思嘉德的說法），並在過程中扭曲人們的價值觀。「水平連結的菁英，」西福德說，「（儘管國家提供了軍事、行政、與意識形態控制）可能會施加使其他人感到不公的行為，並透過說服他人相信這種行為的公正性，來**轉變**價值觀，或**阻止**對方維持平等思維。」

「傳統而言，」柯思嘉德觀察道，「這項觀點與以下論點有關：我們的價值觀會受到帶有貶義的『意識形態』所扭曲。」

柯思嘉德和西福德說得沒錯，除了我對賈德‧戴蒙與哈拉瑞分別對農耕的到來做出的描述（「人類史上最糟的錯誤」與「史上最大的騙局」）所寫下的簡短意見以外，我在第一章到第五章中確實沒有太過注重這項不同解釋。我想，修正這項疏漏的最佳方式，就是將我說的話分為兩個部分，專注在這部分中的能量、比例、階級之間的關係上，並在下一部分回到意識形態。

當回應人們觀察到規模與階級間的因果關係時，他們肯定沒錯。早在一九五〇年代，人類學家拉烏爾‧納洛（Raoul Naroll）就彰顯出擁有少於一百到一百五十名成員的群體，鮮少有永久結構性差異與不平等的狀況，而人數大於一百五十到三百五十人的群體則會迅速分裂為許多小團體，除非他們創造出子群體與永久位階。更近期的研究則顯示，這種模式在全世界都擁有令人訝異的一致性[46]。不過，規模與階級間的關係也呈現明顯的非線性。自西元一七〇〇年以來，世界人口就以十倍增長，而最大型的城市在規模上也成長了三十倍，但如我們在第四章中所見，政治、經濟、性別階級都已變弱。社會學家查爾斯‧蒂利（Charles Tilly）甚至提到當規模增加時，現代社會結構中出現的「反分化」（dedifferentiation）現象[47]。

不過，產生這種現象的理由，是因為儘管規模可能是導致階級變化的諸多**直接**原因之一，能量捕獲卻是**終極**原因。由於社會能取得的能量增長，使得它們的規模變大，但能量與規模間的關係卻毫不直接。當群體獲取更多食物卡路里時，它的成員通常會

將熱量轉化為更多人口。如果能量供給停止成長，規模可能會在人們降低生活水準的狀況下持續增加一陣子，但那遲早會導向災難。人們會遷徙或挨餓，群體也會縮小到使飢餓的成員遵守能量供給條件，或如同經濟學家埃斯特‧波賽魯普（Esther Boserup）五十年前所證，人們會逐步增加對能量的搜索，加強自己的維生計畫，並讓規模再度上漲[48]。

柯斯嘉德和西福德在本書中提出的意見，與許多其他讀者發出的反饋，使我覺得自己在第一章到第五章中沒有妥善開發能量、規模、階級之間的明確因果關係，因此我得在此再做嘗試。在我看來，歷史變化主要是生物學家稱為多層級選擇（multilevel selection）的議題。這項選擇過程同時在基因、個體、親族、與群體層面進行。累世修飾（descent with modification）在這四種層面透過基因運作，但它也在更高的層面透過文化運作，而文化過程的運作方式則非常類似生物學上的天擇[49]。

我在第一章到第五章中鮮少提到微觀與宏觀層面的過程之間的差異。在微觀層面，能量捕獲的改變不會強迫任何人特意做出任何行為或思考。比方說，當世界在冰河期末期暖化，食物卡路里也變得更為旺盛時，就沒有物理法則要求人們將額外能量轉化為更多人口。人們有自由意志：當他們發現花在狩獵或採集一整天後，能獲得比之前更高的卡路里時，他們就能在休更多天假或消耗更多能量之間做選擇（個人消耗或餵食孩童更好的食物）。由於這些選擇在冰河期結束後的數世紀內重複了數百萬次，我們或許能安全地認為這兩種選項（怠惰與貪婪／親情）都有追隨者。在個人層面，旺盛的能量無法決定任何事。

　　然而在宏觀層面，能量捕獲卻驅動了一切。平均而言，比起拒絕做事的懶惰鄰居，辛勤工作以捕獲更多能量和吃更多的貪婪人民，體型會變得更龐大，身體也更健康。他們會（這也是根據平均值）生下更大更健康的嬰兒，而如果他們充滿關愛與貪婪（或如同許多生物學家的不同說法：對他們的親族與自己感到貪婪），比起休許多天假的父母後代而言，他們衣食無虞的子嗣普遍會更容易存活。這種過程在幾千年來發生了數百萬次，而這一切選擇的後果，則是貪婪者的繁殖數與競爭力都超過怠惰者，並取代對方；或者，由於懶惰與愚笨是截然不同的事，怠惰者明白了自己的錯誤，並轉趨勤奮，並加入貪婪者的行列。無論如何，宏觀層面的結果都相同：貪婪者逐漸統治世界。

　　「總之，貪婪是好事。」奧利佛・史東（Oliver Stone）一九八七年的電影《華爾街》（*Wall Street*）中的虛構角色高登・蓋柯（Gordon Gecko）說道。「貪婪沒有錯。貪婪很有用。貪婪能釐清、剖析、並獲取演化精神的精髓。任何型態的貪婪（對生命、金錢、愛情、知識所抱持的貪婪）都成了人類向上的動力。」[50]最後蓋柯當然遭到懲罰，但把他拖下台的原因並非貪婪：是因為他**過於**貪婪了。貪婪是從單細胞生物到我們都擁有的生命特徵，但每個物種都往自私與合作之間的最高平衡演化。比起適度貪婪的動物，太貪婪或不夠貪婪的動物，就比較難傳承自己的基因，也難以看到自己的後代繁榮發展。當然了，人類因為能進行文化演變，而與其他動物不同；也由於如此，我們的最高貪婪程度會與我們的能量捕獲能力平行改變。我在第四章主張，化石燃料社會，程度適中的貪婪產生的稅後與轉移後吉尼係數，落

在0.25到0.35之間。當覓食者的貪婪程度恰當時,吉尼係數就會低於0.25;當農民的貪婪程度恰當時,係數就會高於(經常遠高於)0.35。高登‧蓋柯的問題,在於他的心胸和鬼靈精*一樣狹小。他的行為會使係數上升到1.0,沒有任何社會能夠容忍這種行為。難怪他坐牢去了。

與貪婪程度適中的人競爭,鮮少出現好結果。比方說,想像在特定山谷或獵場間的所有外國人,統一遵守了一種禁止他們吃太多或好好餵養自己小孩的宗教或道德守則。這點對他們的幫助極小,除非鄰近山谷或獵場中(以及更遠的區域,和再更遠的區域等等)的每個人都有相同的認知。但由於人們擁有自由意志,那便從來不是可能的結果。自我否定有效果,但前提是它產生了能超越成本的其他種好處(諸如在戰爭時期用正面效果增加群體團結,或透過正面效果訓練人們在饑荒時用短少的補給品維生)。因此,整體現象一直是貪婪者大致(但並非完全)統治了世界,將人類推向自私的最佳境界。

就像高登‧蓋柯一樣,太貪婪的覓食者們最後也會付出代價。當他們從環境中汲取越多能量,人口也增長越多時,收益就會減少得越快,也越難繼續汲取維生所需的能量。不過,貪婪的覓食者們遲早會碰上馬爾薩斯式限制(於第三章和第五章提到的理由)。少數住在幸運緯度帶的人透過緩緩邁向農耕生活,學會

---

* 譯注:Grinch,蘇斯博士(Dr. Seuss)所著兒童繪本中的角色,曾有金凱瑞(Jim Carrey)主演的真人電影改編版本,與班尼迪克‧康柏拜區(Benedict Cumberbatch)配音的動畫版電影。

了從土地上搾取更多能量；而當他們成為農民時，就學會如何透過階級來從農業中搾取更多能量。

人們依舊能自由反對農耕與階級，也由於我們面對的是跨越數世紀的幾百萬種獨立決定，我們或許該假定許多人確實那樣做了。但我們也該假設狩獵、採集、自由遊說當時學會了教訓：很難與貪婪競爭。農耕人口成長得比覓食人口還快，而比起平等社會，階級社會也更容易為戰爭與其他群體活動進行動員。時間耗費了一千年，但農業國擴散到地球上每一個地理環境允許它們運作的角落。

讓我重述一點：在這段漫長又艱辛的歷史中，能量捕獲從未**逼迫**任何人採用階級。反之，在森嚴階級催生出大批人口與有效組織（這代表冰河期結束後一萬兩千年中的大部分時間）下，向那種方向移動的社會得到了獎勵。如同我在第三章中所見，獎勵分配地相當不均，而數百萬名在田野、礦坑、磨坊工作的農奴與奴隸，可能不會對這段故事感到欣慰。但所屬社會沒有往該方向前進的人們，會受到比階級性群體中最低層的人還嚴厲的懲處，也經常使他們絕種。另一方面，在空洞的階級成功產生大量人口與有效組織的狀況下（這代表自工業革命以來的兩世紀中大部分時間），傾向平等主義的社會得到獎勵，而堅守農業國的社會則受害。儘管先進化石燃料社會內的收入代溝逐漸變寬，在歐盟墊底依然比在阿富汗的任何層級有更多優勢。

宏觀層面往階級的靠攏與遠離，是大量微觀層面決定所產生的非預期結果。這或許是用於考量西福德所謂露營假日的最

佳方式。順著路易十四（Louis XIV）統治下的法國思維（「朕即假期」*）安排這種旅程的話，對大多前往森林度週末的人而言，就不算是很有效的方式了。肯定有人喜歡獨裁式出遊（我對擔任童子軍時在帳棚裡的主要回憶，就是被呼來喚去的過程），但我確信即使是階級森嚴的組織，當它們前往鄉間進行團隊向心力活動時，也會放鬆規則。因此當抱持平等主義的秀修尼族於一九三○年代進行狩獵探險時，就迅速選出了指揮眾人的老大，但等露營活動結束，銀行家與美洲原住民雙方就都恢復了日常生活的習慣。造就營區平等主義的原因並非規模；而是我們人類的靈活性，這種特性使我們選擇最能達成當前任務的組織與價值觀。

做為他論點的一部分（決定階級的是規模而非能量捕獲），西福德主張古代村落「大小與大型覓食隊群相仿，大約有五十個居民⋯⋯村民們也許在村莊中能維持平等價值觀」，儘管「與最接近的城鎮以顧客身分維持垂直關係」。我認為，這個想法將村落生活浪漫化了。從我們對古代村落生活的些許了解看來，鄉間的階級性確實比大城市低，但相對擁有大量文獻記載的埃及村落柯基奧西里斯（Kerkeosiris），則擁有分隔嚴峻的性別、年紀、財富階層[51]。

在擁有更佳證據的近代農業國中，鄉村階級則更為明顯。讓我拿俄國當例子，因為我最近剛好讀到關於該國的事。在一八六○年代，自稱民粹主義者（Populist）的資產階級份子經常和西

---

* 譯注：la vacance, c'est moi，這是作者對路易十四所說的「朕即國家」開的玩笑。

福德對村落生活有相同的想像。「他們哲學的中心，」歷史學家
奧蘭多·費吉斯（Orlando Figes）說，「是農民公社的平等主義
風俗，能作為社會主義份子重組社會時的樣板。」但當「遵循人
民」[*]運動使民粹主義者與農民實際碰面時，他們就發現「『Mir』
（村落）由一群農民長老統治，該團體與土地公社（obshchina）
一樣，管控了村落生活的各個層面。」許多民粹主義者感到作
嘔；年輕的馬克西姆·高爾基（Maxim Gorky）記得：「（窮苦
農民）受到某種走狗般的慾望控制，想討好村子中的強者，看著
他們讓我感到噁心。」費吉斯寫道，民粹主義者普遍的結論為
「村落是詭計、世仇、貪婪、虛偽、歹毒、有時也是農民彼此施
加殘忍暴力行為的溫床；它並不是都市知識分子想像中的和諧社
會避風港。」[52]

　　我想，自己與西福德在農村組織上的爭議，只是與另一種思
維有關的龐大爭議中的一部分：本質主義。不過在這個狀況中，
與其承認依賴特定思維是我的錯，我反而想指控西福德與柯思嘉
德在他們的主張中犯下了這種錯誤：空洞的階級是人性的「正
常」特性或本質。

　　當學者們稱彼此為本質主義者時，我們通常主張自己的對手
認定分析對象（可能是從分子到人類價值觀和整體種族中的任何
要素）擁有固定不變的本質。在現實中，反本質主義者主張這並
非事實，因為即使當我們的類別似乎與外在現實環環相扣，它們
卻依然是社會的創造物，因為同一類別中沒有兩種個體完全相同

---

[*]　譯注：Go to the People，俄羅斯帝國於十九世紀末發生的民粹運動。

（確實沒有任何個體會長期維持相同狀況）[53]。

　　不過在現實中，我們至少在工作時都是本質主義者，因為很難在沒有一絲本質主義影響下思考任何事。心理學家史蒂芬・平克（Steven Pinker）說自然科學能延伸到每種學術領域：「本質主義催生了化學、生理學、遺傳學的成功，甚至連當今的生物學家處理人類基因組計畫（Human Genome Project，但每個人都有不同基因組！）或翻閱《格雷氏解剖學》（*Gray's Anatomy*，但各種身體大不相同！），都經常接受這種離經叛道的思想。」[54]這代表對本質主義的控訴本身，其實代表了該有多少本質主義才足夠的論辯。

　　我的論點指出，所有現代人類都共同享有演化出的本質，包括核心價值觀組合[55]；這是本質主義者的主張。然而，它只勉強稱得上是某種本質主義，因為我認為進行生物性演化時，我們的本質會改變，有部分也是由於我堅持我們的生物性本質正是文化靈活性，這也包含能重新詮釋核心價值觀的能力，以便在周圍世界改變時，使我們能繼續加強自己的裨益[56]。我想，那就是我們該接受本質主義的程度。當人們從採集堅果轉為犁田時，他們依然注重公平，但開始認為公平代表著將屬於凱撒的還給凱撒*，而不是讓所有人都得到相同利益；如果他們與理查・西福德一起露營，他們對公平的認知就會傾向相反方向。我覺得當柯思嘉德與西福德主張本質主義原本就是我們的正常天性、而農民一萬年來都搞錯狀況的時候，他們似乎把本質主義扯得太遠了。

---

*　譯注：rendering unto Caesar what was Caesar's，此處意指遵循法律。

　　彰顯這點的最佳方式，就是追朔回一千五百萬年前，來到人類產生價值觀之前的時代。除了缺乏人類，當時的世界還少了其他大型人猿（黑猩猩、倭黑猩猩、大猩猩），牠們是我們當今在基因上最親近的遠親；但當時在中非雨林的樹枝間擺盪的生物，則是這些現代物種的共同祖先，生物學家們將這種消失的生物稱為原初黑猩猩屬（proto-Pan）。

　　原初黑猩猩屬演化為型態各異生物（包括人類和我們的人猿遠親）的原因依然充滿爭議，儘管生物學家之間最熱門的解釋，主要是剛果盆地兩個地帶中野生食物供應量的渺小差距，人猿們則透過這些食物來攝取能量[57]。不過，牠們之間共享的遺傳基因所衍生出的各類物種，則演化出不同的階級模式與暴力使用方式；這點則較沒有爭議。比方說，大猩猩擁有強烈的階級性：單一雄性領袖統治了一小群雌性伴侶，非領袖的雄性成員則進行猛烈競爭，來佔據這些伴侶。成功的雄性領袖會獨佔伴侶們的交配權，也會保護此權利與自己的後代。黑猩猩的階級性也非常強，但表現方式不同。許多雄性（通常有基因關聯）在隊群中共同生活，並持續競爭統治權。這些競爭可能會非常暴力，但成功主要取決於組織出支持者聯盟。合作性更低的雌性則會出現濫交現象。雄性領袖交配的次數比弱勢雄性多，但隊群中的雄性成員會集體保護雌性與幼兒，或許是由於太難以判定親子關係的緣故。在倭黑猩猩之中，交配次數也同樣充沛，但雌性的合作結果則比雄性更成功，階級也空洞，同時也鮮少出現暴力行為。交配次數最多的雄性，經常是和雌性相處和諧的個體（或是母親在雌性中擁有高等地位的個體）[58]。

　　我們可以說，大猩猩與黑猩猩在本質上具有階級性與暴力
（不過方式不同）；倭黑猩猩的本質平等又和平；但人類的本質
與上述特性都無關。我們演化成能夠視面對的問題，來選擇使用
多少程度的階級與暴力。當階級效率超群時，我們就擁有階級
性；當階級無效時，我們就將之捨棄。我們持續進行試驗，而做
出正確選擇的個體與群體繁榮發展，選擇錯誤的個體則會消亡。
在覓食世界中，非階級性的團體行為通常最有效率（不過秀修尼
族的狩兔行動或太平洋西北沿岸的豐裕覓食者並未如此），但這
並不是由於人類在本質上具有平等思維。畢竟，覓食者的平等
並不只與缺乏階級有關；反動份子不斷企圖搶得先機，但卻受
到人類學家克里斯多夫・波姆所稱的「逆向統治階級」（reverse
dominance hierarchies）所阻礙[59]；用更淺白的方式解釋，就是弱
者聯盟。

　　因此，我想柯思嘉德與西福德在宣稱平等主義與和平主義是
人類的正常特性時，將本質主義運用得太過頭了。覓食為人類帶
來最適合由空洞階級與大量暴力解決的問題，使權力移轉到弱者
聯盟上。農耕創造了全新的問題組合，階級則提供了勝利方法，
並打壓弱者聯盟。大多時間裡，建構出階級組織、並認為公平正
義代表某些人（諸如男性與神明般的君王）理應比他人（諸如女
性與農民）得到更多利益的群體，打敗了缺乏這些概念的族群。
在特殊狀況下，像是古代與中世紀地中海部分地區、和近世北大
西洋沿岸區域，這種現象偶爾才會發生，而在這些地帶中，也充
斥著較為空洞的階級制度。過去兩百年來，化石燃料創造了更多
新問題；階級性較小的組織對這些區域提供了得勝方案，而公平

正義代表使每個人或多或少得到相同待遇的概念，也大致（但並非完全）席捲了全世界。因此我認為當理查・西福德說「我們與生俱來的正義感通常能在露營探險中生效，就和在覓食隊群裡一樣」時，他說錯了。在覓食者之間、營地中、大部分自由化石燃料社會裡生效的，並不是我們與生俱來的正義感，而是對我們與生俱來的正義感所做出的眾多詮釋中，最有效的一種看法。

　　克里斯汀・柯思嘉德對我的第二項主張提出更多批判，但我相信這些論點也太過濫用本質主義了。她認為從第一章到第五章中，我沒有確實彰顯出，能量捕獲將人們推向特定人類價值觀詮釋方向。她反而說：「有時候他突顯出的（或明顯突顯出的），是當要維繫問題中的社會型態時，並**不會**特別需要**相反**的價值觀。」她說，這代表「摩里士指出覓食社會並不鼓勵財富不均，少了財富不均，就沒什麼好繼承的，因此孩童的正統性就不太重要了。但是，」她補充道，「那只顯示出基於它的能量捕獲方式，覓食社會沒理由強制婚姻忠誠。這無法顯示這種社會中的婚姻為何採用鬆散形態。」同樣的，在農民的嚴峻性別階級案例中，我強調「嚴格的性別勞動分工……也無法解釋男性霸權為何出現。我能想像女人在家中統治男人的世界，女人命令對方出外工作以便賺錢，因為這是男人唯一的用途，並等他們一把錢帶回家，女人就立刻掌握那筆錢」。她認為，即使我正確地認為「暴力對為農耕而架構的社會帶來了更大的問題，對工業社會造成的問題則更大……那無法解釋為何覓食社會中容忍暴力」，我對暴力的想法也同樣可受批判。

　　柯思嘉德的結論是，與其透過能量捕獲重新詮釋我們從生物

性演化得到的核心價值觀，我們人類的本質原本就平等又祥和，只要我們做出正確的價值判斷，就會正當行事。因此她做出結論（我先前曾引述過）：覓食者與化石燃料使用者比農民更平等，因為「當階級缺乏必要性時，平等就會成為正常條件」和她之後的論點：覓食者「沒有注意到人們不該殺害彼此，而我們卻能清楚理解這點」的理由，是「人們對自己的看法」。她認為，現代化之前的人們「似乎感到，自己的內在身分會因他人對自己的想法而受損或遭到毀滅。」因此，「為了捍衛自我榮譽而殺害某人，曾一度看似我們當今能接受的一種暴力形式：自我防衛。」

　　這些說法很不錯，但我想自己過度濃縮了論點，而不是回到重點上。我覺得問題的核心，在於柯思嘉德教授將問題包裝為對人類本質的非此即彼解釋（我們具有平等或階級？我們天性和平或暴力？），因為答案永遠是「兩者皆是」。能解釋覓食者（化石燃料使用者也逐漸如此）對女性性行為抱持的隨意態度，以及農民對此態度更為嚴格的最佳方式，就是比較男女的演化成果（過去五萬年來相當穩定）以及用於追求該成果的策略（這則與能量捕獲同時經歷了劇烈改變），並辨識出它們產生的動態平衡。不過，這樣就得對人類演化做些額外補充。

　　動物個體透過將基因遺傳給下一代，以成功演化：牠們生產越多自己的複製體，基因就越可能永垂不朽[60]。不過在透過性交繁衍的物種中，雄性與雌性對此擁有截然不同的作法[61]。對雄性而言，傳承遺傳物質代價低廉又容易：他們只要在雌性體內射精就好。於是，與許多雌性交配的雄性會在基因組中，比交配次數少的雄性留下更大的印記，雄性也因此演化成會想要和許多對象

交配。不過對雌性而言，傳承遺傳物質代價高昂又困難，因為她們得孕育嬰兒。當雌性仔細選擇伴侶，並只接受能給自己強壯、聰明、又健康的孩童的雄性時，通常她就會在基因組中比選擇上不睿智的雌性留下更大的印記。

在動物王國中，這一切似乎大致正確，但不同物種的演化分支衍生出了各種複雜差異[62]。首先是育兒問題。在某些物種中，雌性會生下出生就能自理的嬰孩，還幾乎完全不需父母照顧。但大多物種，嬰孩需要餵養、保護、教育，而現代人類則是這種現象的極端範例。由於我們有龐大的腦部，因此需要大型頭骨，但如果我們和大多哺乳類一樣，在母親的子宮中待到準備好面對世界，我們的頭就會大到無法通過母體產道了。人類母親應對這點的方式，便是演化為提早生產，代價則是大幅提高了我們身為嬰孩時所需的父母照顧。

育兒在兩性之戰中打開了全新戰線[63]。孩童們需要的關照越多，兩性試圖將工作丟給彼此的動機就越強，懶散父母得到的利益也越高；但如果父母雙方都遵循這種策略，他們的孩子就會死亡，與懶惰父母的基因一同逝去。因此每個物種都會往獨特的性別分工方向演化，能量捕獲方式則在成果中扮演重大角色。人類和其他動物的差別，只在於他們會在文化上與生物性上朝著全新的均衡狀態演化。

大猩猩朝向以雄性領袖為核心的多妻制家庭演進，黑猩猩與倭黑猩猩演化出不同種類的雜交隊群，人類則傾向單一配偶制[64]。儘管細節晦澀難解，匠人（*Homo ergaster*）／直立人（*Homo erectus*）[65]在一百八十萬年前可能也是往這個方向演進，

並在能量捕獲與社交生活上發展出獨特的性別分工，基礎為男性狩獵、女性採集，烹飪與育兒上則是採行部份合作（但女性擔下大部分工作）[66]。

單一配偶制的新性別戰場需要全新戰略。一方面而言，我們人類演化出獨特的愛情，使我們與伴侶產生情感連結，也使彼此更容易合作、並信任對方，但另一方面看來，我們也發現了破解體系的新方式。現在女人能透過與良好的扶養者建立連結，試圖將自己的遺傳性成功最大化，即使她對他的遺傳能力有所質疑也沒關係；她能在這段關係之外尋找精子，並將基因更優秀的私生子帶回家。男人自然也有相反的選項，能在別人家中留下私生子，並讓其他男性付出扶養孩童的代價。丈夫與妻子都有避免對方以這些方式將繁殖潛力最大化的強烈動機，因為這類活動可能會降低他們自己孩童可用的資源，同時擊碎伴侶間的信任。嫉妒是演化而來的適應行為。

簡而言之，這點不只解釋了人類史上數百萬件三角戀愛與數十億顆淚珠，也釐清了大多數世界文學。儘管托爾斯泰堅稱，每個不幸的家庭都有各自受苦的原因，我覺得這些戰役中其實有三種武器。首先是羞恥（更冷酷的說法是名譽代價）——遭到背叛的一方向全世界說：看呀，當我為那個王八蛋／母狗[67]做了這麼多事後，他／她居然幹出這種勾當！第二種工具是暴力，通常丈夫比妻子更善於運用此道，不過蒙受屈辱的女子可能會找她的男性親族把無賴丈夫打個半死，受辱的丈夫也可能會攻擊姦夫。最後則是經濟：如果其中一方控制了重要資源，他／她在就性事進行談判時，就握有優勢。

　　每種武器都很有效，但它的功效取決於人們面對誘惑時，大致上會採行的無意識成本效益分析。在天平的一端，是放棄婚外性行為所帶來的伴侶痛苦（也就是無法將他／她的繁殖潛力最大化），或是遭到背叛（也就是允許他／她的伴侶將繁殖潛力最大化）；另一端則是他／她遭到羞辱、毆打、和／或被身無分文地驅逐所承受的苦難。更難以估算的是，所有人的個性都不相同，而親友與鄰居的建議也會影響所有人的想法。每個人的效用函數（utility function）都獨一無二（各有所好），但由於心理學家認為天平的第一端在不同文化中都有大略相同的權重[68]，所以我們得用第二端來解釋變數。

　　這個方程式很簡單。男性越能利用羞辱、暴力、經濟來製造痛苦，妻子就越可能守貞，而丈夫則越容易出軌；而當女性越能透過這些能力施加痛苦時，丈夫就越可能守貞，妻子則越容易出軌。覓食者們（化石燃料使用者也是如此，但程度較低）接受女性婚前與婚外性行為、而農民不接受的理由，並不是因為農民扭曲了人類平等的本質。原因是丈夫與妻子能施加的痛苦量取決於社會組織，社會組織則大致取決於規模，但最終依然得仰賴能量捕獲。

　　農耕在男女勞動之間劃出了比覓食更明顯的界線，要求女性專心於家庭內的組織（食物儲存與準備、縫製布料、育兒等等），男性則得專注於家庭外的能量捕獲（耕田、加強土地、狩獵、交易、戰鬥、爭執等）[69]。如柯思嘉德所說，如果我們呆坐在對化石燃料的研究中提出理論，就能輕易想像出組織者擁有優勢的世界，他們會將無用之人送到田野間為他們進行勞動；但在

現實中，農耕社會的組織性需求使男性擁有對不貞妻了施加嚴厲經濟懲罰的能力，同時也提高了男人在無法阻止女人帶情夫回家上所需支付的代價。大多時間裡，不貞狀況被揭穿的女人只能希望自己得到安娜・卡列尼娜*般的下場，而偷情丈夫頂多害怕得再婚（或者像托爾斯泰小說第一章中的奧布朗斯基公爵〔Prince Oblonsky〕，得在沙發上待三個晚上，等他太太氣消）[70]。我認為，罪人們所蒙受的羞辱，與容忍加諸在自己身上的暴力，都是婚姻不忠的明確經濟代價，與含冤伴侶手中經濟武器的力量所產生的效應。不過，仔細檢視這點的歷史與民族誌證據肯定非常有趣。

　　柯思嘉德與西福德專注於覓食到農耕的轉換，而非農耕到化石燃料的轉變，但恰當的理論必然能同時解釋這兩者。在我看來，關鍵是一八〇〇年以來的能量捕獲爆發（特別是在一九〇〇年後）劇烈地增加了女性的就業機會，與相對於男性的經濟力量。因此，丈夫能透過經濟武器施加的痛苦就大幅縮減，也因為如此，與女性婚外情相關的羞辱感、和偷情者承受暴力對待時的容忍度，也大幅降低。結果，化石燃料使用者逐漸近乎平等地重視（或譴責）男女的性自由。

　　還有一項細節：讀過第一章到第五章草稿的古代史學家華特・謝德爾與經濟學家保羅・西布萊特，都向我指出某種關於性價值觀的理論，一定能解釋這個令人訝異的事實，也就是在許多化石燃料社會，現在總生育率已降到替代水準（replacement

---

*　譯注：Anna Karenina，俄國作家托爾斯泰創作的同名小說中的女主角。

levels）以下。這項問題相當嚴重。演化學家彼得・瑞奇森與羅伯特・博伊德說：「想想在整體民族誌紀錄中最怪異的傳統之一：在某種次文化中，比起自己生育的孩童數量，人們對自己的出版品清單長度投注了更多時間，對此還引以為傲。」[71]身為這項怪異次文化中的典型無子WEIRD成員，我該如何替自己辯護呢[72]？

瑞奇森與博伊德為這項明顯適應不良的特性提供了複雜的解釋[73]，但我認為（如同據傳周恩來對法國大革命的想法），現在就判斷後果，未免太操之過急。二十世紀生育率下降的化石燃料社會，同時也得到了財富與力量上的增長，但沒人能保證這項關聯能在接下來一百年繼續延續。當地球的人口重心逐漸轉向非洲時，歐洲、東亞、與（程度較小的）北美洲可能會為它們頂端過於厚重的人口金字塔付出可怕代價[74]；不過，如果我在第五章中討論過的任何大膽預測有部分成真的話，二十一世紀的後人類可能大致會過著線上生活，並以無性方式繁衍（前提是他們需要繁衍）。在這個情況下，生育率下跌就會變得毫無意義，而我們這些沒有子嗣的學者就會被認為是先鋒，勇於踏入沒有男女敢涉足的疆域。

但談夠性了。柯思嘉德也挑戰了我對暴力的說法。事實上，她說我無法解釋為何覓食者如此容忍暴力這點，是我整個論點中「最明顯的問題」。但在此，我想自己的主要失誤，在於對論證的說法太過簡短，也沒有深入其中的演化背景，而我認為柯思嘉德教授的主要問題則是過於濫用本質主義。

生物學是門充滿爭議的學問，但少數能使幾乎所有人都同意

的事物之一就是：像嫉妒一樣，暴力也是演化而來的適應行為。幾乎所有動物物種都會使用某種暴力來解決爭端。每個物種，都不會透過完全相同的方式來運用暴力（有些十分急躁，有些則是和平主義者），但整體而言，每個物種都會經過天擇與性選擇，向它所使用的暴力量與種類平衡演化。那種平衡取決於物種的身體天賦、環境、獵物、掠食者、競爭者等因子[75]。隨著動物的環境改變，牠們的暴力模式也會改變，結果則是一百三十萬年來，倭黑猩猩與黑猩猩和牠們最後的共同祖先產生了極大的分化：前者鮮少彼此殺害，而約莫10%至15%的後者則死於種內暴力[76]。該數據與人類覓食者的數值非常相近[77]。

　　和其他動物相同的是，人類透過生物性演化來使用暴力解決爭端，但我們依然完全不像其他動物，因為除了生物性演化外，我們還能在文化上演進。由於我們的能量捕獲增加，社會規模與勞務分工也同樣增長。農耕社會所產生出最重要的專家，其中一種就是暴力專家；他們組成了第一個政府，而在過去五千多年內，這些專家逐漸降低了他人使用暴力奪取利益的範圍。如我在第三章中所提到的，我的估算顯示，到了西元一世紀，羅馬帝國和漢朝政府已將暴力致死率壓到5%以下。這個現象發生的緣由，不是由於農民逐漸擅長價值判斷，而是國家越趨獨佔暴力，提高了個人自行主持公道的代價。當歐亞大陸國家在西元二〇〇年後開始瓦解時，歐亞大陸的暴力致死率就衝回10%：原因並不是人們遺忘了該如何進行恰當的價值計算，而是政府不夠強大，無法將暴力的代價抬高到不吸引人的程度。當更強大的政府在一四〇〇年後回歸時，暴力致死率就就再度下跌。二十世紀，全球

平均只有2%以下，二十一世紀時則掉到了1%以下[78]。

　　最後，我要回答一項回應者們沒有針對我的主張所提出的挑戰：能量捕獲驅動了我們對核心人類價值觀的詮釋。回應者們在第六章到第九章中專注於我的邏輯，其他讀者則做出了我所謂的歷史性異議，並質疑我提出的原因與後果之間的年代順序關係。他們認為，我連結到化石燃料社會的許多價值觀，在十七世紀與十八世紀的西歐已經成形。不過，工業革命到了一七七〇年代才展開，而即使是英格蘭，也要到一八三〇年代才完整開始；因此我怎麼能稱「化石燃料價值觀」為化石燃料的產物呢？

　　我早先確實在本書中稍微提到這點，但由於我規劃自身論證的方式，我的評論散布在第二章到第五章之中，因此需要整理。我認為當人們學會捕獲更多能量時，他們的價值觀就會改變。能量與價值觀能夠無限量細分，但為了解釋龐大又令人困惑的史料和人類學資料，我便將能量捕獲與價值觀分成三個理想部分。在第一章，我引述了韋伯的論點：「這個具有純正概念性的心理架構，永遠無法在現實中得到實證。它是個**烏托邦**。」但韋伯繼續解釋說，儘管理性類型在現實中有誤差，但卻能用清晰度來挽救此缺陷。透過理想類型層面的敘述，歷史似乎顯示，當人們從覓食轉到農耕、再轉向化石燃料時，他們也會經歷不同的價值觀系統；但從個體社會與生活層面敘述的話，狀況則雜亂得多。

　　我在第二章寫道，位於資源豐富的濱海地區的覓食社會（像日本、波羅的海沿岸、北美洲太平洋沿岸），都能比內陸覓食社會捕獲更多能量。儘管這些「豐裕覓食者」都不處在轉變為農民的過程中，他們不尋常的狀況使他們能捕獲和某些農耕社會等量

的能量；也因為如此，豐裕覓食者的規模、財富、階級、價值觀才會開始偏離理想典型覓食社會，並偏向我們通常在農業國中才會發現的模式。他們偏移到該方向的程度有其限制，因此沒有考古學家會把繩紋與阿茲特克帝國遺址搞混；由於能使某些人成為豐裕覓食者的環境條件，確實和其他人成為農民的條件不同，豐裕覓食社會很難獨立發展出農業。因此，每個豐裕覓食者社會最後都會被來自其他區域的農民打敗並摧毀。

在第三章，我認為商業城邦與原型工業國家與富裕覓食者有一些共通性。能使用海洋似乎是大多這類不尋常社會的秘密，這點使它們的濱海所在地能比理想典型農耕社會捕獲更高的能量。在重建豐裕覓食者經驗時，它們的規模、整體財富、開放度都增加了，價值觀也遠離了農業國類型，不過（像我在本章中稍早提到的雅典）沒有城邦能確實脫離農耕社會的根源。相似的是，沒有城邦經歷過工業革命，因為對城邦發展有利的條件，無助於在化石燃料上產生突破。因此，農業帝國最後吞併了大多城邦系統。

近世的原型工業國家則相當不同，因為它們之一（英國）確實發展了工業革命。我早先提到，這是由於它能開發海洋商業網路，並藉此產生無人能比的有機能量，這造就了預料之外的後果，刺激英國企業家想出如何利用化石燃料驅動機器。當大西洋的經濟開展，西北歐的能量捕獲就在一六〇〇年後大幅上漲，到了一七〇〇年，它已經超越了羅馬帝國所達到的最高程度。

隨著他們社會的規模與財富增長，西北歐居民開始實驗新的組織型態，並像特定古代與中世紀城邦中的居民一樣，高傲且暴

力地轉向更為開放的社會秩序。工業化開始前的一六四〇年代，某些英格蘭人冒險破壞了階級與神權，而當博爾頓與瓦特在伯明罕外尚未闖出名聲時，有些美國人與法國人已有了更深入的進展。如果這些事在五百年前能量攝取極度緩慢的歐洲中世紀中期（High Middle Ages）發生，它們就能證明我對能量捕獲驅動價值觀的主張是錯誤觀念。但由於它們發生在十七與十八世紀，當時歐洲能量捕獲的上升速度前所未有地快，因此我認為啟蒙運動能作為證明我論點的有力證據。

　　我很難測試自己的主張中所蘊含的反事實（counterfactual），但我的直覺是：如果西北歐的能量捕獲停滯在每人每日三萬五千大卡（大約是一七七六年的水準），啟蒙運動就無法催生蔓延全世界的自由民主了。反之，西北歐與它的美洲殖民地可能會經歷對抗新思維的保守反應，就像十八世紀的歐亞大陸一樣[79]。真正重要的是一八〇〇年後的能量爆發，那率先使啟蒙運動的理念擴散到整個西方，並將它們推向激進的新方向。（還有其他大量的反事實：如果美國革命失敗，上漲的能量捕獲會促使英屬美洲和歷史上的美國用同樣的方式發展嗎？英屬美洲是否遲早會取代不列顛群島，成為自由貿易的全球網路核心，就像一九四五年後現實世界的美國？再來，如果英國沒有發生工業革命，美國是否會轉變為某種類似拉丁美洲的地帶，緩緩地將奴隸制度散播到整塊大陸？[80]或者，美國會發生自己的工業革命嗎？）

　　學術無賴經常將「過渡性」案例當作最後一處避難所，焦急地想避免某些關於歷史階段的理論被當作假造經驗。有些讀者肯定會認為我的論點是該類型理論的悲哀同路人。但對我而言，豐

裕覓食者、古代與中世紀城邦、近世原型工業國家都是證明此規則時的例外，因此我堅持自己的第二項主張：能量捕獲的改變宰制了我們詮釋人類價值觀的方式。

意涵一

一九八四年，厄尼斯特‧蓋爾納（第三章中將他尊稱為農業國的發現者）放棄了倫敦經濟學院（London School of Economics）的哲學教授席位，並在劍橋擔任社會人類學教授。當時我是劍橋的研究生，當蓋爾納抵達時，我同事和我發現他有個令人不安的習慣。他會在研討會中坐在最前排的中心，當講者開始說話時睡著，接著在鼓掌時驚醒，然後問出某個問題，並點破講者帶有嚴重缺陷的臆斷。我首度看到他用上這招，是在克里斯多福‧蒂利（Christopher Tilley，他現在是世上頂尖的考古學理論家之一，但當時只是個初出茅廬的哲學博士）一場關於社交理論與考古學的講座上。「有人告訴我說，你是個好考古學家。」蓋爾納說。「所以你為何想當爛哲學家？」

我認為蓋爾納說出了重點，三十年來自己也照著一項假設做事：我們考古學家應該把哲學留給哲學家處理。人類價值觀中心邀請我參與坦納講座時，誘使我稍微踏出了這個舒適圈，但其實是克里斯汀‧柯思嘉德的其中一條評論，讓我終於看清蒂利也說出了不錯的重點。考古學擁有無可避免的哲學意涵，而直到好哲學家們更認真看待考古學的那天到來前，考古學家免不了成為爛哲學家。

　　柯思嘉德教授認為研究人類價值觀時最重要的差異，並非我提出的論點（生物性演化出的核心價值觀，與真實人類詮釋這些價值觀的方式之間的差異），而是在於「實在價值觀」（她指的是「人們確實具有的價值觀」）與「真道德價值觀」（意指「我們應有的價值觀」）之間的差異。她將這種定義追朔回現代早期歐洲的根源，並說：「現在的哲學家已不再採用那種說法，但如果我們採用的話，就可以將真道德價值觀與實在價值觀之間的差異，視為永恆價值觀，與只在特定時間地點受到重視的價值觀之間的不同。」

　　如果我們以柯思嘉德的角度觀察，解釋喬治先生價值觀的挑戰，其實就等於解釋為何農民會把價值觀搞得這麼糟。不過，我不覺得我們該以柯思嘉德的角度思考，因為我在本書主張中的第一種意涵，便顯示她在真道德價值觀與實在價值觀之間標出的差異毫無意義。柯思嘉德曾一度說「我不清楚摩里士是否相信世上有任何真道德價值觀」，所以我要釐清這點：我不相信世上有柯思嘉德定義下的真道德價值觀。

　　我這樣說的原因，是由於人類價值觀只能由人類持有，且除非人類從環境中捕獲能量，否則無法持有任何價值觀（詩人奧登*曾說過，先有食物，才有道德）[81]。這肯定代表真正人類的價值觀本身就是實在價值觀，並由我們從世界上獲取的能量所塑型；因此我說柯思嘉德在真道德價值觀與實在價值觀之間標出的差異毫無意義。一切都是實在價值觀。

---

*　譯注：Wystan Hugh Auden，二十世紀英美詩人。

就算我們將真道德價值觀相等於我所謂生物性演化而成的核心價值觀，真／實在價值觀的差異依然沒有意義。生物性演化而成的核心價值觀從未獨立存在；它們在真實人類之間演化，人類透過覓食維生，因此會以從野生動植物之間獲取能量、並與做出同樣行為的人類競爭時最有效的方式，來詮釋正義與愛等要素。試圖想像人們不知怎地遠離了對能量捕獲的需求，接著推測他們的道德價值觀為何；這個行為非常古怪。事實上，這讓我想起希臘歷史學家希羅多德講的一個故事。他說，很久以前，埃及法老普薩美提克（Psammetichus）執著於發現地球原本居民的身分，也決定嘗試一項實驗。他下令讓兩個嬰兒隔離扶養，在此期間他們從未聽過別人的聲音。兩年後，實驗成功了：孩子們忽然伸出雙手衝向照顧者，喊道：「bekos！」；那是佛里幾亞語中的「麵包」。「埃及人接受了這項證據，」希羅多德告訴我們，「並認為佛里幾亞人比他們還要古老。」[82]

這是個愚蠢的故事，但在人們不屬於任何社群或語系時、問他們會說什麼語言，比起如果人們不透過獲取能量維生、還問他們握有哪種價值觀，並不會聰明多少。即使是對最概觀的真道德價值觀所做出的精密解釋，也得假設它和某種能量捕獲有所牽扯。不令人訝異的是，理論家經常認為自己生活於其中的能量捕獲條件是理所當然的道理，而同樣不讓人驚訝的是，他們也經常覺得那世界中的價值觀，便是所有可能之中最佳的價值觀。

這點最明顯的範例，就是約翰・羅爾斯知名的思想實驗：我們被要求想像如果自己出生時活在「無知之幕」（veil of ignorance）後，不曉得自己會成為男性或女性、富貴或貧窮、貪婪或懶散、

健康或脆弱等等的話，自己會想住在哪種社會中。羅爾斯的結論是，人們最後會同意兩種正義原則：所有人都享有的平等自由，與限制所有不公型態的規範，而設計來照顧社會中弱勢個體的特殊規範則是例外[83]。

　　廣為人知的是，羅爾斯認為我們應該期許的社會，會要求我們「分享彼此的命運」，並「只有在為了共同利益時，才利用自然環境與社會條件。」就他看來，這代表完全捨棄階級；「貴族與封建社會，」他解釋道，「非常不公，因為它們使……偶然事件成為封閉又擁有特權的社會階級所採納的歸因性基礎。」[84]

　　和羅爾斯一樣，我在自由的化石燃料社會長大，也覺得這是個吸引人的想法；只要我能假設布幕另一端的世界也受到化石燃料驅動。但如果馴化過的動植物是唯一的能量來源呢？畢竟，無知之幕的意義，在於我們無法假定一切。就我們所知，我們進入的世界充滿農民，對方也碰上了農業上的關鍵問題：儘管如果我們需要進食，就需要大規模的工作協調，而勞動的邊際報酬（marginal return）通常低到使重要任務只能透過強制勞動完成。再度與羅爾斯相同的是，我沒有做任何實際研究來測試自己的先入之見[85]，但我認為在面臨到出生在農耕世界、而非化石燃料世界的可能性下，大多人不會選擇羅爾斯精心制定的平等主義。最佳的事前選項，可能是誠實地投入粗糙但可用的生物性演化核心價值觀：公平、愛、同情等等，讓住在布幕另一端的人們，想出哪種價值觀的詮釋法最適合阻擋饑荒與暴力。

　　或許蓋爾納會批判這一切都是爛哲學，但對我而言，儘管羅爾斯亮麗地闡明了一種版本的自由化石燃料價值觀，他並未解釋

柯思嘉德所謂的真道德價值觀，因為這種永恆價值觀並不存在。
如果布幕另一端的物質條件維持在中世紀狀態，持有封建觀點的
人們就會蓬勃發展，平等主義者則會敗亡。如果我說對了，我在
生物性演化核心價值觀，與人們對它們做出的詮釋之間找出的差
異就相當重要，而柯思嘉德口中真道德價值觀與實在價值觀之間
的差異則毫無意義。

　　接著，我不同意柯思嘉德將我對喬治先生的問題，重組成關
於農民為何把事情搞得這麼糟的問題；且既然我不同意農民的價
值判斷效果惡劣，我就不予理會她為他們的失敗所提出的解釋。
她提出了三項關於農民錯誤的可能理論。首先是她所謂的社會學
實證主義：「但人們確實進行價值判斷的東西，都能透過社會性
動機來解釋，而社會性動機則受演化性動力所驅動。」；第二點
是啟蒙觀點：「人類擁有價值判斷能力，而那能力有某種自然傾
向，會吸附到真道德價值觀上。但和我們學習科學知識的能力一
樣，它……慢慢地使我們注意到恰當的重點：真道德價值觀。」
第三點則是扭曲觀點：「人類具有價值判斷能力，而那能力有自
然傾向，會吸附到真道德價值觀上，但這股傾向容易受到……
帶有貶義的『意識形態』所扭曲。」

　　儘管她沒有講明，我想柯思嘉德的意思是，我的論點屬於社
會學實證主義，即使她對這種思維的批判，聽起來不太像是我書
中所寫的內容。柯思嘉德說，社會學實證主義主要的弱點是「如
果價值觀，只是維持特定能量捕獲模式所需社會類型的方法，而
人們也清楚這點，就很難看出價值觀要如何生效。在價值觀生效
前，人們得相信自己配得上真道德價值觀。」我相當同意這點，

因此我確信自己並非社會學實證主義份子（我是功能主義者，而非社會學實證主義份子）。

　　柯思嘉德認為，除非人們相信價值觀，否則價值觀就不算是價值觀；我同意這點的理由在於，歷史與人類學的發現非常明確：人們通常**確實**相信自己的價值觀，因為他們能找到的所有證據，都指向這種結論。拿神明般的王者來說好了。普魯塔克講述了一個不錯的故事：當亞歷山大大帝在十年內推翻波斯帝國後，並於西元前三百二十四年抵達印度邊界時，他詢問一名當地智者：「凡人要如何成為神？」聰明的婆羅門告訴他：「做某種常人辦不到的事。」[86]我總是想像亞歷山大抓著自己的頭，思考：「我認識誰做過常人辦不到的事嗎？」並快速說出答案：「我知道。是我。我剛征服了波斯。沒有凡人辦得到這種事。我是神，如果我的朋友們反駁我的話，我也不該因殺死他們而感到罪惡。」

　　我們無法知道亞歷山大是否確實相信自己是宙斯之子，不過他的行為確實反映出了那種想法，自西元前三百三十二年開始也不斷宣傳這類故事。我們也不曉得古希臘人是否相信他。在與智者談話過不久，亞歷山大便命令他們崇拜自己，當時大多人只是一笑置之。不過到了西元前三百〇七年，雅典人就準備建造祭壇，並向亞歷山大的前任將軍們獻上祭品[87]。一世紀後，將國王當作神明般祭拜，對希臘人而言就完全正常了。再來，我們永遠不會清楚，人們是否確實相信他們充滿缺點的領袖具有神性[88]，但相信這些人其實是「救世神祇」這點，能以最有經濟效率的方式解釋兩項明顯的事實：這些人做出了超乎凡人能力的行為，也

擁有超越人類的力量[89]。

　　我們對古代農民想法的理解相當貧瘠，但無論如何，它依然使我認為，當農業國的成員們賦予男人比女人更高的權力、以及富人比窮人更高的權力時，他們確實相信自己以正確方式，詮釋了生物性演化核心價值觀；就和當化石燃料哲學家堅持對平等的需求時，也傾向認為自己做出正確的價值判斷相同。但既然柯思嘉德教授和我，似乎都同意社會學實證主義是個糟糕的理論，我就在此打住[90]。

　　我反而要繼續提到她的意見：「我認為啟蒙觀點有些可取之處，但扭曲觀點有更多需要探討的地方。」就某些層面而言，我同意她對啟蒙觀點的想法，但只是由於（如同我在第四章與第五章中的解釋）我認為啟蒙運動本身，就是能量捕獲上漲後的產物。不過，扭曲觀點卻完全是另一項議題。柯思嘉德與西福德都高度重視農業國的意識形態，前者說它扭曲了人們做出正確價值判斷的能力，後者則說「大眾通常都失去了對財富分配與暴力的控制權，並將之交給位於核心的一小群人。」

　　柯思嘉德與西福德都沒有仔細定義「意識形態」。它確實是社會科學詞彙中最難定義的字眼之一[91]，但我冒著激起爭端的風險，不得不將他們對此字眼的用法融入人類學家塔拉勒·阿薩德（Talal Asad）所稱的「將低俗的馬克思主義意識形態觀點，作為錯誤信念的相連系統，並維持剝削與統治的完整架構。」我在此引用阿薩德的原因，是由於他在這個版本的意識型態上所添加的注解：「或許能被稱為綠野仙蹤（Wizard of Oz）意識形態理論。就像桃樂絲（Dorothy）一樣，人類學家（或哲學家和古典

學家）撕開了表面論述的面紗，顯示出本質上的現實：外表平凡的老人忙碌地操作手動機器。」[92]

「你也許能在某些時候騙過所有人；你甚至能無時無刻都騙過某些人；但你無法隨時騙過所有人。」亞伯拉罕・林肯（Abraham Lincoln）應該說過這句話（也可能是Ｐ・Ｔ・巴納姆*說的[93]。但柯思嘉德與西福德明顯認為林肯／巴納姆錯了，而一萬年來，農業國中的所有人都被牽著鼻子走（女人遭到男人控制，窮人遭到富人控制，每個人都遭到神職人員控制）並被搶得一貧如洗。我無法稱讚這點。人類是地球上最聰明的動物（就我們所知，可能也是宇宙中最聰明的生物）。我們想出方法解決幾乎所有自己碰上的問題。因此，如果農耕價值觀確實是壞心的菁英想出的伎倆，他們是如何存活一萬年的？我遇過的大多農民都很精明；所以為何過去的農民無法想出巫師藏在布幕後的真相呢？

依我所見，答案是世上並沒有布幕。布幕是現代學術界想像中的一小部分，只因為一種假設而變得必要：只有一小群菁英可能會想到階級是種好東西。在現實中，農民擁有農耕價值觀的原因，並非由於他們遭到欺騙，而是因為他們有常識。常識（我指的是人類透過生物性演化出的能力，能透過經驗學習，並使行為適應世界的狀況）告訴人們說，在任何能量捕獲落在每人每日八千到三萬五千大卡的社會中，他們便憑藉農耕價值觀得到溫飽與

---

* 譯注：P.T. Barnum，美國十九世紀馬戲團經紀人，生平事蹟被改編為休・傑克曼主演的歌舞劇電影《大娛樂家》（*The Greatest Showman*）。

安全；而當能量捕獲提升到每人每日三萬五千大卡以上時，常識就告訴人們，該重新詮釋他們的價值觀了。

　　我強調常識的原因，是由於西福德認為「矛盾的是，『常識』通常都具有**意識形態色彩**。」事實並非如此。常識和意識型態差得可遠了，常識是意識形態得努力打倒的目標。常識並非總是理解現實的好工具（畢竟，它告訴我們太陽繞行地球、世界是平的、空氣也不是物質），但用於釐清有哪些事會生效、以及我們行為可能的後果而言，它是個極佳的工具[94]。神明般的存在、男性優越與天然奴隸都不是真的，但在農耕社會中，這三項想法都起了效用，於是常識告訴人們要相信它們，並隨之調整自己的價值觀。說服人們忽略常識非常困難，因此沒人能隨時騙過所有人（或騙上一萬年）。常識具有腐蝕性，會像強酸般吞沒意識形態。

　　西福德在評論我待在肯亞盧希亞族中的生活經驗時，曾主張常識屬於意識形態，我也認為這其實恰當地描繪出了我的重點。我在一九八六年抵達肯亞，心理背負著一堆與殖民份子的邪惡心態有關、又根深蒂固的化石燃料假設，卻迅速屈服於常識，並雇用當地女子送水給我。「伊安在肯亞擔任臨時個人觀察員。」西福德教授說。「對村民而言，最好**不要**適應處境，而該透過加強供水條件來**改變**處境。」

　　我想他誤解了狀況。當地人向我太太和我指出好幾座雜草叢生的抽水淨化廠廢墟，並解釋西肯亞貧窮到即使救援組織打造了設施，不只給薪勞工的數量不夠，納稅人或賄賂者的數目也不足以使遠在奈洛比的政府在乎當地。但透過從溪邊打水以換取現

金,盧西亞族的女子**改變了**她們的處境。她們用上了自己的常識,並由家事轉向給薪勞務,就和美國與歐洲女子自一九四〇年代開始的行為一樣。和我們交談的盧西亞人似乎非常了解在對女性勞動的想法上,如果她們越快從農耕價值觀轉換到化石燃料價值觀,就能更快將金錢輸入西肯亞,並改變自己的處境。

　　肯亞與鄰近的坦尚尼亞之間的差距提供了大量資訊。坦尚尼亞(當時叫做坦干伊加〔Tanganyika〕)於一九六一年從英國取得獨立,也在一九六三年脫離肯亞。這兩個國家都十分貧困,當時很難看出在導向工業國的道路上,究竟是以市場為基礎或遵循社會主義,對他們在獨立的美麗新世界中最有幫助[95]。肯亞的統治者們大多選擇前者,讓肯亞人自由遵循自身常識(除非這使他們批評統治者),而坦尚尼亞則選擇後者,要求人民讓常識服從ujamaa,這個史瓦希利語詞彙約莫代表「如家庭般團結」。這種意識型態(也被稱為非洲社會主義)強烈否決了許多化石燃料世界的現實狀況,而革命黨(Party of the Revolution)強迫六百萬名小鎮與城市居民搬遷到村落,因此帶來災難性的結果[96]。一九六一年,坦干伊加人比肯亞人更窮,平均只賺六十四分美金,而肯亞人則能賺一美金;但到了一九八六年,ujamaa已使坦尚尼亞人的薪資降到五十一分美金。當我妻子和我在那年秋天抵達阿魯沙時(巧合的是,那裡正是ujamaa原先公布的地點),我們對當地比起肯亞只有少許食物感到震驚。有一晚,我們唯一能找到的晚餐是「山羊湯」:一碗溫鹽水中裝了一根骨頭和少許肥油;我們得在黑暗中喝它,因為停電了。不過,二〇〇一年以來,ujamaa已被常識取代。坦尚尼亞人接受了市場與給薪勞動,到

了二〇一三年，肯亞人賺到一美金時，坦尚尼亞人能賺到九十四分美金了。[97]

　　理查·西福德和我在人類價值觀與物質福祉上的關係持有歧見，但無論我們如何考量那個問題，肯亞－坦尚尼亞的比較結果顯示，即使是朱利葉斯·尼雷爾[*]的權威與國家勢力，ujamaa也只延續了一個世代左右，因為常識告訴坦尚尼亞人：ujamaa並不符合事實。蘇聯共產主義持續了更久，而到了一九五〇年代，對數百萬名共產份子而言，對於現實，它似乎依然是個良好的描述[98]。當經濟發展速度在一九七〇年代減緩時，那種思維才逐漸失去立足點，而到了一九八〇年代，常識已使大多蘇聯人民發現共產主義是個謊言（一句知名的笑話說：「我們假裝在工作，他們則假裝付錢給我們。」）[99]。到了八〇年代末，共產主義就消失了。

　　柯思嘉德在真道德價值觀與實在價值觀之間標出的差異，要求她將意識形態視為社會學上的扭曲，並避免人們做出正確的價值判斷；在農耕的範例中，她則做出有一萬年之久的曲解。我在生物性演進核心價值觀，與人們加諸其上的詮釋之間標出的差異，加上這類詮釋主要受到能量捕獲驅動，使我得將意識形態視為讓某人得利的謊言[100]；但時間鮮少維持很久，因為常識是種強力工具，能顯露出在我們身處的物質條件中最有效的思維。我強調這點在定義上的差異，是由於我認為它能幫忙解釋柯思嘉德教

* 譯注：Julius Nyerere，曾於一九六三年到一九六四年擔任坦干伊加總統，並於一九六四年到一九八五年出任坦尚尼亞第一任總統。

授與我的最後一項爭論：二〇一二年時，塔利班攻擊未來諾貝爾獎得主馬拉拉的事件。

　　當柯思嘉德與我以截然不同的方式回憶在普林斯頓的討論時，或許不那麼令人訝異。「不同的目擊證人會對同一件事提出不同的證詞，基於對其中一方的偏心或不完美的記憶力而開口。」[101]修昔底德在兩千四百年前觀察到這種現象，之後也沒有多大改變。在柯思嘉德的印象中，當我被問到塔利班的行為是否錯誤時，我試圖避免做出任何道德主張。我沒打算那樣做，但比起剛吃過一頓讓人醉醺醺的優秀晚餐後，或許我在紙上能說得更清楚點。

　　攻擊馬拉拉的人當然錯了；當我撰寫本章時，他們已在二〇一四年九月遭到逮捕[102]。但如果我的說法正確（道德推理〔moral reasoning〕的重要區別，在於生物性演化核心價值觀與人們加諸其上的詮釋，而非真道德價值觀與實在價值觀），我們就得自問「錯誤」的意義。從她的意見來判斷，我猜對柯思嘉德而言，錯誤行為違反了獨立於人性的真道德價值觀。對我來說，錯誤行為違反了我強烈堅持的，以化石燃料詮釋生物性演化人類價值觀。我在一九八二年相信喬治先生不該在自己騎驢子時，逼妻子搬布袋，而我在二〇一二年則更篤定地認為塔利班不該射殺馬拉拉。因為我明白，自己的價值觀只是對化石燃料製造出的世界，所做出的常識性詮釋，因此能夠瞭解擁有根深蒂固農耕價值觀的人們，可能不會同意我的想法。但另一方面看來，我也能說自己是對的，而他們錯了；這並非由於我的價值判斷方式優於他們，而是因為農耕時代已經結束了。因此我在第四章中主張塔利

班最首要的錯誤,就是思想落後。

　　在我的理解中,伊斯蘭主義者的論點[103]是:透過激進地要求女性教育,馬拉拉威脅了世界的安全與救贖,也由於致命暴力是對這種極端威脅的恰當反應,因此殺死她是正確的行為。我在第四章中提到的部分民調顯示,許多化石燃料使用者同意,當世界安全受到威脅時,可適當使用致命暴力[104],這代表爭論焦點與事實有關,也就是何謂威脅。有些伊斯蘭主義者認為,十五歲的女性主義者達到了這種標準;我(與幾乎世上所有人)都不這麼想。如我所說,這個問題與事實有關,而在二十一世紀初的真實世界中,塔利班搞錯了事實。馬拉拉對世界和平並非威脅。她只是對伊斯蘭主義意識形態造成威脅;那堆謊言堅稱,暴力能強迫充滿能量的化石燃料世界重拾農耕價值觀。

　　柯思嘉德教授並不喜歡這項論點。她說:「讀起摩里士的文章,有時他彷彿不像自己理論中的人類。」對此我只能回答,如果她認為我來自其他星球,我想她該多出門增廣見聞。不只是她;像柯尼斯堡的康德,道德哲學家們經常喜歡待在家中,也只需要與其他WEIRD人士辯論,更不會了解喬治先生這樣的人。我想,這點是個錯誤。比方說,拿心理學家強納森・海特的經驗作比較,當他完成博士研究時,就離開美國學術界,前往印度的布巴尼斯瓦爾(Bhubaneswar)。「頭幾周內,」他回憶道:

　　　「充滿了震驚與不和諧。當我和男人們用餐時,他們的妻子沉默地服侍我們,接著回到廚房,整晚都沒和我交談。別人要我對僕人嚴厲點,也別再感謝他們服侍我……我身

處於性別分離且階級森嚴的極度宗教性社會。」

但過了幾周後，他發現：

「我喜歡這些接待我、幫助我、指導我的人。無論我去哪，人們都對我很好……與其立刻將男性貶低為性別打壓者，和對被當作無助受害者的女性、小孩、僕人施予同情，我開始觀察到一個道德世界，由家庭而非個體擔任社會的基本單位，而每個延伸家庭的成員（包括僕人）都緊密地相互依存。在這個世界中，平等與個人自主並非神聖的價值觀。崇敬長輩、神明、賓客，保護下屬，並達成與個人角色有關的責任則更為重要。」

歡迎來到農業國。

我認為，出門走走能使我們（無論我們是誰）自問為何如此理性的人民，會持有和我們截然不同的價值觀。對我而言，出外探訪使我做出在本章中敘述過的兩項主張，並認為柯思嘉德在真道德價值觀與實在價值觀之間標出的差異毫無意義。喬治先生夫婦的價值觀並非永恆價值觀的扭曲版本；它們是我們生物性演化核心價值觀中的常識性詮釋，數十億農民在能量捕獲落在每日八千到三萬五千大卡之間時，都會採用這類詮釋；一旦數十億農民的能量捕獲上升到每日三萬五千大卡以上時，就會將之捨棄。

用這種角度觀察事情，並不代表我是來自其他星球的外星人，相信階級制度也不代表一九八〇年代的阿西羅斯人或布巴尼

斯瓦爾人是暴君或受害者。這種角度更不代表我是道德懷疑論者。我們住在化石燃料世界中；因此，化石燃料價值觀正確詮釋了我們的生物性演化核心價值觀，而農耕和覓食者價值觀則是錯的；這點在工業國成為歷史前，都會是事實。

意涵二

　　這也將我帶到主張中的第二項意涵：對我們生物性演化核心價值觀做出的詮釋，在二十一世紀會以前所未見的高速演進，因為能量捕獲改變的速度比之前更快。

　　理查・西福德並未直接說我在這點上犯錯，但那似乎就是他在第六章中做出的主張含意。我認為驅使歷史進步的文化演進競爭過程會持續生效，並帶來三種龐大結果：首先，能量捕獲會變得更快；第二，遺傳學、奈米科技、機器人技術會連結到生物演化上，改變身為人類的意義；第三，當這些現象發生時，核戰的風險也會增加。不過，西福德認為這項分析「飽含學識，內容引人入勝，也相當有說服力，同時也含有誤導性，我覺得這點在政治上相當糟糕。」儘管他並未明說這本書究竟威脅到了哪種政治，他卻對我的政治觀點毫無疑問，包括「伊安的想法本身更為接近統治階級的思想，而非我們的時代所需的思維。」就像奧茲王國*中的其他傻蛋一樣，我受到身為幕後黑手的資本主義巫師欺騙，相信「無意識地內化……資本主義想法的基礎要素。」

---

*　譯注：Oz，《綠野仙蹤》中的異世界王國。

　　由於我前幾本書的評論者擔保我不只是「政黨知識分子，深知得改變證據，才能使其符合多文化路線」，也是個「典型的現代學者：物質主義者，但並非馬克思主義者」，甚至還「用客觀學術理論來散播主觀新保守派思想」[106]，因此我已經學會別太擔心政治譴責了。但儘管如此，西福德教授為了治癒我右派異端想法所做的努力，確實與某些我想討論的具體歷史爭議有關。

　　西福德指控我把資本主義邏輯錯認為整體世界邏輯。「資本主義對必要自我擴張所展現的動力，與它產生的價值觀，」他說，「都與先前出現的思想不同。」如果我確切理解了他的論點，他的意思是人們試圖最大化從環境中獲取能量，這與花在此舉上的能量有所相關；這種傾向和我們身為動物並無關聯（如同我先前的結論）。反之，這是個相當近代的現象，由資本主義所產生[107]。他說，看看希臘與羅馬，這顯示「來自資本主義經濟體的我們，相當熟悉對效率的持續追求；這並非古老經濟體中的特點。」

　　我不同意這點。我從西福德在古希臘經濟思想上的著作中學到不少[108]，但我想他在這裡犯錯了。希臘人與羅馬人將其他社會考量擺在效率與利潤之前這種想法，早在一八九〇年代就由韋伯提出，而在一九五〇年代到一九八〇年代之間，卡爾・波蘭尼（Karl Polanyi）與摩西斯・芬利（Moses Finley）發展出了這種觀念的複雜版本[109]。但如同基斯・霍普金斯（Keith Hopkins）在一個世代前所說，這個理論的問題在於，它不可能解釋羅馬帝國統治下明顯的強烈（人均而言）經濟成長[110]。最近的研究已辨識出古代與古典希臘中可比較的成長[111]，而十分明確的是，西元前一

千年的地中海，不只擁有西元一八〇〇年前世上其他地區望塵莫及的強烈經濟成長[112]，毫不懈怠地追尋經濟效益也是它的核心特點之一[113]。

圖表10.2總結了第二種證據來源，我也在本書中一再提及這項來源：從冰河期結尾開始發生的指數級能量捕獲成長。這對資本主義而言並不特別，人均經濟成長只是當我們將現代人類與後冰河期「長夏」擺在一起時，所觀察到的結果。指數級成長已成為常態：隨著時間改變的，是級數上升，並加速擴散。自從工業

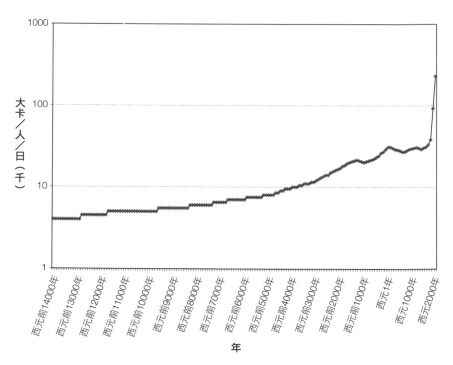

圖表10.2. 世界能量捕獲高峰，西元前一萬四千年至西元二〇〇〇年。

革命開始、資本主義崛起的兩世紀以來，世界人口以七倍成長，最大的城市是二十五倍，知識量（照我的估算）是八百六十倍，能量捕獲則高於四十倍。這些是驚人的數據，但它們代表了較老的加速模式，而非全新模式。西元一八〇〇年前的兩千年前，地球上的人口以四倍增長，最大的城市人口則增加三倍，知識量（依然是照我的估算）成長了十倍，人類控制下的能量則增加了八倍。在那個時間點的一千年前，人口增長了兩倍，城市成長了二十倍，知識量成長四倍，能量捕獲則以三倍增長[114]。我們回朔得越早期，加速就越慢，但自從西元前一萬年以來，經濟就以指數成長。指數的大小一直受到系統規模、溝通強度、和存在知識量大小的影響，這些因素則由獲取的能量多寡來推動。

　　西福德教授說得沒錯，我確實在本書中鮮少用上「資本主義」這個字眼，但我希望那不是因為巫師騙倒了我。反之，如我在第四章中所說，原因是由於現代經濟成長中最重要的因子是化石燃料，而非資本主義心態[115]。我認為當化石燃料開始讓世界充滿能量時，人們就發現兩種組織這種新豐饒現象的主要方式。我將它們稱為自由與非自由，但我們能在某些程度上用「資本主義者」取代自由[116]，並用「社會主義者」或「法西斯主義者」代替非自由。長期而言，自由／資本主義者手段（自由市場、自由貿易、自由言論）在拓展經濟上極度有效，但在認為資本主義擁有獨特的擴張動力前，我們得記好，幾乎所有的後工業政治體系（包括社會主義與法西斯主義），都會找尋並產生比任何工業前政治體系都更大的經濟成長。

　　比方說，一九三〇年到一九四一年之間，法西斯主義日本每

年的經濟成長為4.1%；一九三三年到一九三九年之間，納粹德國每年則成長7.2%；一九二八年（擁有可靠資料的第一年）到一九八九年之間，蘇俄經濟成長每年平均是3.65%；而在相同的六十一年間，美國每年的平均經濟成長則是3.25%[117]。選擇不同的日期自然會改變數據，但每項選擇都會產生相似的結果[118]。二十世紀的非自由經濟比一九〇〇年前任何經濟體成長得都要快（包括毛澤東統治下的中國，它肯定是錯誤經濟管理的典範；一九五〇年至一九七六年之間，儘管發生了大躍進與文化大革命，它的年平均成長也達到2.5%），表現也經常比二十世紀資本主義好。我們得記好，這些比較有些誤導性；舉美國為例，它在一九二〇年代已大致工業化，俄國與中國則剛開始工業革命，也剛結束可怕的戰爭（這代表蘇俄與毛澤東經濟體在追上進度時，能順手摘下不少豐碩成果）。共產主義者和法西斯主義者也極度依賴強制勞動，也比十九世紀的自由社會更不在乎毀壞環境[119]。極度可能的是，假若俄羅斯與中國擁有自由政府、而非共產政權的話，它們的經濟就會成長得更快，但即使如此，似乎也沒有辦法能改變以下結論：現代經濟成長中最重要的動力是化石燃料，而非資本主義。

　　資本主義在現代早期歐洲出現的原因，是由於性格務實的人們認為，這是能在充滿能量的世界中達成事務最有效的方式。其他人不同意，也做出了不同的舉止。當文化演進的競爭性邏輯生效，並使較沒有效率的方式絕跡時，衝突與妥協就此發生。我想二十一世紀也依然會照這種方式進行，我對文化演進會產生最佳（或最不糟）成果的看法，也抱持保守的樂觀態度。不過西福德

不同意這點，也似乎認為我的論點只不過是半桶水的波麗安娜思維＊。「人們永遠不會接受拯救環境所需的限制。」他說，「當天空中擠滿私人飛機時，我為何要減少飛行？」

　　天空中確實擠滿私人飛機（二〇一三年時有一萬九千兩百五十八台）[120]，但我並不相信那是我、西福德教授，與其他喋喋不休階級的成員繼續擠入商業航班的經濟艙座位，並前往普林斯頓等地的原因，我更不認為這些決定對世界氣候造成了真正的威脅。西方人透過消耗化石燃料，在二十世紀使空氣中的碳增加到近百萬分之四百，但近十年來，真正的問題則出自東亞與南亞的工業革命。數億人依然缺少可靠的電力，但這些工業革命正在改變那種情況。如果有十億人各買了一只六十瓦的燈泡，每天都點亮燈泡四小時（這自然不過分），世界就得增加十億瓦的電量。二〇〇七年，國際能源署（International Energy Agency）預測全球石油需求會從每日八千六百萬桶，上漲到二〇三〇年的一億一千六百萬桶，同時依然有十四億人缺乏電力[121]。為此責怪資本主義毫無意義。大問題並非如何推翻幕後巫師，而是如何滿足剛獲得解放的化石燃料使用者的合理需求，而他們所要求的，都是西福德與我早已享受到的同種好事物。

　　西福德提出的答案，來自「由情緒維繫的價值觀」。同樣的，我需要關於那段話的深入解釋，但我暫且以西福德當下使用這句話的情境來解讀。常識告訴大多人：如果所有科學家說氣候正在改變，而化石燃料是大致上的主因，人們也需要對此採取行

＊　譯注：Pollyanna，意指人們在潛意識中較為注重樂觀訊息的現象。

動，那事情大概是真的。許多政治派別的倡導者都否認這點，但其無知和／或謊言的影響似乎正在減弱。最佳指標正是西福德所警告的同種資本主義市場：煤炭分紅下降（對世界上最大的私營煤炭公司皮博迪能源公司〔Peabody Energy〕而言，二〇〇八年至二〇一四年下降了80%），可再生能源量上漲，就連摩根史坦利（Morgan Stanley）的大資本家們也建議將投資從化石燃料移轉到替代能源上[122]。二〇一四年於波士頓召開的投資人會議上，彭博新能源財經資料庫（Bloomberg New Energy Finance）的執行長麥可‧李布里奇（Michael Liebreich）解釋道：「越來越多投資人理解，化石燃料工業是個表現低落且逐漸不受歡迎的工業。人們明白太陽能的成本已大幅下降，風力能源的成本也正在下滑。如果我們使人們看出這一切正是商機的話，我們就有機會了。」[123]

市場無法解決世上所有苦難，但在這項問題上或許會有所幫助。二十世紀的新自由主義有了大發現：政府干預並不一定是自由市場的敵人；其實，它能透過設下減少扭曲的規範來加強市場[124]。目前，販賣者和購買者通常都不會負擔化石燃料的完整代價，因為市場並不會對排入大氣層的碳標上價格。更正這項市場失靈並非難事：經濟學家提出了許多關於碳稅與總量管制與排放交易（cap-and-trade）的方案，能夠減少市場缺陷，並使替代能源變得更有競爭力，更快產生經濟成長，並降低碳排放量[125]。這點的大障礙並非價值觀或情感，而是我們無法在負擔成本的人選身上得到共識。那是個政治問題，但自從制定京都議定書（Kyoto Protocol）後，這點就鮮少出現進展，因為在以全球為規

模的氣候威脅、與以國家為規模的政治體制之間並不協調。我們正試圖以十九世紀的組織，來解決二十一世紀的問題，因此當地利益通常都會壓過全球要務[126]。

　　無論如何，那就是我的想法。但我毫不遲疑地承認，沒人能預測我們會如何（或是否能）突破化石燃料經濟的極限，就如同過去沒人能預測覓食者要如何，或是否能突破自己的經濟極限，農民也是同理。從許多層面看來，這三種大型能量轉換非常相似，但是（如同瑪格麗特・愛特伍在她傑出的評論中所說）這次確實不同。一萬年前，數百個不同社會正在對農耕進行試驗。大多都無法打破極限，並為相關人士們帶來馬爾薩斯式的悲劇，只有幾個社會成功。過去兩千年內，至少有五個社會逼近農耕經濟的硬性上限；其中四個無法突破，但試驗持續進行，直到十八世紀晚期的西北歐居民釋放出了化石燃料經濟。不過到了此刻，我們則擁有單一全球試驗，失敗也會使所有人面臨災難。

　　如果我們失敗，這也不會是演化史上第一次有單一生命型態的成功，引發改變全球環境的矛盾效應，並在日後導致該成功生命型態絕種。在約兩億五千兩百萬年前的二疊紀（Permian Period），一種名為甲烷八聯球菌（Methanosarcina）的微生物，演化出從海洋中捕獲能量的全新方式（也就是有機碳）。這導致了莫大成功，而甲烷八聯球菌也大量增長。但在過程中，這種微生物排出了大量甲烷，使它們改變了海洋與天空的化學成分[127]。在接下來的數百萬年內，96%的海洋物種與70%的陸地脊椎動物絕種，海洋的表面溫度也達到華氏一百〇四度[128]。隨後的一千萬年內，地球上只剩下極少數的生命（因此古生物學家麥可・班

頓〔Michael Benton〕決定將他描寫這段時間的書命名為《當生命差點滅亡時》〔*When Life Nearly Died*〕），而當動植物再度增加時，全新的物種（包括恐龍的祖先）就統治了地球[129]。

　　我們人類是否會走上甲烷八聯球菌的道路還有待觀察，但很難忽視兩者間的相似之處。就像那種二疊紀微生物一樣，我們已擴散到全球，並釋放出大量已引發大滅絕的碳（這並非空穴來風；目前每二十分鐘就有一種植物或陸上動物絕種，生物學家也經常將我們的時代稱為「第六次生物大滅絕」）[130]。我們的文化演進似乎催生了加速生物性演進的一連串事件；因此我論點中的第二項意涵是，人類價值觀可能在二十一世紀會由某種全然不同的事物取代。如果繼承地球的微生物，或是強制事件的天擇壓力，讓我們突變為經過科技強化的後人類，回應者們與我在普林斯頓極度人性化的辯論就會變得毫無意義。因此，我認為當西福德說我們能選擇特定的化石燃料價值觀，因為「要找到比我們天生的道德價值觀還寶貴的價值觀（國內生產毛額？）就更為困難，而儘管逆轉這種天性的過程相當複雜，大眾也會認同這點（無論持續在暗中操控，或解除那些價值觀的行為有多成功）」時，我覺得他搞錯了重點。我們對何種事務達成共識可能不太重要。我們肯定有選擇[131]，就像當農民出現時，覓食者也有選擇，而當化石燃料使用者出現時，農民同樣有選擇；但如同覓食者與農民所發現的，擁有選擇不代表能夠控制結果。

　　瑪格麗特・愛特伍採用了相當不同的詮釋。她已經在大半職業生涯中透過「充滿歡樂與笑鬧的喧鬧故事，劇情中大多人類都已灰飛煙滅」來探討我們的選擇所帶來那意料外的結果。比方

說，在她的小說《使女的故事》中，反伊斯蘭主義者政變後，美國變回了某種類似農業國的組織，而《末世男女》則讓我們見到大致由經過基因改造的變種人所宰制的後瘟疫世界[132]。她從那本書汲取靈感，並在本書的篇章內直接詢問瓦解或轉變對人類價值觀帶來的意義。

「你可能會認為，」她說，如果二十一世紀碰上瓦解情況的話，「我們之中的倖存者會倒退一步，從化石燃料價值觀退回農業價值觀；但在規模廣泛的社會瓦解狀況下，我們更可能立刻切換回早期覓食價值觀。」她觀察道，畢竟「沒有人曉得該如何修理東西了。你的車、電腦、舷外引擎：一切都是數位化產品。如果我們的社會瓦解，就很難重建，因為使資源汲取與製造業生效的特殊專業都會化為烏有。」在那個狀況下，「少了尋常職業的都市居民就成了遊牧民族，不靠他們種植的作物維生（從種子到收成有很長一段循環），只能四處搜括、偷竊、或謀殺。」羅爾斯份子毫無生路。

這些意見讓我（透過相當迂迴的思考過程）比之前更仔細地思考，瓦解帶來的初期條件究竟會帶來哪種差異。例如，一場一九八〇年代發生的核戰，可能在幾周內就會幾乎殺死所有人；而儘管二〇一〇年代發生了相似的戰爭，依然可能帶來同樣的後果，過程卻會花上好幾年，因為世上再也沒有足夠的彈頭能在第一波與第二波攻勢中就將我們全數殲滅。類似的是，極度骯髒的生化武器可能會擴散到全世界，並迅速毀滅所有生命，而更傳統的傳染病（像是伊波拉病毒，當我撰寫本書時，它正是新聞上的鋒頭）可能會大量回歸，就像過往所有瘟疫一樣，在數十年內削

減全球人口數量。氣候變遷或許會以更緩慢的方式帶來瓦解，逐漸降低農產量，並淹沒濱海平原。

　　瓦解可快可慢。但無論如何，我們都得問一個問題：然後呢？我住在舊金山灣幾英哩外，當地住了近七百萬人。兩三枚各自帶有一百萬噸毀滅力的多彈頭飛彈，就能殺死我們大多數人，而少數倖存者則（如愛特伍所預測）射殺彼此，或在充滿輻射線的荒原中挨餓。在不同的狀況中，大量細菌會橫掃郊區，或是上升的氣溫會逐漸曬乾要運到喜互惠超市（Safeway）與喬氏超市（Trader Joe's）的食物。當這個狀況在西元四三九年到六〇〇年的古代義大利發生時，羅馬城的人口會從八十萬人縮減到少於四萬人[133]。或許帕羅奧圖（Palo Alto）、聖荷西（San Jose）、奧克蘭（Oakland）二〇四九年的規模，不會比一八四九年時大上多少。

　　但我越深思這點，就越認為瓦解（特別是緩慢版本）不會使我們回到覓食者時代[134]。世上依然還有許多擁有專業技術的人，而即使是鄰近舊金山灣的區域，像是聖塔克魯茲山（Santa Cruz Mountains，我住在當地），也有很多這種人[135]。許多這類人士會耕種，知道如何透過腳踏車產生電力，和打造短波廣播器，也能用生物燃料啟動破爛的舊卡車。他們很多人都有槍，也為了世界末日準備了一段期間。至於他們不曉得怎麼做的東西，世上總會有書。許多這種人肯定會消失，我們可能也需要像沃爾特・米勒（Walter Miller）的經典科幻小說《萊博維茲的讚歌》（*A Canticle for Leibowitz*）中的英雄，秘密地努力保存世上的知識存貨[136]；但我們不會倒退回大字不識又毫無科學的覓食世界。

　　或許最有可能的結果是混合經濟，結合農耕與化石燃料的部分特質。以某些方式看來，情況可能會很類似電腦時代開始前的西元二十世紀初期；從其他方式看來，則更像西元前二十世紀。我想像整體狀況會像是撒哈拉以南，非洲失敗國家的半工業化混亂光景。當西羅馬帝國於西元五到七世紀瓦解時，依然有用的技術倖存下來，沒用的技術則隨之消失，人們會應用常識，並就雜亂的新現實調整自身的價值觀。我猜，二十一世紀災難的倖存者也會碰上相同結果。如果我有瑪格麗特・愛特伍的文學天賦，就能把這點寫成不錯的小說。

　　不過更具奇點主義（Singularitarian）的世界，則會在我的社會發展指數中往上飆增五千點，但可能無法用以寫出一部小說。如果如愛特伍所說，生物工程的第一波成果（她的「天啟馬怪」）是「宅男生物學家會設計出內心渴望宅男生物學家的美女」，那可會散發不少幽默感。如果性選擇隨即趨使其他男性在文化上演進來模仿宅男生物學家的外型，可能就太嚇人了。但或許未來的結果無法使我們產生心理連結。

　　愛特伍撰寫小說時，她觀察道，即使在末日之後，「有些人會倖存，不然就沒故事可說了，對吧？」我想，她在此講出了非常嚴肅的論點。破題時，愛特伍解釋，講故事也是種精巧的分析工具，但天啟馬怪會造成威脅，推翻講故事的必要條件：透過敘事方式來架構經驗的人類。如果這確實是我們的文化演進方向，我認為二十二世紀的後人類超級生物的思維與價值觀（如果這些是正確稱呼的話），對我們而言會更為特異，也更難理解，程度遠比無法理解普林斯頓人類價值觀中心辯論的尼安德塔人更

嚴重。

　　和愛特伍一樣，歷史學家哈拉瑞認為講故事是人類狀況的關鍵，也在他的傑出著作《人類大歷史》（*Sapiens*）的結尾問道：「既然我們可能很快就能設計出自己的慾望，或許我們面對的真正問題並非『我們想成為什麼？』，而是『我們要成為什麼？』」[137] 想到愛特伍的意見後，我就想知道我們是否該繼續下去。或許真正的問題並非「我們想要什麼？」，而是「我們會想要什麼，又究竟會不會想要它？」

　　在最後，我想再次感謝書稿的回應者與其它讀者。即使在就我對一切的正確觀點寫下兩萬字後，我依然不覺得自己說服了他們，他們也沒讓我相信自己錯了。不過，他們肯定讓我對自己的想法更為深思，也用上了全新的思考角度，並在我腦中植入了更多想法，也讓我想寫更多書。對學者而言，這樣就夠好了。

貢獻人士

瑪格麗特・愛特伍於多倫多大學（University of Toronto）的維多利亞學院（Victoria College）得到學士學位，並於雷德克里夫學院（Radcliffe College）取得碩士學位。她是五十本以上的詩集、兒童文學、小說、與非小說的作者，或許她最以小說聞名，作品包括《可食用的女人》（*The Edible Woman*，一九六九年）、《使女的故事》（一九八五年）、《強盜新娘》（*The Robber Bride*，一九九三年）、《雙面葛蕾斯》（*Alias Grace*，一九九六年），與《盲眼刺客》（*The Blind Assassin*），該書在二〇〇〇年贏得知名的布克獎。愛特伍的反烏托邦小說《末世男女》於二〇〇三年出版。《帳篷》（*The Tent*，迷你小說）與《道德缺陷》（*Moral Disorder*，短篇故事集）都於二〇〇六年出版。她最近的詩集《門》（*The Door*）則是於二〇〇七年出版。她的非小說作品《還債：債務與財富的陰暗面》（*Payback: Debt and the Shadow Side of Wealth*）是梅西講座（Massey Lecture）系列的一部分，並在二〇〇八年問世；而她最近的小說《瘋狂亞當》（*MaddAddam*）則於二〇一三年出版。她最新的作品是短篇小說集，名為《死亡之手愛上你》（*Stone Mattress: Nine Tales*）。

克里斯汀·M·柯思嘉德是哈佛大學亞瑟·金斯利·波特級哲學系教授,她從一九九一年就在該校服務。她專攻道德哲學與相關歷史、實踐理性、能動性、個人身分、規範性、我們對待動物上的倫理學。她是四本書的作者:《創造終末王國》(*Creating the Kingdom of Ends*)是關於康德道德哲學的論文集;《規範性的來源》(*The Sources of Normativity*,一九九六年)探討了有關義務基礎的現代觀點;《能動性的構成》(*The Constitution of Agency*,二〇〇八年),是有關實踐理性與道德心理學的論文合輯;《自我構成:能動性,身分,原則一貫性》(二〇〇九年),闡述了奠基於能動性天性的實踐理性與道德。她目前正在撰寫《生物同胞》(*Fellow Creatures*),該書描寫非人動物的道德與法律立場。

史蒂芬·麥奇多是普林斯頓大學的勞倫斯·S·洛克斐勒(Laurance S. Rockefeller)級政治系教授與人類價值觀大學中心的教授,他也身兼法律與公共事務中心(Program on Law and Public Affairs,一九九九至二〇〇一年)的創辦人,與人類價值觀價值中心主任(二〇〇一年至二〇〇九年)。他撰寫並教導政治理論、倫理學、美國憲政主義、公共政策。他的著作包括《自由價值觀:自由憲政中的公民身分,美德,與社群》(*Liberal Virtues: Citizenship, Virtue, and Community in Liberal Constitutionalism*,一九九〇年)、《多樣性與不信任:多文化民主中的公民教育》(*Diversity and Distrust: Civic Education in a Multicultural Democracy*,二〇〇〇年),以及即將出版的《新

婚：同性伴侶，一夫一妻制，與婚姻的未來》（*Just Married: Same-Sex Couples, Monogamy, and the Future of Marriage*，二〇一五年）。他是十五本書的編輯與副編輯，主題涵蓋一九六〇年代的遺留影響，到國際法中的普世司法權。他是美國政治學會（American Political Science Association）的副會長，也是美國文理科學會（American Academy of Arts and Sciences）的成員。

理查・西福德是艾克斯特大學古希臘語言系的榮譽教授。他將研究古代文化視為重要的解放方式（從我們媒體文化中的瑣碎性與逐漸上漲的狹窄性中解放）。他的出版物內容包括荷馬、希臘抒情詩、希臘宗教（特別是戴歐尼修斯〔Dionysos〕教派）、最早的哲學、希臘悲劇、希臘諷刺劇、新約聖經。他的著作包括《互助與儀式：荷馬與發展中城邦的悲劇》（*Reciprocity and Ritual: Homer and Tragedy in the Developing City-State*，一九九五年）、《金錢與早期希臘心智：荷馬，哲學，悲劇》（*Money and the Early Greek Mind: Homer, Philosophy, Tragedy*，二〇〇四年）、《戴歐尼修斯》（二〇〇六年）、《宇宙學與衛城：艾斯奇勒斯悲劇中的時空社會建構》（*Cosmology and the Polis: The Social Construction of Space and Time in the Tragedies of Aeschylus*，二〇一二年）。

史景遷是耶魯大學歷史系的斯特林教授（Sterling Professor）。他是世界上對中國文明與歷史在造就現代中國中所扮演的腳色上最頂尖的權威。他曾獲頒麥克阿瑟獎，也是著作超過十五本

書的作者。他的著作包括《天安門：中國的知識分子與革命》
（*The Gate of Heavenly Peace: The Chinese and Their Revolution,
1895–1980*，一九八一年）與《毛澤東》（一九九九年）。他知名
的《追尋現代中國》（*The Search for Modern China*，一九九〇年）
已成為關於近百年來中國歷史最重要的著作之一。

注記

注：所有URL網址都曾於二〇一四年十月十日檢查過。

前言

1. 《靈長類與哲學家：道德如何演化》（*Primates and Philosophers: How Morality Evolved*），由史蒂夫・麥奇多與約賽亞・歐伯編輯（Princeton, NJ: Princeton University Press, 2009）。

第一章：每個時代都會取得所需思想

1. 我想再次感謝肯・瓦鐸教授讓我在一九八二年加入他的阿西羅斯計畫，也得感謝理查・湯姆林森（Richard Tomlinson）教授在我去過阿西羅斯後，立刻邀我參加他的佩拉克拉（Perachora）挖掘計畫。湯姆林森教授開著伯明罕大學田野考古學小組（Field Archaeology Unit）的荒原路華越野車載我闖蕩歐洲，那台車也只拋錨過一次（地點在當時的南斯拉夫中央，湯姆林森教授用一名組員的尼龍長襪替換了壞掉的風扇皮帶）。

2. 喬治先生的妻子並非喬治太太。希臘鄉間的風俗，是呼喊人們的名字，再加上先生或太太以示尊重（喬治先生會被稱為Kyrios Yiorgos）。我從未得知喬治先生的妻子名字，我也得承認自己從來沒想到要問。

3. 我想感謝坦納委員會（Tanner Committee）、普林斯頓大學人類價值觀中心、與校長雪莉・蒂爾曼（Shirley Tilghman）邀請我進行二〇一二年講座。

4. 其他作家有時會採用不同的名稱。人類學家與考古學家經常使用「狩獵採集者」作為「覓食者」的同義詞（不過有些人認為這兩者不同）；歷史學家、考古學家、人類學家、鄉村社會學家、發展經濟學家有時使用「農業家」、有時還有「農夫」，作為「農民」的替代詞（不過他們更常將「農業家」與「農夫」列為更大的「農民」類別中的不同子類別）；來自各種領域的學者有時偏好說「工業」、「資本主義式」、或「現代」時代，而非「化石燃料」時代。

5. Weber（1968〔1922〕），pp. 4–22.

6. Droysen（1868），p.11，§ 14. 他補充說，哲學家與神學家應該鎖定他稱之為「認知」（recognizing）的第三種知識。

7. Weber（1968〔1922〕），p. 12.

8. 特別是Parsons（1937）。

9. Geertz（1973），p. 5.

10. 同上，p. 23.

11. 同上，pp. 25, 16.

12. Darnton（1984），pp. 4–5.

13. 某些層面而言，這就是安娜斯塔西亞‧卡拉卡西杜（Anastasia Karakasidou）在她的書《麥田，血丘》（*Fields of Wheat, Hills of Blood*）（1997）中所做的事，內容主要取材自一九八九年在阿西羅斯的田野研究。

14. Trigger（1998）講述了這種趨勢的簡史，我也在Morris（2013），pp. 6–17.仔細描寫了我自己的觀點。

15. Bagehot, quoted from Höpfl（1978），p. 19; Gatterer, quoted from Force（2009），p. 458.

16. 我發現Nadel（1964）、Höpfl（1978）、O'Brien（2005）、Olson（2013）特別有用。（我要感謝吉奧瓦娜‧賽瑟拉尼和我討論哲學史，並指引我讀這些資料。）

17. Spencer（1857）依然是最有力的古典演化主義，而Francis（2007）則為Spencer提供了更多細節。

18. Trigger（1998）與Carneiro（2003）是此爭論中的良好參與者－觀察者說法，雙方都偏好對理解作出解釋。我在史丹佛曾近距離體驗過這類辯論，眾人在這議題上的尖酸話語大致造成人類系在一九九八年的分裂。我並非該系成員，但我相信自己是大學中唯一有幸在兩者繼任系的遴選委員會上就任的成員（一個是人類學科學，另一個則是文化與社會人類學）。

19. 我對這點的想法受到Popper（1963）的影響，不過Popper可能會認為我的觀點帶有歷史主義（Popper, 1957）。

20. Weber（1949），p. 90.

21. Gilbert（1966–88）.頭兩卷由倫道夫‧邱吉爾（Randolph Churchill）所著。

22. 有大量文獻與草原社會有關。Khazanov（1984）適切地介紹了該地的人類學，而Beckwith（2009）則介紹了該地歷史。

23. 關於功能主義，參見Radcliffe-Brown（1936）；Parsons（1937,1951）。

24. Landgraber et al.（2012）認為最後的共同祖先生存在七到八百萬年前，比以前的推測約莫早了兩百萬年。

25. E. O. Wilson（1975），p. 562. 一九七〇年代以來，道德的生物性演進就有許多嚴謹的研究（比方說，Boehm, 2012；de Waal et al. 2014），也曾是弗蘭斯‧德瓦爾在普林斯頓的坦納講座主題，時間發生在我講座的九年前（published as de Waal et al. 2006）。

26. Segerstråle（2000）討論了社會生物學上的爭辯，而E. O. Wilson（1994）pp. 330–53，則討論了針對他論點的某些極端批判。其中自然也有例外，像Slingerland（2008）與Herman（2014）。

27. 有關例外，參見Wrangham（2006）；Whiten（2011）。

28. 文化演進造就了大量文獻。在許多方面，L. White（1949）與Steward（1955）都是大多現代討論的起點。Richerson and Boyd（2005）是對當代概念特別良好的代表，我也從Wright（2000）、Boyer（2001）、D. S. Wilson（2003）、Bellah（2011）、Whiten et al.（2011）中學到很多。

29. 參見Dawkins（1976）、Cavalli-Sforza and Feldman（1981）、Durham（1991）。

30. 迷因：Dawkins（1976）、Dennett（1995）、Blackmore（1999）；吸子：Sperber（1966）。

31. 基因：Dawkins（1982）。多層次選擇：Hamilton（1964）、Alexander（1974）、Bowles and Gintis（2011）。

32. Richerson and Boyd（2005），pp. 80, 81.

33. 同上，p. 6.

34. L. White（1949），pp. 390–91.

35. L. White（1943），p. 338（強調語氣來自原文）。

36. Haidt（2012），p. 31.

37. 我得感謝劍橋大學的耶穌學院（Jesus College）贊助這項人類學田野研究。

38. 根據http://quoteinvestigator.com/2011/07/22/keynes-change-mind/，這句話是一句錯誤引言的錯誤歸因，原句出自經濟學家保羅‧薩繆爾森（Paul Samuelson）一九七〇年的訪談。

39. Published as Renfrew（1994）.

40. Turchin（2003），p. 1.

41. 參見www.yale.edu/hraf/。

42. 我特別想到進化研究所（Evolution Institute）的社會文化演進歷史資料庫（Historical Database of Sociocultural Evolution）（Turchin et al. 2012）。

43. 我在Morris（2010 and 2013）中描述了自己的社會發展指數。在一般方法論標準上，我發現Gerring（2001）特別有幫助。

44. 參見http://www.worldvaluessurvey.org/wvs.jsp。

45. 有關世界價值觀調查方式的討論，參見Macintosh（1998）、Silver and Dowley（2000）、Hofstede（2001）、Minkov（2012）。

46. Inglehart and Welzel（2005），p. 5.

47. 我從https://www.cia.gov/library/publications/the-world-factbook/fields/2012.html#lo得到這些數據。

48. R^2分數從0（資料點數的分配完全隨機化，而線性迴歸分析與觀察毫無關聯。）到1.0（資料點數成為完美的直線，線性迴歸分析則鑽過每個點數）。

49. Inglehart and Welzel（2005），p. 5.

50. 圖表1.3與1.4只包含七十二個社會，因為我的資料來源（二〇一二年的《中情局世界概況》〔CIA World Factbook〕，參見52）沒有包含可供兩項世界價值觀調查案例使用的資訊（北愛爾蘭並非獨立國家，因此沒有入境資訊，而斯洛伐克經濟體中三個區域的數值只只總結到80%，而不是100%）。

51. 參見http://www.worldvaluessurvey.org/WVSContents.jsp。網站作者補充說，這是「大略簡化過的分析。」

52. 這裡自然是北希臘的馬其頓（Makedonia）yeografika diamerisma（地理區），不應被搞混為創立於一九九一年的前南斯拉夫馬其頓共和國，那裡是英格爾哈特與韋爾策爾在圖表1.5中標記的「馬其頓」。

53. 資料來自https://www.cia.gov/library/publications/the-world-factbook/fields/2012.html#lo。（渺小的福克蘭群島上的羊群比人類還多，島上最高的資源量來自農耕，它占了95%的國內生產毛額；在較大的國家中，賴比瑞亞則最高，數值有76.9%。）

第二章：覓食者

1. Lee and Daly（1999b），p. 3.

2. Panter-Brick et al.（2001），p. 2（強調語氣來自原文）。

3. 特別參見Kelly（2013）。

4. Earle and Johnson（1987），pp.65–83 and 172–86，寫了良好的討論。

5. 日期取決於我們該優先考量遺傳學和骨骸證據，這點認為「擁有現代體態的人類」（長得像我們的人）出現在靠近這段漫長時期的開頭，或是優先考量考古學證據，它認為「擁有現代行為的人類」（行為思考都像我們的人）在接近該時期結尾時才出現。Renfrew（2008）將現代身體與現代行為之間的時間落差形容為「智人矛盾」（sapient paradox）。Klein（2009）重新評估了證據，不過這領域中的進步出現得極快，使克萊恩的說法已在許多層面上變得落伍。

6. Kuhn and Stiner（2001）.

7. Lee and Daly（1999a）；Panter-Brick et al.（2001b）and Kelly（2013）都是對覓食社會的傑出總覽。

8. Rowley-Conwy（2001）對此議題闡述得特別好。

9. Herodotus 4.13, 18, 23, 25. Mayor（2000）, pp. 29–53明確表示，希羅多德聽說過曾旅行到乾草原遠方的旅行者們的說法（包括七世紀詩人阿里斯提亞斯〔Aristeas〕）。

10. Hartog（1988）是個經典分析，不過他的解釋有些冗長；Thomas（2002）更為精確。

11. Barnard（2004）對智慧傳統做出更明確的闡述。

12. 特別是Binford（1980）與Woodburn（1980）。

13. Schrire（1984）是篇經典解釋；Sassaman and Holly（2011）顯示出這項方式對北美洲史前時代的意義。

14. 特別是Fabian（1983）。

15. Lee and Daly（2004）提供了簡短概述與許多文獻資料。

16. Binford（2001）.

17. Childe（1936,1942）；Morgan（1877）。

18. Kent（1996）；Kelly（2013）。

19. 舉例而言，比較Marlowe（2010）對坦尚尼亞哈札人的說法，與Binford（1978）對阿拉斯加奴那苗族（Nunamiut）的說法。

20. 關於傳統與信仰，參見Cannon（2011）與Cummings（2013）；關於理性選擇，參見Winterhalder and Smith（1981）。

21. Bettinger（2009）。

22. Barker（2006）, pp. 47–54.

23. Lee and DeVore（1968）, p. 11.

24. Service（1971）, pp. 46–48; Johnson and Earle（1987）, pp. 30–31, 34–37; Ingold（1999）, p. 401.

25. 族群大小的計算來自Wobst（1974）。

26. Johnson and Earle（1987）, pp. 27–61, 132–38, and 161–72 提供了對社群大小的良好概論，Heizer（1978）與Suttles（1990）更加深入地探討了太平洋沿岸的範例。

27. Mithen（2003）對這些過程有鮮明的描述。

28. Lee and Daly（1999a）, Panter-Brick（2001）, and Kelly（2013） 包含了諸多資訊，Johnson and Earle（1987）, pp. 27–61則描繪出了一般模式。

29. Lee（1979）, pp. 116–332關於喀拉哈里沙漠中昆申族的內容，依然是篇經典

研究。

30. Torrence（2001）; Kelly（2013）, pp. 114–36.

31. Sahlins（1972）.

32. 同上（1972）, p. 37.

33. Wilmsen（1989）也聚焦於昆申族，並更為強烈地詮釋事實。

34. 關於繩紋，參見Habu（2004）；關於太平洋西北岸，參見注26。

35. 我在Morris（2013）, pp. 60–141.中擴展了這個論點。

36. 特別參見Binford（1980）; Woodburn（1982）.

37. Gurven and Kaplan（2007）.

38. Panter-Brick（2001b）, pp. 170–266; Boone（2002）. Diamond（2012）, pp. 173–240 對覓食者人口有良好的概述。

39. 這點有許多優秀研究；Cashdan（1980）; Gardner（1991）；而Boehm（1993）特別有幫助。

40. Lee and Daly（1999a）.

41. Flannery and Marcus（2012）, pp. 66–87描述了北美洲太平洋沿岸從西元八百年到一二〇〇年之間崛起的政治階級與不公。

42. Angelbeck and Grier（2012）為太平洋西北沿岸的海岸薩利希族（Coast Salish）做出此主張，不過我不認為這論點很有說服力。

43. Lee（1979）, p. 348.

44. 引用自Boehm（1999）, p. 62.

45. Silberbauer（1982）這項方式相當類似之後的許多學術設定。

46. Steward（1938）, pp. 106–107.

47. Lee（1979）, p. 246.反動行為：Boehm（1999）, p. 44.

48. 範例取自Boehm（1999）, p. 75.

49. Myers（1986）, p. 224.

50. Johnson and Earle（1987）, p. 81.

51. Engels（1972 [1884]）.

52. Johnson and Earle（1987）, p. 96強森與厄爾使用「家庭級組織」這詞彙，來涵蓋大多覓食者與部分最單純的農耕社會。

53. 吉尼係數由柯拉多‧吉尼（Corrado Gini）於一九〇九年發明，它是最普遍用於計算不平等程度的測量方式。不過，也有人批判它。對某些經濟學家而言（比方說Bellù and Liberati 2006），收入不均的不同模式能產生相同的分數，因此限制了它的價值觀，而其他人則堅稱「不可能用單象限指數來總解多象限的現實，卻又不過度簡化事物和混和不該被共同處理的因子」（Piketty 2014, p. 266）。如Piketty（2014）所示，以不同方式剖析收入不

均，能顯露出不同的模式。不過，我在此使用吉尼係數的原因，是由於歷史學家早在古代就開始計算它們（只有大致數值），也因為資料是由史密斯等人所收集。二〇一〇年也讓我們更加了解覓食與小規模農耕社會中財富不均狀況的吉尼係數。相反的是，儘管皮凱提展示的十分位收入圖表（它將人口分為十個收入組別，並比較每個組別在每種時期中的財富分紅）擁有許多優勢，詳細十分位財富／繼承分配只有在十八世紀早期才能計算（當時也只有歐洲與其殖民地可用），而詳細十分位收入模式也只能應用到一九一〇年代的西方所得稅紀錄初期。

54. Smith et al.（2010）經濟學家總是強烈區分財富不均（不同個體或群體持有的資產差距）與收入不均（不同個體或群體的收入差距）。我在本書中遵循他們的指引，但現代化前社會中可用證據的缺點，代表不可能一直能夠在每種層面中計算這兩種不平等狀況的吉尼係數。在可行的情況下，我為收入不均提供分數，但Smith et al.（2010）的財富不均計算，卻是覓食者唯一得到的吉尼係數。每次我以文字展示吉尼係數，都會特別說明它們象徵財富或收入。整體而言，財富不均經常比收入不均還來得大，因為擱置收入以累積資本，對高收入個體或群體而言比低收入個體或群體還容易，後者被迫得在食衣住行等必要層面花上高比例的收入。

55. Tron（2013），pp. 25–29; Trinkaus et al.（2014）。

56. 參見Flannery and Marcus（2012）（前面的注41）。

57. 馬克思與恩格斯在這議題上著作的文獻已大量散播，有時還自相矛盾，但Bloch（1983），pp. 91–94則做出了不錯的總結。

58. Steward（1977），pp. 375–78.

59. Arnold（1995, 2007）。

60. Wenzel et al.（2000）; Henrich（2012）; Kelly（2013），pp. 137–65.

61. Kamei（2005），p. 354.

62. Peterson（1993）; Wilson（1998）; Marlowe（2010），pp. 225–54.

63. 小巴士（Matatus）（在一九八〇年代時）是老舊的休旅車，只要你付費，就能搭車前往所有地點，無論目的地有沒有道路都行。它們經常造成惡名昭彰的致命車禍。

64. Shostak（1981），p. 139.

65. 這些議題上有許多相關文獻，但經濟學家Paul Seabright提供了優秀的概論（2013b, pp. 12–15, 67–82）。

66. Shostak（1981），p. 243.

67. Endicott（1999）。

68. 參見Johnson and Earle（1987）; LeBlanc and Register（2003）; Otterbein

（2004）.

69. Chagnon（1988）; Beckerman et al.（2009）.

70. 舉例而言，參見Keeley（1996）; Gat（2006）; 與Pinker（2011）中的數據。關於這些資料錯誤代表了更祥和的社會相關辯論，參見Fry（2013）; 至於對「和平史前時代」的強烈駁斥，參見LeBlanc（2013, 2014）。

71. 參見Chagnon（1988）and Beckerman et al.（2009）（先前的注68）。

72. Milner（2005）討論了詮釋中的部分主要問題。關於尼安德塔人與現代早期人類創傷，參見Trinkaus（2012）。

73. Thomas（1959）與底特律比較暴力死亡率：Knauft（1985）, p. 375, table E.

74. 我在Morris（2014）, pp. 288–319詳述了自己的觀點。

75. 我說「他」而非「他或她」的原因，是由於在我們可找到文獻記載的每個社會中，無論該社會是由覓食者、農民、或化石燃料使用者組成，90%以上的暴力犯罪都由男性造成（Ghiglieri 1999解釋了原因）。

76. Axelrod（1984）and Bowles and Gintis（2011）解釋了這項後果背後的邏輯。

77. 在阿嘉莎・克莉絲蒂（Agatha Christie）這本知名的一九三四年小說中，一台前往伊斯坦堡的列車上的十二名乘客，聯手殺死令人鄙視的第十三名乘客，身為經典反動份子的他，先前犯下了一件影響所有人的謀殺案。赫丘勒・白羅（Hercule Poirot）解開了案件，但在同情覓食者價值觀的情況下，他決定不將真相告知警方。

78. 民族誌學者紀錄了許多案例：比方說，參見Hoebl（1954）, pp. 88–92; Lee（1982）, p. 47; Woodburn（1982）, p. 436; Knauft（1987）, pp. 475–76.

第三章：農民

1. Panter-Brick et al.（2001a）, p. 2; Lee and DeVore（1968）, p. 11.

2. 參見http://www.ars.usda.gov/Services/docs.htm?docid=8964。

3. 在關於馴化的許多描述中，Zohary et al.（2013）特別優秀。

4. 與其使用「粗耕」，有些學者偏好將之稱為「火耕」（swidden）或「刀耕火種」（slash-and-burn），指的是某些族群透過在森林燒出空地，讓碳進入土壤。接著他們會在空地上耕作，直到該處的養分（與收穫量）下降，接下來他們就會搬遷到別的森林空地。

5. Wolf（1966）, p. 11.

6. 在大量文獻中，我認為Moore（1967）; E. Weber（1976）; Gellner（1983）; and Hall（1985）特別有啟發性。

7. Ober（2015）提出了古希臘狀況中的某些差異。

8. Redfield（1956），p. 62.

9. 我使用Christian（2004）表格6.2中的人口估算。所有估算都有寬闊的誤差範圍，但我沒注意到任何與克里斯蒂安的計算不同、導致得更正這種模式的數據。

10. 針對農耕社會的測量比對覓食者社會進行的測量來得少，而這些測量大多由人類學家進行（像是Potter et al. 1967; Shanin 1971; and Johnson and Earle 1987, pp. 207–312），而非歷史學家（像是Crone 1989; Christian 2004, pp. 206–332）。Cipolla（1980）對西元一〇〇〇年至一七〇〇年的歐洲有良好闡述，Braudel（1981）則詳述了西元一四〇〇年到一八〇〇年之間歐洲的狀況。

11. 歷史學術界最重要的特色之一，在於由經歷過研究中特定事件與過程的人寫下的第一手資料，與生活在研究中特定事件與過程之後時期的人，所寫下的第二手資料之間的區別。除非第二手資料來源能追朔回第一手資料，不然它們毫無價值。

12. Harris（1989）；關於西元兩千年的英格蘭，參見Stone（1964, 1969）。我在Morris（2013），pp. 218–37，對東西方識字率做過粗略比較。

13. Le Roy Ladurie（1978）。

14. 植物學家通常將「大型」穀粒的截止點設在十五毫克，動物學家則將「大型」動物的截止點設在四十公斤（一百磅）。我會在第五章繼續談論丘陵側翼區。

15. Smart and Simmonds（1995）；Hancock（2012）；Zohary et al.（2013）。

16. 關於大部分這類擴張，參見Mithen（2003）；關於大洋洲，參見Kirch（2000）。Colledge and Connolly（2007）記載了馴化動植物從丘陵側翼區被運到全歐洲的過程。

17. 東亞自然有類似地中海的水體：南中國海，但這裡（以及諸如波羅的海與加勒比海等類似的內陸海域）並沒有受到單一帝國統治，也沒有擁有這麼多潛在貿易夥伴連結。

18. 我在Morris（2010）pp. 81–342，以自己的觀點敘述了這段故事。

19. Morris（2013），pp. 66–109. Andrew Sherratt（1997），pp. 155–248特別探討過這段過程，他稱此為「次要產品革命」。關於該過程的殘忍程度，參見Harari（2014），pp. 93–97.

20. 作為標準的經驗法則，從穀類到肉的轉換率（透過食用穀類的動物，牠們隨後受到人類食用）大約是10:1。關於計算方式，參見Morris（2013），pp. 53–58 and 102–6.

21. 馬爾薩斯在一七九〇年代就已辨識出食物與非食物卡路里之間差異的重要

性。「人們該永遠記得，」他寫道，「食物與製造產品之間的根本差異，其中含有大量原料。對這些剩餘物品的需求，無法創造出能滿足要求的數量。對食物的需求完全沒有同樣的創造力。」（Malthus 1970 [1798], pp. 99–100）。

22. Morris（2013）,pp.66–80,98–102 關於有機經濟，參見Wrigley（2000）。

23. 文獻來源保存了某些關於西元前五世紀雅典航海探險的數據，這些航程持續了好幾天。至少有10%的人口肯定參與其中，而真正的數據大概是15%或20%。

24. 瓦格納里DNA：http://www.independent.co.uk/news/science/archaeology/news/ambassador-or-slave-east-asian-skeleton-discovered-in-vagnari-roman-cemetery-1879551.html。羅馬大使：Leslie and Gardner（1996）.

25. Brook（1998），p. 19.

26. Johnson and Earle（1987），p. 324. 人口密度極高的史前覓食者可能居住在資源豐富的環境中，像是日本南部與波羅的海沿岸。

27. Hansen（1985, 2006）.透過我的粗略估計（2006），西元前四世紀的希臘人佔據了約六萬平方英哩。希臘人的總人數約莫是六百萬人左右，代表平均人口密度是一平方英哩有一百人。

28. 我在Morris（2013），pp. 146–65 收集了一些相關資料。

29. Chayanov（1986 [1925]）是篇以農民勞動為主題的經典研究，得與Potter et al.（1967）and Shanin（1971）的經濟學論文一同閱讀。

30. 海西奧德，《工作與時日》，第三百八十二行。古典學家已經對這首詩的作者身分與文體爭辯許久，有些人認為「海西奧德」其實是詩文角色，而非真人（參見Lamberton 1988; Rosen 1997），但這些辯論可能不會影響我在此引用《工作與時日》的方式。E. Francis（1945）and Millett（1984）分析了海西奧德世界中農民的特色。

31. 文森佐·帕杜拉（Vincenzo Padula），摘自Friedmann（1967），p. 325.

32. 骨骸：Armelagos and Harper（2005）; C. Larsen（1995, 2006）. Kopke and Baten（2005）檢查了骨骸證據以調查人口身材，並認為羅馬帝國統治下沒有出現太大的變化。

33. Shennan et al.（2013）.

34. 中世紀溫暖時期：Fagan（2008）提供了一項有趣的紀錄。黑死病時期的死亡率：Benedictow（2004）。薪資：Allen（2001）（Pamuk and Shatzmiller〔2014〕比較歐洲黑死病死亡率與薪資和中東的狀況、以及開始於西元六世紀的查士丁尼大瘟疫〔Justinianic plague〕的後果）。Le Roy Ladurie（1976）對法國南部十四世紀到十六世紀的疫病循環做出了優秀的闡述。

35. 美國駐普魯士大使約翰‧昆西‧亞當斯，信函於一八〇〇年寫自西利西亞（Silesia）（引用自Blum〔1976〕，pp. 181, 183）。

36. 安東‧契訶夫，《農民》（1897），第四部，引用自http://www.online-literature.com/o_henry/1285/。（感謝羅伯‧坦皮歐讓我注意到這篇故事。）

37. Maddison（2010）。他的數據以一九九〇年的國際元（International Geary-Khamis dollars）表達，該單位是設計來解決名目對上購買力平價率的問題。

38. Morris（2013）。我認為（pp. 77–80）經濟學家計算國內生產毛額／人均與實際工資的方式可能低估了現代化前社會的財富。

39. Figes（2006），pp. 84–121對十九世紀晚期的真實俄羅斯農民提出良好的簡短概述，而Vucinich（1968）則提供了更多細節（包括一段關於俄國文學中農民的篇章）。

40. 老普林尼，《自然史》（*Natural History*）第三十三段第一百三十五行，與第十八段第七行（Garnsey and Saller〔1987〕, pp. 67–68討論過此點）。

41. Wickham（2009），p. 29.

42. 資料與計算來自Scheidel and Friesen（2009）.

43. Milanovic et al.（2007）; cf. Milanovic（2006）.

44. 如第二章中所注，財富不均的吉尼係數經常比收入不均的數值高。

45. Smith et al.（2010）.

46. 我用Goody（1976）的資料建立這些論點。

47. Bocquet-Appel and Bar-Yosef（2008）.

48. Livi-Bacci（2001），pp. 9–28.

49. 參見人類關係區域檔案收集的資料（www.yale.edu/hraf/）。

50. Moore et al.（2000）.

51. Morris（2010），pp. 481–83 近來有大量書籍釐清了我們對羅馬經濟的了解，比方說Harris（2010）; Bowman and Wilson（2012, 2013a, 2013b）; Scheidel（2012）; Temin（2012）; Flohr（2013）; Kay（2014）; Russell（2014）。

52. 普林尼，《自然史》，第十八段第一百零七行。普林尼於西元七十年寫下了這個部分。

53. Saller（2007）表格4.1。

54. Treggiari（1979），p. 78.

55. Goody（1976）; Smith et al.（2010）.

56. Friedmann（1967 [1953]），p. 328.

57. Hodder（2006）描述了加泰土丘的發展。

58. 我在Morris（2010），pp. 97–112 發展了這些論點。傑克‧顧迪（Jack

Goody）的經典西非民族誌《死亡，財產，與祖先》（*Death, Property and the Ancestors*）（1962）依然值得一讀。

59. 在諸多文獻中，我特別受到以下資料影響：Sahlins（1972），pp. 101–48; Costin（1991, 1996）; Earle（2002），pp. 127–61; and Trigger（2003），pp. 338–74.

60. 海西奧德，《工作與時日》，第四百零七行第八段。

61. 同上，第四百一十四行至第四百五十七行。Barber（1994）對現代化前的紡織做出了傑出的跨文化調查。

62. 《工作與時日》，第四百九十三行至第四百九十四行。

63. 同上，第二十五行至第二十六行。

64. 比方說，參見Bradley and Edmonds's（1993）對新石器時代歐洲石斧的研究。

65. Grosman et al.（2008）.

66. Larsen（1967, 1977）; Stolper（1985）; Abraham（2004）.

67. Goitein（1967–88）; Greif（2006）; Kuhn（2009），pp. 205–9 即使在演進最複雜的社會中，家族企業依然十分重要（Colli 2003）。

68. 作為農耕社會中大量集體勞動的範例之一，某個羅馬資料來源（Frontinus, *On Aqueducts* 7.4–5）告訴我們，在西元前一百四十年晚期，參議院花了一億八千萬枚羅馬銀幣（足以支付三千到四千五百萬個勞動日）以維修並建造新的下水道與水道。Dan-el Padilla Peralta（2014, pp. 63–64）計算出該計畫可能在四年內雇用了約十萬人到十五萬人，每人每年的平均工時為七十五天。

69. Carballo（2013）是組傑出的報告，討論了史前人們如何（與為何）解決集體行動問題的考古證據。

70. Earle（1997, 2002）.

71. Parker Pearson（2012）.

72. *Works and Days* 602, with West（1978），pp. 309–10.

73. Postgate（1992），pp. 234–40; M. A. Powell（1987）.

74. Garnsey（1980）.

75. 比方說，參見Braudel（1982）,pp.52–54; Pamuk and Shatzmiller（2014）; Chaudhuri（1990），pp. 297–337; Broadberry and Gupta（2006）; Parthasarathi（2011），pp. 37–46; Brook（1998），pp. 114, 256; Pomeranz（2000），pp. 91–106.

76. G. Wright（1978），p. 47.

77. Scheidel（2010）率先計算了古代的實際工資。

78. 我在Morris（2002）中更深入地呈現了這項論點。

79. Watson（1980）; O. Patterson（1982）.

80. Finley（1959）.

81. Finley（1980）and O. Patterson（1982）有傑出討論。

82. Akkermans and Schwartz（2003）, p.88;Schmandt-Besserat（1992）;Demattè（2010）.

83. del Carmen Rodríguez Martínez et al.（2005）; Saturno et al.（2006）.

84. Jack Goody (1977, 1986, 1987) 是這項觀點的主要支持者，而古典學者Barry Powell（2012）則以全新方向發展此觀點。一直有人宣稱顧迪的理論發生「內爆」（像是Halverson〔1992〕），但這些說詞終究說得太早了。

85. 有許多關於國家資訊的學術文獻。Trigger（2003）and Flannery and Marcus（2012）都有很棒的圖書資料。

86. 在諸多有關農業國家中政治社會學的紀錄裡，我認為Eisenstadt（1963）; Mann（1986）; Tilly（1992）; and Bang and Scheidel（2013）特別有用。

87. Gellner（1988）, p. 17.

88. 同上，pp. 9–10.

89. 親王李沃夫，引用自Figes（2006）, p. 46.

90. Hall（1985）.

91. Gellner（1988）, p. 22.

92. 蓋爾納也認為「放牧者或是山區農民經常構成小型生產者社群，他們身處的環境，讓他們能夠抵抗統治」是他概括說法中的特例（1988, p. 22）。人類學家們通常將畜牧者當作與農民截然不同的群體，許多遵循沃爾夫定義的學者，也說遠離國家政府的山區耕作者，在定義上不算是農民。

93. Hansen（2000）對城邦提供了傑出概論。

94. 食物進口：Garnsey（1988）。經濟成長：Morris（2004）; Ober（2010）。實際工資：Scheidel（2010）。識字率：Harris（1989）。文化爆炸：Ober（2008）; Morris（2009, pp. 151–53）（許多這類發展也出現在其他古希臘城市中，但雅典是極端範例，目前也有最多文獻紀錄。）Starr（2013）對西元第二個千年早期的中亞城邦中的文化侵蝕做出傑出闡述，裡頭也使用了「古典」這標籤。

95. Ober（2015）在古希臘這點上特別精闢。

96. 原本在Morris（1997）中呈現地更為精闢。

97. 關於雅典菁英，Davies（1971 and 1981）and Ober（1989）都是經典文獻。

98. 關於雅典民主，參見Ober（1989）與Hansen（1991）。Hansen and Nielsen（2004）對其他希臘城市實施的情況做出了豐富的概論。

99. Morris（2000）,pp.140–41. Geof Kron（即將出版）從西元前三百二十二年的雅典資料調查中，計算出了0.71的財富不均吉尼係數；Ober（2015）。

100. 薪資：Scheidel（2010）。房屋：Morris（2004）。討論：Ober（2010, 2015）。

101. 希臘奴隸制：bradley and Cartledge（2009, pp. 22-213）。希臘性別系統：Foxhall（2013）。

102. Ober （2008）, pp. 254–55.

103. 我在Morris（2009）中詳細討論了這項論點。

104. 雅各．古耶爾致符騰堡的路德維格．歐根親王（1765），摘自Blum（1976）, p. 295.

105. 《禮記》第七篇，由金，與金翻譯（2014），第九頁。

106. 海西奧德，《工作與時日》，第兩百二十五行至第兩百三十五行；《神譜》（Theogony），第七十九行至第九十三行。我將希臘文basileis翻譯為「貴族」。有些古典學家偏好使用「酋長」，有些人則使用「國王」，但這個字明顯代表政治權力的擁有人（Drews〔1983〕依然是此議題上的優秀討論）。

107. 翻譯於Cooper（1986）第九頁。

108. Oakley（2006）大力推崇這項概念。

109. 海西奧德，《工作與時日》，第三百一十三行，第三百一十九行。

110. 奧古斯丁，《佈道集》（Sermon），第三百四十五行第一節，引用自P．布朗（2012），第三百四十五頁。

111. Blum（1976）, p. 114.

112. Gellner（1983）, p. 10.

113. 兩項範例都引用自Crone（1989）, p. 105.

114. D. Brown（1991）, p. 1.

115. Wiser and Wiser（1963）, pp. 124, 127.

116. Kroeber（1948）, p. 248.

117. Redfield（1956）, pp. 31, 68, 70.

118. Freedman（1999）, p. 3.

119. Scott（1990）, p. 95.

120. Figes（2014）, p. 194關於更普遍的觀點，參見Field（1976）。

121. Hobsbawm（1959）有相當值得一讀的論述。

122. 伊利法院紀錄，一三八一年七月二十日，引用自Kirshner and Morrison（1986）, pp. 461–63.

123. 與貝納德．帕爾斯（Bernard Pares）交談的俄國農民，引述自Figes（2006），

p. 203.

124. Bagley（1999），pp. 230–31; Shaughnessy（1999），pp. 313–17.

125. 〈撒母耳記〉（Samuel）上，第十六章第一節（欽定版聖經翻譯，一六〇四至一一年）。

126. 〈彌迦書〉（Micah）第三章第十一節至第十二節（欽定版聖經翻譯）。希伯來聖經中的〈先知書〉（The Books of the Prophets）帶來了比海西奧德還麻煩的詮釋問題。學術界中的一批極端學者認為，只要花時間在日後的編輯與插補上，我們就或多或少能接納文獻中作者的身分（諸如Dever〔2001〕；Provan et al.〔2003〕）；立場相反的另一批學者則覺得文獻主要寫於希臘時代，而保存下來的書本則由名稱大多為虛構的作者寫成（像是P. Davies〔1996〕）。位於兩者之間的學者們則認為文獻大多寫於巴比倫，即西元前五百八十六年，到對耶路撒冷進行攻城戰前後一兩個世代之間，作為早期以色列歷史的大規模重新想像的版本（像是Liverani〔2005〕）。

127. 海西奧德，《工作與時日》，第三十八行至第三十九行，第兩百四十行至第兩百四十七行。

128. 〈列王記〉（Kings）下，第十六章第二節。

129. 薩盧斯特，《凱特琳的陰謀》（Conspiracy of Catiline）（寫於西元前四十三年至西元前四十年），第十行。

130. Gunesekara（1994），p. 83.

131. 契訶夫，《農民》（一八九七年），第六段。

132. 奧古斯丁，《佈道集》，第三十七行第四節，引用自P. Brown（2012），p. 349.

133. Brisch（2012）調查了全世界早期的神聖王權。

134. Postgate（1994）與Kemp（2005）的討論都相當不錯。

135. Jaspers（1953 [1949]），p. 1.

136. 關於軸心時代的大型文獻，Eisenstadt（1986）；Arnason et al.（2005）；Armstrong（2006）; and Bellah（2011）特別寶貴。

137. Momigliano（1975），p. 9.

138. 在這點與隨後的段落中，我的資料取自Morris（2010），pp. 245–63, 320–30.

139. 阿育王，大磨崖碑文（Major Rock Edict）第五段，與坎達哈雙語岩石銘文（Kandahar Bilingual Rock Inscription）（亞拉姆文〔Aramaic〕），翻譯於Thapar（1973），pp. 252, 260.。關於阿育王與法（dhamma），同時參見Seneviratna（1994）。

140. 關於一般狀況，參見Balazs（1964）；而宋朝（西元九六〇年至西元一二七九年）可能是國家儒家信仰的最高峰，Kuhn（2009）。

141. Shaw（1985）; Rowe and Schofield（2000）, part II; Barnes（2011）; P. Brown（1995, 2012）.

142. 〈馬太福音〉第十九章第二十四節。

143. P. Brown（2012）, pp. xxiv.

144. Blum（1976）, pp. 47–48.

145. Elkins（1959）. Lane（1971）總結了「山波論文」（Sambo thesis）的爭議。

146. Ober（1989）為雅典對政治與經濟不平等的觀點提供了傑出解釋。關於華麗房舍與墓穴，參見Morris（1992）, pp. 103–55. 隱形經濟：Cohen（1992）。

147. Richard Rumbold（1685），引用自Hill（1984）,p.37；艾比澤‧庫柏，《飛行火捲》（*A Fiery Flying Roll*）第一部（1649），引用自Hill（1984）, p. 43.

148. 引用自Elvin（1973）, p. 246.

149. 最知名的例外可能是柏拉圖（《理想國》，第四百四十九行a至第四百六十六行d），但他也使蘇格拉底強烈堅稱《理想國》中的論點，只是永遠不可能存在於現實世界的理論性推測（第四百七十一行c至第四百七十三行e）。

150. 引用自Ebrey（1993）, p. 152.

151. 西賽羅，《論共和國》（*Republic*）第一段第六十七行（概述柏拉圖，《理想國》，第五百六十二行c至第五百六十三行e）。

152. 阿里斯托芬，《雅典女人在婦女節》（*Thesmophoriazousai*）（約西元前四百一十一年）與《伊克里西阿》（*Ekklesiazousai*）（約西元前三百九十二年）。

153. Donker van Heel（2014）。

154. Cox（1990）,p.15. Bornstein（1979）重製了部分最為重要的文獻。Warner（2011）討論了法國傳統，Apetrei（2010）則將此故事導入十八世紀早期的英格蘭。

155. 於Kelly（1984）, p. 74討論過（並挑戰了這想法）。

156. 有許多關於厭女文學的調查；Wilson and Makowski（1990）涵蓋了西元一世紀至十四世紀的歐洲，是篇特別驚人的研究。

157. Thomas and Znaniecki（1971 [1918]）, p. 24.

158. 同上，p. 24.

159. Mitterauer and Sieder（1982 [1977]）, p. 104.

160. Thompson（1993）, pp. 467–538 含有對十八世紀英格蘭的鮮明範例。

161. 莎士比亞，《亨利六世》（*Henry VI*）第三部（約一五九一年），第一幕，第四場，第一百四十行，第一百四十四行至第一百四十五行；派斯頓信件

（Paston Letters）（一四五四年一月），摘自Weir（1995），p. 183 對瑪格麗特的學術研究則令人訝異地罕見：Erlanger（1970）或許依然是最佳研究。

162. Egan（2013）討論了李的傳記以及對她詩文的詮釋性辯論。

163. 這段演說並沒有提及丈夫與妻子的名字，但我們有充分理由能認為女方是圖瑞亞，丈夫則是昆特斯・盧克里修斯・維斯皮洛（Quintus Lucretius Vespillo），羅馬詩人瓦萊里烏斯・馬克西姆斯（Valerius Maximus）曾提及這兩人（《著名言行錄》（*Memorable Deeds and Sayings*）第六段第七節）。悼詞的翻譯可參見www.stoa.org/diotima/anthology/wlgr/wlgr-publiclife168.shtml。

164. 在Treggiari（1991），pp. 183–228中有描述。

165. 威廉・莎士比亞，《特洛勒斯與克瑞西達》（約一六〇二年），第一幕，第三場，第一百零一行至第一百二十四行。

166. 霍布斯其實在《論公民》（*De Cive*）（1642）的序言中使用過知名的句子「所有人對所有人的戰爭」（bellum omnium contra omnes），但他在《利維坦》（1651）第十四章中用過非常相似的形容方式。

167. 參見第二章中注66提到的資料來源，與Morris（2014），pp. 109–11, 145–47.

168. 霍布斯，《利維坦》（1651），第十七章。

169. Gellner（1983），p. 10.

170. 我在Morris（2014），pp. 27–215 記錄過這點。

171. Weber（1968），p. 904.

172. Harris（2004）；Elias（1982 [1939]）；Spierenburg（2008），pp. 1–164; Pinker（2011），pp. 59–188.

173. 奧盧斯・格利烏斯，《閣樓夜》（*Attic Nights*）第一段第二十六行（約西元一七五年）。這段故事肯定設定發生於西元一〇〇年左右。Saller（1994），pp. 133–53 對鞭子在希臘－羅馬家庭階級中的象徵意義有傑出的闡述。

第四章：化石燃料

1. Crosby（2006）是篇不錯的非技術性介紹；Smil（1994）提供了更多細節。

2. A.H.V. Smith（1997）；Mokyr（1990），pp. 21–22.

3. 關於英格蘭工業革命的細節，Landes（1969）依然是篇經典，Floud and McCloskey（1994）；Wrigley（2000）；Allen（2009）; and Mokyr（2010）則提供了更新資訊。

4. 計算結果來自Morris（2013），pp. 63–65.

5. Frieden（2006）對此講解地特別詳細。

6. Morris（2013），pp. 218–37 特別是圖表6.5與圖表6.6。

7. Marx and Engels（1977 [1848]），p. 224.

8. Ferguson（2003），p. 59. Belich（2009）對他所謂「盎格魯世界的崛起」有良好闡述。

9. 計算結果來自Christian（2004），表格11.1。

10. 資料來源同上，表格6.2；*Economist Pocket World in Figures 2013 Edition*（London: Profile, 2013），p. 19; Morris（2013），表格4.1與4.2。

11. Malthus（1970 [1798]），該與Mayhew（2014）共同閱讀。

12. Deaton（2013）就針對貧窮的「大逃亡」做出了絕佳闡述。

13. 亞當斯密，《國民財富的性質和原因的研究》（*An Inquiry into the Nature and Causes of the Wealth of Nations*）（1776），第一冊，第一章。

14. 同上，第四冊，第二章。

15. Thompson（1963 and 1993），pp. 352–403對此有特別良好的解釋。

16. 儘管有數百萬英國人，在恐怖的一八四〇年代愛爾蘭馬鈴薯飢荒下挨餓，災難主要降臨在國內最少有工廠工作的地區。

17. 參見先前注3中列出的工作。

18. Allen（2007）.

19. 在他的暢銷書《二十一世紀資本論》（*Capital in the Twenty-First Century*），托瑪·皮凱提（2014）主張由於吉尼係數因資本與勞動而合併了收入分紅，它們便混淆了一項更重要的模式；該模式顯示資本回到資本的速度，比整體經濟還快，一直到兩場世界大戰帶來的外界衝擊，迫使政治改變出現，並破壞了這項趨勢。他認為，這項衝擊的後續效果延續到了一九七〇年代，當時的不平等狀況已經再度崛起。在某些層面而言，皮凱提的經驗式主張來自他選擇用十分位的計算方式處理不平等狀況，而不使用吉尼係數，我會在之後的注46再談這點。

20. 透過皮凱提的計算（2014），英國由最頂層的10%與1%人口掌握的稅前財富持續上升到一九〇〇後不久，接著迅速下跌。

21. Kuznets（1955）；Lindert and Williamson（1983），p. 102; Morrisson and Snyder（2000），p. 76; Lindert and Williamson（2012）.

22. 另一項諷刺的點是，在二十世紀抽取（並出口）大量世界化石燃料的中東國家，卻是最慢開始工業化的國家，移向典型化石燃料國家的社會架構與價值觀（包括廢除奴隸制）的速度也最慢。

23. 參見http://data.un.org/Data.aspx?d=PopDiv&f=variableID%3A77；MacDorman and Matthews（2009）；https://www.cia.gov/library/publications/the-world-factbook/rankorder/2091rank.html。

24. Ray（1998），pp. 302–26 有絕佳的概論，而Becker（1991），pp. 135–78則有

更理論化的想法。

25.　Livi-Bacci（2000），pp. 126–89; Caldwell（2006）.

26.　Goldin and Katz（2002）就避孕藥對女性職業選項的衝擊有相當良好的闡述。

27.　歐盟率：http://epp.eurostat.ec.europa.eu/statistics_explained/index.php/Fertility_statistics。全球率：http://data.un.org/Data.aspx?d=PopDiv&f=variableID:54。

28.　Greenwood et al.（2005）.

29.　J. Patterson（1996），pp. 32–34;（2005），pp. 54–55. Seabright（2013b）對男女收入差異有精彩的分析。

30.　Pfeffer（2013）對歷久不衰的界線有些有趣觀察。

31.　就像大多觀察這些趨勢的歷史學家與政治科學家，我使用十九世紀的「自由」與「非自由」定義，前者代表將個人自由列為最高地位的政策，後者則象徵將團體議題排到個人自由之前（有時則是非常遙遠的次要地位）的政策。不過，這些名稱會使某些人感到困惑，大抵是因為二十一世紀的美國人慣於將「自由」用來形容在十九世紀時被稱為「社會主義式」的思想，「保守」則被用於對商業友善、偏好小型政府，並擁有個人主義色彩的價值觀，這種價值觀在十九世紀被稱為「自由」。讓狀況更複雜的是，十九世紀的「保守派」（他們經常是皇家與貴族特權的擁護者，並建立教會、種族階級、與性別不公）現在會被稱為「反對進步者」（reactionaries）。有些分析師試圖迴避這種術語窠臼，並使用「自我中心」與「社會中心」，而非「自由」與「非自由」。

32.　Wawro（2014），p. 4 強調語氣出自原文。

33.　《時代週報》（一九一三年二月六日），引用自Wawro（2014），p. 15.

34.　Bruce（2013），p. 1.

35.　Chadwick（1990）; Taylor（2007）.

36.　引述自Horne（1965），p. 337.

37.　Bruce（2002），pp. 63–64 and 205–8 討論了數據。

38.　托馬斯‧雷恩巴勒於一六四七年十月二十九日在普特尼辯論會（Putney Debates）上的演說，引用自Cochrane et al.（1987），pp. 353, 351.

39.　Pincus（2009）; G. Wood（1993）; Israel（2011, 2014）.

40.　Acemoglu and Robinson（2012）發展出了這項觀點。

41.　Dunn（2006）；關於當前的民主分布，參見http://pages.eiu.com/rs/eiu2/images/Democracy-Index-2012.pdf；http://www.freedomhouse.org。

42.　一項學徒健康與道德法案（Health and Morals of Apprentices Act）確實在一八〇二年通過，一八一九年則通過了棉花坊法案（Cotton Mills, etc., Act），

但工廠法案的主體則於一八三三年展開。

43. Ryan（2012）。

44. Brauer（1979）。

45. 英國：Driver（1993）（到了一八七○年代，只有老弱殘病的成員待在勞動濟貧所中，但該計畫一直到一九三○年才遭到廢除，實際上也以不同名稱繼續生效到一九四八年。）美國：Banner（2005）。引言出自Howe（2007），p. 422.

46. Snyder（2010）描述了一九三○年代至一九四○年代東歐極端狀況中的可怕細節。

47. Figes（2014），p. 4.

48. Beardson（2013）詳述了中國的問題。

49. 參見http://www.freedomhouse.org。

50. 有許多關於這項二十世紀「世界大戰」的傑出闡述。Ferguson（2006）（他創造出了這個詞彙）就值得一讀，而我也在Morris（2014），pp. 235-87 做出了自己的詮釋。關於蘇聯解體，參見Plokhy（2014）。

51. 經濟合作暨發展組織：Chu et al.（2000）, table 2；OECD（2011）. United States: Atkinson（2010）；Kenworthy and Smeeding（2013），figure 2.1.1. Piketty and Saez（2003）；Atkinson et al.（2011）；Alvaredo et al.（2013）；and Piketty（2014）全都避開了吉尼係數，反而提供更為詳細的十分位數資料，圖表也清楚顯示出一九四○年代的美國不平等程度下跌，與自一九八○年代以來的擴張。《金融時報》（*Financial Times*）的研究人員已辨識出皮凱提資料中的錯誤，並對他的方法提出疑問（http://www.ft.com/intl/cms/s/0/c9ce1a54-e281-11e3-89fd-00144feabdc0.html#axzz32awKrUCI），但當我寫下本書時（二○一四年下旬），還不清楚這些問題對範圍較廣的爭論有何嚴重影響（http://www.economist.com/blogs/freeexchange/2014/05/thomas-pikettys-capital）。Solt（2009）提供了世上所有國家自一九六○年來轉換前後的分數，並在線上更新到二○一三年（http://myweb.uiowa.edu/fsolt/swiid/swiid.html）。二○一二年的吉尼係數：http://www.stats.oecd.org。

52. 大多經濟學家都強調科技與全球化（像是Frieden〔2006〕），但Piketty（2014）認為我們該將一九四○年代到一九七○年代，視為使資本回饋超越整體經濟成長的長期趨勢中的暫時偏差，原因則是為了贏得第二次世界大戰所需的政策。Ferguson et al.（2010）討論了一九七○年代的分水嶺，Yergin and Stanislaw（2002）則對一九八○年代到一九九○年代之間的變化，做出了鮮明的闡述。

53. Piketty（2014）, p. 1.

54. Maddison（2010）.

55. Milanovic（2011, 2012a, 2012b）.

56. Iriye et al.（2012）記錄了國際人權革命。

57. Belkin et al.（2013）.

58. 參見http://www.gallup.com/poll/163730/back-law-legalize-gay-marriage-states. aspx。

59. 範例出自Pinker（2011），pp.148, 473. Singer（1975）依然是篇必要讀物，也由Sunstein and Nussbaum（2005）更新。

60. I. B. Singer（1982 [1968]），p. 269. C. Patterson（2002）將前者的主題發展為強烈的分析。

61. 老布希，「在紐奧良的共和黨全國集會中接受總統提名的說法」（一九八八年八月十八日），參見http://www.presidency.ucsb.edu/ws/?pid=25955。

62. 數據來自Spierenburg（2008）；Roth（2009）.

63. 我試圖在Morris（2014）中記錄這些主張。

64. 參見http://www.who.int/violence_injury_prevention/violence/en。

65. 參見http://www.cnn.com/2012/11/28/justice/new-york-murder-free-day/index. html。

66. Gilens and Page（2014）；Clark（2014）.

67. Goldstone（2009）.

68. Morris（2010），pp. 459–89.

69. 我發現Shapin（1994 and 1996）提供了特別有用的資訊。

70. 約翰·洛克，《政府論下篇》（1690），第八章，第九十五段。

71. Pincus（2009）.

72. 德尼·狄德羅，《百科全書》（1751），翻譯出自www.hti.umich.edu/d/did。

73. 伏爾泰與中國：Spence（1990），pp. 133–34.

74. 腓特烈二世，致克里斯蒂安·沃爾夫信件（1740），摘自Upton（2001），p. 307.據稱腓特烈也說「我的人民和我擁有讓雙方滿意的共識。他們可以自由發言，我也可以恣意行動。」不過沒人找到過這句俏皮話的第一手資料來源。

75. 廣為人知的是，盧梭在《社會契約論》中鮮少提到共同意志，只有在第四章第五節與第四章第七節中短暫提到過（參見Riley〔2001〕）。「我們人民」來自美國憲法（1787）中的前言，共同意志則出自《人權宣言》（*Declaration of the Rights of Man*）（1789）中的第六條。

76. G. Wood（1992）對此有相當優秀的見解。

77. 有許多關於十九世紀政治價值觀轉變的紀錄；Hobsbawm（1975）依然是我的最愛。

78. Sen（1999a）。

79. 比方說，參見http://www.pewglobal.org/files/2009/02/Global-middle-class-FINAL.pdf的民調資料；http://www.latinobarometro.org/latOnline.jsp；以及Bratton and Houssou（2014）。

80. 資料來自de Vasconcelos（2012），p. 40.

81. 亞歷山大‧漢彌爾頓，〈論法國大革命〉（Views on the French Revolution）（1794），引用自G. Wood（2009），p. 302.

82. Engels（1878），part III, chapter 2.

83. Apor et al.（2004）；Zimmerman（2014）。

84. Orwell（1949）關於毛澤東，參見Spence（1990）,pp.596–601；關於金氏家族，參見Martin（2004）；關於希特勒，參見Kershaw（1998）。

85. 蘇聯：尼基塔‧赫魯雪夫，《關於個人崇拜與後果》（On the Cult of Personality and Its Consequences）（一九五六年二月），參見https://archive.org/stream/TheCrimesOfTheStalinEraSpecialReportToThe20thCongressOfThe/stalin2#page/n0/mode/2up；《蘇聯共產黨體制》（Program of the Communist Party of the Soviet Union）（一九六一年十月），參見https://www2.stetson.edu/secure/history/hy308C01/cpsuprogram.html，其中的俄國人被翻譯為「全人民的國家」。中國：Spence（1990），pp. 645-67, 690-96 北韓：Lankov（2014）。

86. Nozick（1974），p. ix.

87. 特別是Mosca（1939 [1896]）；Michels（1962 [1915]）；and Pareto（1935 [1916]）。

88. 在這點上，古代民主也是同理：約賽亞‧歐伯的經典著作《民主雅典的大眾與菁英》（*Mass and Elite in Democratic Athens*）（1989）描述了發生在西元前四世紀希臘的類似衝突。

89. 引述自G. Wood（2009），pp. 17, 34 漢彌爾頓說的是亞伯拉罕‧葉慈（Abraham Yates），他是一位來自紐約州奧本尼（Albany）的製鞋匠、兼職律師、與民粹主義政客。

90. Schwartz（1987）。

91. 引言來自G. Wood（2009），pp. 75, 25–26 第二項引言來自詹姆斯‧威爾森（James Wilson）在紐約批准會議（New York Ratifying Convention）上的言論（一七八八年六月至七月）。

92. 這項策略也相當類似古雅典的情況。Ober（1989）描述了極度富有的雅典政

客阿波羅多洛斯（Apollodorus）與狄摩西尼（Demosthenes）曲尊自稱和其他「中等」（希臘語是metrios）公民沒有差別。

93. 參見http://www.jpost.com/Jewish-World/Jewish-Features/Worlds-50-most-influential-CJews。

94. 美國：Shaw and Gaffey（2012）；http://www.gallup.com/poll/161927/majority-wealth-evenly-distributed.aspx。最低薪資：http://www.washingtonpost.com/politics/split-appears-in-gop-as-more-call-for-raising-federal-minimum-wage/2014/05/09/fce84490-d7ab-11e3-aae8-c2d44bd79778_story.html。中國：http://www.pewglobal.org/2013/09/19/environmental-concerns-on-the-rise-in-china/#china-inequality。歐洲：http://www.pewglobal.org/2013/05/13/chapter-1-dispirited-over-national-conditions/。印度：http://www.pewglobal.org/2014/03/31/chapter-1-indians-in-a-sour-mood/。

95. 這是個古老的定義性辯論，古希臘人曾為此激烈爭辯（Harvey〔1965〕）。

96. 有許多關於此議題的辯論文獻。Stiglitz（2013）與Piketty（2014）呈現了新的自由／社會主義者觀點；至於古典自由／自由意志主義，Hayek（1944）與Friedman（1962）依然相當重要。

97. Evans（2005），pp. 460–62.

98. 引用自Figes（2006），pp. 769–70.

99. Goldman（1924），p. 79.

100. Fitzpatrick et al.（1991）；Zubok（2007）。

101. 鄧小平，一九八六年九月二日演說（摘自Gittings〔2005〕，p. 103）。Gittings（2005）對中國後毛澤東時期的經濟成長有相當優秀的描述。吉尼係數：Solt（2009）。

102. 約翰・史都華・彌爾，《論自由》（On Liberty）（1859），第一章。

103. Nozick（1974），p. 172.

104. 盧梭，《社會契約論》（1762），第三冊，第十五章。

105. 威廉・卑弗列治，一九四二年十二月六日在牛津的演說（cited from Boyer and Goldstein〔1987〕，pp. 503–15; quotations from pp. 506, 514）

106. 數值出自Solt（2009）。

107. Coontz（2005）對化石燃料家庭與家庭價值觀的歷史提供了優秀概論，特別專注在美國上。

108. 約翰・史都華・彌爾，《婦女的屈從地位》（The Subjection of Women）（1869），第一章。

109. 參見http://www.bbc.com/news/world-middle-east-27726849?utm_。

110. 參見http://www.worldpublicopinion.org/pipa/pdf/mar08/WPO_Women_Mar09_

rpt.pdf。

111. 引用自Suny（2010），p. 278.

112. 尼基塔·赫魯雪夫，莫斯科，一九五九年七月二十四日，可在http:// teachingamericanhistory.org/library/index.asp?document=176查詢。

113. Stites（1978）與Fitzpatrick（1999），pp. 139–63有良好敘述。Posadskaya-Vanderbeck（1997）提供了傑出的目擊證詞。

114. Koonz（1987）；Stephenson（2000）。

115. 調查資料出自www.ropercenter.uconn.edu/data_access/ipoll/power-of-ipoll/ changing-role-of-women.html，Spitze and Huber（1980）也附有對一直到一九七〇年代的緩慢改變的分析。

116. 參見https://web.archive.org/web/20080130023006/http://www.president.harvard. edu/speeches/2005/nber.html。

117. 參見http://www.nytimes.com/2006/02/22/education/22harvard.%20 html?pagewanted=all&_r=0;%20http://www.washingtonpost.com/business%20/ economy/larry-summers-withdraws-name-from-fed-consideration/2013/09/1%20 5/7565c888-1e44-11e3-94a2-6c66b668ea55_story.html.

118. Ghiglieri（1999）。

119. 在此使用由心理學家強納森·海特（2012, p. 153）定義的「先天」，代表「在體驗前就先行組織好」的心智。

120. 在Warangham and Peterson（1996）和Ghiglieri（1999）中有廣泛討論，並在Fry（2013）中遭到挑戰。

121. Pinker（2011），pp. 684–89.

122. Ceadel（1996），pp. 141–65.

123. Bell（2009），pp. 1–119.

124. Ceadel（1996），pp. 166–221.

125. 一般來說，參見Ceadel（1996, 2001）；Cortright（2008）。

126. Ceadel（1996），p. 2，在Ceadel（1987），pp. 4-5與Walzer（1977）中有更完整的討論。

127. 參見http://www.gallup.com/poll/157067/views-violence.aspx。此處的民調顯示出有趣的地區性差異，北美洲居民對在人際暴力問題中的雙方面都抱持特別強烈的感覺（77%不同意，21%偶爾同意），但卻能不尋常地忍受國際暴力（50%不同意，47%偶爾同意），而中東－北非地區則最為抗拒任何形式的暴力（人際層面，85%從不同意，9%偶爾同意；國際層面，79%從不同意，13%偶爾同意）。

128. 參見http://www.pewglobal.org/2011/11/17/the-american-western-european-

values-gap/。二〇一二年分開製作的民調產生了類似的結果，發現69%的英國人與50%的美國人認為，只有在取得聯合國同意時，他們的政府才能使用武力，參見http://www.angusreidglobal.com/wp-content/uploads/2012/02/2012.02.01_ForPol_USA.pdf；http://www.angusreidglobal.com/polls/44489/britons-want-un-mandate-before-using-force-against-another-nation/。

129. 「後英雄」是Edward Luttwak（2001），pp. 68–80.使用的詞彙。

130. 參見http://www.angusreidglobal.com/polls/27829/global_poll_finds_varied_views_on_nuclear_weapons/。

131. 我這樣說的原因，是由於表格4.1將價值觀系統視為名目資料，而圖表4.12則將它們有效地轉為等距資料，並添加額外一層（我得承認這點相當隨興）抽象概念，假定將「壞」與「中」區分開的距離，和區分「中」與「好」的距離相同。因此，縱軸發揮了數值比例尺的功能，顯示如果我們將數值0分給「中」，「好」就是+1，而「壞」是-1。這樣就為每個能量捕獲層面做出了「價值觀分數」（values score），覓食者得到-0.5分，農民是+0.875分（將農民的暴力元素裡「有時中」的部分算為+0.5〔位於「壞」與「中」之間〕，得出總數：+3.5/4=+0.875），化石燃料使用者則是-0.75。

132. Henrich et al.（2010）。

133. 如果我們將縮寫簡化為EIRD的話，會更為真實：我教過許多在印度、新加坡、香港、中國沿岸、日本，南韓長大的學生；EEIRD（第一個「E」自然代表東方〔Eastern〕）與WEIRD似乎就是EIRD底下難以分辨的兩種子群組。

134. 這是心理學家史蒂芬・平克（Steven Pinker）在他的書《我們天性中的善良天使》（*The Better Angels of Our Nature*）（2011, p.658）中提過的絕佳表述方式。我不曉得自己在一九九六年時如何描述這種想法。

135. 參見http://www.theguardian.com/world/2012/oct/09/taliban-pakistan-shoot-girl-malala-yousafzai；http://www.telegraph.co.uk/news/worldnews/asia/pakistan/10375633/Malala-Yousafzai-recounts-moment-she-was-shot-in-the-head-by-Taliban.html。

136. 參見：http://www.newyorker.com/online/blogs/newsdesk/2012/10/the-girl-who-wanted-to-go-to-school.html。首相優素福・拉札・吉拉尼（Yousaf Raza Gilani）自己曾在二〇〇八年的一場暗殺中倖存，也在馬拉拉遭到攻擊的六個月前，被巴基斯坦最高法院解除他的職位；參見http://www.theguardian.com/world/2012/jun/19/pakistan-yousuf-raza-gilani。

137. 參見http://www.nobelprize.org/nobel_prizes/peace/laureates/2014/press.html。

138. 關於塔利班價值觀，我主要仰賴Bergen and Tiedemann（2013）.

139. 參見http://www.bbc.com/news/world-africa-27998502。

140. 參見http://news.bbc.co.uk/1/hi/8172270.stm。

141. 參見http://www.bbc.com/news/world-africa-27373287。這兩個事件發生在二〇一四年七月，當時馬拉拉與奈及利亞總統古德勒克‧喬納森（Goodluck Jonathan）見面，並要求他對遭到博科聖地綁架的女孩們採取更強勢的解放手段；參見http://www.bbc.co.uk/news/world-africa-28292480。

142. 柏拉圖，《申辯》（*Apology*），第二十四段b。

第五章：價值觀的演變：生物學、文化、與未來趨勢

1. E. O. Wilson（1975），p. 562.

2. E. O. Wilson（1975），p. 547.

3. 我在Morris（2015）中更詳細地發展了這項主題。

4. 查爾斯‧達爾文（Charles Darwin），《論處在生存競爭中的物種之起源》（*On the Origin of the Species by Means of Natural Selection*）（London: John Murray, 1859），第四章。

5. 有許多關於生物演化如何進行的良好論述。我特別推薦Dawkins（1976）；Coyne（2009）；Dennett（1995）；and Vermeij（2010）.

6. van Valen（1973）;因Ridley（1993）而廣為人知。

7. 路易斯‧卡羅，《愛麗絲鏡中奇遇》（1871），第二章。

8. 我在自己的著作《戰爭！它有什麼好處？》（*War! What Is It Good For?*）（Morris〔2014〕，pp. 84–87）中更詳細地發展了這項概念。史前戰爭似乎以小規模掠奪為主，但約從西元前五千年開始，中東地區的人們開始在村落周圍建造圍牆，以便阻擋強盜。因此強盜製造了破城鎚，在牆邊推起土堆，甚至是挖掘隧道與建造攻城塔。雙方進展地越來越快，耗費了大量能量，但明顯毫無進展；到了西元前三千年，攻擊者有時會成功掠奪敵對聚落，有時則失敗，狀況和西元前五千年一樣。不過，與紅皇后理論相反的是，中東和西元前五千年相比是截然不同的地區，因為軍事競賽已轉變了社會。為了建造防禦工事（到了西元前三千一百年，位於當今南伊拉克的烏魯克擁有一道六英哩長的城牆）並維持能忍受漫長攻城戰的軍隊，社會得發展出更複雜的內部結構。往這方向轉變的社會創造出真正的政府，並提高稅收，也能策動大批人民；無法這樣做的社會則逐漸絕跡。

9. Diamond（1987）；Harari（2014），p. 79.

10. Boyd et al.（2001）.

11. 我從Dennett（1995），pp. 107–13 借來有關幾近消失的渺小可能性的概念。

12. Roberts（2014）對後冰河期氣候史提供了傑出概論。

13. 這段時期的準確時間點引起了一些爭辯（Muscheler〔2008〕）與它的成因（Eisenman et al.〔2009〕；Laviolette〔2011〕；Bunch et al.〔2012〕；Meltzer et al.〔2014〕），但墨西哥灣暖流在北美洲冰消期後發生的阻斷狀況似乎依然是可能性最高的解釋（Broecker〔2006〕）。

14. Fagan（2004）.

15. 另一項技術性細節對本故事非常重要，但與其阻斷敘事主線，最好還是在附注中討論它。除非我們回朔到六十萬年前；當時所有早期間冰段與長夏不同的特性，在於它們更為短暫，而如果西元前九千六百年晚期的暖化期遵循正常模式，世界就會在西元前五千年進入新的冰河期，斬斷人類創造農業國與工業國的所有可能性。這點沒有發生的原因依然充滿爭議，但地質學家威廉·魯迪曼（William Ruddiman）認為肇因與後果與彼此完全混雜在一起。他覺得，全球暖化加上現代人類，在西元前九千六百年到西元前六千年催生了第一個農耕系統；而早期農民將大量的碳排入大氣中（透過燃燒森林以清出空地，和馴養產生甲烷的牲畜），使他們創造了溫室效應，讓溫度高到能阻擋原本無可避免的冰河期。假若魯迪曼的理論正確，該理論就凸顯出全球暖化與現代人類共同造就了農業出現（Ruddiman〔2005〕）。

16. Mithen（2003）. 人口估計奠基於Christian（2004）,table 6.2。

17. Morris（2010）, p. 85.

18. 考古學家們已多次談論過這件故事。Barker（2006）是篇特別徹底的闡述。接下來幾段中的討論，對我在Morris（2010），pp. 81–134 提出的論點做出概述。

19. Diamond（1997），pp. 131–56.

20. 以技術層面而言，培育型物種就是在缺乏人類影響天擇過程的狀況下，無法演化出特定性質的物種，而馴化型物種則是缺乏人類持續干涉繁衍它們過程的話，就無法生存的物種。

21. 關於培育／馴化的差異，特別參見Fuller（2007）。在敘利亞的阿布胡賴拉，曾找到出現在西元前一萬一千年時的某種異常龐大的黑麥種子（Willcox et al.〔2008〕），這可能代表培育在新仙女木期前的溫暖時期就已出現；但假若如此，迷你冰河期似乎就中斷了這項過程。

22. Barker（2006），pp. 200-204 and 364-70 其中包含了關於史前日本與波羅的海的良好簡述。

23. 我在Morris（2010），pp. 94–97, 102-3, and 177–90 解釋過自己對此的觀點。宗教在早期文明中扮演的角色，是史前時代最受爭論的議題之一：關於其他論點，參見Bellah（2011）；Hodder（2010, 2014）.

24. 我在Morris（2010），pp. 227–79; and 2014, pp. 66–75 and 100–111中總結了自己對史前第一個千年中轉變的觀點，並計畫在新書中對此進行深入探討。

25. 《摩訶婆羅多》，〈寂靜篇〉（*Shanti Parvan*），第六十七段第十六節。

26. Morris（2013），pp. 66–84, 123–26, and 137–39.

27. Spence（1974 and 1980）and Brockey（2007）都有優秀的闡述；我在Morris（2010），pp. 468–81中列出了自己的觀點。

28. 在關於這問題的許多書籍中，我認為Jones（1987）；Landes（1998）；Frank（1998）；Pomeranz（2000）；Allen（2009）；Goldstone（2009）；Parthasarathi（2011）；Ferguson（2011）；and Acemoglu and Robinson（2012）特別有趣。

29. Morris（2010），pp. 399–468.

30. Morris（2013），pp. 87–88.

31. Pamuk（2007）呈現了歐洲薪資資料，而Pamuk and Shatzmiller（2014）認為同樣的模式也能應對到中東。我不太清楚此時期有任何可供比較的中國薪資資料，不過文獻中顯示十五世紀也是中國農民的黃金時期（Morris〔2010〕, pp. 435–43）。

32. Morris（2010），pp. 490–507.

33. 我在Morris（2010），pp. 571–77中討論過可能性與不同狀況。

34. 我得補充說明，我指的不是自己真正的高祖父母。在家族的一側，那世代的男性大多都是技巧熟練的荷蘭勞工；另一側則大多是史丹佛郡（Staffordshire）的礦工。就我從現存文獻中觀察到的是，女性都在家努力工作。

35. Morris（2010），pp.582–90 這些預測都以名目貨幣匯率計算國內生產毛額；透過購買力平價計算，國際貨幣基金組織（International Monetary Fund）於二〇一四年十月判定中國的國內生產毛額已經超越美國（http://www.imf.org/external/pubs/ft/weo/2014/02/）。

36. 這項論點能採用非常不同的形式：比方說，比較Rostow（1960），Sen（1999b），與Acemoglu and Robinson（2012）.

37. J. Mann（2008），p. 1.

38. Francis Fukuyama（1992）關於「歷史盡頭」的論文，是此情況中最廣為人知的範例，論文中預測自由資本主義將在全球勝出。

39. World Bank（1993）；Campos and Root（1996）；Schuman（2010）. Lee Kuan Yew's memoirs (Lee〔1998, 2000〕)對此主題有精彩的論述。

40. Kaplan（2014）是個好範例。

41. 這是Jacques（2009）的主要理論核心。

42. Root（2013）, p. 1.

43. Qing（2012）；Kim and Kim（2014）.

44. 這項計算自然取決於一連串深入假設，而不同的假設自然也會產生不同的結果。如果我們假定能量捕獲（和整體社會發展指數不同）持續以與二十世紀相同的速度在二十一世紀攀升，它「只會」在西方達到五十七萬五千大卡／人／日，東方則是二十二萬一千大卡／人／日。如果我們轉而假設能量捕獲在二十一世紀成長率超越二十世紀的增長速度，會比二十世紀超越十九世紀的成長率還多，那西方就得到五十九萬四千大卡／人／日，東方則是三十四萬四千大卡／人／日。不過，任何線性假設組合似乎都導向同種結論：能量捕獲大幅度增加。

45. Morris（2010）, pp. 590–98.

46. Kurzweil（2005, 2013）.

47. 參見www.humanbrainproject.eu; www.wired.com/wiredscience/2013/05/neurologist-markram-human-brain-all/。

48. 參見http://www.nature.com/news/computer-modelling-brain-in-a-box-1.10066。

49. 米格爾·尼可利斯，二〇一三年二月十八日，參見www.technologyreview.com/view/511421/the-brain-is-not-computable/。老鼠實驗：www.nature.com/srep/2013/130228/srep/01319/full/srep01319.html。

50. 參見www.dailymail.co.uk/sciencetech/article-2095214/As-scientists-discover-translate-brainwaves-words-Could-machine-read-innermost-thoughts.html。

51. 參見http://www.hpcwire.com/2014/01/15/supercomputer-models-human-brain-activity/。

52. 關於尼安德塔人價值觀，參見Wynn and Coolidge（2012）.

53. 二氧化碳濃度：http://co2now.org。可能後果：http://www.sciencemag.org/site/special/climate2013/。穩定溫度，二〇〇二年至二〇一二年：www.nasa.gov/pdf/719139main_2012_GISTEMP_summary.pdf。科學共識：http://www.ipcc-wg2.gov/AR5/。

54. 現代歷史學家通常不喜歡「黑暗時代」這個詞彙（早在一九八一年，當我開始主修關於西元前一千兩百年至西元前七百年希臘的博士學位時，幾乎所有人都稱這段時期為希臘黑暗時代；一個世代之後，幾乎所有人都稱它為早期鐵器時代），但我覺得這是個不錯的名稱，能用於任何在人口、生活水準、營養、健康、識字率、知識量、機械技術上出現巨量下跌的時代，還加上國家失敗與暴力程度上漲。

55. Kristensen and Norris（2013, 2014）.

56. 我在Morris（2010）, pp. 598– 622; 2014, pp. 332–93提到自己對逼近的威

脅所抱持的看法。在最近期的討論中，我覺得National Intelligence Council（2012）；Guillén and Ontiveros（2012）；Brynjolfsson and McAfee（2014）；and Burrows（2014）特別有幫助。Bracken（2012）在他所謂的「第二次核子時代」上有絕佳見解。

57. 愛因斯坦，與阿爾弗雷德・維爾納（Alfred Werner）的訪談，刊於《自由猶太報》（*Liberal Judaism*）（一九四九年四月至五月），引述自Isaacson（2007），p. 494.

58. 我從Dawkins（1976），pp. 19, 24中借來這個用語，道金斯認為專注在將基因當成基礎進化單位，會使我們將動物軀體視為生存機器，受到天擇讓基因把DNA遺傳到下一代的可能性最大化。人類社會也以幾乎相同的方式起作用。

59. 由於在英格蘭的米德蘭茲（當地是工業革命的搖籃）長大，我有時認為自己已經夠有WEIRD和化石燃料特質了，現在還住在矽谷邊陲，當地也可能成為後工業革命的搖籃。

60. Sandel（2009）對某些被提過的主要原則提供了相當有趣的調查。

第六章：想像「每個時代都會取得所需思想」的意識形態

1. 梭倫篇章片段第十七段第三十一節；亞里斯多德，《政治學》（*Politics*），第一段第九節。

2. 參見《牛津古典辭典》（*Oxford Classical Dictionary*），第四版（2012），禮拜儀式篇。

3. 《雅典憲法》（*The Constitution of the Athenians*）（「老寡頭」〔Old Oligarch〕），第一段第十三節。

4. 修昔底德，第六段第三十九節。

5. W.Burkert, *Homo Necans*（Berkeley: University of California Press,〔1983〕）.

6. 參見我的《金錢與早期希臘心理》（*Money and the Early Greek Mind*）（Cambridge, UK: Cambridge University Press〔2004〕）。

第八章：永恆價值觀、演變中的價值觀、與自我價值觀

1. 原本由理查・李在《昆申族：覓食社會中的男女與工作》（*The !Kung San: Men, Women, and Work in a Foraging Society*）（Cambridge, UK: Cambridge University Press〔1979〕）所引用，第三百四十八頁。摩里士在本書中的第一章引用這句話。

2. 翻譯出自欽定版聖經。

3. 伊曼努爾・康德在《道德形上學基礎》（*The Groundwork of the Metaphysics*

of Morals）所述，由Mary Gregor翻譯（Cambridge, UK: Cambridge University Press〔1998〕），第四章第四百三十二頁與第四章第四百三十六頁。篇章與頁數出自《普魯士學院版本康德作品集》（*The Prussian Academy Edition of the Works of Kant*），在大多數翻譯版本的頁面邊緣都能找到。

4. Morris, chapter 1 in this volume.

5. 《尼各馬可倫理學》（*Nicomachean Ethics*），第五章第七節，1134b18。我引用由W・D・羅斯（W. D. Ross）翻譯、並由J・O・烏姆森（J. O. Urmson）編輯的《亞里斯多德完整作品集》（*The Complete Works of Aristotle*）（Princeton, NJ: Princeton University Press〔1984〕），第一千七百九十頁。

6. Morris, chapter 1 in this volume. 引言來自弗蘭斯・德瓦爾的《靈長類與哲學家：道德如何演化》，由史蒂夫・麥奇多與約賽亞・歐伯編輯（Princeton, NJ: Princeton University Press〔2006〕）。

7. 克里斯汀・M・柯思嘉德，〈人類行為的道德與特殊性（Morality and the Distinctiveness of Human Action）〉，出自弗蘭斯・德瓦爾所著《靈長類與哲學家：道德如何演化》，第九十八頁至第一百一十九頁。有關更詳盡的論點，參見我的〈道德演進反思〉（Reflections on the Evolution of Morality），可於http://www.amherstlecture.org/korsgaard2010/index.html閱讀。

8. Morris, chapter 1 in this volume.

9. 德瓦爾的目標是由於覺得動物野蠻又無情、而認為動物不「道德」的人。我當前與在對德瓦爾的回應中的重點是，動物無法做出具有道德善惡的行為。

10. 吉爾伯特・哈曼。《道德天性：倫理學介紹》（*The Nature of Morality: An Introduction to Ethics*）（New York: Oxford University Press〔1977〕），第一章。

11. 參見伯納德・曼德維爾，《蜜蜂的寓言：私人罪惡，公眾福祉》（*The Fable of the Bees: or, Private Vices, Public Benefits*），由F・B・凱伊（F. B. Kaye）編輯（Indianapolis: Liberty Classics〔1988〕），特別是〈討論道德價值觀起源〉（An Enquiry into the Origin of Moral Virtue）篇章，第四十一頁至第五十七頁。曼德維爾本人否認他認為道德並不真實，或不值得擁有。

12. 關於休謨的討論，參見《道德原則研究》（*Enquiry Concerning the Principles of Morals*），收錄在大衛・休謨：《人類理解研究與道德原則研究》（*Enquiries Concerning Human Understanding and Concerning the Principles of Morals*），第三版，由L・A・賽爾比畢格（L. A. Selby-Bigge）和P・H・尼迪奇（P. H. Nidditch）編輯（Oxford, UK: Clarendon Press〔1975〕），第

兩百一十四頁。關於哈奇森的說法，參見〈關於我們對美與美德的想法起源〉（*Inquiry Concerning the Original of Our Ideas of Beauty and Virtue*），出自D・D・拉斐爾（D. D. Raphael）的《英國道德論者：一六五〇年至一八〇〇年》（*British Moralists 1650–1800*）（Indianapolis: Hackett Publishing Company〔1991〕），第一冊，第兩百九十一頁。

13. 文中描述的觀點是後設倫理學式（meta-ethical）或形上學理論中當時被稱為「建構主義」（constructivism）的理論。要使這點變得較不抽象，就得考量康德的想法：他認為與行為指引有關的價值觀（關於正當性、義務、容許性的價值觀）會在我們觀察自己是否能在行動準則上展現正當性（普遍法律的型態）時浮現。當然，我得再述說一段故事，以便解釋為何這算是正確使用價值判斷能力，能證明此點的則是康德的道德哲學作品。不過一但說出這段故事，就會發現這是篇關於價值觀如何進入世界的故事，而不是關於既存價值觀如何得到理解的故事。

14. 舉例而言，參見西蒙・布萊克本（Simon Blackburn），《控制熱情：關於實用理性的理論》（*Ruling Passions: A Theory of Practical Reason*）（Oxford, UK: Clarendon Press〔1998〕），第八頁至第十四頁。「表現主義」（Expressivism）代表後設倫理學式觀點，規範性語言並沒有敘述性，而是對特定的評估性心智狀態特別有表達性。

15. 哈利・法蘭克福，《認真待己與做好事情》（*Taking Ourselves Seriously and Getting It Right*），由黛博拉・薩茲（Debra Satz）編輯（Stanford, CA: Stanford University Press〔2006〕），第十八頁至第十九頁。

16. 霍布斯，《利維坦》，艾德溫・克利（Edwin Curley）編輯（Indianapolis: Hackett Publishing Company〔1994〕）；盧梭，《論人類不平等的起源與基礎》（*Discourse on the Origin of Inequality*），出自《尚－雅克・盧梭基礎政治作品》（*The Basic Political Writings of Jean-Jacques Rousseau*），由D・A・克列斯（D. A. Cress）翻譯（Indianapolis: Hackett Publishing Company〔1987〕）；亞當斯密，《道德情操論》（*Theory of the Moral Sentiments*），由D・D・拉斐爾與A・L・麥克菲（A. L. Macfie）編輯（Indianapolis: Liberty Classics〔1982〕），它們都試圖對這項人類特質的出現做出心理性與發展性論述。

17. 參見克里斯汀・M・柯思嘉德，《自我構成：能動性，身分，原則一貫性》（*Self-Constitution: Agency, Identity, and Integrity*）（Oxford, UK: Oxford University Press〔2009〕）。

18. 說出這類宣言時，我並未忽視以下兩者的差別：尊重自己（因身為擁有權利與自我利益的生物而要求認同）與敬重自己（認為自己比起他人而言，

在自己的社會階級、性別、種族，或特定能力、成就等其他特質上優於他人，而那股優越性還加上自認該得到特殊待遇）。但我心中的故事則仰賴一股熟悉的想法：在盧梭與霍布斯描述的思維之間，有種複雜的發展連結。這兩種概念都與「配得上」的想法有關，連結起自我價值觀與利益和計畫價值觀。敬重自我的人們認為自己得受到特別對待，因為他們優於他人；當我們明白自己應該將相對敬重平等延伸到所有人身上時，就開始學會尊重。如同康德明確指出過，比較性元素依然存在，因為在道德演進的這階段上，人們透過認定自己佔有某種使他們比其他動物更高等的階級，因而彼此尊重。（參見〈對人類歷史開端的臆測〉〔Conjectures on the Beginning of Human History〕，收錄於《康德：政治作品》（*Kant: Political Writings*），第二版，由H・B・尼斯貝特（H. B. Nisbet）翻譯，漢斯・萊斯（Hans Reiss）編輯（Cambridge, UK: Cambridge University Press〔1991〕），第兩百二十五頁至第兩百二十六頁，在大多數翻譯中出現的普魯士學院版本則是第八章第一百一十四頁。因此人們抱怨沒對自己抱持敬意的對象時，經常會說：「你把我當成畜生！」這也是人們對以下想法感到害怕的原因：非人類動物只配得上最貧乏的道德考量：他們認為如果自己接受這點，就會失去自己理應得到的尊重。在我的觀點中，真相恰好相反：直到我們學會將那種考量延伸到其他動物身上前，尊重將繼續受到比較性思維的汙染。

19. 約翰・羅爾斯，《政治自由主義》（*Political Liberalism*）（New York: Columbia University Press〔1993〕），第三十二頁。

20. Morris, chapter 1 in this volume.

21. 這點與夏倫・史崔特（Sharon Street）在她諸多論文中提到的一項重點有密切關聯：對我們如何判斷特定物品價值的解釋，不該使我們有時能做出正確價值判斷的情況只被當作意外。例如，參見〈對現實主義價值觀理論抱持的達爾文式矛盾〉（A Darwinian Dilemma for Realist Theories of Value），《哲學研究》（*Philosophical Studies*）第一二七期，第一號（二〇〇六年一月），第一百零九頁至第一百六十六頁。

22. 之後（注26），我會提及部分使我認為自己對此名稱抱持的觀點可能有誤的原因。

23. 參見尼采（Friedrich Nietzsche），《道德譜系學》（*On the Genealogy of Morals*）（在《道德譜系學與瞧！這個人》〔*On the Geneaology of Morals and Ecce Homo*〕），翻譯：華特・考夫曼（Walter Kaufmann）與R・J・霍林戴爾（R. J. Hollingdale）（New York: Random House〔1967〕）；以及西格蒙德・佛洛伊德（Sigmund Freud），《文明與其不滿》（*Civilization and Its Discontents*），翻譯：詹姆斯・史卓奇（James Strachey）（New York: W.

W. Norton and Company,〔1961〕）。

24. Morris, chapter 2 in this volume.

25. 休謨提及了一樁相似的故事，用於解釋為何貞操對女人重要，但對男人卻相反。參見大衛・休謨，《人性論》（*A Treatise of Human Nature*），第三冊，第二部，第十二節。

26. 如果我們只將更古老公開、與現代內斂的自我個體化方式視為不同議題，而不將其中之一認為是扭曲想法，那麼「扭曲觀點」對我心中的解釋方式就有些粗糙了。價值觀中的部分差異便是扭曲，就像是仰賴愚蠢的性別理想的觀念，而其餘價值觀，則只是同種價值觀彷彿受透鏡折射後顯露出的不同型態。注意，這點依然與更令人熟悉的案例不同：由於觀察事物的不同觀點，其中的相同價值觀將我們導向不同的行為。倫理學教科書中的一項熟悉案例，講述一個居民在特定年紀時會殺人的部落，因為他們相信你會被永遠保存在死亡時的型態中。我在文中討論的案例和那點有些相關性；一等我們了解該觀點，就會認為該價值觀合理，但在文中的範例內，情況並非當我們了解觀點時，就會贊同該價值觀。

27. Richard Lee, The !Kung San; Frank Marlowe, The Hadza: Hunter- Gatherers of Tanzania (Berkeley and Los Angeles: University of California Press: 2010).

28. As Morris himself notes in chapter 2 in this volume.

29. Morris, chapter 4 in this volume.

30. 同上。

31. Morris, chapter 5 in this volume.

32. Morris, chapter 4 in this volume.

第十章：我對一切的正確觀點

1. 我也得感謝歷史學家彼得・諾維克（Peter Novick），我從他身上偷來本章的標題。我第一次看到這標題，是當諾維克將之用在一份對他的書《高貴的夢》（*That Noble Dream*）（Novick〔1988, 1991〕）的評論做出的回應，而我也等了二十年，才找到竊取這句話的機會。不過在偷了這個標題後，羅伯・坦皮歐才告訴我，諾維克自己這個標題也是偷來的，來源是萊謝克・科拉科夫斯基（Leszek Kolakowski）在《社會主義論》（*The Socialist Register*）（Kolakowski〔1974〕）寫給E・P・湯普森（E. P. Thompson）的公開信。經過諸多考量後，既然能從這個標題追朔到一名哲學家與一名歷史學家，為了社會主義者樂園的可能性而進行的鬥爭，那麼似乎相當適合本書。

2. Morris（2014）.

3.　D. Brown（1986），pp. 39–87 評論了人類學家對定義（或否認）人類普世特性的企圖；Haidt（2012）也從心理學角度提供了大量意見。

4.　對於各種理由，請參見Pinker（2002）;de Waal（2009）;Boehm（2012）; and Haidt（2012）等。

5.　我對此的想法受到Dennett（1992）諸多影響。

6.　Korsgarrd（2005, 2013）。

7.　Waley（1937），pp. 7, 32 最知名的範例是哲學家Thomas Nagel（1974）對身為蝙蝠的感覺做出的猜想。

8.　Asquith（1984），p. 138. Kennedy（1992）對擬人論提供了詳盡的批評。

9.　de Waal（1986），p. 221.

10.　但麥羅對暴力的觀點，似乎更貼近人類光譜中的覓食端（Morris〔2014〕, p. 296）。

11.　de Waal（1986），p. 221.

12.　思想中的改變經常被追朔到McBrearty and Brooks（2000）. 二〇一二年七月於直布羅陀的戈勒姆岩洞（Gorham Cave）中發現疑似有四萬年歷史的尼安德塔人藝術，與在爪哇島上一只貝殼上發現、擁有五十萬年歷史的銘文，是最屬害的範例（Rodríguez-Vidal et al.〔2014〕；Joordens et al.〔2014〕）。

13.　Darwin（1871），p. 255.

14.　我在Morris（2014），pp. 94–164中詳細闡述了自己對游牧的觀點；同時參見Turchin et al.（2013）.

15.　Morris（2013）.

16.　Liu（2004），pp. 73–116.

17.　Thorp（2006）,pp.125–71, and Li（2013）,pp.66–89，對安陽遺跡有詳細描述，Liu（2006）討論過部分方法論議題。

18.　Davis（1991）.

19.　我在Morris（2013），pp. 160–64.中討論過中國案例。

20.　Carrithers et al.（1985）；B. Morris（1994）；Sorabji（2006）.

21.　Morris（2013），pp. 53–59; Malanima（2014）.

22.　參見福格（Fogel）與艾爾頓（Elton）的經典辯論（2013）。

23.　我傾向認為在自己部份著作中（Morris〔2010, 2014〕），我透過交互提及龐大的非人力量與個體的故事，來平衡抽象和本質議題，但我猜沒有任何歷史學家會對完美平衡產生共識。

24.　證明這條法則的例外，是當一名擁有土地的雅典男性公民在沒有子嗣的狀況下死去時。在那狀況下，他最直系的女性親族會成為女繼承人（epiklêros）。因此，她並不擁有土地，反而是擔任中間人，使土地能傳給

死者最直系的男性親族，由此讓不動產留在男性家族中。如果女繼承人或死者最直系的男性親族已經結婚了，法律便規定他們得與目前的配偶離婚，並與彼此結婚（C. Patterson〔1998〕, pp. 91–106）。

25. 與「Kyrios Yiorgos」同義，也就是我在本書開頭提到的喬治先生。

26. Isaeus 10.10.

27. Schaps（1979）, p. 61.

28. Lysias 31.21; Demosthenes 36.14, 41.8–9.

29. *IG* II² 1672.64。

30. 參見Schaps（1979）, pp. 52–58 不過夏普斯本人更改了這項詮釋。

31. Schaps（1979）依然提供了最佳討論。

32. 有些奴隸甚至擁有自己的奴隸（像是*IG* II²1570.78–79）。

33. Garlan（1982）, pp. 60–69.

34. 對某些富裕的奴隸而言，諸如埃斯基涅斯（Aeschines）第一篇（於西元前三百四十五年）提到的皮塔拉寇斯（Pittalakos），我們就無法確定。皮塔拉寇斯被描述為一名公眾奴隸（不過這點同樣充滿爭議），但我們不曉得他是否在財務金融業工作。

35. 財金與雅典史上其他領域一樣充滿爭議。在銀行業的規模與獲利度上，我一般認同Edward Cohen（1992），不過我依然抱持些許保留態度（Morris〔2014〕）。

36. 阿契普是先前提過的三名女子之一，她們擁有大量金錢（Demosthenes 36.14）。

37. Cohen（1992）; Trevett（1992）.

38. Whitehead（1977）依然是經典論述。

39. 「賺到銀兩」（Struck silver）可能是比較好的譬喻，因為有許多外國定居者買下租約，到雅典銀礦中工作，有些人親自下手，有些則使用奴隸勞動（M. Crosby〔1950〕; Hopper〔1953, 1968〕），有些人肯定也取得成功。

40. 在西元前四百三十年的雅典人口高峰期，約有三十五萬人住在阿提卡（Attica）。其中只有大約六萬人是成年男性公民（Hansen〔1986〕），但我描述統治階級包含了三分之一的人口，因為我覺得納入公民的兒子們相當合理，他們基本上就是見習統治者。

41. 這是Ober（2008）的核心論點。

42. Morris and Powell（2009）.

43. Morris（2010）, pp. 245–63.

44. 比方說，參見Liverani（2005）, E. Hall（1989）, and Momigliano（1975）.

45. 我在Morris（2010），pp.262–63,320–30中對此主題發表了想法。

46. Naroll（1956）,p.693;Carneiro（1967）關於更多分析，參見Bandy（2004）；關於一致性，參見Bintliff（1999）, p. 528

47. Tilly（1984）, pp. 46–50.

48. Boserup（1965）人口統計學家James Wood（1998）描繪出不同過程如何共同構成他所謂的「馬爾薩斯－波賽魯普棘輪」（Malthus-Boserup ratchet）；而地理學家Ruth DeFries（2014）則將一個相似的想法描述為「大棘輪」。

49. 在多層級選擇上，我從Richerson and Boyd（2005）；Wilson and Wilson（2007）；Okasha（2007）；Turchin and Gavrilets（2009）; and Bowles and Gintis（2011）中學到許多。

50. 參見http://www.americanrhetoric.com/MovieSpeeches/moviespeechwallstreet.html。

51. 最佳證據來自曼契斯（Menches）的資料庫，他是西元前一百一十年代埃及村落柯基奧西里斯中的書記員（Crawford〔1971〕；Verhoogt〔1997〕；http://tebtunis.berkeley.edu）。MacMullen（1974）, pp. 1-27對羅馬帝國的鄉村生活有絕佳概述。

52. Figes（1996）, pp. 89, 90; Maxim Gorky, My Universities（1923）, cited from Figes（1996）, p. 86.

53. 我覺得Cartwright（1968）在此議題上非常有幫助。

54. Pinker（1997）, p.326.

55. Betzig（1997）與Ehrlich（2000）提供了關於人性的良好概論。

56. 我在此使用了經濟學家的術語，因為它相當優秀地掌握了重點。經濟學家們不對個人偏好做出假設；每個人都與彼此不同。我喜歡看電視，但你可能喜歡露營，別人可能喜歡喝罕見的葡萄酒。經濟學家會說，我們每個人都有自己的效用函數。所有效用函數都有平等效用，而當我們理解這點時，就也得看出效用函數的實際內容對經濟學來說毫不重要。效用只是個人滿意度。用最廣為人知的經濟學教科書的方式來說，人們會最大化效用，就只「代表他們選擇自己最喜歡的消耗性商品」（Samuelson and Nordhaus〔2009〕, p. 107）。

57. Wrangham and Peterson（1996）,pp.220–30;Potts（2004）;Furuichi（2009）；Hohmann et al.（2010）.

58. 靈長類學家精於將他們的研究結果傳達給非專業人士。我特別推薦Harcourt and Stewart（2007）；de Waal（1982）；Wrangham and Peterson（1996）; and Boesch（2009）.

59. Boehm（1993, 1999）.

60. Dawkins（1976）.

61. Darwin（1871）辨識出基本原則，並認為性選擇在演化中與天擇同樣重要。一直到十五億年前，所有繁衍過程都是透過複製進行的無性方式。

62. E. O. Wilson（1975）。

63. Seabright（2013a）對此有優秀解釋。

64. 人們自然就單一配偶制發明了各種變異版。大多社會允許富有男子在法律上或實際上進行一夫多妻行為，而男女配偶的意義在不同文化中也相當不同（Fox〔1984〕; Betzig〔1986〕; Scheidel〔2009〕）。

65. 我使用這種複合名稱的原因，是由於對這類型人種的非洲成員是否該被稱為匠人或直人存有爭議。

66. Wrangham（2009）。

67. 將無恥女性形容為母狗是個非常古老的傳統，至少可追朔回西元前七世紀的詩人西蒙尼特斯（Semonides）（魏斯特七號片段）（Franco〔2014〕有長篇討論）。

68. Hupka and Ryan（1990）; DeSteno et al.（2006）。

69. 和許多其他層面相同的是，粗耕者仰賴鋤地、而非犁田式農業這點，似乎介於覓食者與農民之間（Goody〔1976〕）。

70. 實際而言，妻子的嫁妝多寡、她家族的勢力、相關人士的個性、社會的宗教與法律系統都會影響結果。

71. Richerson and Boyd（2005），p. 77.

72. 我妻子並不是學者，但讓我們鬆了口氣的是，結婚後，我們才發現雙方對扶養家庭都沒有興趣。

73. Richerson and Boyd（2005），pp. 169–87.

74. 有許多分析；參見：http://www.economist.com/news/21589074-boomers-need-think-harder-about-their-retirement-income-says-larry-fink-chairman-and-chief；http://www.reuters.com/article/2013/05/15/us-lifeexpectancy-idUSBRE94E16620130515；http://www.gapminder.org/videos/dont-panic-the-facts-about-population/#.VBsb90s718M；www.stimson.org/spotlight/whither-the-demographic-arc-of-instability-/；P. Taylor（2014）。

75. 我在Morris（2014），pp. 288–312.中更完整地解釋了自己的觀點。

76. Hill et al.（2001）; M. Wilson（2013）。

77. 人類覓食者與黑猩猩暴力之間的比較；Wrangham and Glowacki（2012）。

78. Pinker（2011）; Morris（2014），pp. 112–287, 319–25, 332–40.

79. 關於反應，參見哥德斯登（二〇〇九年）。

80. 歷史學家尼爾‧弗格森在他的著作《文明》（Civilization）（2011, pp. 96–140）中提供了傑出的討論。

81. 他對貝托爾特·布萊希特（Bertold Brecht）在《三文錢的歌劇》（*Threepenny Opera*）（1928）中的台詞「Erst kommt das Fressen, dann kommt die Morale,」的簡要翻譯（Auden〔1965〕）。

82. 希羅多德，第二章第二節。普薩美提克一世在位時間為西元前六百六十四年至西元前六百一十年。據說蘇格蘭的詹姆斯四世國王（King James IV）在一四九三年也進行過同種實驗，讓兩個小孩與一個啞巴女子住在毫無人煙的英奇凱思島上（Inchkeith）。「當他們長到能說出正常言語的年紀時，」十六世紀的編年史家羅伯特·林賽（Robert Lindsay）說道（Dalyell〔1814〕, pp. 249–50），「據說他們會說很不錯的希伯來語，但我並沒有實際聽過。」

83. Rawls（1971）, pp. 11–22, 136–42.

84. Rawls（1971）, p. 102.

85. 實驗顯示許多化石燃料使用者的價值判斷方式，與羅爾斯說我們應有的方式不同（Frohlich et al.〔1976〕）。有些評論人甚至「想知道為何羅爾斯的企圖心，僅僅是想支持社會階級與他相同的教授們抱持的政治意見。」（Gordon〔2008〕）。

86. 普魯塔克，《亞歷山大的一生》（*Life of Alexander*），第六十四段。普魯塔克活在這些事件發生的四百年後，因此這篇故事很可能是虛構的；不過，普魯塔克能接觸到沒有留存到我們年代的第一手資料，而儘管這篇故事可能是杜撰作品，也有可能可被追朔回西元前四世紀晚期，同時也是將亞歷山大大帝提升到神王地位的宣傳手法之一。特別參見Hamilton（1969）中的討論。

87. 普魯塔克，《德米特里的一生》（*Life of Demetrius*），第九段至第十三段。

88. 關於西元頭幾個世紀中的希臘人是否確實相信羅馬皇帝是神明，Price（1984）提供了傑出的思辯。

89. 我在Morris and Powell（2009）, pp. 443, 477–79中對這些發展有進一步的討論。

90. 當柯思嘉德說扭曲主義者相信「價值判斷能力……容易受到社會性動機的扭曲」時，她似乎認為社會學實證主義只是扭曲觀點的子類別。就我所知，扭曲主義（Distortionism）認為意識形態非常強大，並誘使大眾相信菁英告訴他們的說詞，而社會學實證主義則認為意識形態非常微弱，也不會誘騙別人相信任何事。扭曲主義假設大多人很笨，社會學實證主義則認為他們毫無骨氣。

91. Gerring（2001）, pp. 71–86有傑出的概述。

92. Asad（1979）, pp. 621–22.

93. 一般認為這是林肯於一八五八年九月二日在伊利諾州的柯林頓所做的演說內容，但沒人在林肯的文稿中找到過這些話(http://www.bartleby.com/73/609.

html）。

94. 這自然就是使常識演化出來的原因。能夠判斷哪些行為有效、以及不同策略所產生結果的人，比起無法這麼做的人而言，可能更容易將基因傳給下一代，而顯示出同樣良好的集體判斷的社會，也比不這樣做的社會更可能成長並擴大。

95. Frieden（2006），pp. 435–52對這些年來的非洲發展有良好闡述。

96. 關於ujamaa的官方詮釋，參見Nyerere（1968）；關於分析，參見Coulson（1982）and McHenry（1979）。關於肯亞經濟，參見Bates（1989）.

97. 肯亞與坦尚尼亞的收入：一九六一年至一九八六年，Maddison（2010）；二〇一三年，參見https://www.cia.gov/library/publications/the-world-factbook/fields/2012.html#lo。

98. Spufford（2010）有傑出的論述。

99. 我認為，對其謊言最動人的抨擊，來自劇作家與政治家瓦茨拉夫·哈維爾（Vaclav Havel）的文章〈無力者的力量〉（The Power of the Powerless）（1978），而最尖銳的批評則是班·路易斯（Ben Lewis）的《錘與笑話》（Hammer and Tickle）（2008），其中收錄了不少蘇聯玩笑。

100. 對意識型態的這項詮釋，並不要求我們假設騙子知道自己在撒謊；我想，最令人信服的倡導者，就是全心相信自身謊言的人。

101. Thucydides 1.22.

102. 參見http://www.bbc.com/news/world-asia-29177946。

103. 如我在第四章中所提，我在這裡相當仰賴Bergen and Tiedemann（2013）.

104. 我也是他們之一，也在我的著作《戰爭！它有什麼好處？》（二〇一四年）中解釋過原因。我相信有很多化石燃料使用者都會否定這點，包括許多道德哲學家。

105. Haidt（2012），p. 119.

106. http://www.history.ac.uk/reviews/review/1091；http://www.theguardian.com/books/2014/apr/20/war-what-is-it-good-for-ian-morris；http://www.thetimes.co.uk/tto/arts/books/non-fiction/article4046770.ece。

107. 西福德並未定義「資本主義」；為了簡化此議題，我假設他的意思和彌爾頓·弗里曼（Milton Friedman）廣為使用的定義：「經濟行為透過在自由市場中運作的私人企業，而形成的組織本體」（M. Friedman 2002 [1962], p. 4）相同。

108. 特別是Seaford（2004）.

109. 韋伯的話語四散在他的諸多作品中（比方說，Weber 1968, pp. 305–6, 927–37, 1354–59）；Polanyi et al.（1957）；Finley（1973）.

110. Hopkins（1980, 1983）。

111. Morris（2004）；Scheidel（2010）；Ober（2015）。

112. Saller（2005）；Morris et al.（2007）。

113. Peter Acton最近關於古雅典公司的大小與組織性的研究（2014）妥善地描繪出這點，詳細解釋了Finley（1973）詮釋為「經濟不理性」的特質。

114. 資料來自Morris（2013）。

115. Malanima（2014）中也提到這點。

116. 其實，彌爾頓・弗里曼這樣做過（2002 [1962], p. 5）。

117. 這些資料與本章中其他數據都估算自Maddison（2010）。法西斯主義義大利是離群值，因為在一九二二年到一九三九年之間的年成長只有1.4%；不過，在一九九一年到二〇〇八年之間同樣長度的時期中（麥迪遜資料庫中最近的年份），義大利的平均值只有1.1%。

118. 即使在危險的一九五八年至一九六八年之間，蘇聯與美國的經濟依然以同樣的速度成長（美國稍微高於4.75%；蘇聯則稍低）。只有在一九八〇年代，美國經濟才決定性地超越蘇聯（3.1% vs. 1.6%），於是蘇聯的追隨者們都迅速收回了僅存的微小支持。

119. Shapiro（2001）對中國經驗有相當可怕的敘述。

120. 參見http://www.forbes.com/sites/davidewalt/2013/02/13/thirty-amazing-facts-about-private-jets/。這是註冊過的完整飛機數量。

121. T. Friedman（2008），pp. 31, 73.

122. 參見http://www.economist.com/news/united-states/21603492-american-investors-are-taking-climate-change-more-seriously-nobodys-fuels。

123. 參見http://www.bostonglobe.com/opinion/editorials/2014/01/24/investors-see-green-clean-energy/F7sxg6y3Ljfsp2WwARNGZN/story.html。

124. North（1990）對這項邏輯闡述得特別優秀，而Frieden（2006）則專於歷史。

125. 比方說，參見http://www.cnn.com/2014/10/03/opinion/mcgahey-climate-change/；http://newclimateeconomy.report。Rose and Tepperman（2014）討論了部分選項。

126. 我在Morris（2010）,pp.608–13;（2014）, pp. 367–69.更加詳細地討論了這些議題。

127. Rothman et al.（2014）。

128. Sun et al.（2012）。

129. Benton（2005）（Rothman et al.〔2014〕取代了班頓對二疊紀末期絕種情況的解釋）。

130. Kolbert（2014）的論述相當易讀。

131. 參見http://www.economist.com/news/special-report/21599522-robots-offer-unique-insight-what-people-want-technology-makes-their，以便閱讀關於人們目前對機器人的需求的有趣討論。

132. Atwood（1985, 2003）．

133. Wickham（2005）, pp. 33, 653 西元四三九年時，汪達爾人（Vandal）截斷了該城市與北非的穀物貿易。

134. 我在此處重新討論了自己在Morris（2010）, pp. 92–94, 580, and 598–619提出的論點，當時我認為儘管「夜幕」（Nightfall）情況在數萬年來不可能發生，隨後出現的核子武器卻提高了該狀況的發生率。

135. 可惜的是，我並非擁有那類專業技術的人；在末日之後，我只能把希望寄託在有競爭力的朋友身上，以及我快速的學習能力。

136. W. Miller（1960）．

137. Harari（2014）, p. 414.

參考資料

注：所有URL網址都曾於二〇一四年十月十日檢查過。

Abraham, Kathleen. 2004. Business and Politics under the Persian Empire: The Financial Dealings of Marduk-nasir-apli of the House of Egibi. Bethesda, MD: CDL Press.

Acemoglu, Daron, and James Robinson. 2012. Why Nations Fail: The Origins of Power, Prosperity, and Poverty. New York: Crown.

Acton, Peter. 2014. Poiesis: Manufacturing in Classical Athens. New York: Oxford University Press.

Akkermans, Peter, and Glenn Schwartz. 2003. The Archaeology of Syria. Cam- bridge, UK: Cambridge University Press.

Alexander, Richard. 1974. "The Evolution of Social Behavior." Annual Review of Ecology and Systematics 5, pp. 325–83.

——. 1987. The Biology of Moral Systems. Hawthorn, NY: de Gruyter. Allen, Robert. 2001. "The Great Divergence in European Wages and Prices from the Middle Ages to the First World War." Explorations in Economic History 38, pp. 411–48.

——. 2007. "Engels' Pause: A Pessimist's Guide to the British Industrial Revolution." Oxford University Department of Economics Working Paper 315. Available at http://www.economics.ox.ac.uk/Department-of-Economics-Discussion-Paper-Series/engel-s-pause-a-pessimist-s-guide-to-the-british-industrial-revolution.

——. 2009. The British Industrial Revolution in Global Perspective. Cambridge, UK: Cambridge University Press.

Allen, Robert, et al. 2011. "Wages, Prices and Living Standards in China, 1738–1925: A Comparison with Europe, Japan and India." Economic History Review 64 (supplement), pp. 8–38.

Alvaredo, Facundo, et al. 2013. "The Top 1 Percent in International and Historical Perspective." Journal of Economic Perspectives 27, pp. 3–20.

Angelbeck, Bill, and Colin Greer. 2012. "Anarchism and the Archaeology of Anarchic Societies: Resistance to Centralization in the Coast Salish Region of the Pacific Northwest Coast." Current Anthropology 53, pp. 547–87.

Apetrei, Sarah. 2010. Women, Feminism and Religion in Early Enlightenment England. Cambridge, UK: Cambridge University Press.

Apor, Balász, et al., eds. 2004. The Leader Cult in Communist Dictatorship: Stalin and the Eastern Bloc. New York: Palgrave Macmillan.

Armelagos, George, and Kristin Harper. 2005. "Genomics at the Origins of Agriculture." Evolutionary Anthropology 14, pp. 68–77, 109–21.

Armstrong, Karen. 2006. The Great Transformation: The Beginning of Our Religious Traditions. New York: Knopf.

Arnason, Johann, et al., eds. 2005. Axial Civilizations and World History. Leiden: Brill.

Arnold, Jeanne. 1995. "Transportation Innovation and Social Complexity among Maritime Hunter-Gatherer Societies." American Anthropologist 97, pp. 733–47.

——. 2007. "Credit Where Credit Is Due: The History of the Chumash Oceangoing Plank Canoe." American Antiquity 72, pp. 196–209.

Asad, Talal. 1979. "Anthropology and the Analysis of Ideology." Man n.s. 14, pp. 607–27.

Asquith, P. 1984. "The Inevitability and Utility of Anthropomorphism in Description of Primate Behavior." In Rom Harré and Vernon Reynolds, eds., The Meaning of Primate Signals, pp. 138–76. Cambridge, UK: Cambridge University Press.

Atkinson, Anthony. 2010. "Income Inequality in Historical and Comparative Perspective." Available at www.gini-research.org/system/uploads/19/original/Atkinson_GINI_Mar2010_.pdf?1269619027.

Atkinson, Anthony, et al. 2011. "Top Incomes in the Long Run of History." Journal of Economic Literature 49, pp. 3–71.

Atwood, Margaret. 1985. The Handmaid's Tale. Toronto: McClelland and Stewart.

——. 2003. Oryx and Crake. Toronto: McClelland and Stewart.

Auden, W. H. 1965. "Grub First, Then Ethics." In W. H. Auden, About the House, p. 33. London: Faber and Faber.

Axelrod, Robert. 1984. The Evolution of Cooperation. New York: Basic Books.

Bagley, Robert. 1999. "Shang Archaeology." In Loewe and Shaughnessy 1999, pp. 124–231.

Balazs, Etienne. 1964. Chinese Civilization and Bureaucracy. New Haven, CT: Yale University Press.

Bandy, Matthew. 2004. "Fissioning, Scalar Stress, and Social Evolution in Early Village Societies." American Anthropologist 106, pp. 322–33.

Bang, Peter, and Walter Scheidel, eds. 2013. The Oxford Handbook of the State in the Ancient Near East and Mediterranean. Oxford, UK: Oxford University Press.

Banner, Stuart. 2005. How the Indians Lost Their Land: Law and Power on the Frontier. Cambridge, MA: Belknap Press.

Barber, Elizabeth. 1994. Women's Work: The First 20,000 Years—Women, Cloth, and Society in Early Times. New York: Norton.

Barker, Graeme. 2006. The Agricultural Revolution in Prehistory: Why Did Foragers Become Farmers? Oxford, UK: Oxford University Press.

Barnard, Alan, ed. 2004. Hunter-Gatherers in History, Archaeology and Anthropology. Oxford, UK: Berg.

Barnes, Timothy. 2011. Constantine: Dynasty, Religion and Power in the Later Roman Empire. Oxford, UK: Wiley-Blackwell.

Bates, Robert. 1989. Beyond the Miracle of the Market: The Political Economy of Agrarian Development in Kenya. Cambridge, UK: Cambridge University Press.

Beardson, Timothy. 2013. Stumbling Giant: The Threats to China's Future. New Haven, CT: Yale University Press.

Becker, Gary. 1991. A Treatise on the Family. Enlarged edition. Cambridge, MA: Harvard University Press.

Beckerman, Stephen, et al. 2009. "Life Histories, Blood Revenge, and Reproductive Success among the Waorani of Ecuador." Proceedings of the National Academy of Sciences 106, pp. 8134–39.

Beckwith, Christopher. 2009. Empires of the Silk Road: A History of Central Eurasia from the Bronze Age to the Present. Princeton, NJ: Princeton University Press.

Belich, James. 2009. Replenishing the Earth: The Settler Revolution and the Rise of the Anglo-World, 1783–1939. Oxford, UK: Oxford University Press. Belkin, Aaron, et al. 2013. "Readiness and the DADT Repeal: Has the New Policy of Open Service Undermined the Military?" Armed Forces & Society 39, pp. 587–601.

Bell, David. 2009. The First Total War: Napoleon's Europe and the Birth of Warfare as We Know It. Boston: Houghton Mifflin.

Bellah, Robert. 2011. Religion in Human Evolution from the Palaeolithic to the Axial Age. Cambridge, MA: Harvard University Press.

Bellù, Lorenzo Giovanni, and Paolo Liberati. 2006. "Inequality Analysis: The Gini Index." Rome: United Nations Food and Agriculture Organisation, EASYPol 40. Available at http://www.fao.org/docs/up/easypol/329 /gini_index_040EN.pdf.

Benedictow, Ole. 2004. The Black Death 1346–1353: The Complete History. Rochester, NY: Boydell Press.

Benton, Michael. 2005. When Life Nearly Died: The Greatest Mass Extinction of All

Time. London: Thames & Hudson.

Bergen, Peter, and Katherine Tiedemann, eds. 2013. Talibanistan: Negotiating the Borders between Terror, Politics, and Religion. New York: Oxford University Press.

Bettinger, Robert. 2009. Hunter-Gatherer Foraging: Five Simple Models. New York: Eliot Werner Publications.

Betzig, Laura. 1986. Despotism and Differential Reproduction: A Darwinian View of History. Chicago: Aldine.

——, ed. 1997. Human Nature: A Critical Reader. New York: Oxford University Press.

Binford, Lewis. 1978. Nunamiut Ethnoarchaeology. New York: Academic Press.

——. 1980. "Willow Smoke and Dogs' Tails: Hunter-Gatherer Settlement Systems and Archaeological Site Formation." American Antiquity 45, pp. 4–20.

——. 2001. Constructing Frames of Reference: An Analytical Method for Archaeological Theory Building Using Ethnographic and Environmental Data Sets. Berkeley: University of California Press.

Bintliff, John. 1999. "Settlement and Territory." In Graeme Barker, ed., Companion Encyclopedia of Archaeology I, pp. 505–44. London: Routledge.

Blackmore, Susan. 1999. The Meme Machine. Oxford, UK: Oxford University Press.

Bloch, Maurice. 1983. Marxism and Anthropology. Oxford, UK: Oxford University Press.

Blum, Jerome. 1976. The End of the Old Order in Rural Europe. Princeton, NJ: Princeton University Press.

Blumenthal, Ute-Renate. 1988. The Investiture Controversy: Church and Monarchy from the Ninth to the Twelfth Century. Philadelphia: University of Pennsylvania Press.

Bocquet-Appel, Jean-Pierre, and Ofer Bar-Yosef, eds. 2008. The Neolithic Demographic Transition and Its Consequences. Amsterdam: Springer.

Boehm, Christopher. 1993. "Egalitarian Society and Reverse Dominance Hierarchy." Current Anthropology 34, pp. 227–54.

——. 1999. Hierarchy in the Forest: The Evolution of Egalitarian Behavior. Cambridge, MA: Harvard University Press.

——. 2012. Moral Origins: The Evolution of Virtue, Altruism, and Shame. New York: Basic Books.

Boone, J. 2002. "Subsistence Strategies and Early Human Population History: An Evolutionary Ecological Perspective." World Archaeology 34, pp. 6–25.

Borgerhoff Mulder, Monique, et al. 2009. "Intergenerational Wealth Transmission and the Dynamics of Inequality in Small-Scale Societies." Science 326, pp. 682–88.

Online supporting materials available at https://scholarblogs.emory.edu/phooper/files/2014/08/Borgerhoff Mulder2009Suppl.pdf.

Bornstein, Diane, ed. 1979. The Feminist Controversy of the Renaissance. New York: Scholars' Facsimiles and Reprints.

Boserup, Esther. 1965. Conditions of Agricultural Growth. Chicago: Aldine. Bowles, Samuel, and Herbert Gintis. 2011. A Cooperative Species: Human Reciprocity and Its Evolution. Cambridge, UK: Cambridge University Press. Bowman, Alan, and Andrew Wilson, eds. 2012. Settlement, Urbanization, and Population. Oxford, UK: Oxford University Press.

———. 2013a. Quantifying the Roman Economy: Methods and Evidence. Oxford, UK: Oxford University Press.

———. 2013b. The Roman Agricultural Economy: Organization, Investment, and Production. Oxford. UK: Oxford University Press.

Boyd, Peter, et al. 2001. "Was Agriculture Impossible during the Pleistocene but Mandatory during the Holocene?" American Antiquity 66, pp. 387–411.

Boyer, John, and Jan Goldstein, eds. 1987. University of Chicago Readings in Western Civilization IX: Twentieth-Century Europe. Chicago: University of Chicago Press.

Boyer, Pascal. 2001. Religion Explained: The Evolutionary Origins of Religious Thought. New York: Basic Books.

Bracken, Paul. 2012. The Second Nuclear Age: Strategy, Danger, and the New Power Politics. New York: Times Books.

Bradley, Keith, and Paul Cartledge, eds. 2009. The Cambridge World History of Slavery I: The Ancient Mediterranean World. Cambridge, UK: Cambridge University Press.

Bradley, Richard, and Mark Edmonds. 1993. Interpreting the Axe Trade: Production and Exchange in Neolithic Britain. Cambridge, UK: Cambridge University Press.

Bratton, Michael, and Richard Houessou. 2014. "Demand for Democracy Is Rising in Africa, but Most Political Leaders Fail to Deliver." Afrobarometer Research Paper 11. Available at http://www.afrobarometer.org/files/documents/policy_brief/ab_r5_policypaperno11.pdf.

Braudel, Fernand. 1981. Civilization and Capitalism, 15th–18th Century I: The Structures of Everyday Life. Trans. Siân Reynolds. New York: Harper & Row

———. 1982. Civilization and Capitalism, 15th–18th Century II: The Wheels of Commerce. Trans. Siân Reynolds. New York: Harper & Row.

Brauer, Carl. 1979. John F. Kennedy and the Second Reconstruction. New York: Columbia University Press.

Briant, Pierre. 2002. From Cyrus to Alexander: A History of the Persian Empire.

Winona Lake, IN: Eisenbrauns.

Brisch, Nicole, ed. 2012. Religion and Power: Divine Kingship in the Ancient World and Beyond. Chicago: Oriental Institute Seminar Series 4.

Broadberry, Stephen, and Bishnupriya Gupta. 2006. "The Early Modern Great Divergence: Wages, Prices, and Economic Development in Europe and Asia, 1500–1800." Economic History Review n.s. 59, pp. 2–31.

Brockey, Liam. 2007. Journey to the East: The Jesuit Mission to China, 1579–1724. Cambridge, MA: Harvard University Press.

Broecker, Wallace. 2006. "Was the Younger Dryas Triggered by a Flood?" Science 312, pp. 1146–48.

Brook, Timothy. 1998. The Confusions of Pleasure: Commerce and Culture in Ming China. Berkeley: University of California Press.

Brown, Donald. 1991. Human Universals. Philadelphia: Temple University Press.

Brown, Peter. 1995. Authority and the Sacred: Aspects of the Christianisation of the Roman World. Cambridge, UK: Cambridge University Press.

Brown, Peter. 2012. Through the Eye of a Needle: Wealth, the Fall of Rome, and the Making of Christianity in the West, 350–550 AD. Princeton, NJ: Princeton University Press.

Bruce, Steve. 2002. God Is Dead: Secularization in the West. Oxford, UK: Wiley-Blackwell.

——. 2013. Secularization: In Defense of an Unfashionable Theory. New York: Oxford University Press.

Brynjolfsson, Erik, and Andrew McAfee. 2014. The Second Machine Age: Work, Progress, and Prosperity in a Time of Brilliant Technologies. New York: Norton.

Bunch, T., et al. 2012. "Very High-Temperature Impact Melt Products as Evidence for Cosmic Impacts and Airbursts 12,900 Years Ago." Proceedings of the National Academy of Sciences 109, pp. 1903–12.

Burrows, Mathew. 2014. The Future, Declassified: Megatrends That Will Undo the World Unless We Take Action. New York: Palgrave Macmillan.

Caldwell, John. 2006. Demographic Transition Theory. Amsterdam: Springer. Campos, Jose Egardo, and Hilton Root. 1996. The Key to the Asian Miracle: Making Shared Growth Credible. Washington, DC: Brookings Institution Press. Cannon, Aubrey. 2011. Structured Worlds: The Archaeology of Hunter-Gatherer Thought and Action. London: Equinox.

Carballo, David, ed. 2013. Cooperation and Collective Action: Archaeological Perspectives. Boulder: University of Colorado Press.

Carneiro, Robert. 1967. "On the Relationship between Size of Population and

Complexity of Social Organization." Southwestern Journal of Anthropology 23, pp. 234–41.

——. 2003. Evolutionism in Cultural Anthropology. Boulder, CO: Westview Press.

Carrithers, Michael, et al. 1985. The Category of the Person: Anthropology, Philosophy, History. Cambridge, UK: Cambridge University Press.

Cartwright, R. L. 1968. "Some Remarks on Essentialism." Journal of Philosophy 65, pp. 615–26.

Cashdan, Elizabeth. 1980. "Egalitarianism among Hunters and Gatherers." American Anthropologist 82, pp. 116–20.

Cavalli-Sforza, Luigi, and Marcus Feldman. 1981. Cultural Transmission and Evolution: A Quantitative Approach. Princeton, NJ: Princeton University Press.

Ceadel, Martin. 1987. Thinking about Peace and War. Oxford, UK: Oxford University Press.

——. 1996. The Origins of War Prevention: The British Peace Movement and International Relations, 1730–1854. Oxford, UK: Oxford University Press.

——. 2001. Semi-Detached Idealists: The British Peace Movement and International Relations, 1854–1945. Oxford, UK: Oxford University Press. Chadwick, Owen. 1990. The Secularization of the European Mind in the Nineteenth Century. Cambridge, UK: Cambridge University Press.

Chagnon, Napoleon. 1988. "Life Histories, Blood Revenge, and Warfare in a Tribal Society." Science 239, pp. 985–92.

Chaudhuri, K. N. 1990. Asia before Europe: Economy and Civilisation of the Indian Ocean from the Rise of Islam to c. 1750. Cambridge, UK: Cambridge University Press.

Chayanov, A. V. 1986 [1925]. Theory of the Peasant Economy. Trans. Daniel Thorner et al. Madison: University of Wisconsin Press.

Chekhov, Anton. 1897. "Peasants." Cited from http://www.online-literature.com/o_henry/1285/.

Childe, V. Gordon. 1936. Man Makes Himself. London: Watts and Co.

——. 1942. What Happened in History. London: Penguin.

Christian, David. 2004. Maps of Time: An Introduction to Big History. Berkeley: University of California Press.

Chu, Ke-young, et al. 2000. "Income Distribution and Tax and Government Spending in Developing Countries." IMF Working Paper WP/00/62. Available at http://www.imf.org/external/pubs/ft/wp/2000/wp0062.pdf.

Cipolla, Carlo. 1980. Before the Industrial Revolution: European Society and Economy, 1000–1700. 2nd ed. New York: Norton.

Clark, Gregory. 2007. A Farewell to Alms: A Brief Economic History of the World. Princeton, NJ: Princeton University Press.

——. 2014. The Son Also Rises: Surnames and the History of Social Mobility. Princeton, NJ: Princeton University Press.

Cochrane, Eric, et al., eds. 1987. University of Chicago Readings in Western Civilization VI: Early Modern Europe: Crisis of Authority. Chicago: University of Chicago Press.

Cohen, Edward. 1992. Athenian Economy and Society: A Banking Perspective. Princeton, NJ: Princeton University Press.

——. 2000. The Athenian Nation. Princeton, NJ: Princeton University Press. Colledge, Susan, and James Connolly, eds. 2007. The Origins and Spread of Domestic Plants in Southwest Asia and Europe. Walnut Creek, CA: AltaMira.

Colli, Andrea. 2003. The History of Family Business, 1850–2000. Cambridge, UK: Cambridge University Press.

Coontz, Stephanie. 2005. Marriage, a History: How Love Conquered Marriage. New York: Penguin.

Cooper, Jerrold. 1986. Sumerian and Akkadian Royal Inscriptions: Pre-Sargonic Inscriptions. Winona Lake, IN: Eisenbrauns.

Cooperson, Michael. 2005. Al-Ma'mun. Oxford, UK: Oneworld.

Cortright, David. 2008. Peace: A History of Movements and Ideas. Cambridge, UK: Cambridge University Press.

Costin, Cathy. 1991. "Craft Specialization: Issues in Defining, Documenting, and Explaining the Organization of Production." Advances in Archaeological Method and Theory 3, pp. 1–56.

Costin, Cathy. 1996. "Exploring the Relationship between Gender and Craft in Complex Societies." In Rita Wright, ed., Gender and Archaeology, pp. 111–40. Philadelphia: University of Pennsylvania Press.

Coulson, Andrew. 1982. Tanzania: A Political Economy. Oxford, UK: Clarendon Press.

Cox, Virginia. 1990. Moderata Fonte (Modesta Pozzo): The Worth of Women, Wherein Is Clearly Revealed Their Nobility and Their Superiority to Men. Chicago: University of Chicago Press.

Coyne, Jerry. 2009. Why Evolution Is True. New York: Viking.

Crawford, Dorothy. 1971. Kerkeosiris: An Egyptian Village in the Ptolemaic Period. Cambridge, UK: Cambridge University Press.

Crone, Patricia. 1989. Pre-Industrial Societies. Oxford, UK: Blackwell. Crosby, Alfred. 2006. Children of the Sun: A History of Humanity's Unappeasable Appetite for Energy. New York: Norton.

Crosby, Margaret. 1950. "The Leases of the Laurion Mines." Hesperia 19, pp. 189–312.

Cummings, Vicki. 2013. The Anthropology of Hunter-Gatherers: Key Themes for Archaeologists. London: Bloomsbury.

Dalton, George. 1971. Economic Anthropology and Development. New York: Basic Books.

Dalyell, John, ed. 1814. The Cronicles of Scotland, by Robert Lindsay of Pitscottie, Published from Several Old Manuscripts I. Edinburgh: George Ramsay.

Darnton, Robert. 1984. The Great Cat Massacre and Other Episodes in French Cultural History. New York: Basic Books.

Darwin, Charles. 1871. The Descent of Man and Selection in Relation to Sex. Vol. 1. London: John Murray. Available at http://www.gutenberg.org.

Davies, John K. 1971. Athenian Propertied Families, 600–300 BC. Oxford, UK: Clarendon Press.

——. 1981. Wealth and the Power of Wealth in Classical Athens. New York: Arno Press.

Davies, Philip, ed. 1996. The Prophets: A Sheffield Reader. Sheffield, UK: Sheffield Academic Press.

Davis, Jack. 1991. "Contributions to a Mediterranean Rural Archaeology: Historical Case Studies from the Ottoman Cyclades." Journal of Mediterranean Archaeology 4, pp. 131–216.

Dawkins, Richard. 1976. The Selfish Gene. Oxford, UK: Oxford University Press.

——. 1982. The Extended Phenotype: The Gene as the Unit of Selection. San Francisco: Freeman.

Dawson, Raymond, trans. 1993. Confucius: The Analects. Harmondsworth, UK: Penguin.

Deaton, Angus. 2013. The Great Escape: Health, Wealth, and the Origins of Inequality. Princeton, NJ: Princeton University Press.

de Bary, Theodore, and Irene Bloom, eds. 1999. The Sources of Chinese Tradition I. 2nd ed. New York: Columbia University Press.

DeFries, Ruth. 2014. The Big Ratchet: How Humanity Thrives in the Face of Natural Crisis. New York: Basic Books.

del Carmen Rodríguez Martínez, Maria, et al. 2005. "Oldest Writing in the New World." Science 313, pp. 1610–14.

Demattè, Paola. 2010. "The Origins of Chinese Writing: The Neolithic Evidence." Cambridge Archaeological Journal 20, pp. 211–28.

Dennett, Daniel. 1992. Consciousness Explained. New York: Back Bay Books.

———. 1995. Darwin's Dangerous Idea. New York: Simon & Schuster.

DeSteno, David, et al. 2006. "Jealousy and the Threatened Self: Getting to the Heart of the Green-Eyed Monster." Journal of Personality and Social Psychology 91, pp. 626–41.

de Vasconcelos, Álvaro, ed. 2012. Global Trends 2030—Citizens in an Interconnected and Polycentric World. Paris: European Union Institute for Security Studies. Available at http://www.iss.europa.eu/uploads/media /ESPAS_report_01.pdf.

de Waal, Frans. 1982. Chimpanzee Politics: Power and Sex among Apes. Baltimore: Johns Hopkins University.

———. 1986. "Deception in the Natural Communication of Chimpanzees." In Robert Mitchell and Nicholas Thompson, eds., Deception: Perspectives on Human and Nonhuman Deceit, pp. 221–44. Buffalo: State University of New York Press.

de Waal, Frans, et al. 2006. Primates and Philosophers: How Morality Evolved. Princeton, NJ: Princeton University Press.

———, eds. 2014. Evolved Morality: The Biology and Philosophy of Human Consciousness. Leiden: Brill.

Dever, William. 2001. What Did the Biblical Writers Know and When Did They Know It? What Archaeology Can Tell Us about the Reality of Ancient Israel. Grand Rapids, MI: Eerdmans.

Diamond, Jared. 1987. "The Worst Mistake in the History of the Human Race." Discover Magazine (May), pp. 64–66. Available at http://discovermagazine .com/1987/may/02-the-worst-mistake-in-the-history-of-the-human-race.

———. 1997. Guns, Germs, and Steel: The Fates of Human Societies. New York: Norton.

———. 2012. The World before Yesterday: What Can We Learn from Traditional Societies? New York: Viking.

Donker van Heel, Koenraad. 2014. Mrs. Tsenhor: A Female Entrepreneur in Ancient Egypt. Cairo: American University in Cairo Press.

Drews, Robert. 1983. Basileus. New Haven, CT: Yale University Press.

Driver, Felix. 1993. Power and Pauperism: The Workhouse System, 1834–1884. Cambridge, UK: Cambridge University Press.

Droysen, Johann Gustav. 1897 [1868]. Outline of the Principles of History (Grundriss der Historik). Trans. E. Benjamin Andrews. Boston: Ginn & Company. Dunn, John. 2006. Democracy: A History. Washington, DC: Atlantic Monthly Press.

Durham, William. 1991. Coevolution: Genes, Culture, and Human Diversity. Stanford, CA: Stanford University Press.

Earle, Timothy. 1997. How Chiefs Come to Power: The Political Economy in

Prehistory. Stanford, CA: Stanford University Press.

———. 2002. Bronze Age Economics. Boulder, CO: Westview.

Ebrey, Patricia Buckley. 1993. The Inner Quarters: Marriage and the Lives of Chinese Women in the Sung Period. Berkeley: University of California Press.

Edwards, Anthony. 2004. Hesiod's Ascra. Berkeley: University of California Press.

Egan, Ronald. 2013. The Burden of Female Talent: The Poet Li Qingzhao and Her History in China. Cambridge, MA: Harvard University Press.

Ehrlich, Paul. 2000. Human Natures: Genes, Cultures, and the Human Prospect. Washington, DC: Island Press.

Eisenman, Ian, et al. 2009. "Rain Driven by Receding Ice Sheets as a Cause of Past Climate Change." Paleoceanography 24. Available at http://onlinelibrary.wiley.com/doi/10.1029/2009PA001778/full.

Eisenstadt, Shmuel. 1963. The Political System of Empires. Glencoe, IL: Free Press.

———, ed. 1986. The Origins and Diversity of the Axial Age. Albany: State University of New York Press.

Elias, Norbert. 1982 [1939]. The Civilizing Process. Trans. Edmund Jephcott. Oxford, UK: Blackwell.

Elkins, Stanley. 1959. Slavery: A Problem in American Institutional and Intellectual Life. New York: Universal Press.

Elvin, Mark. 1973. The Pattern of the Chinese Past. Stanford, CA: Stanford University Press.

Endicott, Karen. 1999. "Gender Relations in Hunter-Gatherer Societies." In Lee and Daly 1999a, pp. 411–18.

Engel, Barbara, and Anastasia Posadskaya-Vanderbeck, eds. 1997. A Revolution of Their Own: Voices of Women in Soviet History. Boulder, CO: Westview Press.

Engels, Friedrich. 1946 [1878]. Anti-Dühring: Herr Eugen Dühring's Revolution in Science. London: Progress Publishers. Available at http://www.marxists.org/archive/marx/works/1877/anti-duhring/index.htm.

———. 1972 [1884]. The Origin of the Family, Private Property and the State. London: Lawrence & Wishart.

Erlanger, Philippe. 1970. Margaret of Anjou: Queen of England. London: Elek.

Evans, Richard. 2005. The Third Reich in Power. London: Allen Lane.

Fabian, Johannes. 1983. Time and the Other: How Anthropology Constructs Its Object. New York: Columbia University Press.

Fagan. Brian. 2004. The Long Summer: How Climate Changed Civilization. New York: Basic Books.

———. 2008. The Great Warming: Climate Change and the Rise and Fall of

Civilizations. New York: Bloomsbury Press.

Ferguson, Niall. 1997. "Introduction." In Niall Ferguson, ed., Virtual History: Alternatives and Counterfactuals, pp. 1–90. New York: Basic Books.

———. 2003. Empire. New York: Basic Books.

———. 2006. The War of the World: Twentieth-Century Conflict and the Decline of the West. London: Penguin Press.

———. 2011. Civilization: The West and the Rest. London: Allen Lane. Ferguson, Niall, et al., eds. 2010. The Shock of the Global: The 1970s in Perspective. Cambridge, MA: Harvard University Press.

Fernández-Armesto, Felipe. 2006. Pathfinders: A Global History of Exploration. New York: Norton.

Field, Daniel. 1976. Rebels in the Name of the Tsar. Boston: Houghton Mifflin.

Figes, Orlando. 2006. A People's Tragedy: A History of the Russian Revolution. London: Jonathan Cape.

———. 2014. Revolutionary Russia, 1891–1991: A History. New York: Metropolitan Books.

Finley, Moses. 1959. "Was Greek Civilization Based on Slave Labour?" Historia 8, pp. 145–64.

———. 1973. The Ancient Economy. 1st ed. Berkeley: University of California Press.

———. 1980. Ancient Slavery and Modern Ideology. London: Chatto & Windus.

Fitzpatrick, Sheila. 1999. Everyday Stalinism. Ordinary Life in Extraordinary Times: Soviet Russia in the 1930s. New York: Oxford University Press.

Fitzpatrick, Sheila, et al., eds. 1991. Russia in the Era of the NEP. Bloomington: Indiana University Press.

Flannery, Kent, and Joyce Marcus. 2012. The Creation of Inequality: How Our Prehistoric Ancestors Set the Stage for Monarchy, Slavery, and Empire. Cambridge, MA: Harvard University Press.

Flohr, Miko. 2013. The World of the Roman Fullo: Work, Economy, and Society in Roman Italy. Oxford, UK: Oxford University Press.

Floud, Roderick, and Donald McCloskey, eds. 1994. The Economic History of Britain since 1700. 2 vols. Cambridge, UK: Cambridge University Press.

Fochesato, Mattia, and Samuel Bowles. 2014. "Nordic Exceptionalism? Social Democratic Egalitarianism in World-Historic Perspective." Journal of Public Economics 117.

Fogel, Robert, and Geoffrey Elton. 1983. Which Path to the Past? New Haven, CT: Yale University Press.

Force, Pierre. 2009. "Voltaire and the Necessity of Modern History." Modern

Intellectual History 6, pp. 457–84.

Fox, Robin. 1984. Kinship and Marriage: An Anthropological Perspective. Cambridge, UK: Cambridge University Press.

Foxhall, Lin. 2013. Studying Gender in Classical Antiquity. Cambridge, UK: Cambridge University Press.

Francis, E.K.L. 1945. "The Personality Type of the Peasant According to Hesiod's Works and Days: A Culture Case Study." Rural Sociology 10, pp. 275–95.

Francis, Mark. 2007. Herbert Spencer and the Invention of Modern Life. Ithaca, NY: Cornell University Press.

Franco, Cristiana. 2014. Shameless: The Canine and the Feminine in Ancient Greece. Berkeley: University of California Press.

Frank, Andre Gunder. 1998. ReOrient: Global Economy in the Asian Age. Berkeley: University of California Press.

Freedman, Paul. 1999. Images of the Medieval Peasant. Stanford, CA: Stanford University Press.

Fried, Morton. 1967. The Evolution of Political Society. New York: Random House.

Frieden, Jeffry. 2006. Global Capitalism: Its Fall and Rise in the Twentieth Century. New York: Norton.

Friedman, Milton. 2002 [1962]. Capitalism and Freedom. Chicago: University of Chicago Press.

Friedman, Thomas. 2008. Hot, Flat, and Crowded: Why We Need a Green Revolution. New York: Farrar, Straus & Giroux.

Friedmann, F. G. 1967 [1953]. "The World of 'La Miseria.'" In Jack Potter et al., eds., Peasant Society: A Reader, pp. 324–36. Boston: Little, Brown.

Frohlich, Norman, et al. 1976. "Choices of Principles of Distributive Jus- tice in Experimental Groups." American Journal of Political Science 31, pp. 606–36.

Fry, Douglas, ed. 2013. War, Peace and Human Nature: The Convergence of Evolutionary and Cultural Views. Oxford, UK: Oxford University Press.

Fukuyama, Francis. 1992. The End of History and the Last Man. New York: Free Press.

Fuller, Dorian. 2007. "Contrasting Patterns in Crop Domestication and Domestication Rates." Annals of Botany 2007, pp. 1–22.

Furuichi, Takeshi. 2009. "Factors Underlying Party Size Differences between Chimpanzees and Bonobos." Primates 50, pp. 197–209.

Galinsky, Karl. 2012. Augustus: Introduction to the Life of an Emperor. Cambridge, UK: Cambridge University Press.

Gardner, Peter. 1991. "Foragers' Pursuit of Individual Autonomy." Current

Anthropology 32, pp. 543–58.

Garlan, Yvon. 1982. Slavery in Ancient Greece. Trans. Janet Lloyd. Ithaca, NY: Cornell University Press.

Garnsey, Peter, ed. 1980. Non-Slave Labour in the Greco-Roman World. In Proceedings of the Cambridge Philological Society, supp. vol. 6. Cambridge, UK: Cambridge University Press.

———. 1988. Famine and Food Supply in the Graeco-Roman World. Cambridge, UK: Cambridge University Press.

Garnsey, Peter, and Richard Saller. 1987. The Roman Empire: Economy, Society and Culture. London: Duckworth.

Gat, Azar. 2006. War in Human Civilization. Oxford, UK: Oxford University Press.

Geertz, Clifford. 1973. The Interpretation of Cultures. New York: HarperCollins.

Gellner, Ernest. 1983. Nations and Nationalism. Oxford, UK: Blackwell.

———. 1988. Plough, Sword and Book: The Structure of Human History. Oxford, UK: Blackwell.

Gerring, John. 2001. Social Science Methodology: A Criterial Framework. Cambridge, UK: Cambridge University Press.

Ghiglieri, Michael. 1999. The Dark Side of Man: Tracing the Origins of Male Violence. New York: Basic Books.

Gilbert, Martin. 1966–88. Winston S. Churchill. 8 vols. in 13 parts. London: Heinemann.

Gilens, Martin, and Benjamin Page. 2014. "Testing Theories of American Politics: Elites, Interest Groups, and Average Citizens." Perspectives on Politics 12, pp. 564–81.

Gittings, John. 2005. The Changing Face of China: From Mao to Market. Oxford, UK: Oxford University Press.

Goitein, Shlomo. 1967–88. A Mediterranean Society: The Jewish Communities of the Arab World as Portrayed in the Documents of the Cairo Geniza. 5 vols. Berkeley: University of California Press.

Goldin, Claudia, and Lawrence Katz. 2002. "The Power of the Pill: Oral Contraceptives and Women's Career and Marriage Choices." Journal of Political Economy 110, pp. 730–70.

Goldman, Emma. 1924. My Further Disillusionment in Russia. Garden City, NY: Doubleday, Page & Co.

Goldstone, Jack. 2002. "Efflorescences and Economic Growth in World History." Journal of World History 13, pp. 323–89.

———. 2009. Why Europe? The Rise of the West in World History, 1500–1850. Boston:

McGraw-Hill.

Goody, Jack. 1962. Death, Property and the Ancestors: A Study of the Mortuary Customs of the Lo Dagaa of West Africa. Stanford, CA: Stanford University Press.

———. 1973. "Bridewealth and Dowry in Africa and Eurasia." In Jack Goody and S. J. Tambiah, Bridewealth and Dowry, pp. 1–58. Cambridge, UK: Cambridge University Press.

Goody, Jack. 1976. Production and Reproduction: A Comparative Study of the Domestic Domain. Cambridge, UK: Cambridge University Press.

———. 1977. The Domestication of the Savage Mind. Cambridge, UK: Cambridge University Press.

———. 1986. The Logic of Writing and the Organization of Society. Cambridge, UK: Cambridge University Press.

———. 1987. The Interface between the Written and the Oral. Cambridge, UK: Cambridge University Press.

Gordon, David. 2008. "Going Off the Rawls." The American Conservative, July 28. Available at http://www.theamericanconservative.com/articles /going-off-the-rawls/.

Greenwood, Jeremy, et al. 2005. "Engines of Liberation." Review of Economic Studies 72, pp. 109–33.

Greif, Avner. 2006. Institutions and the Path to the Modern Economy: Lessons from Medieval Trade. Cambridge, UK: Cambridge University Press.

Grosman, Leore, et al. 2008. "A 12,000-Year-Old Shaman Burial from the Southern Levant (Israel)." Proceedings of the National Academy of Sciences 105, pp. 17665–69.

Guillén, Mauro, and Emilio Ontiveros. 2012. Global Turning Points: Understanding the Challenges for Business in the 21st Century. Cambridge, UK: Cambridge University Press.

Gunesekara, Tamara. 1994. Hierarchy and Egalitarianism: Caste, Class and Power in Sinhalese Peasant Society. London: Athlone.

Gurven, Michael, and Hillard Kaplan. 2007. "Longevity among Hunter- Gatherers: A Cross-Cultural Examination." Population and Development Review 33, pp. 321–65.

Habu, Junko. 2004. Ancient Jomon of Japan. Cambridge, UK: Cambridge University Press.

Haidt, Jonathan. 2012. The Righteous Mind: Why Good People Are Divided by Politics and Religion. New York: Random House.

Hall, Edith. 1989. Inventing the Barbarian. Oxford, UK: Oxford University Press. Hall, John. 1985. Powers and Liberties: The Causes and Consequences of the Rise of the West. Oxford: Blackwell.

Halverson, John. 1992. "Goody and the Implosion of the Literacy Thesis." Man 27, pp. 301–17.

Hamilton, J. R. 1969. Plutarch's "Alexander": A Commentary. Oxford, UK: Clarendon Press.

Hamilton, William. 1964. "Genetic Evolution of Social Behavior." Journal of Theoretical Biology 7, pp. 1–52.

Hancock, James. 2012. Plant Evolution and the Origin of Crop Species. 3rd ed. Wallingford, UK: CABI.

Hansen, Mogens. 1986. Demography and Democracy. Copenhagen: Systime.

——. 1991. The Athenian Democracy in the Age of Demosthenes. Oxford, UK: Blackwell.

——, ed. 2000. A Comparative Study of Thirty City-State Cultures. Copenhagen: Kongelike Danske Videnskabernes Selskab, Historisk-filosofiske Skrifter 21.

Hansen, Mogens, and Thomas Nielsen. 2004. An Inventory of Archaic and Classical Poleis. Oxford, UK: Oxford University Press.

Harari, Yuval Noah. 2014. Sapiens: A Brief History of Humankind. London: Harvill Secker.

Harcourt, Alexander, and Kelly Stewart. 2007. Gorilla Society: Conflict, Compromise, and Cooperation between the Sexes. Chicago: University of Chicago Press. Harris, William. 1989. Ancient Literacy. Cambridge, MA: Harvard University Press.

——. 2008. Restraining Rage: The Ideology of Anger Control in Classical Antiquity. Cambridge, MA: Harvard University Press.

——. 2010. The Monetary Systems of the Greeks and Romans. Oxford, UK: Oxford University Press.

Hartog, François. 1988. The Mirror of Herodotus: The Representation of the Other in the Writing of History. Trans. Janet Lloyd. Berkeley: University of California Press.

Harvey, F. David. 1965. "Two Kinds of Equality." Classica et Medievalia 26, pp. 101–46.

Havel, Vaclav. 1978. "The Power of the Powerless." Originally published in samizdat form and circulated secretly in Czechoslovakia. Available at http://vaclavhavel.cz/showtrans.php?cat=eseje&val=2_aj_eseje.html&typ=HTML.

Hayden, Brian. 1995. "Pathways to Power: Principles for Creating Socioeconomic Inequities." In T. D. Price and Gary Feinman, eds., Foundations of Social

Inequality, pp. 15–85. New York: Plenum.

Hayek, Friedrich. 1944. The Road to Serfdom. Chicago: University of Chicago Press.

Heizer, Frank, ed. 1978. Handbook of North American Indians VIII: California. Washington, DC: Smithsonian Institution Press.

Henrich, Joseph. 2012. "Hunter-Gatherer Cooperation." Nature 481, pp. 449–50.

Henrich, Joseph, et al. 2010. "The Weirdest People in the World?" Behavioral and Brain Sciences 33, pp. 61–135.

Herman, Gabriel. 2014. "Towards a Biological Re-Interpretation of Culture." GSTF International Journal of Law and Social Sciences 3, pp. 52–66.

Hill, Christopher. 1984. The Experience of Defeat: Milton and Some Contemporaries. New York: Penguin.

Hill, Kim, et al. 2001. "Mortality Rates among Wild Chimpanzees." Journal of Human Evolution 40, pp. 437–50.

Hobsbawm, Eric. 1959. Primitive Rebels. New York: Norton.

Hobsbawm, Eric. 1962. The Age of Revolution, 1789–1848. New York: Vintage.

——. 1975. The Age of Capital, 1848–1875. New York: Vintage.

Hodder, Ian. 2006. The Leopard's Tale: Revealing the Mysteries of Çatalhöyük. London: Thames and Hudson.

——, ed. 2010. Religion in the Emergence of Civilization: Çatalhöyük as a Case Study. Cambridge, UK: Cambridge University Press.

——, ed. 2014. Religion at Work in a Neolithic Society: Vital Matters. Cambridge, UK: Cambridge University Press.

Hoebel, E. Adamson. 1954. The Law of Primitive Man: A Study in Comparative Legal Dynamics. Cambridge, MA: Harvard University Press.

Hofstede, Geert. 2001. Culture's Consequences. 2nd ed. Thousand Oaks, CA: Sage Publications.

Hohmann, Gottfried, et al. 2010. "Plant Foods Consumed by Pan: Exploring the Variation of Nutritional Energy across Africa." American Journal of Physical Anthropology 141, pp. 476–85.

Höpfl, H. M. 1978. "From Savage to Scotsman: Conjectural History in the Scottish Enlightenment." Journal of British Studies 17, pp. 19–48.

Hopkins, Keith. 1978. "Economic Growth and Towns in Classical Antiquity." In P. Abrams and E. A, Wrigley, eds., Towns in History, pp. 35–79. Cambridge, UK: Cambridge University Press.

——. 1980. "Taxes and Trade in the Roman Empire." Journal of Roman Studies 70, pp. 101–25.

——. 1983. "Introduction." In Peter Garnsey et al., eds., Trade in the Ancient

Economy, pp. ix–xxv. Cambridge, UK: Cambridge University Press. Hopper, R. J. 1953. "The Attic Silver Mines in the Fourth Century BC." Annual of the British School at Athens 48, pp. 200–254.

———. 1968. "The Laurion Mines: A Reconsideration." Annual of the British School at Athens 63, pp. 293–326.

Horne, Alistair. 1965. The Fall of Paris: The Siege and the Commune 1870–71. New York: Penguin.

Howe, Daniel Walker. 2007. What Hath God Wrought: The Transformation of America, 1815–1848. New York: Oxford University Press.

Hupka, R. B., and J. M. Ryan. 1990. "The Cultural Contribution to Jealousy: Cross-Cultural Aggression in Sexual Jealousy Situations." Behavior Science Research 24, pp. 51–71.

Inglehart, Ronald, and Christian Welzel. 2005. Modernization, Cultural Change, and Democracy: The Human Development Sequence. Cambridge, UK: Cambridge University Press.

Ingold, Timothy. 1999. "On the Social Relations of the Hunter-Gatherer Band." In Lee and Daly 1999a, pp. 399–410.

Iriye, Akira, et al., eds. 2012. The Human Rights Revolution: An International History. New York: Oxford University Press.

Isaacson, Walter. 2007. Einstein: His Life and Universe. New York: Simon and Schuster.

Israel, Jonathan. 2011. A Revolution of the Mind: Radical Enlightenment and the Intellectual Origins of Modern Democracy. Princeton, NJ: Princeton University Press.

———. 2014. Revolutionary Ideas: An Intellectual History of the French Revolution from The Rights of Man to Robespierre. Princeton, NJ: Princeton University Press.

Jacques, Martin. 2009. When China Rules the World: The Rise of the Middle Kingdom and the End of the Western World. London: Allen Lane.

Janko, Richard. 1982. Homer, Hesiod and the Hymns. Cambridge, UK: Cambridge University Press.

Jaspers, Karl. 1953 [1949]. The Origin and Goal of History. New Haven, CT: Yale University Press.

Johnson, Allen, and Timothy Earle. 1987. The Evolution of Human Societies: From Foraging Group to Agrarian State. Stanford, CA: Stanford University Press.

Jones, Eric. 1987. The European Miracle: Environments, Ecologies and Geopolitics in the History of Europe and Asia. 2nd ed. Cambridge, UK: Cambridge University

Press.

Joordens, Josephine, et al. 2014. "Homo Erectus at Trinil on Java Used Shells for Tool Production and Engraving." Nature (2014). doi: 10.1038/nature13962.

Kamei, Nobutaka. 2005. "Play among Baka Children in Cameroon." In Barry Hewlett and Michael Lamb, eds., Hunter-Gatherer Childhoods: Evolutionary, Developmental & Cultural Perspectives, pp. 343–64. New Brunswick, NJ: Transaction Publishers.

Kaplan, Robert. 2014. Asia's Cauldron: The South China Sea and the End of a Stable Pacific. New York: Random House.

Karakasidou, Anastasia. 1997. Fields of Wheat, Hills of Blood: Passages to Nationhood in Greek Macedonia, 1870–1990. Chicago: University of Chicago Press.

Kay, Philip. 2014. Rome's Economic Revolution. Cambridge, UK: Cambridge University Press.

Keeley, Lawrence. 1996. War before Civilization: The Myth of the Peaceful Savage. New York: Oxford University Press.

Kelly, Joan. 1984. Women, History, and Theory: The Essays of Joan Kelly. Chicago: University of Chicago Press.

Kelly, Robert. 2013. The Lifeways of Hunter-Gatherers: The Foraging Spectrum. 2nd ed. Cambridge, UK: Cambridge University Press.

Kemp, Barry. 2005. Ancient Egypt: Anatomy of a Civilization. 2nd ed. Cambridge, UK: Cambridge University Press.

Kennedy, John S. 1992. The New Anthropomorphism. Cambridge, UK: Cambridge University Press.

Kent, Susan. 1996. Cultural Diversity amongst Twentieth-Century Foragers: An African Perspective. Cambridge, UK: Cambridge University Press.

Kenworthy, Lane, and Timothy Smeeding. 2013. "Growing Inequalities and Their Impact in the United States." GINI Country Report. Available at http://gini-research.org/system/uploads/443/original/US.pdf?1370077377.

Kershaw, Ian. 1998. Hitler, 1889–1936: Hubris. New York: Norton. Khazanov, Anatoly. 1984. Nomads and the Outside World. Cambridge, UK: Cambridge University Press.

Kim, Young-oak, and Jung-kyu Kim. 2014. The Great Equal Society: Confucianism, China and the 21st Century. Singapore: World Scientific Publishing.

Kirch, Patrick. 2000. On the Road of the Winds: An Archaeological History of the Pacific Islands before European Contact. Berkeley: University of California Press.

Kirshner, Julius, and Karl Morrison, eds. 1986. University of Chicago Readings in Western Civilization IV: Medieval Europe. Chicago: University of Chicago Press.

Klein, Richard. 2009. The Human Career. 3rd ed. Chicago: University of Chicago Press.

Knauft, Bruce. 1985. Good Company and Violence: Sorcery and Social Action in a Lowland New Guinea Community. Berkeley: University of California Press.

——. 1987. "Reconsidering Violence in Simple Human Societies: Homicide among the Gebusi of New Guinea." Current Anthropology 28, pp. 487–500.

Kolakowski, Leszek. 1974. "My Correct Views on Everything." The Socialist Register 11, pp. 1–20. Available at http://socialistregister.com/index.php/srv/article/view/5323#.VDR8sN4718M.

Kolbert, Elizabeth. 2014. The Sixth Extinction: An Unnatural History. New York: Henry Holt.

Koonz, Claudia. 1987. Mothers in the Fatherland: Women, the Family and Nazi Politics. New York: St Martin's Press.

Korsgaard, Christine. 2005. "Fellow Creatures: Kantian Ethics and Our Duties to Animals." In Grethe Peterson, ed., The Tanner Lectures on Human Values XXV, pp. 79–110. Salt Lake City: University of Utah Press. Available at http://tannerlectures.utah.edu/_documents/a-to-z/k/korsgaard_2005.pdf.

——. 2013. "Kantian Ethics, Animals, and the Law." Oxford Journal of Legal Studies 33, pp. 1–20.

Kristensen, Hans, and Robert Norris. 2012. "Russian Nuclear Forces, 2012." Bulletin of the Atomic Scientists 68, pp. 87–98.

——. 2013. "US Nuclear Forces, 2013." Bulletin of the Atomic Scientists 69, pp. 77–86.

Kroeber, A. L. 1948. Anthropology. New York: Harcourt, Brace and Co. Kron, Geof. Forthcoming. "Growth and Decline; Forms of Growth; Estimating Growth in the Greek World." In Elio Lo Cascio et al., eds., The Oxford Hand- book of Economies in the Classical World. Oxford, UK: Oxford University Press. Kuhn, Dieter. 2009. The Age of Confucian Rule: The Song Transformation of China. Cambridge, MA: Harvard University Press.

Kuhn, Steven, and Mary Stiner. 2001. "The Antiquity of Hunter-Gatherers." In Panter-Brick et al. 2001, pp. 99–142.

Kurzweil, Ray. 2005. The Singularity Is Near: When Humans Transcend Biology. New York: Viking.

——. 2013. How to Create a Mind: The Secret of Human Thought Revealed. New York: Viking.

Kuznets, Simon. 1955. "Economic Growth and Income Inequality." American Economic Review 45, pp. 1–28.

Lamberton, Robert. 1988. Hesiod. New Haven, CT: Yale University Press. Landes, David. 1969. The Unbound Prometheus: Technological Change 1750 to the Present. Cambridge, MA: Harvard University Press.

———. 1998. The Wealth and Poverty of Nations: Why Some Are So Rich and Some Are So Poor. New York: Norton.

Landgraber, Kevin, et al. 2012. "Generation Times in Wild Chimpanzees and Gorillas Suggest Earlier Divergence Times in Great Ape and Human Evolution." Proceedings of the National Academy of Sciences 109, pp. 15716–21.

Lane, Ann, ed. 1971. The Debate over Slavery: Stanley Elkins and His Critics. Urbana: University of Illinois Press.

Lankov, Andrei. 2014. The Real North Korea: Life and Politics in the Failed Stalinist Utopia. New York: Oxford University Press.

Larsen, Clark. 1995. "Biological Changes in Human Populations with Agriculture." Annual Review of Anthropology 24, pp. 185–213.

———. 2006. "The Agricultural Revolution as Environmental Catastrophe." Quaternary International 150, pp. 12–20.

Larsen, Mogens Trolle. 1967. Old Assyrian Caravan Procedures. Istanbul: Nederlands historisch-archaeologisch Instituut in het Nabiye Oesten.

———. 1977. "Partnerships in the Old Assyrian Trade." Iraq 39, pp. 119–45. Laviolette, P. 2011. "Evidence for a Solar Flare Cause of the Pleistocene Mass Extinctions." Radiocarbon 53, pp. 303–23.

LeBlanc, Steve. 2013. "Warfare and Human Nature." In T. K. Hansen and R. D. Shackleton, eds., The Evolution of Violence, pp. 73–97.

———. 2014. "Forager Warfare and Our Evolutionary Past." In M. W. Allen and T. L. Jones, eds., Re-Examining a Pacified Past: Violence and Warfare among Hunter-Gatherers, pp. 26–46. Walnut Creek, CA: Left Coast Press. LeBlanc, Steve, and Katherine Register. 2003. Constant Battles: Why We Fight. New York: St. Martin's Press.

Lee Kuan Yew. 1998. The Singapore Story: Memoirs of Lee Kuan Yew. Upper Saddle River, NJ: Prentice-Hall.

———. 2000. From Third World to First: The Singapore Story, 1965–2000. New York: Harper.

Lee, Richard. 1979. The !Kung San: Men, Women and Work in a Foraging Society. Cambridge, UK: Cambridge University Press.

Lee, Richard. 1982. "Politics, Sexual and Non-Sexual, in an Egalitarian Society." In Eleanor Leacock and Richard Lee, eds., Politics and History in Band Societies, pp. 37–59. Cambridge, UK: Cambridge University Press.

Lee, Richard, and Richard Daly, eds. 1999a. The Cambridge Encyclopedia of Hunters and Gatherers. Cambridge, UK: Cambridge University Press.

——, eds. 1999b. "Introduction: Foragers and Others." In Lee and Daly 1999a, pp. 1–19.

——. 2004. "Preface to the Paperback Edition." In Richard Lee and Richard Daly, eds., The Cambridge Encyclopedia of Hunters and Gatherers, pp. xiii–xvi. Cambridge, UK: Cambridge University Press.

Lee, Richard, and Irven DeVore. 1968. "Problems in the Study of Hunters and Gatherers." In Richard Lee and Irven DeVore, eds., Man the Hunter, pp. 3–12. Chicago: Aldine.

Lerner, Gerda. 1986. The Creation of Patriarchy. New York: Oxford University Press.

Le Roy Ladurie, Emmanuel. 1976. The Peasants of Languedoc. Trans. John Day. Urbana: University of Illinois Press.

——. 1978. Montaillou: The Promised Land of Error. Trans. Barbara Bray. New York: Braziller.

Leslie, D. D., and K.J.H. Gardiner. 1996. The Roman Empire in Chinese Sources. Rome: Bardi.

Lewis, Ben. 2008. Hammer and Tickle. London: Orion.

Lewis, David. 1973. Counterfactuals. Oxford, UK: Oxford University Press. Lewis, Mark. 2007. The Early Chinese Empires: Qin and Han. Cambridge, MA: Harvard University Press.

Lewis-Williams, David, and David Pearce. 2005. Inside the Neolithic Mind: Consciousness, Cosmos and the Realm of the Gods. London: Thames and Hudson. Li, Feng. 2013. Early China: A Social and Cultural History. Cambridge, UK: Cambridge University Press.

Lindert, Peter, and Jeffrey Williamson. 1983. "Reinterpreting Britain's Social Tables, 1688–1913." Explorations in Economic History 20, pp. 94–109.

——. 2012. "American Incomes 1774–1860." Cambridge, MA: National Bureau of Economic Research Working Paper 18396. Available at http://www.nber.org/papers/w18396.

Liu, Li. 2004. The Chinese Neolithic. Cambridge, UK: Cambridge University Press.

——. 2006. "Urbanization in Early China: Erlitou and Its Hinterland." In Glenn Storey, ed., Urbanism in the Preindustrial World, pp. 161–89. Tuscaloosa: University of Alabama Press.

Liverani, Mario. 2005. Israel's History and the History of Israel. London: Equinox. Livi-Bacci, Massimo. 2001. A Concise History of World Population. 3rd ed. Trans. Carl Ipsen. Oxford, UK: Blackwell.

Loewe, Michael, and Edward Shaughnessy, eds. 1999. The Cambridge History of Ancient China. Cambridge, UK: Cambridge University Press.

Luttwak, Edward. 2001. Strategy: The Logic of War and Peace. Rev. ed. Cam- bridge, MA: Belknap Press.

MacDorman, Marian, and T. J. Mathews. 2009. "The Challenge of Infant Mortality: Have We Reached a Plateau?" Public Health Reports 124, pp. 670–81. Available at http://www.ncbi.nlm.nih.gov/pmc/articles/PMC2728659/.

Macintosh, Randall. 1998. "Global Attitude Measurement: An Assessment of the World Values Survey's Postmaterialist Scale." American Sociological Review 63, pp. 452–64.

MacMullen, Ramsay. 1974. Roman Social Relations 50 BC to AD 284. New Haven, CT: Yale University Press.

Maddison, Angus. 2010. Statistics on World Population, GDP, and Per Capita GDP, 1–2008 AD. Available at www.ggdc.net/maddison/Maddison.htm.

Malanima, Paolo. 2014. "Energy in History." In Mauro Agnoletti and Simone Neri Serneri, eds., The Basic Environmental History, pp. 1–29. Amsterdam: Springer.

Malthus, Thomas. 1970 [1798]. An Essay on the Principle of Population. Ed. Anthony Flew. Harmondsworth, UK: Penguin.

Mann, James. 2008. The China Fantasy. New York: Penguin.

Mann, Michael. 1986. The Sources of Social Power I: From the Beginning to A.D. 1760. Cambridge, UK: Cambridge University Press.

Marlowe, Frank. 2010. The Hadza: Hunter-Gatherers of Tanzania. Berkeley: University of California Press.

Martin, Bradley. 2004. Under the Loving Care of the Fatherly Leader: North Korea and the Kim Dynasty. New York: Thomas Dunne.

Mayhew, Robert. 2014. Malthus: The Life and Legacies of an Untimely Prophet. Cambridge, MA: Belknap Press.

Maynard Smith, John, and Eörs Szathmáry. 1998. The Major Transitions in Evolution. Oxford, UK: Oxford University Press.

Mayor, Adrienne. 2000. The First Fossil Hunters: Paleontology in Greek and Roman Times. Princeton: Princeton University Press.

Mayr, Ernst. 1982. The Growth of Biological Thought: Diversity, Evolution, and Inheritance. Cambridge, MA: Harvard University Press.

———. 1989. Toward a New Philosophy of Biology. Cambridge, MA: Harvard University Press.

McBrearty, Sally, and Alison Brooks. 2000. "The Revolution That Wasn't: New Interpretations of the Origin of Modern Human Behavior." Journal of Human

Evolution 39, pp. 453–563.

McHenry, Dean. 1979. Tanzania's Ujamaa Villages: The Implementation of a Rural Development Strategy. Berkeley: University of California Press. McLellan, David, ed. 1977. Karl Marx: Selected Writings. Oxford, UK: Oxford University Press.

Meltzer, D., et al. 2014. "Chronological Evidence Fails to Support Claim of an Isochronous Widespread Layer of Cosmic Impact Indicators Dated to 12,800 Years Ago." Proceedings of the National Academy of Sciences 111, pp. E2162–71.

Michels, Robert. 1962 [1915]. Political Parties: A Sociological Study of the Oligarchical Tendencies of Modern Democracy. Glencoe, IL: Free Press.

Milanovic, Branko. 2006. "An Estimate of Average Income and Inequality in Byzantium around Year 1000." Review of Income and Wealth 52, pp. 449–70.

———. 2011. "A Short History of Global Inequality: The Past Two Centuries." Explorations in Economic History 48, pp. 494–506.

———. 2012a. "Global Income Inequality by the Numbers: In History and Now." Washington, DC: World Bank Policy Research Paper 6259. Available at http://elibrary.worldbank.org/doi/pdf/10.1596/1813–9450–6259.

———. 2012b. The Haves and the Have-Nots: A Brief and Idiosyncratic History of Global Inequality. New York: Basic Books.

Milanovic, Branko, et al. 2007. Measuring Ancient Inequality. Working Paper 13550. Cambridge, MA: National Bureau of Economic Research.

Miller, Maureen, ed. 2005. Power and the Holy in the Age of the Investiture Conflict. New York: Bedford/St. Martin's.

Miller, Walter, Jr. 1960. A Canticle for Leibowitz. New York: J. B. Lippincott & Co.

Millett, Paul. 1984. "Hesiod and His World." Proceedings of the Cambridge Philological Society 210, pp. 84–115.

Milner, G. R. 2005. "Nineteenth-Century Arrow Wounds and Perceptions of Prehistoric Warfare." American Antiquity 70, pp. 144–56.

Minkov, Michael. 2012. Cross-Cultural Analysis: The Science and Art of Comparing World's Modern Societies and Their Cultures. Thousand Oaks, CA: Sage Publications.

Mithen, Steven. 2003. After the Ice: A Global Human History 20,000–5000 BC. Cambridge, MA: Harvard University Press.

Mitterauer, Michael, and Reinhard Sieder. 1982 [1977]. The European Family. Trans. Karla Oosterveen and Manfred Hörzinger. Oxford, UK: Blackwell.

Mokyr, Joel. 2010. The Enlightened Economy: An Economic History of Britain. New Haven, CT: Yale University Press.

Momigliano, Arnaldo. 1975. Alien Wisdom: The Limits of Hellenization. Cambridge,

UK: Cambridge University Press.

Moore, Andrew, et al. 2000. *Village on the Euphrates: From Foraging to Farming at Abu Hureyra*. New York: Oxford University Press.

Moore, Barrington. 1967. *Social Origins of Dictatorship and Democracy: Lord and Peasant in the Making of the Modern World*. 1st ed. Boston: Beacon Press.

Morgan, Lewis Henry. 1877. *Ancient Society*. New York: Henry Holt.

Morris, Brian. 1994. *Anthropology of the Self: The Individual in Cultural Perspective*. Boulder, CO: Pluto Press.

Morris, Ian. 1992. *Death-Ritual and Social Structure in Classical Antiquity*. Cambridge, UK: Cambridge University Press.

——. 1994. "The Athenian Economy Twenty Years after The Ancient Economy." *Classical Philology* 89, pp. 351–66.

——. 1997. "An Archaeology of Equalities? The Greek City-States." In Deborah Nichols and Thomas Charlton, eds., *The Archaeology of City-States: Cross-Cultural Approaches*, pp. 91–105. Washington, DC: Smithsonian Institution.

——. 2000. *Archaeology as Cultural History: Words and Things in Iron Age Greece*. Oxford, UK: Blackwell.

——. 2002. "Hard Surfaces." In Paul Cartledge et al., eds., *Money, Labour and Land: Approaches to the Economics of Ancient Greece*, pp. 8–43. London: Routledge.

——. 2004. "Economic Growth in Ancient Greece." *Journal of Institutional and Theoretical Economics* 160, pp. 709–742.

——. 2005. "The Athenian Empire (478–404 BC)." *Princeton-Stanford Working Papers in Classics*, no. 120508. Available at http://www.princeton.edu/~pswpc/papers/authorMZ/morris/morris.html.

——. 2006. "The Collapse and Regeneration of Complex Society in Greece, 1500–500 BC." In Glenn Schwartz and J. J. Nichols, eds., *After Collapse: The Regeneration of Complex Societies*, pp. 72–84. Tucson: University of Arizona Press.

——. 2009. "The Greater Athenian State." In Ian Morris and Walter Scheidel, eds., *The Dynamics of Ancient Empires*, pp. 99–177. New York: Oxford University Press.

——. 2010. *Why the West Rules—For Now: The Patterns of History, and What They Reveal about the Future*. New York: Farrar, Straus & Giroux.

——. 2013. *The Measure of Civilization: How Social Development Decides the Fate of Nations*. Princeton, NJ: Princeton University Press.

——. 2014. *War! What Is It Good For? Violence and the Progress of Civilization, from Primates to Robots*. New York: Farrar, Straus & Giroux.

——. 2015. "The Hundred-Thousand-Year Question: History as a Subfield of Biology." *Journal of World History* 26.

Morris, Ian, et al. 2007. "Introduction." In Walter Scheidel et al., eds., The Cambridge Economic History of Greco-Roman Antiquity, pp. 1–12. Cambridge, UK: Cambridge University Press.

Morris, Ian, and Barry Powell. 2009. The Greeks: History, Culture, and Society. Upper Saddle River, NJ: Pearson.

Morris, Ian, and Walter Scheidel, eds. 2009. The Dynamics of Ancient Empires. New York: Oxford University Press.

Morrisson, Christian, and Wayne Snyder. 2000. "The Income Inequality of France in Historical Perspective." European Review of Economic History 4, pp. 59–83.

Mosca, Gaetano. 1939 [1896]. The Ruling Class. Trans. Hannah Kahn. New York: McGraw-Hill.

Muscheler, Raimund. 2008. "Tree Rings and Ice Cores Reveal 14C Calibration Uncertainties during the Younger Dryas." Nature Geoscience 1, pp. 263–67.

Myers, Fred. 1986. Pintupi Country, Pintupi Self. Washington, DC: Smithsonian Institution Press.

Nadel, George. 1964. "Philosophy of History before Historicism." History and Theory 3, pp. 291–315.

Nagel, Thomas. 1974. "What Is It Like to Be a Bat?" Philosophical Review 83, pp. 435–50.

Naroll, Raoul. 1956. "A Preliminary Index of Social Development." American Anthropologist 58, pp. 687–715.

National Intelligence Council. 2012. Global Trends 2030: Alternative Worlds. Washington, DC: Office of the Director of National Intelligence. Available at http://www.dni.gov/index.php/about/organization/global-trends-2030.

North, Douglass. 1990. Institutions, Institutional Change and Economic Performance. Cambridge, UK: Cambridge University Press.

Novick, Peter. 1988. That Noble Dream: The "Objectivity Question" and the American Historical Profession. Cambridge, UK: Cambridge University Press.

——. 1991. "My Correct Views on Everything." American Historical Review 96, pp. 699–703.

Nozick, Robert. 1974. Anarchy, State, and Utopia. New York: Basic Books. Nyerere, Julius. 1968. Ujamaa: Essays on Socialism. Oxford, UK: Oxford University Press.

Oakley, Francis. 2006. Kingship. Oxford, UK: Blackwell.

Ober, Josiah. 1989. Mass and Elite in Democratic Athens: Rhetoric, Ideology, and the Power of the People. Princeton, NJ: Princeton University Press.

——. 2008. Democracy and Knowledge: Innovation and Learning in Classical Athens. Princeton, NJ: Princeton University Press.

——. 2010. "Wealthy Hellas." Transactions of the American Philological Association 140, pp. 241–86.

——. 2012. "Democracy's Dignity." American Political Science Review 106, pp. 827–46.

——. 2013. "Democracy's Wisdom." American Political Science Review 107, pp. 104–22.

——. 2015. The Rise and Fall of Classical Greece. Princeton, NJ: Princeton University Press.

O'Brien, Karen. 2005. Narratives of Enlightenment: Cosmopolitan History from Voltaire to Gibbon. Cambridge, UK: Cambridge University Press.

Okasha, Samir. 2007. Evolution and the Levels of Selection. New York: Oxford University Press.

Olson, Richard. 2013. "The Human Sciences." In Roy Porter, ed., The Cambridge History of Science IV: The Eighteenth Century, pp. 436–62. Cambridge, UK: Cambridge University Press.

Organisation for Economic Cooperation and Development (OECD). 2011. "An Overview of Growing Income Inequalities in OECD Countries: Main Findings." Available at http://www.oecd.org/els/soc/49499779.pdf.

Orwell, George. 1949. Nineteen Eighty-Four. London: Secker & Warburg. Otterbein, Keith. 2004. How War Began. College Station: Texas A&M University Press.

Padilla Peralta, Dan-el. 2014. "Divine Institutions: Religious Practice, Economic Development, and Social Transformation in Mid-Republican Rome." Unpublished PhD dissertation, Stanford University.

Pamuk, Sevket. 2007. "The Black Death and the Origins of the 'Great Divergence' across Europe, 1300–1600." European Review of Economic History 11, pp. 289–317.

Pamuk, Sevket, and Maureen Shatzmiller. 2014. "Plagues, Wages, and Economic Change in the Islamic Middle East, 700–1500." Journal of Economic History 74, pp. 196–229.

Panter-Brick, Catherine, et al. 2001a. "Lines of Enquiry." In Panter-Brick et al. 2001b, pp. 1–11.

——, eds. 2001b. Hunter-Gatherers: An Interdisciplinary Perspective. Cambridge, UK: Cambridge University Press.

Pareto, Vilfredo. 1935 [1916]. The Mind and Society. 4 vols. New York: Dover.

Parker Pearson, Michael. 2012. Stonehenge—A New Understanding: Solving the Mysteries of Prehistory's Greatest Monument. New York: Simon & Schuster.

Parsons, Talcott. 1937. The Structure of Social Action. New York: McGraw-Hill.

——. 1951. The Social System. Glencoe, IL: The Free Press.

Parthasarathi, Prasannan. 2011. Why Europe Grew Rich and Asia Did Not: Global Economic Divergence, 1600–1850. Cambridge, UK: Cambridge University Press.

Patterson, Charles. 2002. Eternal Treblinka: Our Treatment of Animals and the Holocaust. New York: Lantern Books.

Patterson, Cynthia. 1998. The Family in Greek History. Cambridge, MA: Harvard University Press.

Patterson, James. 1996. Grand Expectations: The United States, 1945–1974. New York: Oxford University Press.

——. 2005. Restless Giant: The United States from Watergate to Bush v. Gore. New York: Oxford University Press.

Patterson, Orlando. 1982. Slavery and Social Death. Cambridge, MA: Harvard University Press.

Peterson, Nicholas. 1993. "Demand Sharing: Reciprocity and the Pressure for Generosity among Foragers." American Anthropologist 95, pp. 860–74.

Pfeffer, Jeffrey. 2013. "You're Still the Same: Why Theories of Power Hold over Time and across Contexts." Academy of Management Perspectives 27, pp. 269–80.

Piketty, Thomas. 2014. Capital in the Twenty-First Century. Trans. Arthur Goldhammer. Cambridge, MA: Harvard University Press.

Piketty, Thomas, and Emmanuel Saez. 2003. "Income Inequality in the United States, 1913–1998." Quarterly Journal of Economics 118, pp. 1–39.

Pincus, Steve. 2009. 1688: The First Modern Revolution. New Haven, CT: Yale University Press.

Pinker, Steven. 1997. How the Mind Works. New York: Norton.

——. 2002. The Blank Slate: The Modern Denial of Human Nature. New York: Viking.

——. 2011. The Better Angels of Our Nature: Why Violence Has Declined. New York: Viking.

Plokhy, Serhii. 2014. The Last Empire: The Final Days of the Soviet Union. London: Oneworld.

Polanyi, Karl. 1944. The Great Transformation. Boston: Beacon.

Polanyi, Karl, et al., eds. 1957. Trade and Market in the Early Empires. Glencoe, IL: Free Press.

Pomeranz, Kenneth. 2000. The Great Divergence: China, Europe, and the Making of the Modern World Economy. Princeton, NJ: Princeton University Press.

Popper, Karl. 1957. The Poverty of Historicism. London: Routledge and Kegan Paul.

——. 1963. Conjectures and Refutations. London: Routledge and Kegan Paul.

Postgate, Nicholas. 1992. Early Mesopotamia: Society and Economy at the Dawn of

History. London: Routledge.

Potter, Jack, et al., eds. 1967. Peasant Society: A Reader. Boston: Little, Brown. Potts, R. 2004. "Paleoenvironmental Basis of Cognitive Evolution in Great Apes." American Journal of Primatology 62, pp. 209–28.

Powell, Barry. 2012. Writing: Theory and History of the Technology of Civilization. Oxford, UK: Wiley-Blackwell.

Powell, M. A., ed. 1987. Labor in the Ancient Near East. New Haven, CT: American Oriental Society Series 68.

Price, Simon. 1984. Rituals and Power: The Roman Imperial Cult in Asia Minor. Cambridge, UK: Cambridge University Press.

Provan, Iain, et al. 2003. A Biblical History of Israel. Louisville, KY: Westminster John Knox Press.

Puett, Michael. 2002. To Become a God: Cosmology, Sacrifice, and Self-Divinization in Early China. Cambridge, MA: Harvard University Press.

Qing, Jiang. 2012. A Confucian Constitutional Order: How China's Ancient Past Can Shape Its Political Future. Princeton, NJ: Princeton University Press.

Radcliffe-Brown, Arthur. 1936. A Natural Science of Society. Glencoe, IL: The Free Press.

Rashid, Ahmed. 2010. Taliban: Militant Islam, Oil, and Fundamentalism in Central Asia. 2nd ed. New Haven, CT: Yale University Press.

Rawls, John. 1971. A Theory of Justice. 1st ed. Cambridge, MA: Belknap Press.

Ray, Debraj. 1998. Development Economics. Princeton, NJ: Princeton University Press.

Redfield, Robert. 1956. Peasant Society and Culture. Chicago: University of Chicago Press.

Renfrew, Colin. 1994. "The Archaeology of Identity." In G. B. Peterson, ed., The Tanner Lectures on Human Values XV, pp. 283–348. Salt Lake City: University of Utah Press.

———. 2008. "Neuroscience, Evolution, and the Sapient Paradox: The Factuality of Value and of the Sacred." Transactions of the Royal Society B 363, pp. 2041–47.

Richerson, Peter, et al. 2001. "Was Agriculture Impossible during the Pleistocene but Mandatory during the Holocene?" American Antiquity 66, pp. 387–411.

Richerson, Peter, and Robert Boyd. 2005. Not by Genes Alone: How Culture Transformed Human Evolution. Chicago: University of Chicago Press.

Ridley, Matthew. 1993. The Red Queen: Sex and the Evolution of Human Nature. New York: Penguin.

Riehl, Simone, et al. 2013. "Emergence of Agriculture in the Foothills of the Zagros

Mountains of Iran." Science 341, pp. 65–67.

Riley, Patrick. 2001. "Rousseau's General Will." In Patrick Riley, ed., The Cambridge Companion to Rousseau, pp. 124–53. Cambridge, UK: Cambridge University Press.

Roberts, Neil. 2014. The Holocene: An Environmental History. 3rd ed. Oxford, UK: Wiley-Blackwell.

Rodriguez-Vidal, Joaquín, et al. 2014. "A Rock Engraving Made by Neanderthals in Gibraltar." Proceedings of the National Academy of Sciences 112, pp. 13301–6. Available at http://www.pnas.org/content/111/37/13301.full.

Root, Hilton. 2013. Dynamics among Nations: The Evolution of Legitimacy and Development in Modern States. Cambridge, MA: MIT Press.

Rose, Gideon, and Jonathan Tepperman, eds. 2014. "Power to the People: What Will Fuel the Future?" Foreign Affairs 93, no. 3, pp. 2–37.

Rosen, Ralph. 1997. "Homer and Hesiod." In Ian Morris and Barry Powell, eds., A New Companion to Homer, pp. 463–88. Leiden: Brill.

Rostow, Walt. 1960. The Stages of Economic Growth: A Non-Communist Manifesto. 1st ed. Cambridge, UK: Cambridge University Press.

Roth, Randolph. 2009. American Homicide. Cambridge, MA: Harvard University Press.

Rothman, Daniel, et al. 2014. "Methanogenic Burst in the End-Permian Carbon Cycle." Proceedings of the National Academy of Sciences 111, pp. 5462–67.

Rowe, Christopher, and Malcolm Schofield, eds. 2000. The Cambridge His- tory of Greek and Roman Political Thought. Cambridge, UK: Cambridge University Press.

Rowley-Conwy, Peter. 2001. "Time, Change and the Archaeology of Hunter-Gatherers." In Panter-Brick et al. 2001b, pp. 39–71.

Ruddiman, William. 2005. Plows, Plagues, and Petroleum: How Humans Took Control of Climate. Princeton, NJ: Princeton University Press.

Russell, Ben. 2014. The Economics of the Roman Stone Trade. Oxford, UK: Oxford University Press.

Ryan, Alan. 2012. The Making of Modern Liberalism. Princeton, NJ: Princeton University Press.

Sahlins, Marshall. 1972. Stone Age Economics. Chicago: Aldine.

Saller, Richard. 1994. Patriarchy, Property and Death in the Roman Family. Cambridge, UK: Cambridge University Press.

——. 2005. "Framing the Debate over Growth in the Ancient Economy." In J. G. Manning and Ian Morris, eds., The Ancient Economy: Evidence and Models, pp.

223–38. Stanford, CA: Stanford University Press.

——. 2007. "Household and Gender." In Walter Scheidel et al., eds., The Cam- bridge Economic History of the Greco-Roman World, pp. 87–112. Cambridge, UK: Cambridge University Press.

Samuelson, Paul, and William Nordhaus. 2009. Economics. 19th ed. New York: McGraw-Hill.

Sandel, Michael. 2009. Justice: What's the Right Thing to Do? New York: Farrar, Straus & Giroux.

Sassaman, Kenneth, and Donald Hardy, eds. 2011. Hunter-Gatherer Archaeology as Historical Process. Tucson: University of Arizona Press.

Saturno, William, et al. 2006. "Early Maya Writing at San Bartolo, Guatemala." Science 311, pp. 1281–83.

Schaps, David. 1979. The Economic Rights of Women in Ancient Greece. Edinburgh: Edinburgh University Press.

Scheidel, Walter. 2009. "Sex and Empire: A Darwinian Perspective." In Morris and Scheidel 2009, pp. 255–324.

——. 2010. "Real Wages in Early Economies: Evidence for Living Standards from 1800 BCE to 1300 CE." Journal of the Economic and Social History of the Orient 53, pp. 425–62.

——, ed. 2012. The Cambridge Companion to the Roman Economy. Cambridge, UK: Cambridge University Press.

Scheidel, Walter, and Steven Friesen. 2009. "The Size of the Economy and the Distribution of Income in the Roman Empire." Journal of Roman Studies 99, pp. 61–91.

Schmandt-Besserat, Denise. 1992. Before Writing. Austin: University of Texas Press.

Schrire, Carmel, ed. 1984. Past and Present in Hunter-Gatherer Societies. San Francisco: Academic Press.

Schuman, Michael. 2010. The Miracle: The Epic Story of East Asia's Quest for Wealth. New York: Harper Business.

Schwartz, Barry. 1987. George Washington: The Making of an American Symbol. New York: Free Press.

Scott, James. 1990. Domination and the Arts of Resistance: Hidden Transcripts. New Haven, CT: Yale University Press.

Seabright, Paul. 2010. The Company of Strangers: A Natural History of Economic Life. Rev. ed. Princeton, NJ: Princeton University Press.

——. 2013a. "The Birth of Hierarchy." In Sterelny et al. 2013, pp. 109–16.

——. 2013b. The War of the Sexes: How Conflict and Cooperation Have Shaped Men and Women from Prehistory to the Present. Princeton, NJ: Princeton University Press.

Seaford, Richard. 2004. Money and the Early Greek Mind: Homer, Philosophy, Tragedy. Cambridge, UK: Cambridge University Press.

Segerstråle, Ullica. 2000. Defenders of the Truth: The Sociobiology Debate. Oxford, UK: Oxford University Press.

Sen, Amartya. 1999a. "Democracy as a Universal Value." Journal of Democracy 10, pp. 3–16. Available at http://www.journalofdemocracy.org/article/democracy-universal-value.

———. 1999b. Development as Freedom. Oxford, UK: Oxford University Press.

Seneviratna, Anuradha, ed. 1994. King Ashoka and Buddhism. Kandy, Sri Lanka: Buddhist Publication Society.

Service, Elman. 1971. Primitive Social Organization: An Evolutionary Perspective. 2nd ed. New York: Random House.

———. 1975. Origins of the State and Civilization. New York: Norton.

Shanin, Teodor, ed. 1971. Peasants and Peasant Societies. Harmondsworth, UK: Penguin.

Shapin, Steve. 1994. A Social History of Truth: Credibility and Science in Seventeenth-Century England. Chicago: University of Chicago Press.

———. 1996. The Scientific Revolution. Chicago: University of Chicago Press.

Shapiro, Judith. 2001. Mao's War against Nature: Politics and the Environment in Revolutionary China. Cambridge, UK: Cambridge University Press.

Shaughnessy, Edward. 1999. "Western Zhou History." In Loewe and Shaughnessy 1999, pp. 292–351.

Shaw, Brent. 1985. "The Divine Economy: Stoicism as Ideology." Latomus 44, pp. 16–54.

Shaw, Greg, and Laura Gaffey. 2012. "American Public Opinion on Economic Inequality, Taxes, and Mobility: 1990–2011." Public Opinion Quarterly 76, pp. 576–96.

Shennan, Stephen, et al. 2013. "Regional Population Collapse Followed Initial Agriculture Booms in Mid-Holocene Europe." Nature Communications 4, article no. 3486, doi:10.1038/ncomms3486. Available at http://www.nature .com/ncomms/2013/131001/ncomms3486/full/ncomms3486.html.

Sherratt, Andrew. 1997. Economy and Society in Prehistoric Europe. Edinburgh: Edinburgh University Press.

Shostak, Marjorie. 1981. Nisa: The Life and Words of a !Kung Woman. New York: Random House.

Silberbauer, George. 1982. "Political Process in G/Wi Bands." In Eleanor Leacock and Richard Lee, eds., Politics and History in Band Societies, pp. 23–35. Cambridge, UK: Cambridge University Press.

Silver, Brian, and Kathleen Dowley. 2000. "Measuring Political Culture in Multi-Ethnic Societies: Reaggregating the World Values Survey." Comparative Political Studies 31, pp. 517–50.

Singer, Isaac Bashevis. 1982. "The Letter Writer." In Isaac Bashevis Singer, The Collected Stories, pp. 250–76. New York: Farrar, Straus & Giroux. First published in The New Yorker, January 31, 1968.

Singer, Peter. 1975. Animal Liberation. New York: HarperCollins.

Slingerland, Edward. 2008. What Science Offers the Humanities: Integrating Body and Culture. Cambridge, UK: Cambridge University Press.

Smartt, Joseph, and Norman Simmonds. 1995. Evolution of Crop Plants. 2nd ed. Oxford, UK: Wiley-Blackwell.

Smil, Vaclav. 1991. General Energetics: Energy in the Biosphere and Civilization. New York: Wiley.

———. 1994. Energy in World History. Boulder, CO: Westview Press.

Smith, A.H.V. 1997. "Provenance of Coals from Roman Sites in England and Wales." Britannia 28, pp. 297–324.

Smith, Eric Alden, et al. 2010. "Intergenerational Wealth Transmission and Inequality in Premodern Societies." Current Anthropology 51, pp. 1–126.

Snyder, Timothy. 2010. Bloodlands: Europe between Hitler and Stalin. New York: Basic Books.

Solt, Frederick. 2009. "Standardizing the World Income Inequality Database." Social Science Quarterly 90, pp. 231–42.

Sorabji, Richard. 2006. Self: Ancient and Modern Insights about Individuality, Life, and Death. Chicago: University of Chicago Press.

Spence, Jonathan. 1974. Emperor of China: Self-Portrait of K'ang-hsi. New York: Vintage.

———. 1980. To Change China: Western Advisers in China. New York: Penguin.

———. 1990. The Search for Modern China. New York: Norton.

Spencer, Herbert. 1857. "Progress: Its Law and Cause." Westminster Review 67, pp. 445–85.

Sperber, Daniel. 1996. Explaining Culture: A Naturalistic Approach. Oxford, UK: Blackwell.

Spierenburg, Pieter. 2008. A History of Murder: Personal Violence in Europe from the Middle Ages to the Present. Cambridge, UK: Polity.

Spitze, Glenna, and Joan Huber. 1980. "Changing Attitudes toward Women's Non-family Roles 1938 to 1978." Work and Occupations 7, pp. 317–35.

Spufford, Francis. 2010. Red Plenty! Industry! Progress! Abundance! Inside the Soviet Fifties' Dream. London: Faber and Faber.

Starr, S. Frederick. 2013. Lost Enlightenment: Central Asia's Golden Age from the Arab Conquest to Tamerlane. Princeton, NJ: Princeton University Press.

Stephenson, Jill. 2000. Women in Nazi Germany. London: Routledge.

Sterelny, Kim. 2013. "Life in Interesting Times: Cooperation and Collective Action in the Holocene." In Sterelny et al. 2013, pp. 89–107.

Sterelny, Kim, et al., eds. 2013. Cooperation and Its Evolution. Cambridge, MA: MIT Press.

Steward, Julian. 1938. Basin-Plateau Aboriginal Sociopolitical Groups. Washington, DC: Bureau of American Ethnology.

———. 1955. Theory of Culture Change: The Methodology of Multilinear Evolution. Urbana: University of Illinois Press.

———. 1977. "The Foundations of Basin-Plateau Shoshonean Society." In Julian Steward and Robert Murphy, eds., Evolution and Ecology, pp. 366–406. Urbana: University of Illinois Press.

Stiglitz, Joseph. 2013. The Price of Inequality: How Today's Divided Society Endangers Our Future. New York: Norton.

Stites, Richard. 1978. The Women's Liberation Movement in Russia: Feminism, Nihilism, and Bolshevism, 1860–1930. Princeton, NJ: Princeton University Press.

Stolper, Matthew. 1985. Entrepreneurs and Empire: The Murashû Archive, the Murashû Firm, and Persian Rule in Babylonia. Leiden: E. J. Brill.

Stone, Lawrence. 1964. "The Educational Revolution in England, 1560–1640." Past and Present 28, pp. 41–80.

———. 1969. "Literacy and Education in England 1640–1900." Past and Present 42, pp. 69–139.

Sunstein, Cass, and Martha Nussbaum, eds. 2005. Animal Rights: Current Debates and New Directions. New York: Oxford University Press.

Sun, Yadong, et al. 2012. "Lethally Hot Temperatures during the Early Triassic Greenhouse." Science 338, pp. 366–70.

Suny, Ronald. 2010. The Soviet Experiment: Russia, the USSR, and the Successor States. 2nd ed. New York: Oxford University Press.

Suttles, Wayne, ed. 1990. Handbook of North American Indians VII: Northwest Coast. Washington, DC: Smithsonian Institution Press.

Taagepera, Rein. 1978. "Size and Duration of Empires: Growth-Decline Curve, 3000–

600 BC." Social Science Research 7, pp. 180–96.

——. 1979. "Size and Duration of Empires: Growth-Decline Curve, 600 BC–600 AD." Social Science Research 8, pp. 115–38.

Taylor, Charles. 2007. A Secular Age. Cambridge, MA: Harvard University Press.

Taylor, Paul. 2014. The Next America. New York: Pew Research Center.

Temin, Peter. 2012. The Roman Market Economy. New York: Oxford University Press.

Thapar, Romila. 1973. Asoka and the Decline of the Mauryas. 2nd ed. Delhi: Oxford University Press.

Thomas, Rosalind. 2002. Herodotus in Context: Ethnography, Science and the Art of Persuasion. Cambridge, UK: Cambridge University Press.

Thomas, William, and Florian Znaniecki. 1971 [1918]. "A Polish Peasant Family." In Shanin 1971, pp. 23–29.

Thompson, E. P. 1963. The Making of the English Working Class. London: Gollancz.

——. 1993. Customs in Common: Studies in Traditional Popular Culture. New York: Free Press.

Thorp, Robert. 2006. China in the Early Bronze Age. Philadelphia: University of Pennsylvania Press.

——. 1984. Big Structures, Large Processes, Huge Comparisons. New York: Sage-Russell.

Tilly, Charles. 1992. Coercion, Capital and European States: AD 990–1990. Oxford, UK: Blackwell.

Torrence, Robin. 2001. "Hunter-Gatherer Technology." In Panter-Brick 2001, pp. 73–98.

Treggiari, Susan. 1979. "Lower Class Women in the Roman Economy." Florilegium 1, pp. 65–86.

——. 1991. Roman Marriage: Iusti Coniuges from the Time of Cicero to the Time of Ulpian. Oxford, UK: Oxford University Press.

Trevett, Jeremy. 1992. Apollodorus Son of Pasion. Oxford, UK: Oxford University Press.

Trigger, Bruce. 1998. Sociocultural Evolution. Oxford, UK: Blackwell.

——. 2003. Understanding Early Civilizations. Cambridge, UK: Cambridge University Press.

Trinkaus, Eric. 2012. "Neandertals, Early Modern Humans, and Rodeo Riders." Journal of Archaeological Science 39, pp. 3691–93.

Trinkaus, Eric, et al. 2014. The People of Sunghir: Burials, Bodies, and Behavior in the Earlier Upper Paleolithic. Oxford, UK: Oxford University Press.

Tron, Heinz. 2013. Bestattungen des frühen und mittleren Jungpaläolithikums. Berlin:

GRIN Verlag.

Turchin, Peter. 2003. Historical Dynamics: Why States Rise and Fall. Princeton, NJ: Princeton University Press.

Turchin, Peter, and Sergei Gavrilets. 2009. "Evolution of Complex Hierarchical Societies." Social History and Evolution 8, pp. 167–98.

Turchin, Peter, et al. 2012. "A Historical Database of Sociocultural Evolution." Cliodynamics 3, pp. 271–93. Available at http://escholarship.org/uc/item/2v8119hf#page-1.

———. 2013. "War, Space, and the Evolution of Old World Complex Societies." Proceedings of the National Academy of Sciences 110, pp. 16384–89.

Twitchett, Denis, and Michael Loewe, eds. 1986. The Cambridge History of China I: The Ch'in and Han Empires, 221 B.C.–A.D. 220. Cambridge, UK: Cambridge University Press.

Upton, Anthony. 2001. Europe, 1600–1789. London: Arnold.

van Valen, Leigh. 1973. "A New Evolutionary Law." Evolutionary Theory 1, pp. 1–30.

Verhoogt, Arthur. 1997. Menches, Komogrammateus of Kerkeosiris: The Doings of a Village Scribe in the Late Ptolemaic Period (120–110 BC). Leiden: E. J. Brill.

Vermeij, Geerat. 2010. The Evolutionary World: How Adaptation Explains Everything from Seashells to Civilization. New York: Thomas Dunne Books.

Vucinich, Wayne, ed. 1968. The Peasant in Nineteenth-Century Russia. Stanford, CA: Stanford University Press.

Waley, Arthur. 1937. Three Ways of Thought in Ancient China. Stanford, CA: Stanford University Press.

Walzer, Michael. 1977. Just and Unjust Wars: A Moral Argument with Historical Illustrations. New York: Basic Books.

Warner, Lyndan. 2011. The Ideas of Man and Woman in Renaissance France: Print, Rhetoric, and Law. Farnham, UK: Ashgate.

Watson, James, ed. 1980. African and Asian Systems of Slavery. Oxford, UK: Blackwell.

Wawro, Geoffrey. 2014. A Mad Catastrophe: The Outbreak of World War I and the Collapse of the Habsburg Empire. New York: Basic Books.

Weber, Eugen. 1976. Peasants into Frenchmen: The Modernization of Rural France, 1870–1914. Stanford, CA: Stanford University Press.

Weber, Max. 1949. The Theory of Economic and Social Organization. Glencoe, IL: Free Press.

———. 1968 [1922]. Economy and Society. 2 vols. Ed. Guenther Roth and Claus Wittich. Berkeley: University of California Press.

Weir, Alison. 1995. Lancaster and York: The Wars of the Roses. London: Jonathan Cape.

Wenzel, George, et al., eds. 2000. The Social Economy of Sharing: Resource Allocation and Modern Hunter-Gatherers. Osaka: National Museum of Ethnology. West, Martin. 1978. Hesiod's Works and Days. Oxford, UK: Clarendon Press.

White, Leslie. 1943. "Energy and the Evolution of Culture." American Anthropologist 45, pp. 335–56.

———. 1949. The Science of Culture. New York: Grove Press.

White, Matthew. 2011. The Great Big Book of Horrible Things: The Definitive Chronicle of History's 100 Worst Atrocities. New York: Norton.

Whitehead, David. 1977. The Ideology of the Athenian Metic. Supp. vol. 4. Cambridge, UK: Cambridge Philological Society.

Whiten, Andrew. 2011. "The Scope of Culture in Chimpanzees, Humans, and Ancestral Apes." Philosophical Transactions of the Royal Society B 366, pp. 997–1007.

Whiten, Andrew, et al. 2011. "Culture Evolves." Philosophical Transactions of the Royal Society B 366, pp. 938–48.

Wickham, Chris. 2005. Framing the Early Middle Ages: Europe and the Mediterranean 400–800. Oxford, UK: Oxford University Press.

———. 2009. The Inheritance of Rome: Illuminating the Dark Ages, 400–1000. New York: Penguin.

Wilkinson, Richard, and Kate Pickett. 2010. The Spirit Level: Why Greater Equality Makes Societies Stronger. London: Bloomsbury Press.

Willcox, George. 2013. "The Roots of Cultivation in Southwestern Asia." Science 341, pp. 39–40. Willcox, George, et al. 2008. "Early Holocene Cultivation before Domestication in Northern Syria." Vegetation History and Archaeobotany 17, pp. 313–25.

Wilmsen, Edwin. 1989. Land Filled with Flies: A Political Economy of the Kalahari. Chicago: University of Chicago Press.

Wilson, David Sloan. 1998. "Hunting, Sharing, and Multilevel Selection: The Tolerated-Theft Model Revisited." Current Anthropology 39, pp. 73–97.

———. 2003. Darwin's Cathedral: Evolution, Religion, and the Nature of Society. Chicago: University of Chicago Press.

Wilson, David Sloan, and Edward O. Wilson. 2007. "Rethinking the Theoretical Foundations of Sociobiology." Quarterly Review of Biology 82, pp. 327–48. Wilson, Edward O. 1975. Sociobiology: The New Synthesis. Cambridge, MA: Harvard University Press.

———. 1994. Naturalist. Washington, DC: Island Press.

Wilson, Katharina, and Elizabeth Makowski, eds. 1990. Wykked Wives and the Woes of Marriage: Misogamous Literature from Juvenal to Chaucer. Albany: State University of New York Press.

Wilson, Michael. 2013. "Chimpanzees, Warfare, and the Invention of Peace." In Douglas Fry, ed., War, Peace and Human Nature, pp. 361–88. Oxford, UK: Oxford University Press.

Winterhalder, Bruce, and Eric Alden Smith, eds. 1981. Hunter-Gatherer Foraging Strategies: Ethnographic and Archeological Analyses. Chicago: University of Chicago Press.

Wiser, William, and Charlotte Viall Wiser. 1963. Behind Mud Walls. Berkeley: University of California Press.

Wobst, Martin. 1974. "Boundary Conditions for Palaeolithic Social Systems: A Simulation Approach." American Antiquity 39, pp. 147–78.

Wolf, Eric. 1966. Peasants. Englewood Cliffs, NJ: Prentice-Hall.

——. 1982. Europe and the People without History. Berkeley: University of California Press.

Wood, Gordon. 1992. The Radicalism of the American Revolution. New York: Vintage.
——. 2009. Empire of Liberty: A History of the Early Republic, 1789–1815. New York: Oxford University Press.

Wood, James. 1998. "A Theory of Preindustrial Population Dynamics." Current Anthropology 39, pp. 99–135.

Woodburn, James. 1980. "Hunters and Gatherers Today and Reconstruction of the Past." In Ernest Gellner, ed., Soviet and Western Anthropology, pp. 95–117. London: Duckworth.

——. 1982. "Egalitarian Societies." Man 17, pp. 31–51.

World Bank. 1993. The East Asian Miracle: Economic Growth and Public Policy. New York: Oxford University Press.

Wrangham, Richard. 2009. Catching Fire: How Cooking Made Us Human. New York: Basic Books.

Wrangham, Richard, and Luke Glowacki. 2012. "Intergroup Aggression in Chimpanzees and War in Nomadic Hunter-Gatherers." Human Nature 53, pp. 5–29.

Wrangham, Richard, and Dale Peterson. 1996. Demonic Males: Apes and the Origins of Human Violence. Boston: Houghton Mifflin.

Wright, Gavin. 1978. The Political Economy of the Cotton South. New York: Norton.

Wright, Robert. 2000. Nonzero: The Logic of Human Destiny. New York: Pantheon.

Wrigley, E. A. 2000. Continuity, Chance and Change: The Character of the Industrial

Revolution in England. Cambridge, UK: Cambridge University Press. Wynn, Thomas, and Frederick Coolidge. 2012. How to Think Like a Neanderthal. Oxford, UK: Oxford University Press.

Yergin, Daniel, and Joseph Stanislaw. 2002. The Commanding Heights: The Battle for the World Economy. Rev. ed. New York: Free Press.

Zimmerman, William. 2014. Ruling Russia: Authoritarianism from the Revolution to Putin. Princeton, NJ: Princeton University Press.

Zohary, Daniel, et al. 2013. Domestication of Plants in the Old World. 4th ed. New York: Oxford University Press.

Zubok, Vladislav. 2007. A Failed Empire: The Soviet Union in the Cold War from Stalin to Gorbachev. Chapel Hill: University of North Carolina Press.

亞當斯密 011

人類憑什麼
覓食者、農民、與化石燃料——人類價值觀演進史
Foragers, Farmers, and Fossil Fuels: How Human Values Evolve

作　　者	伊安・摩里士（Ian Morris）
譯　　者	李函
責任編輯	簡欣彥
行銷企劃	許凱棣
封面設計	周家瑤
內頁排版	李秀菊
社　　長	郭重興
發行人兼 出版總監	曾大福
出　　版	遠足文化事業股份有限公司　堡壘文化
地　　址	231 新北市新店區民權路 108-2 號 9 樓
電　　話	02-22181417
傳　　真	02-22188057
E m a i l	service@bookrep.com.tw
郵撥帳號	19504465
客服專線	0800-221-029
網　　址	http://www.bookrep.com.tw
法律顧問	華洋法律事務所　蘇文生律師
印　　製	呈靖彩印有限公司
初版一刷	2021 年 5 月
定　　價	新臺幣 550 元

有著作權　翻印必究
特別聲明：有關本書中的言論內容，不代表本公司／出版集團之立場與意見，文責由作者
自行承擔

國家圖書館出版品預行編目（CIP）資料

人類憑什麼：覓食者、農民、與化石燃料：人類價值觀演進史／伊安・
摩里士（Ian Morris）著；李函譯. -- 初版. -- 新北市：遠足文化事業股
份有限公司堡壘文化, 2021.05
　面；　公分. --（亞當斯密；11）
譯自：Foragers, Farmers, and Fossil Fuels : How Human Values Evolve
ISBN 978-986-06022-5-8（平裝）

1.社會變遷　2.社會演化　3.社會價值　4.文明史
541.4　　　　　　　　　　　　　　　110005816